U0934588

“十三五”国家重点图书出版规划项目
交通运输科技丛书·公路基础设施建设与养护
港珠澳大桥跨海集群工程建设关键技术与创新成果书系
国家科技支撑计划资助项目（2011BAG07B01）

沉管隧道施工关键技术与创新

Key Technology and Creation for Construction of Immersed Tunnels

吕卫清　徐国平　陈　越　等　著

人民交通出版社股份有限公司
China Communications Press Co.,Ltd.

内 容 提 要

本书主要依据港珠澳大桥国家科技支撑计划项目课题成果编写而成。首先综述了沉管隧道管节安装技术发展现状及发展趋势、施工中所面临的关键工艺与技术问题；系统论述了沉管施工环境条件分析与选择、管节施工物理模型试验研究、管节施工数值仿真分析技术和沉管测量定位技术；重点介绍了沉管测量定位工艺、管节垫层铺设施工工艺，管节寄放、浮运和沉放施工工艺，管节回填覆盖施工工艺。

本书密切结合港珠澳大桥主体工程海底沉管隧道的工程实践，内容丰富，条理清晰，实用性强，可供从事隧道工程研究、设计、施工和管理的工程技术人员、教师和研究生参考。

Abstract

This book is mainly based on the results of National Science and Technology Support Plan Project about the Hong Kong-Zhuhai-Macao Bridge. Firstly, the book provides an overview of technical status and development of the immersed tunnels installation, key process and technical problems during construction. Secondly, it expounds the environment condition analysis and selection for construction of immersed tunnels, physical model test and numerical simulation analysis for tunnels element installation, as well as measuring and positioning technology. Finally, measuring and positioning techniques, cushion laying techniques, tunnel element parking, floating, sinking and backfilling techniques are systematically described.

This book is closely related to engineering practice of immersed tunnel construction of the main works in the Hong Kong-Zhuhai-Macao Bridge Project. It is rich in content, clear and practical, and available as references for engineers engaged in research, design, construction and management of tunnel works, teachers and postgraduates in related professional fields.

港珠澳大桥跨海集群工程建设关键技术与创新成果书系
编审委员会

顾　　问：冯正霖
主　　任：周海涛
副 主 任：袁　鹏　朱永灵

执行总编：苏权科
副 总 编：徐国平　时蓓玲　孟凡超　王胜年　柴　瑞

委　　员：（按专业分组）

岛隧工程：孙　钧　钱七虎　郑颖人　徐　光　王汝凯
李永盛　陈韶章　刘千伟　麦远俭　白植悌
林　鸣　杨光华　贺维国　陈　鸿

桥梁工程：项海帆　王景全　杨盛福　凤懋润　侯金龙
陈冠雄　史永吉　李守善　邵长宇　张喜刚
张起森　丁小军　章登精

结构耐久性：孙　伟　缪昌文　潘德强　邵新鹏　水中和
丁建彤

建设管理：张劲泉　李爱民　钟建驰　曹文宏　万焕通
牟学东　王富民　郑顺潮　林　强　胡　明
李春风　汪水银

《沉管隧道施工关键技术与创新》
编　写　组

组　　长： 吕卫清　徐国平　陈　越

副 组 长： 吴瑞大　苏林王　李汉渤　钟辉虹

编写人员： 应宗权　赵建虎　梁邦炎　方长远　欧伟山
余青山　任朝军　林美鸿　陆连洲　魏红波
尚乾坤　方　磊　江晓霞　杨卫国　闫　禹

总　序

General Preface

科技是国家强盛之基，创新是民族进步之魂。中华民族正处在全面建成小康社会的决胜阶段，比以往任何时候都更加需要强大的科技创新力量。党的十八大以来，以习近平同志为总书记的党中央作出了实施创新驱动发展战略的重大部署。党的十八届五中全会提出必须牢固树立并切实贯彻创新、协调、绿色、开放、共享的发展理念，进一步发挥科技创新在全面创新中的引领作用。在最近召开的全国科技创新大会上，习近平总书记指出要在我国发展新的历史起点上，把科技创新摆在更加重要的位置，吹响了建设世界科技强国的号角。大会强调，实现"两个一百年"奋斗目标，实现中华民族伟大复兴的中国梦，必须坚持走中国特色自主创新道路，面向世界科技前沿、面向经济主战场、面向国家重大需求。这是党中央综合分析国内外大势、立足我国发展全局提出的重大战略目标和战略部署，为加快推进我国科技创新指明了战略方向。

科技创新为我国交通运输事业发展提供了不竭的动力。交通运输部党组坚决贯彻落实中央战略部署，将科技创新摆在交通运输现代化建设全局的突出位置，坚持面向需求、面向世界、面向未来，把智慧交通建设作为主战场，深入实施创新驱动发展战略，以科技创新引领交通运输的全面创新。通过全行业广大科研工作者长期不懈的努力，交通运输科技创新取得了重大进展与突出成效，在黄金水道能力提升、跨海集群工程建设、沥青路面新材料、智能化水面溢油处置、饱和潜水成套技术等方面取得了一系列具有国际领先水平的重大成果，培养了一批高素质的科技创新人才，支撑了行业持续快速发展。同时，通过科技示范工程、科技成果推广计划、专项行动计划、科技成果推广目录等，推广应用了千余项科研成果，有力促进了科研向现实生产力转化。组织出版"交通运输建设科技丛书"，是推进科技成果公开、加强科技成果推广应用的一项重要举措。"十二五"期间，该丛书共出版 72 册，全部列入"十二五"国家重点图书出版规划项目，其中 12 册获得国家出版基金支持,6 册获中华优秀出版物奖图书提名奖,行业影响力和社会知名度不断扩大,逐渐成为交通运输高端学术交流和科技成果公开的重要平台。

"十三五"时期,交通运输改革发展任务更加艰巨繁重,政策制定、基础设施建设、运输管理等领域更加迫切需要科技创新提供有力支撑。为适应形势变化的需要,在以往工作的基础上,我们将组织出版"交通运输科技丛书",其覆盖内容由建设技术扩展到交通运输科学技术各领域,汇集交通运输行业高水平的学术专著,及时集中展示交通运输重大科技成果,将对提升交通运输决策管理水平、促进高层次学术交流、技术传播和专业人才培养发挥积极作用。

当前,全党全国各族人民正在为全面建成小康社会、实现中华民族伟大复兴的中国梦而团结奋斗。交通运输肩负着经济社会发展先行官的政治使命和重大任务,并力争在第二个百年目标实现之前建成世界交通强国,我们迫切需要以科技创新推动转型升级。创新的事业呼唤创新的人才。希望广大科技工作者牢牢抓住科技创新的重要历史机遇,紧密结合交通运输发展的中心任务,锐意进取、锐意创新,以科技创新的丰硕成果为建设综合交通、智慧交通、绿色交通、平安交通贡献新的更大的力量!

杨传堂

2016 年 6 月 24 日

序

Preface

2003 年，港珠澳大桥工程研究启动。2009 年，为应对由美国次贷危机引发的全球金融危机，保持粤、港、澳三地经济社会稳定，中央政府决定加快推进港珠澳大桥建设。港珠澳大桥跨越珠江口伶仃洋海域，东接香港特别行政区，西接广东省珠海市和澳门特别行政区，是“一国两制”框架下粤、港、澳三地合作建设的重大交通基础设施工程。港珠澳大桥建设规模宏大，建设条件复杂，工程技术难度、生态保护要求很高。

2010 年 9 月，由科技部支持立项的“十二五”国家科技支撑计划“港珠澳大桥跨海集群工程建设关键技术研究与示范”项目启动实施。国家科技支撑计划，以重大公益技术及产业共性技术研究开发与应用示范为重点，结合重大工程建设和重大装备开发，加强集成创新和引进消化吸收再创新，重点解决涉及全局性、跨行业、跨地区的重大技术问题，着力攻克一批关键技术，突破瓶颈制约，提升产业竞争力，为我国经济社会协调发展提供支撑。

港珠澳大桥国家科技支撑计划项目共设五个课题，包含隧道、人工岛、桥梁、混凝土结构耐久性和建设管理等方面的研究内容，既是港珠澳大桥在建设过程中急需解决的技术难题，又是交通运输行业建设未来发展需要突破的技术瓶颈，其研究成果不但能为港珠澳大桥建设提供技术支撑，还可为规划研究中的深圳至中山通道、渤海湾通道、琼州海峡通道等重大工程提供技术储备。

2015 年底，国家科技支撑计划项目顺利通过了科技部验收。在此基础上，港珠澳大桥管理局结合生产实践，进一步组织相关研究单位对以国家科技支撑计划项目为主的研究成果进行了深化梳理，总结形成了“港珠澳大桥跨海集群工程建设关键技术与创新成果书系”。书系被纳入了“交通运输科技丛书”，由人民交通出版社股份有限公司组织出版，以期更好地面向读者，进一步推进科技成果公开，进一步加强科技成果交流。

值此书系出版之际，祝愿广大交通运输科技工作者和建设者秉承优良传统，按照党的十八大报告“科技创新是提高社会生产力和综合国力的战略支撑，必须摆在国家发展全局的核心位置”的要求，努力提高科技创新能力，努力推进交通运输行业转型升级，为实现“人便于行、货畅其流”的梦想，为实现中华民族伟大复兴而努力！

港珠澳大桥国家科技支撑计划项目领导小组组长

本书系编审委员会主任

周海涛

2016 年 9 月

前 言
Foreword

随着经济高速发展，我国交通基础设施建设发展迅猛，一大批跨海大桥、越江隧道等重大跨海通道工程正在加快建设。可以看到，随着跨海、越江工程的大规模建设，沉管隧道逐渐向长距离、大管节、外海大水深方向发展，同时对管节寄放、浮运和沉放的工艺和设备提出了更高的要求，外海复杂的气象水文条件、恶劣的施工环境，给长大管节外海施工造成了极大的困难。

以港珠澳跨海工程为例，该项目海底隧道段采用沉管法施工，总长5 990m，为目前世界上最长的沉管隧道。采用节段式管节，施工区位于珠江口外海台风频发地区，具有管节长度长、水深大、施工环境复杂、施工难度大的特点，如何合理分析管节外海浮运和沉放过程中结构受力、稳定性、测量定位精度，形成气象窗口预报与稳定性控制、测量定位技术，从而确保施工质量和安全，这对施工工艺提出了很大的技术挑战。

针对上述工程建设及运营条件对沉管隧道外海施工提出的更高要求，特立项开展了国家科技支撑计划项目（课题编号：2011BAG07B01）——“长大管节海上寄放、浮运和沉放施工关键技术研究”和“深水碎石高精度整平设备开发及施工工艺研究”。其主要内容包括采用大型拖曳水池进行1:40的沉管管节安装过程的物理模型试验，实现“沉放驳-管节-基槽（坞口）”一体化模拟试验，确定管节关键水动力学参数；结合物理模型试验结果，建立管节浮运及沉放多体系统水动力学分析模型；提出基于多属性群决策的窗口条件分析算法及窗口预报算法，形成结构受力、稳定性分析及作业窗口预报与稳定性控制技术；在分析气温、湿度、气压、潮汐、波浪、水文等气象水文环境要素对测量精度影响的基础上，建立环境因素对测量定位的影响模型，提出不同测量定位方法的优先级以及适合岛隧结合部浅水区和深水区不同阶段的最优组合测量定位方法，开发具有自主知识产权的管节沉放对接测量定位软件系统，形成了我国首套沉管隧道长大管节超大水深复杂水文条件下的测量定位方法体系；总结国内外沉管隧道工程规模、施工方法、施工条件，确定了各种长大管节施工方案的优缺点及其适用范围，提出安全合理的管节寄放、海上长距离浮运和在大水深复杂水流条件下沉放过程中的关键技术工艺；研发了具有自主知识产权的，集定位测量、水下抛石、深水整平、质量检测为一体的自升平台式高精度碎石铺设整平船，形成了科学先进的高精度碎石铺设整平施工工艺；形成了长大管节寄放、复杂海况下长距离浮运、大水深安装和基础施工的关键施工工艺。

本书是根据这一研究成果编写而成的。全书共分为9章，第1章综述了沉管隧道施工技术现状及发展趋势，提出了需要迫切解决的关键工艺与技术问题；第2章提出了施工环境条件、作业水文气象窗口条件及管节水动力关键参数影响分析方法；第3章论述了沉管隧道“沉放驳-管节-基槽(坞口)”一体化物理模型试验；第4章介绍了管节浮运及沉放过程受力与稳性分析方法，并提出了浮运及沉放施工气象窗口预报与管节稳定性控制技术；第5章介绍了不同测量定位方法特点、理论模型、误差模型，给出了不同沉放安装施工阶段的最优组合测量方法；第6章给出了不同沉放安装施工阶段的实施工艺，提出了满足复杂水文条件下不同水深管节沉放对接高精度定位要求的测量定位系统；第7章介绍了管节垫层铺设施工方法和港珠澳大桥碎石垫层铺设施工工艺；第8章系统阐述了管节寄放、浮运和沉放施工方法，并提出了不同工艺技术方案的特点和适应性；第9章介绍了管节回填覆盖施工技术要求和工艺以及港珠澳大桥现场实施效果情况。

本书系统地介绍了沉管隧道管节施工技术的主要技术流程及相应的关键技术创新，涉及施工环境条件的分析、管节安装工程的物理模型试验、数值分析计算方法及主要结论、定位测量技术、沉放安装和回填覆盖技术及工艺等，为港珠澳大桥建设提供了有力的科技支撑，对于提升我国跨海集群工程建设创新能力和技术竞争力、促进交通行业科技进步和技术创新具有重大意义。

本书由吕卫清、徐国平统稿并校对，第1章和第3章由应宗权、梁邦炎编写，吴瑞大审核；第2章由欧伟山编写，陈越审核；第4章由林美鸿编写，苏林王审核；第5章和第6章由赵建虎、方长远编写，李汉渤审核；第7章和第9章由陆连洲、魏红波、尚乾坤编写，钟辉虹审核；第8章由任朝军、余青山编写，陈越审核。

本书可供从事隧道工程研究、设计、施工和管理的工程技术人员、教师和研究生参考。由于时间仓促,且水平有限,书中不妥之处在所难免,望读者见谅。

作　者

2016年3月

目　录

Contents

第1章　绪　　论

1.1　概　　述

1.1.1　沉管隧道历史回顾

随着社会发展水平和全球化程度的日益提高,国家和地区之间的交流日益加强,极大地促进了交通运输业的发展,由此带来了跨越江河及海峡交通问题。过去跨江和跨海主要依靠桥梁,但随着船舶运输业的发展,船舶吨位逐渐增大,对桥梁的跨度和净空要求逐渐提高,桥梁建设难度和成本逐渐增大。水下隧道技术的引入缓解了这一矛盾。目前,水下隧道按照其修建方法基本上可分为以下几种形式[1-2]:

(1)矿山法。一般适用于基岩中的隧道建造,采用传统的钻爆法或臂式掘进机开挖,比较典型的有日本的青函海底隧道、关越公路隧道,英国的 Mersey 隧道等。修建中的关键技术难题是防止水流涌入。

(2)盾构法。随着技术的发展,这一工法既能适应软弱地层又能适应中软岩层的掘进,已广泛应用于城市地铁和公路跨江隧道的建设。世界著名的英吉利海峡隧道便是采用此工法修建而成的。

(3)围堰明挖法。主要适用于水深不大或有枯水期出现的江河或浅湾地带。我国山西太原市汾河水下公路隧道采用此工法建造。

(4)沉埋管段法(简称"沉管法")。沉管法隧道施工是把已预制好的沉管各段沉放到水中开挖好的沟槽中,再在水中将各段管体拼装连成一体的一种施工方法。沉管法隧道对地基要求较低,特别适用于软基、河床或海床较浅易于水上疏浚设施进行基槽开挖的工程地点[3]。我国的广州珠江隧道、上海外环隧道、香港东区隧道等均是采用这一工法建造完成,国外著名的工程主要有丹麦厄勒海峡隧道、韩国釜山—巨济隧道等。

沉管隧道工程是从20世纪初开始逐步发展起来的一种大型跨江(海)交通工程,由于其具有质量轻、对基底地质条件适应性强;管节断面形状选择自由度大,截面利用率高;埋深小,包括连接段在内的隧道路线总长较矿山法、盾构法隧道显著缩短,加之大部分施工可交叉进行,有利于缩短工期等诸多优点,沉管法隧道施工在跨江、跨海隧道中的应用日益增多。

19世纪末,美国首先用沉管法建成波士顿的下水道工程。之后,于1910年用此法建成了底特律河水下双线铁路隧道。这是世界上最早的正规的沉管法工程。该隧道全长782m,由10节管段组成,至今已有100多年的历史[4]。自1910年至1980年,在北美共修建了23座沉管隧道,其中长度最长和水深最大的隧道是旧金山巴特隧道,沉管长度达5 825m,由57节管节组成,最大水深达41m。

据不完全统计,至2010年世界上已建成120多座沉管水下隧道,仅美国就有30余座,日本和荷兰均已建成20余座。我国建成的沉管隧道共有10余座。截至2005年,世界各国修建的沉管隧道数量见表1-1,其中长度在1 400m以上的沉管隧道见表1-2。

世界各国修建的沉管隧道数量(单位:座)　　表1-1

序号	国　家	沉管隧道数目	序号	国　家	沉管隧道数目
1	美国	31	11	英国	2
2	荷兰	25	12	澳大利亚	1
3	日本	22	13	爱尔兰	2
4	中国	10	14	古巴	1
5	加拿大	3	15	西班牙	1
6	比利时	3	16	俄罗斯	1
7	瑞典	2	17	法国	5
8	丹麦	3	18	希腊	1
9	阿根廷	1	19	韩国	1
10	德国	8	20	土耳其	1

世界各国修建长度在1 400m以上的沉管隧道　　表1-2

序　号	国家(地区)	隧　道	长度(m)	完工年份(年)
1	美国	Baltimore Harbor	1 920	1957
2	美国	Hampton Road Bridge 1	2 091	1957
3	美国	Chesapeake Bay Bridge	1 750	1964
4	美国	Bay Area Rapid Transit	5 825	1970
5	中国	Cross Harbor	1 602	1972
6	美国	Hampton Road Bridge 2	2 229	1976
7	中国	Mass Transit	1 400	1979
8	荷兰	Hemspoor	1 475	1980
9	美国	Fort Mehenry	1 646	1987
10	中国	East District	1 859	1989
11	日本	Tama River	1 549	1994
12	丹麦—瑞典	Oresund	3 560	2000
13	韩国	Busan-Geoje	3 240	2010

1.1.2 港珠澳大桥沉管隧道施工技术难点

港珠澳大桥跨越珠江口伶仃洋海域,是连接香港特别行政区、广东省珠海市、澳门特别行政区的大型跨海通道。跨越伶仃洋的关键性工程,起自香港大屿山散石湾,连香港口岸,经香港水域,穿越珠江口铜鼓航道、伶仃西航道、青州航道、九州航道,止于珠海、澳门口岸人工岛,总长约35.6km,大桥平面示意如图1-1所示。

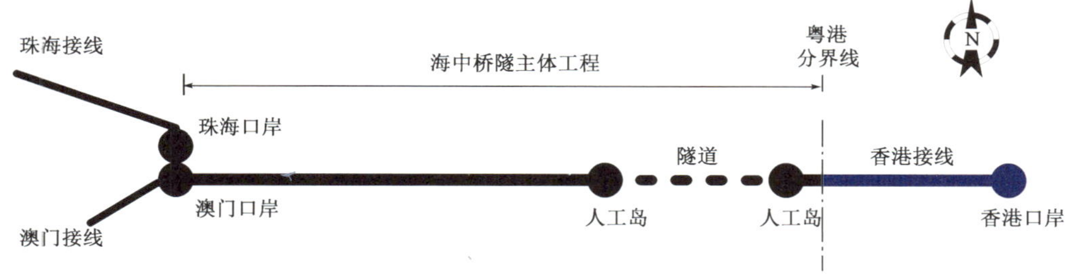

图1-1 港珠澳大桥平面示意图

港珠澳大桥由于通航及航空限高的要求,采用桥岛隧组合方案。穿越伶仃西航道和铜鼓航道段5 990m为沉管隧道方案,其余路段采用桥梁方案,隧道两侧各设一人工岛,东人工岛东边缘距离粤港分界线366m,西人工岛东边缘距离伶仃西航道约2km。图1-2为港珠澳大桥海底沉管隧道的纵向布置图。

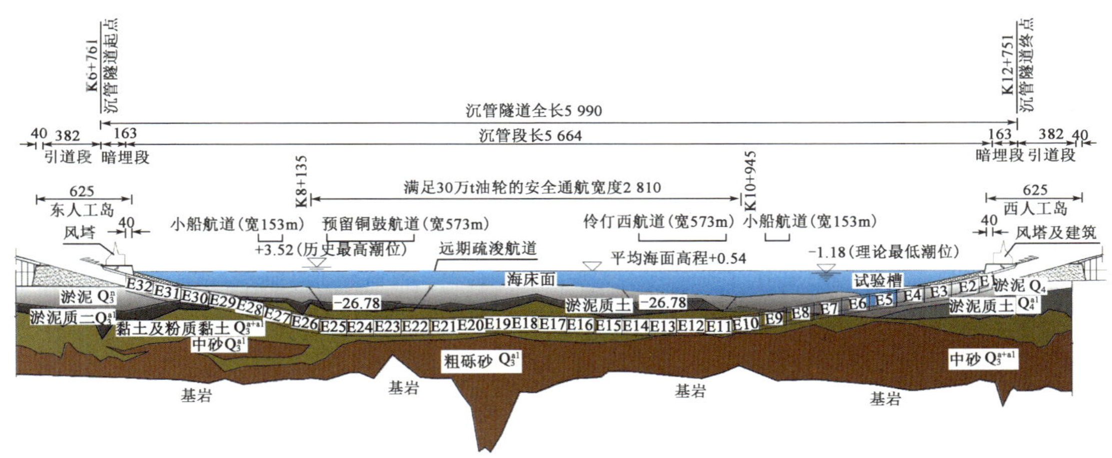

图1-2 港珠澳大桥海底沉管隧道纵向布置图(尺寸单位:m;高程单位:m)

港珠澳大桥沉管隧道工程全长5 990m,基槽设计底高程约-46m,行车单孔净宽14.55m,隧道单节管长达180m。隧道顶板至原始海床的可回淤厚度约为23m,纵向长度约3km,且隧道两端洞口段均位于海中人工岛上。与国内外已建成或在建的沉管隧道工程相比,港珠澳大桥沉管隧道具有以下特点和难点[5]:

(1)港珠澳大桥的海底沉管隧道,总长5 990m,为目前世界上最长的跨海沉管隧道。

(2)工程位于珠江河口外海台风频发地区,施工周期长,且具有管节长度长、沉放水深大、施工环境复杂等特点,对管节安装工程提出了极高的要求。

港珠澳大桥沉管隧道距珠海登陆点约22km,而沉管管节的预制场地距隧道约15km,沉管隧道管节长180m,质量约8万t,而外海的海况条件十分复杂,受气候、天文潮等影响较大。管节浮运过程中,可能会受到迎流、横向水流、波浪及水深等多种因素的综合影响,可能存在管节搁浅、缆绳断裂、管节失稳、管节结构损坏等风险;管节沉放过程中,可能存在波浪比预期高导致管节对接时难以控制、管节无法沉放到位、基槽周围的悬浮物导致管节沉放负浮力不足等风险。

(3)测量环境复杂,定位精度要求高。

由于管节沉放海域离岸距离大、水流条件极其复杂、水质混浊且管节沉深超过50m,采用目前常规GPS定位及测量技术误差较大,无法满足管节水下沉放精确定位的要求。如何基于现有的测量技术进行集成创新,确定海上复杂条件下不同沉放阶段的测量定位方法,建立满足工程精度要求的管节沉放测量定位体系是其关键技术难点之一。

(4)工程所处海域水深大、沉管顶回淤厚度大、地基处于深厚软弱地层上,且存在大回淤问题。

港珠澳大桥沉管隧道工程建造在深厚软基海床上,最大软基厚度40余米;且存在大回淤难题,管顶最大回淤厚度达23m;并且工程区内洋流复杂,对沉管隧道基础处理及回填覆盖提出了极高的技术挑战。

1.2 沉管隧道施工技术发展

19世纪末,美国首先用沉管法建成波士顿的下水道工程[4],之后,于1910年用此法建成了底特律河水下双线铁路隧道,这是世界上最早的正规的沉管法工程,该隧道全长782m,由10节管段组成,至今已有100多年的历史,针对沉管隧道施工技术,前人已做了大量的研究工作,但是在大型管节安装过程受力稳定性控制、管节沉放测量定位、恶劣施工环境条件下管节安装、垫层铺设方面还有待进一步的研究。

1.2.1 国内外典型工程介绍

1910~1980年,在北美共修建了23座沉管隧道,其中长度最长和水深最大的隧道是旧金山巴特隧道,沉管长度达5 825m,由57节管节组成,最大水深达41m。1941年在荷兰鹿特丹开始修建Mass隧道,标志着欧洲开始使用沉管隧道。

荷兰于1942年修建位于鹿特丹的Mass隧道,这是荷兰的第一座沉管隧道,也是世界上首次采用矩形钢筋混凝土管节的沉管隧道[6]。荷兰代表了西欧在这一领域的技术特点。管节之间水压接头的发明(采用GINA橡胶止水带作为初始密封,Q橡胶止水带作为永久密封)、大体积钢筋混凝土浇筑裂缝的控制、混凝土抗渗能力的提高等都促进了沉管隧道修建技术的高速发展。1998年瑞典和丹麦联合修建完成了3 520m的厄勒海峡隧道,采用了双体式驳船沉放方法和简化压重系统,沉深最大至水面下22m[7]。

亚洲日韩两国也在交通工程中广泛应用沉管隧道。日本于1935年开始修建沉管隧道。由于其地理位置的特殊性和水域跨越的多样性(既有河道要穿越又有大量的海湾要连接),日本人对两种类型的隧道建设都予以了充分重视,并在近二三十年内修建了大量的大尺度管段的沉管隧道,成为继美国、荷兰之后的又一沉管隧道使用大国。韩国近年来修建了釜山—巨济隧道,单个管节质量最大达到5万t,沉放深度最大达到40m,并首次采用EPS(External Positioning System)系统进行沉放调整[8-9]。

中国早在20世纪60年代初,就曾在上海开展过此工法的研究。我国内地修建沉管隧道虽然起步较晚,但发展迅速,于1994年首次采用沉管法建成广州珠江隧道,1995年宁波甬江隧道建成并投入运营,目前宁波常洪隧道和上海外环线隧道也相继投入运营[10,12]。香港地区则在20世纪70年代开始修建大量的海底沉管隧道,积累了一定的沉管隧道设计和施工经验[13]。

沉管隧道在美国、荷兰、日本等国家的成功实例,以及沉管隧道结构形式、防水、基础处理、结构抗震等关键技术问题的成功解决,使隧道成为跨江跨海的重要手段,使得沉管隧道的建设方法日臻完善,促进了世界各国的沉管隧道建设[14]。从沉管隧道100多年的历史来看,美国、荷兰、日本等西方国家修建的沉管隧道数量较多,积累了大量的经验,在技术上处于相对领先位置。从工程背景、设计和施工特点、环境条件来看,国外的丹麦厄勒海峡隧道和韩国釜山—巨济隧道与本工程类似,具有较大的参考意义。世界各国沉管施工方法和技术参数见表1-3。

国内外典型沉管隧道施工方法和技术参数 表1-3

序号	隧道名称	完工年份(年)	沉放方法	管段总长(m)及尺寸(m×m×m)(长×宽×高)	管节质量(万t)	拖航速度(节)	沉放速度(m/min)	沉放最大深度(m)	特点
1	丹麦厄勒海峡隧道	1998	双体驳船扛吊式骑吊	3 520 (176×38.65×8.55)	6.0	1.5	—	22	
2	韩国釜山—巨济隧道	2010	双体驳船扛吊式骑吊	3 240 (180×26.5×9.75)	5.0	2.2	—	40	世界第一座近海沉管隧道,海域环境恶劣,高海浪,大洋流,极软地基,最大水深40m
3	日本多摩川隧道	1993	驳船悬沉吊	1 550 (129×39.9×10)	—	—	0.5	28.746	目前已建成的单管横截面积最大的沉管隧道

续上表

序号	隧道名称	完工年份（年）	沉放方法	管段总长（m）及尺寸（m×m×m）（长×宽×高）	管节质量（万 t）	拖航速度（节）	沉放速度（m/min）	沉放最大深度（m）	特点
4	美国旧金山快速交通隧道	1970	浮筒控制沉放法	5 825（111×14.6×6.5）	—	—			世界上第一座规范意义上的沉管隧道
5	中国广州珠江隧道	1994	单起重船沉放	457（120×33×7.95）	3.0	0.3	0.3～0.5		中国内地首座沉管隧道
6	中国宁波常洪隧道	2000	双浮驳吊放	395（100×22.8×8.45）					
7	中国上海外环隧道	2003	双浮驳吊放	736（100×43×9.55）	4.1	1.0	0.3		单节管段宽度达到43m
8	中国香港东港跨港隧道	1990		1 859（128×35×9.5）	3.5		0.3		繁忙海港

1.2.2 管节安装过程结构受力、稳定性分析技术

沉管隧道管节的浮运和沉放施工过程的研究分析关键在于如何确定管节的受力、运动和稳定性及可操纵性等，其中牵涉结构力学和流体力学中高雷诺数、湍流、钝体、多相流以及耦合缆索动力学等多个方面的技术难点，需借助数值仿真分析方法并结合物理模型试验进行研究。对于长大体形、海洋环境和深水条件等因素带来的施工技术难题，国外在这方面做过一些工作，但基本都是针对具体项目而做，缺少系统性的总结和研究。

管节水动力性能的数值仿真分析，目前可采用计算流体动力学方法（CFD）和基于势流理论的方法进行，各有优缺点。计算流体动力学方法从原理上更精确，但是计算量非常大；基于势流理论的方法应用成熟、计算简便，但对于钝体结构在流场中产生的黏性效应无法精确考虑。对海洋环境条件下，长周期波浪和复杂水流情况下管节海上浮运和深水沉放的运动、受力和稳定性的研究，目前国内尚为空白。随着箱形钝体结构在黏性流体中的计算理论越来越完善，计算机硬件的飞速发展又很好地缓解了进行精确漩涡模拟时计算量大的困难，在一定数量物理模型试验的基础上，建立管节性能的精确数值预报体系已经成为可能。

现有的理论数值计算模型可以针对结构在风、浪、流作用下的运动及受力性能进行分析，但计算中引入的诸多假定和经验数据使得计算结果难以令人信服。物理模型试验和数值仿真分析方法在船舶海洋工程中已得到广泛的应用，目前这种模型试验与数值仿真计算相结合的方法已被普遍接受和采用。

国内多个隧道都开展过物理模型试验研究，但相关的文献报道不多，系统性的研究更少。在长大管节浮运和沉放施工技术方面，以往对沉管管节进行的水动力物理模型试验，多是针对具体的工程项目进行，在经验数据的积累和规律的总结方面所做的工作不够，对其他工程的借

鉴意义不大。如何利用模型试验结果,比较准确地预报隧道管节在海洋环境下的运动和受力问题显得十分重要。由于海洋工程水池尺度(长度、宽度和深度)限制,难以满足等比例模型试验,对于这类模型试验技术也就成为国际海洋工程界十分关注的问题[17]。

目前,管节的受力特性及运动响应等方面的预报,还基本停留在单纯地依靠物理模型试验阶段,随着势流计算方法的进一步完善和数值计算方法的日益成熟,建立相应的基于数值仿真模拟的管节性能预报技术,已经成为可能。为适应沉管隧道管节长大化、施工条件复杂化和施工分析精细化的发展需要,针对管节的浮运和沉放施工建立完整的技术体系,是沉管隧道施工未来发展的方向之一。

港珠澳大桥沉管隧道施工区域位于外海复杂环境,且施工期较长,随时可能遭遇到恶劣的水文气象条件,因此合理选择满足浮运和沉放安装周期内施工作业条件要求的一个连续时间段(即施工作业气象窗口)是影响施工进度的关键。通过建立长大管节在风、浪、流等复杂环境作用下的施工过程的管节受力、运动分析技术,确定施工作业气象限制条件,结合水文气象预报及施工工期要求确定合理的施工作业气象窗口。

1.2.3 管节沉放过程测量定位技术

根据定位测量仪器的不同,管节沉放实时定位测量的方法有测量塔全站仪法、测量塔 GPS 法、声呐法、基于 GPS 的组合声呐法、机械拉线法等。不同环境条件对各方法的误差影响各异,需根据实际环境条件深入分析和研究。日本京叶线台场沉管隧道管节沉放过程中,每隔 3m 左右进行一次水准仪检查和端面间隔检查。当管段下降到距海底约 50cm 时,自动连接器就开始进行拉拢作业,在水平移至 80cm 后,便使其进行软着陆。韩国釜山—巨济沉管隧道管节沉放采用 GPS 与声呐相结合的方法进行。在浅水区,管节沉放采用测量塔 GPS 法进行定位测量;在深水区,管节沉放则采用声呐法。上海外环隧道由于管节尺寸较大,水深较深(约 30m),要实现高精度的定位测量较为复杂。为了加快测量速度并保证管节测量精度,管节上设置两座测量控制塔,每座测量控制塔安装 1 个测量棱镜,定位测量时采用两台扫描式全站仪连续观测 2 个棱镜的三维坐标。宁波常洪隧道管节浮运沉放的测量工作采用全计算机控制,通过管段浮运沉放实时监控软件,可实现数据采集、整理、计算、分析,从而达到控制管段浮运沉放的目的。管段浮运沉放的测量采用全站仪法进行,共用全站仪 3 台,其中 2 台与数据处理计算机直接连接,1 台与指挥计算机连接。

传统的测量方法由于测量精度低、速度慢、测量距离短,难以满足大水深、离岸复杂环境条件下沉管隧道管节沉放的技术要求。全站仪法是传统的测量方法,由于测量速度慢、距离短,通常用于短距离沉管隧道定位测量,难以满足大水深、离岸复杂环境条件下沉管隧道管节沉放的技术精度要求。GPS-RTK 测量作用距离较大,效率高,没有误差积累,但受卫星状况、多路径效应和电磁辐射等因素影响,动态作业时定位精度一般为 2 ~ 5cm,难以满足沉管对接时高精度测量定位要求。声呐法和机械拉线法是沉管对接端(沉管首部)的相对测量定位方法。声呐法定位测量不需测量塔,相对测量精度较高,但管节沉放产生问题时,处理比较麻烦;此外,管节间距离、多路径回波效应、海水水文要素(如温度、盐度)以及因管节沉放造成的海水浑浊度提高等问题对声呐法的测量精度会造成一定的影响。机械拉线法是一种新型的管节水下定位测量方法,其测量精度较高、效率快,测量精度不受海水温度、盐度和泥沙等因素影响,但这种方法在工程中的应用较少,其实用性还需进一步研究。

单一测量系统在理想条件下测量精度较高,但受动态、海上环境影响,往往难以达到预期精度,需综合几种方法联合实现稳健定位。此外,多种测量设备同时作业时,简单的设备连接并不能达到预期精度,而需对这些不同源的数据进行有机融合方法研究,才能在提高测量成果可靠性的同时,提高定位精度。

除受测量方法影响外,定位精度还与复杂的海洋作业环境密切相关,且这种影响随着海洋气象和水文环境因素的变化而变化,是造成测量定位精度不高、稳定性不强的一个重要因素,而目前该领域的研究相对较少。

国内外已建(在建)沉管隧道管节沉放采用的定位测量方法见表1-4。

国内外已建(在建)沉管隧道管节沉放采用的定位测量方法 表1-4

工程名称	工程规模	测量方法	水文气象条件	实测精度
中国上海外环隧道	隧道长736m,由2节100m、1节104m和4节108m管节组成,管段断面宽43m,高9.55m	全站仪法	波高<0.5m 流速0.6~0.8m/s 风速<10m/s 能见度>1 000m	平面25mm 高程30mm
中国宁波常洪隧道	全长395m,由1节95m和3节100m管节组成,管段横断面外包尺寸为22.8m,高8.45m	全站仪法	流速0.3~0.8m/s	平面30mm 高程35mm
日本京叶线台场隧道	隧道全长5.7km,沉管段长为672m,共7节管节	声呐法	风速<8m/s 浪高<0.3m 潮流<1m/s 雨量<5mm	高低差1m左右时:距离1cm
日本多摩川、川崎隧道	多摩川隧道沉管段长1 549.5m,由12节长128.584m管节组成; 川崎隧道沉管段长1 187.4m,由9节长131.212m管节组成	光波测距仪与声呐相结合的方法	风速<10m/s 能见度>2 000m	断面间距在50cm时: 距离1.3cm 水平1.5cm 垂直1.0cm
日本东京湾临海公路隧道	全长8km,沉管段长1 328.825m,由11节长120m管节组成,管节宽32.5m,高10m	GPS与声呐相结合的方法	—	—
韩国釜山—巨济隧道	长3 400m,由18节长180m的管节组成,管段宽26.46m(17、18段宽28.46m),高9.97m	机械法、GPS与声呐相结合的方法	波高<0.4m 流速<1.6m/s	平面50mm 高程50mm

1.2.4 管节寄放、浮运和沉放施工工艺

长大管节海上深水施工分为管节海上寄放、二次舾装及管节浮运、海上沉放等几个主要施工过程。管节海上寄放是指管节预制完成后,由于不能马上进行安装施工,需要制订系泊寄放施工工艺,保证沉管安全,直至管节浮运。管节浮运是指管节二次舾装完成后,用拖轮或绞车将管节运至安装现场的过程。管节沉放是指在管节安装区域,选取合适的沉放和监控系统,将管节安全、精确地沉放到设计位置。

1)管节海上寄放施工工艺

根据寄放时的掩护情况,管节寄放可分为裸露寄放、防波堤掩护寄放、港内寄放或坞内寄放。当管节寄放区风浪流较小,管节自身能够承受外部荷载的破坏作用时,采用裸露寄放方式。管节自身不能承受外部荷载作用时,常采用防波堤掩护寄放方式,以削弱风浪流对管节的影响。当寄放区水文、气象条件复杂,浪涌对管节破坏较大且预制场地允许时,可采用港内寄放或坞内寄放方式,以保证管节寄放安全。由于坞内水域面积所限,寄放操作复杂,这种方法在沉管隧道中应用较少,因此坞内寄放的锚桩设置、管节移位方法、系泊方式、是否座底、二次舾装等还有待深入研究。

2)管节海上浮运施工工艺

管节的浮运是施工过程中的一项重要技术。沉管隧道管节的浮运受地形、地质、水文、气象、浮运距离、航道条件等多种因素的影响制约。综合国内外沉管隧道浮运施工案例经验,管节的浮运方式主要有拖轮浮运和绞车拖运+拖轮顶推两种施工方案。

绞车+拖轮顶推管节浮运方法操作简单,安全性及准确性较高,常应用于浮运距离较短、施工区域水文条件较好的内河隧道,如广州珠江隧道、宁波常洪隧道等。

拖轮浮运时,前方拖轮领航,提供管节前进拖带力,后面拖轮进行制动和转向。根据工程实际情况,可在管节两侧配置辅助拖轮,对管节进行顶推或拖带。根据管节浮运时拖轮的布置形式,拖轮浮运方式可分为三船浮运和四船浮运。当管节本身的浮力不能保证足够的干舷值时,还需要添加浮筒等助浮设施。拖轮浮运常用于长距离复杂施工环境的管节浮运,如韩国釜山—巨济隧道、丹麦厄勒海峡隧道等。

3)管节海上沉放施工工艺

管节沉放方法的选择关系到管节沉放的安全性和精确性,是沉管隧道施工至关重要的一环。根据沉管隧道施工工艺的特点,沉放系泊和沉放方法是管节沉放施工的关键点。

管节沉放系泊方案可分为重力式锚块方案和大抓力锚方案。重力式锚块方案的系泊锚多采用空腔式混凝土结构,在沉管隧道中应用广泛,如上海外环隧道、宁波常洪隧道等。重力式锚的稳定性是管节系泊安全的基础,因此,采用该种方案时需根据工程情况对锚块的稳定性进

行验算。大抓力锚方案的锚缆长度较长,锚加载过程中位移量较大,对其他施工和航道的干扰较大,因而繁忙水域较少采用。其在沉管隧道中的应用受到了一定的限制。

管节沉放方法主要有起重船吊沉法、海上升降平台法和驳船吊沉法。起重船吊沉法多用于管节规模较小的沉管隧道,如中国广州珠江隧道。日本京叶台场隧道采用了海上升降平台法。驳船吊沉法设备简单并且便于现场控制,所以大量用于各类不同尺度管节沉放,如荷兰柯恩隧道和陪纳勒克斯隧道等。驳船吊沉法根据沉放驳船的不同又可分为四方驳船吊沉法、双驳船吊沉法、双客体船吊沉法。驳船吊沉法稳定性较好,适合于各种复杂的施工环境,因此国内外规模较大的沉管隧道的管节沉放多采用这种方法,如韩国釜山—巨济隧道、丹麦厄勒海峡隧道和日本多摩川隧道等。

1.2.5 管节垫层铺设工艺

沉管隧道的基础问题与一般地面建筑的情况截然不同,其构筑基础的目的是解决基槽开挖作业所造成的槽底不平整以及地基沉降问题,保证隧道在施工、使用阶段的变形稳定性。目前,沉管隧道基础施工的主要方法有刮铺法、压砂法以及桩基法。

1)刮铺法

1910 年以来北美修建了 29 座沉管隧道,其中 13 座采用刮平碎石基础,可见该法在沉管隧道施工中应用的广泛性。其主要原因是造价低。据麦克享利堡隧道承包商的分析,该法比压砂基础可节省 500 万 ~600 万美元。早期沉管隧道的刮平碎石基础是用一个钢板在水底下对碎石砂层进行扫平,其导向用钢梁、轨道和轨道系统放在浮船上,只要潮汐变化不大,水流速度低(0.5m/s 以下),该系统基本可满足要求。

20 世纪 50 年代后期对刮铺法进行了改进,承包商设计了一种不受潮汐影响的“张拉腿”刮板船。这种刮板船的位置与海底基础平面的距离相对来说比较稳定,容易作业。旧金山海湾地区快速交通隧道水深 41m,水流速度 1.5 ~2.0m/s,成功地采用“张拉腿”刮平船将砂料用输料管直接送到海底刮平。当然,这种用于刮平法的浮船、台架或称“张拉腿”的刮板船,初期设备投资很高。美国第二座汉普顿公路桥式隧道曾采用这种刮板装置构筑基础。

刮板装置形式各种各样,日本衣蒲港隧道使用了样板刮平装置。该刮平装置在驳船上安装了导轨来整平,为了检查整平面,还专门研制了超声波测定仪。样板刮平基础在东南亚地区也有采用,如穿越九龙和维多利亚岛的香港公共交通隧道用沉放管段的海上平台来施作样板刮平基床。日本大场隧道采用在有顶升腿柱的平台上用的样板刮平基床。美国波士顿的第三座海港隧道(Third Harbour Tunnel)宽 24m,也采用样板刮平基础。

1996 年厄勒海峡沉管隧道基础施工采用了新型的刮铺技术,该方法采用专门的整平设备在铺放材料的同时进行整平。2005 年开始修建的釜山—巨济沉管隧道也开发了专门的整平设备，采用新型的刮铺设备对隧道基础进行整平。刮铺施工示意见图 1-3。

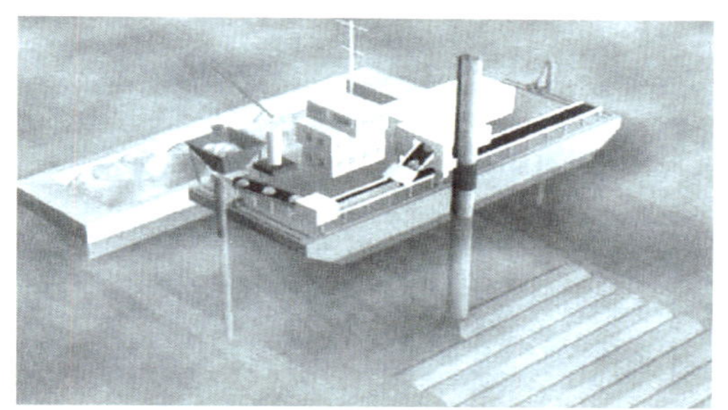

图 1-3 刮铺施工示意图

2）压砂法

压砂法亦称砂流法，由荷兰在 1975 年修建韦斯特谢尔德河沉管隧道时发明。施工方法是在沉管管节内铺设压砂管，与预制在底板的压砂孔相连，利用砂泵将砂水混合料压送到压砂孔，并由此进入沉管下面空隙中，形成一定范围的砂积盘，通过砂孔形成的砂积盘互相叠加，将沉管下面的空隙填满。相对于喷砂法，压砂法对砂粒粒径的要求低，又可避免水上的喷砂台架对航道的影响，并省去喷砂法用的浮吊，如图 1-4 所示。20 世纪 70 年代后期压砂法开始逐渐被各国采用，是目前先进的施工方法之一。

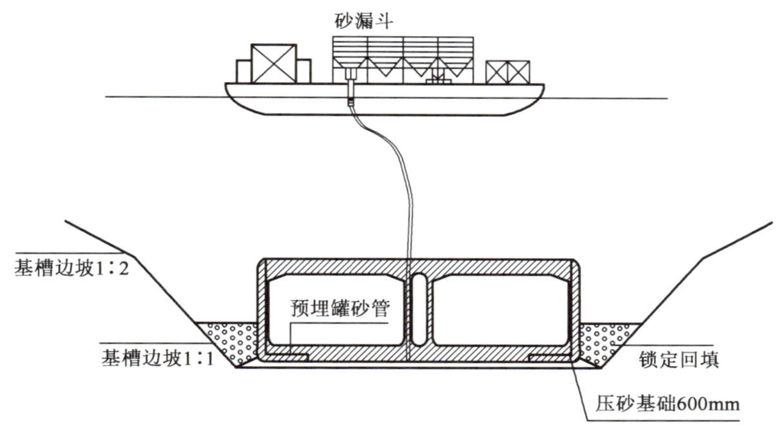

图 1-4 压砂法施工示意图

采用压砂法施工的沉管隧道基础，因其施工采用后填的特点，其适用范围比较广泛。压砂法适用于各种几何形状的断面（圆形、矩形、椭圆形），特别是横截面比较宽的矩形断面，采用压砂法尤为适合。

3）桩基法

当沉管段管节底面以下的地基土过于软弱，仅仅做基础“垫平”处理是不够的，一般遇到这种地层可采用桩基础减少沉管隧道基础的沉降量。桩基法是沿着隧道纵向，每隔一定距离打入若干排钢筋混凝土桩或钢桩。在海中打设桩，首先要考虑如何使桩的水平高程一致，使桩顶吻合在管段的底面。

由于沉管隧道砂垫层基础是在水下施工,故施工质量不易控制:

(1)对于压砂基础而言,如果砂垫层过于松散,压砂施工完成拆除临时基础后,砂垫层在管段浮重力的压载作用下会产生很大的压缩沉降量。如基础的差异过大,会使管段接头的止水出现问题。饱和砂垫层如果密实度达不到抗液化要求,砂垫层基础在地震作用下会发生砂土液化现象,给沉管结构带来严重的灾难。此外,压砂施工期间由于管段底部砂水混合物对管段的浮托力导致管段的抬升,也应引起足够的重视。

(2)对于先铺法基础,碎石层的整平精度是施工的关键。基础整平精度若达不到设计要求,将导致管段结构的附加弯矩过大,甚至会引起管段接头漏水。

(3)对于桩基法基础,桩顶的高程控制是基础施工成败的主要因素。如果水下桩群的桩顶高程差异过大,即使采用囊袋进行高程调节,管段沉放后仍无法保证所有各桩均与管段底接触。

港珠澳大桥沉管隧道最大水深约43m,隧道横断面宽度达39.5m,并且工程区内洋流复杂。在如此大水深、复杂洋流条件下进行沉管隧道基础施工,对各类型的基础展开研究是十分有必要的。

1.2.6 管节回填覆盖施工工艺

基础处理完成后,要对已就位处理好的管节在基础两侧及顶部进行回填处理。使其具有较好的防冲刷、防锚、防沉船等能力,同时也为了防止在基础边缘外侧可能形成地震液化薄弱区,回填层应该具备较好的排水功能。

回填和覆盖物的组成一般视管段所在位置而异。回填处理一般分管段锁定抛石、一般基槽回填、面层抛石覆盖、防锚带设置四部分。管段锁定抛石料要经过筛选,其上部沉管两侧可以用一般的回填料来进行回填。基槽回填的坡度一般大于2:1。沉管顶部的块石防锚层宽度每侧要至少超出2m。

管段基础垫层如采用先铺法(碎石整平法),管段沉放对接完后即可进行管段的回填施工,如采用后铺法,则需在管段的自由端进行临时锁定后进行基础垫层处理,完成之后才进行整个管段的回填施工,如图1-5所示。

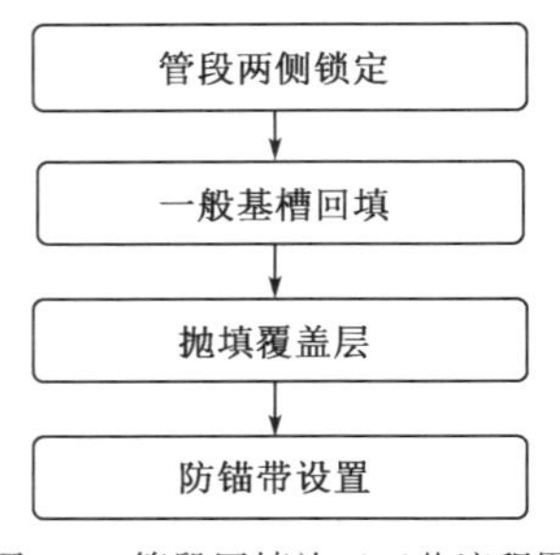

图1-5 管段回填施工工艺流程图

如何选择合适的抛填工艺,应根据填料的粒径、当地的水流情况及精度要求等条件来考虑。各工艺的综合比较见表1-5。根据各施工工艺的综合比较,结合港珠澳工程特点,管侧锁定回填拟采用定位船附设送料导管工艺;基槽两侧一般回填采用工效相对较高的抓斗船抛填工艺;面层抛石覆盖采用定位船配吊机网兜抛填工艺。

深水抛填工艺综合比较表

表 1-5

工 艺 名 称	对填料粒径的要求	填料落点受水流影响程度	高程及平整度控制	船机使用率
开底驳直接抛填工艺	各种粒径均适合	影响较大，粒径越小影响程度越高	较难	高
反铲直接水面抛填工艺	各种粒径均适合	影响较大，粒径越小影响程度越高	较难	较高
定位船配吊机网兜抛填工艺	中、大粒径	影响较小	较易	低
定位船附设送料导管工艺	中、小粒径	影响较小	易	低
抓斗船(或横鸡趸)抛填工艺	各种粒径均适合	影响较小	较易	较低

1.3 本书情况介绍

本书以港珠澳跨海工程的节段式管节实施为例。其施工区位于珠江口外海台风频发地区，具有管节长度长、水深大、施工环境复杂、施工难度大的特点，如何合理分析管节外海浮运和沉放过程中结构受力、稳定性、测量定位精度，形成气象窗口预报与稳定性控制、测量定位技术，从而确保施工质量和安全，对施工工艺提出了很大的技术挑战。

1.3.1 编写背景

随着跨海越江工程的大规模建设，沉管隧道逐渐向长距离、大管节、外海大水深方向发展，对管节寄放、浮运和沉放的工艺和设备提出了更高的要求。外海复杂的气象水文条件、恶劣的施工环境，给长大管节外海施工造成了极大的困难。

针对上述工程建设及运营条件对沉管隧道外海施工提出的更高要求，特立项开展了国家科技支撑计划项目(课题编号:2011BAG07B01)——“长大管节海上寄放、浮运和沉放施工关键技术研究”和“深水碎石高精度整平设备开发及施工工艺研究”，成功地研发了大比尺“沉放驳-管节-基槽”一体化拖曳的物理模型试验技术，形成了基于多属性群决策的作业窗口预报系统和软件；研发了满足复杂水文条件下不同水深管节沉放对接高精度定位要求的测量定位系统及软件，能实现测量定位误差的自修正，构建了我国首套沉管隧道长大管节超大水深复杂水文条件下的测量定位方法体系；研发了科学先进的高精度碎石铺设整平施工工艺；形成了长大管节寄放、复杂海况下长距离浮运、大水深安装和基础施工的关键施工工艺。

本书系统地介绍了港珠澳大桥国家科技支撑计划项目中关于沉管隧道关键施工技术的主要创新成果，涉及施工环境条件的分析、物理模型试验、数值分析计算、定位测量技术、沉放安装及回填覆盖技术及工艺等，对于提升我国跨海集群工程建设创新能力和技术竞争力、促进交通行业科技进步和技术创新具有重大意义。

1.3.2 本书主要内容

本书针对目前节段式沉管隧道施工中的海上寄放、浮运和沉放施工、垫层铺设和回填覆盖等关键技术问题，系统地介绍了沉管隧道管节施工环境条件分析、管节水动力物理模型试验技术、数值仿真分析技术、定位测量技术、沉放安装及回填覆盖技术及工艺等。主要章节内容如下：

1）沉管施工环境条件分析与选择

在分析国内外沉管隧道施工环境条件基础上，确定了关键环境气象参数及其影响激励，提出了环境参数影响机理和基于谱分析方法的波浪参数统计分析，确定各关键的参数，确定水流、波浪等主要环境下的合理取值，提出了施工作业水文气象窗口条件。

2）管节施工物理模型试验研究

在国内外沉管隧道管节浮运、沉放水动力学模型试验研究现状调研的基础上，研发了“浮驳-管节-基槽”的一体化水动力物理模型试验技术，并将其成功应用于实际工程——港珠澳大桥沉管隧道工程。通过水动力模型试验研究，确定了管节的附加质量、阻尼及不同拖曳方向的水阻力系数，明确了波浪作用下的管节浮运、沉放过程的运动响应与受力，为实际工程的浮运、沉放施工提供了数据支撑。

3）管节施工数值仿真分析技术

针对长大管节的浮运、沉放等施工过程中可能遇到的关键问题进行研究，结合管节施工各阶段的物理模型试验研究，采用数值分析方法重点研究了管节的运动特性及单位线性波作用下的管节受力响应，探讨了浮运过程中的风、浪、流阻力、稳性及可控性，分析了沉放阶段系泊系统的缆绳力、管节受力及稳性，研发了管节施工窗口预报与管节稳定性控制系统。

4）沉管测量定位技术

在调研管节沉放实时测量定位的常用测量方法和新的测量定位技术的基础上，研究常用测量方法的误差和提高测量精度的方法，并对测量定位新技术的优缺点进行分析，给出各测量定位方法的定位模型、坐标转换模型和误差模型，以及测量定位特点、精度和适用性，并据此最终给出满足港珠澳工程不同施工阶段的最优组合测量定位方法。

5）沉管测量定位工艺

基于不同测量定位理论，在研究沉管沉放安装不同阶段的最优和次优测量定位方法的基础上，提出适合港珠澳沉管隧道不同施工部位的测量定位工艺和设备安装工艺，设计了基于无线传输管节端观测设备数据的通信控制软件和硬件系统，研制具有采集、处理、显示和发送各阶段测量定位数据功能的沉放对接测量定位软件，建立不同水深、距离和复杂环境下沉管安装的测量定位体系，较好地解决了设备安装工艺方案的选择、现场测量实施方案的可操作性、测量数据的综合处理及研制、环境因素影响及其修正等关键技术问题。

6)管节垫层铺设施工工艺

在调研国内外不同沉管隧道基础处理工艺和方法基础上，系统阐述了管节寄放、浮运和沉放施工方法，并提出了不同工艺技术方案的特点和适应性，结合港珠澳大桥沉管隧道施工的难点和关键因素，提出满足港珠澳大桥工程规模、水深、工效、作业条件、精度控制及质量检测等边界条件的高精度碎石铺设整平施工工艺。

7)管节寄放、浮运和沉放施工工艺

在调查总结国内外沉管隧道工程特点及施工方法、沉管施工环境条件及作业工况的基础上，针对长大管节关键性施工工序如管节寄放、浮运、系泊与沉放、测量定位及轴线调整等进行了深入的研究，提出了各种施工工艺的具体布置和要求，根据环境参数的敏感性分析结果，确定了影响沉管寄放、浮运和沉放施工的主要因素，分析了各种施工工艺的优缺点和适用范围，提出了港珠澳大桥沉管隧道管节寄放、浮运和沉放的施工工艺。

8)管节回填覆盖施工工艺

结合港珠澳大桥沉管隧道工程的特点，研发设计了新型供料/锁固回填船，形成了石料输送、石料计量、回填布料以及质量检测等机械化锁固回填工艺，实现了存料、供料、运料船定位和锁固回填及质量检测的高效一体化功能。创新了沉管安装后锁固回填的新工艺，填补了向平台式碎石铺设整平船连续供料和深水条件下沉管锁固回填技术的空白。

本章参考文献

[1] 陈韶章，陈越，张弥. 沉管隧道设计与施工[M]. 北京：科学出版社，2002.

[2] 崔玖江. 隧道与地下工程修建技术[M]. 北京：科学出版社，2005.

[3] 王梦恕. 中国铁路、隧道与地下空间发展概况[J]. 隧道建设，2010(04).

[4] 程乐群，刘学山，顾冲时. 国内外沉管隧道工程发展现状研究[J]. 水电能源科学，2008，02：112-115 + 166.

[5] 李英，陈越. 港珠澳大桥岛隧工程的意义及技术难点[J]. 工程力学，2011，S2：67-77.

[6] Glerum A. Developments in immersed tunneling in Holland[J]. Tunnelling and Underground Space Technology, 1995, 10(4):455-462.

[7] 吕明，Grpv E，Nilsen B，et al.. 挪威海底隧道经验[J]. 岩石力学与工程学报，2005(23).

[8] 孙钧. 海底隧道工程设计施工若干关键技术的商榷[J]. 岩石力学与工程学报，2006(08).

[9] ITA WG. Immersed Tunnels-a better way to cross waterways[EB/OL]. 1999[2008，05，28].

[10] 孙钧. 论跨江越海建设隧道的技术优势与问题[J]. 隧道建设，2013，05：337-342 + 332.

[11] 王梦恕，皇甫明. 海底隧道修建中的关键问题[J]. 建筑科学与工程学报，2005(04).

[12] 宋克志,王梦恕.国内外水下隧道修建技术发展动态及其对渤海海峡跨海通道建设的经验借鉴[J].鲁东大学学报(自然科学版),2009(02).

[13] 杨文武,毛儒,曾楚坚,等.香港海底沉管隧道工程发展概述[J].现代隧道技术,2008,S1:41-46.

[14] 王梦恕.水下交通隧道发展现状与技术难题——兼论“台湾海峡海底铁路隧道建设方案”[J].岩石力学与工程学报,2008,11:2161-2172.

[15] 李伟平,吴德兴,郭霄,等.宁波甬江沉管隧道大修设计与施工[J].现代隧道技术,2011,01:82-89.

[16] 陈越.从广州地区沉管隧道建设谈沉管隧道的建造设想[J].现代隧道技术,2008,01:10-15.

[17] 钟辉虹,李树光,刘学山,等.沉管隧道研究综述[J].市政技术,2007(06):490-494.

第2章　沉管施工环境条件分析与选择

沉管在其出坞、寄放、浮运及系泊沉放施工过程中受气象水文、施工区域地形及航运条件的影响较大,这些条件参数对整个施工过程的设备及施工工艺选择起到至关重要作用。分析该海域的气象及水文环境特点,可以为管节施工的气象窗口的确定提供必要的数据基础。港珠澳大桥沉管隧道为我国第一座在外海区域建设的大型沉管隧道工程,工程所处水域宽阔,受外海波浪、潮汐的影响显著。

2.1　国内外沉管隧道施工环境条件

施工环境条件对沉管隧道施工技术有重要影响,也是施工工艺选择需要考虑的重要因素,本书对中国广州洲头咀隧道、中国上海外环隧道、韩国釜山—巨济隧道、日本多摩川隧道、日本川崎沉管隧道、日本京叶线台场沉管隧道、土耳其博斯普鲁斯海峡沉管隧道等施工环境条件进行了归纳总结。

2.1.1　中国广州洲头咀隧道

中国广州洲头咀隧道工程位于珠江主航道上,珠江隧道和鹤洞大桥之间,其上游约1.4km是珠江隧道,下游约2.2km为鹤洞大桥。其中芳村侧敞开段长度为198.9m,暗埋段长度为466.0m;海珠侧敞开段长度为223.2m,暗埋段长度为706.0m;江中沉管段长度为340.0m。

工程位于南珠江水道两侧;河道平均河宽525m,是三角洲密布河网之一,为感潮河道,洪潮混杂,水流流态复杂。本区潮汐类型为不规则半日潮,每天基本上有二涨二落,往复流十分明显。隧址的水文测验成果:涨潮最大流速0.89m/s,落潮最大流速0.87m/s,所在区域气候湿润,降雨丰富,多热带气旋,对工程影响较大的是降雨对洲头咀隧道工程所在河段流量及流速影响,从而会影响基槽开挖地断面形式、基槽稳定性等。

工程所处水域航道情况:

(1)航道现状:南河道属珠江后航道,通行3 000吨级的海轮,航道顶宽180m,底宽120m,维护水深为6m。同时隧道顶部以上覆土厚度不少于2.0m。

(2)航道迁移:为使洲头咀隧道工程满足车辆进出的方便、安全和高效,又能满足隧道穿越的水域航运发展、通航安全的要求,工程建成后主航道将往西平移32m。

管段浮运沉放施工分3次进行,首次安装2管节,第二、三次各1节;管节在干坞内分2次预制管段,每次预制2节管段,其中1节沉管需要隧址附近河道寄放近1年时间,待芳村段暗埋段完成后,再进行最后安装;同时围堰也进行3次施工。

2.1.2 中国上海外环隧道

中国上海外环隧道工程位于长江入海口、黄浦江吴淞口内2km处,江中沉管736m,工程总长2 883m。隧道于黄浦江主航道弯道处,至浦东的岸边为一片滩涂地。

1)自然环境复杂

隧道由北向南的浦西沿岸有军港设施、吴淞水厂进水口、三岛车摆渡码头、吴淞公园临江驳岸、原航道局码头、吴淞客运码头和吴淞渡口、蕰草浜内河道、张家浜集装箱码头等,隧址下游码头有5座,隧址上游包括万吨级等各类码头700多座,同时又是万吨轮和内河船舶进出黄浦江的咽喉航道段。施工期间需要航运、水上交通组织和管理部门的大力支持和协调才能保证施工安全。

2)施工环境困难

黄浦江为潮汐河流,隧址处河口部位,外环线隧道地处交通最为繁忙水域,除黄浦江航运以外,船舶、车渡、吴淞轮渡站以及客运码头、高速码头船只也在此频繁调头和通行,给沉管施工的水上、水下作业带来很大影响。因此对基槽开挖和回淤、管段拖运、沉放、基础处理、回填覆盖和水下潜水作业等均会带来一定影响。由于水下基槽的开挖和管段沉放,施工期间改变了原有河床和河势,故对附近驳岸、防汛墙大堤以及上、下游一定范围内的运营使用码头及水深必须进行监测,确保周围环境的安全和使用。

2.1.3 韩国釜山—巨济隧道

韩国釜山—巨济隧道有许多特点:长度达到3.2km,处于水下35m处,海况条件严峻、地基土较为软弱和线形要求较高。基于以上诸多特点,隧道的设计和建造面临着巨大的挑战。可以预见的是,这项工程将会开创沉管隧道施工技术的新局面。

1)海洋情况

施工位置在太平洋上,处于朝鲜海峡上并位于日本海的南面。这将影响工地现场的海洋情况。10 000年一遇的南向海浪会影响该工程的水文条件。设计最大浪高达到9.2m,对应的海浪周期为15s。这种由台风引起的海浪是向南运动的。洋流主要受潮汐的影响,这是一个典型的半日潮,最大潮高达到1.6m,流速0.8m/s,流向与隧道走向一致。工程所处位置的海浪包括三个主要部分:

(1)当地海风引起的波浪,主要是冬季来自东北和西北方的风。

(2)雨水带来的风,主要是夏季来自南方和东南方的风。

(3)深水海流产生的波浪,主要是夏季来自南方和东南方的风。

在海上设施建设期间,应该考虑浪高超过0.5m,周期为6次/s的海浪的影响。夏季的大多数时间里浪高都大于此值。

2)浮运过程自然条件

釜山—巨济隧道拖航海区的水流速度不大于1.6m/s,浪高不超过2m(通常不超过1m)。沉管的浮运采用4拖轮浮运,前后各两艘,功率分别为3 600hp(1hp = 745.700W)和2 600hp;波高条件限定为0.4m;浮运拖航速度为4km/h(约为2.2kn),浮运时间约为9h;浮运的干舷值为30cm。

3)管节沉放的自然条件

管节沉放的自然条件为:浪高≤0.4m,水流速度≤1.6m/s,不考虑能见度和风的影响。管节沉放时,为了保证管节沉放的安全性和精确性,对水文状况进行预报,选取5天均能满足沉放条件的时间段进行沉放。

2.1.4　日本多摩川、川崎沉管隧道

日本多摩川、川崎两座沉管隧道,分别位于多摩川河口部和川崎航道,都是连接羽田机场和浮岛填筑地以及浮岛填筑地和东扇岛的上下行各为3车道的专用公路隧道。多摩川隧道,全长约2 170m(沉管段长度1 550m)。川崎航道隧道,全长约1 954m(沉管段长度1 187m)。多摩川隧道、川崎隧道由沉管隧道(海区隧道)和陆上隧道所构成。管段的长度,考虑到经济性和施工性,决定管段的长度为130m左右,这是除最后接头部分的长度约为6.5m后,等分沉管隧道区段后决定的管段长度。多摩川隧道(1 549.5m),由12个管段(128.584m×12段)和最后接头部分(6.492m)组成。川崎隧道(1 187.4m)由9个管段(131.212m×9段)和最后接头部分(6.492m)组成。

该项目位于多摩川河口水域(内河),根据搜集的气象、水文资料,合理选取管节沉放开始时间,保证管节着底的时间与落潮相吻合,为了测量精度和施工安全,管节沉放时的风速<10m/s,能见度>2 000m,浪高<0.5m,多摩川隧道的潮流流速<0.6m/s,川崎隧道的潮流流速<0.5m/s。管段之间接近50cm以内,是中心吻合的微妙阶段,要避免管段受潮流等的影响而动摇,以期安全。

2.1.5　日本京叶线台场沉管隧道

1)工程概况

日本京叶线台场沉管隧道于1973年5月沉放了第一节沉管,1979年1月沉放了最后的一

节管段，直到1980年3月工程全部竣工。该隧道以东京港为中心，通过四块填海区和三条运河，全长约5.7km。由于施工条件极为复杂，结合地区的地形、地质和障碍等条件，采用复线压气盾构，沉管、泥水加压盾构、沉箱和明挖等多种施工方法进行隧道施工。

2）管节沉放的自然条件

沉放前收集施工水域的水文、气象条件，选取水文、气象较好的时候进行管节沉放，具体要求为：风速 <8m/s，浪高 <0.3m，潮流 <2 海里/h、雨量5mm以下。

2.1.6 土耳其博斯普鲁斯海峡沉管隧道

土耳其博斯普鲁斯海峡沉管隧道全长1 387m，由11节管节组成，其中E1～E2管节长度为98.5m，E3管节长110m，E4～E11管节长135m，管节宽15.3m，高8.75m，混凝土分两次浇筑，管节断面图见图2-1。

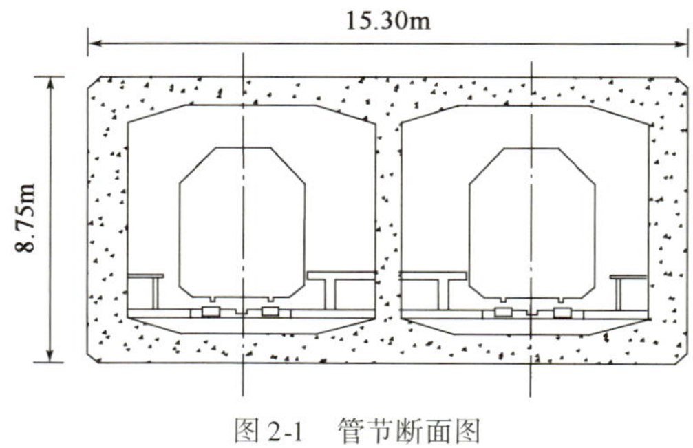

图2-1 管节断面图

该沉管隧道施工区交通繁忙，且位于强烈地震区，最大施工水深为60m，最大水流速度为3m/s，隧道平面图和纵断面图见图2-2。

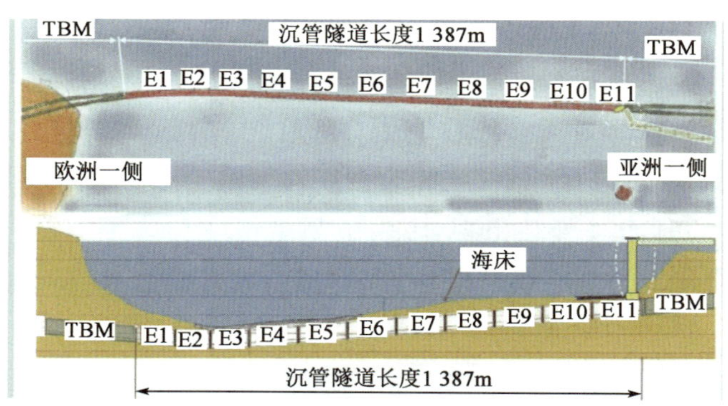

图2-2 隧道平面图及纵断面图

土耳其博斯普鲁斯海峡沉管隧道施工区域水文气象条件非常复杂，水深较大，为保证管节沉放的安全，沉放对气象水文条件进行预报，管节沉放时的具体自然条件为：波高 <0.6m，水流速度 <1.5m/s，风速 <10m/s。

2.2 气象水文影响分析和统计

通过对现场相关水域环境参数监测资料的分析以及历年相关的水文资料的研究和统计分析[1-3]，确定各关键的参数，并根据施工设备工艺的要求，确定水流、波浪等主要情况环境下的合理取值。

2.2.1 环境参数影响分析

环境参数主要分为气象参数和水文参数。

1）气象参数

气象参数包括风、气温、降雨、雾、雷暴、湿度等参数。气象资料的调查主要用于结构耐久性设计、通风设计、排水设计以及优化沉管隧道施工组织等方面。

风参数是管节出坞、寄放、浮运及系泊沉放施工作业选择和设备抗风性能的关键参数之一，通常按月、年的风速、风向数据进行统计研究，可为施工窗口、设备选择提供依据；为管节施工的受力与稳定性计算提供参数；作为选择管节浮运、沉放和对接作业时间的依据，避免不利及灾难性天气的影响，作为管节浮态下的临时存放以及浮运、沉放作业过程中系泊系统设计的主要依据之一。风况资料应包括最大风速、极大风速、月平均风速、风向、大风天数及风况、台风情况及发生月份等。另外，需特别关注风速风向以及各月大于6级风出现的天数，特别注意台风等极端灾害天气的天数及月份分布。

气温作为确定因温度变化而产生的结构附加荷载和相应的变形的依据，是混凝土配合比设计的重要参数，在管节沉放、对接时选择最有利季节，保证管节各组成部分处在相对较佳状态，降低结构附加荷载和变形对施工的影响；也作为设备管理用房及控制室环境控制设计的依据。统计参数包括极端最低气温、极端最高气温及年高温日数、月平均气温、月平均最高气温、月平均最低气温等。

降雨是管节施工作业选择的参数之一，隧道排水系统和施工临时排水系统须考虑工程区域降雨特征、进出口地形条件与汇水面积以及洞口防洪频率等因素；同时也是干坞排水设备需考虑的参数。通常按月、年进行降雨量统计，作为施工窗口、设备选择及施工工艺选择的依据。降水资料应包括年降水日数、中雨、大雨以及暴雨日数，1小时和日最大降水强度等。

雾通常影响可见度，是管节施工作业选择的参数之一，通常按月、年进行天数数据统计，作为施工窗口、设备选择及施工工艺选择的依据。统计参数包括年月平均雾日数及分布规律、易发大雾的月份等。特别关注能见度 <1 000m 大雾天气出现的天数和月份分布。

雷暴是管节施工作业选择的参数之一，避免不利及灾难性天气的影响，通常按月、年进行天数数据统计，作为施工窗口、设备选择及施工工艺选择的依据。雷暴应包括平均雷暴日数及分布规律、雷暴易发生的月份及频率等。

湿度作为设备、管理用房及控制室等环境控制设计的依据、机电设备选型技术条件之一。湿度统计参数包括平均相对湿度、相对湿度最高月值、相对湿度最低月值、历年湿度最高值、历年湿度最低值。

2)水文参数

水文环境对管节拖航、沉放的影响主要体现在潮汐、海流、波浪等诸多方面。水文资料的调查对沉管隧道方案的确定至关重要,应按设计施工各阶段要求进行详细的调查与分析。通常除了设计阶段的调查外,在沉管隧道施工期间也需要对重点区域进行专门的测试,以保证管节施工安全。应根据工程设计的使用寿命及施工期限,计算分析相应重现期的最高、最低水位,以及不同重现期水流流速等水流特征。当工程区域缺乏历年气象、水文监测等资料时,应在工程区设置气象、水文观测站,进行必要的观测,观测时间和频率应满足气象、水文推算的要求,必要时可请专业部门进行评估和预报。

潮汐作为管节浮泊存放、浮运、沉放作业施工组织、系泊系统设计及设备配置的主要依据之一。潮汐引起的水位变化、波浪力会引起可变荷载,施工过程中需注意。潮汐数据包括涨急最大断面流速、涨急最小断面流速、涨急平均断面流速、涨潮时水流平均流向、落潮时水流平均流向;应收集潮汐参数,包括类型、方向、持续时间、最高潮位以及最低潮位等。

水位作为隧道结构设计中外水压力的理论计算依据。对于柔性接头,作为止水带选型设计的依据,也是采用水下水压对接的接头处理的重要设计参数;对于刚性接头作为临时水下结构设计的依据,也作为管节浮泊存放、浮运、沉放,施工组织设计、确定附属设施的重要依据之一。比如承载能力极限状态和正常使用极限状态的计算中应采用重现期为120年的水位,而施工阶段的计算应采用重现期为10年的水位。另外,管节出坞、系泊、浮运、沉放过程应考虑波浪、水流冲击、水位变动等引起的荷载。统计参数包括历史最高水位、历史最低水位、各重现期水位等。

波浪是确定浮运沉放、系泊系统设计及设备选型的依据之一。波浪参数是影响管节在浮运沉放施工下的稳定性及结构强度和施工荷载的重要参数。波浪也需在基槽边坡稳定性、回填防护设计、管节浮运的富裕水深、水上抛填施工等方面进行考虑。应收集波浪资料,包括波况(波向频率、波高及频率等),并分析确定设计波要素(不同重现期的最大波高、周期、波长等)。

海水相对密度会直接影响管节的浮力,影响沉管安装的起吊力和抗浮系数变化。水温、相对密度及水质作为控制管节浮态的干舷高度、确定管节沉放参数的主要依据之一,内容包括全年水温变化范围、对应水温的水相对密度的平均值、枯潮水期及洪水期水的 pH 值、悬浮质。

水深是沉管隧道场地条件分级的重要参数,影响隧道选址、航道规划、接头选型、基槽施工精度及工艺选择、管节结构受力和抗渗、临时寄放、浮运、沉放系泊系统选型、沉放测量工艺选择、潜水工艺选择管节回填工艺选择等。水深测量须全面覆盖隧址及附近航道。

2.2.2 气象水文资料统计分析

1)需统计的主要参数

在海洋上,波浪之间、波浪与海流之间、波浪与风之间都有相互作用,还可能受到涌浪的影响。因此,某一时刻、某一地点出现的波浪往往是不同波高、周期和方向的波浪相互干扰的综合结果,可见实际海况中海浪波动现象的复杂性。海浪虽然复杂,仍具有一定的统计规律。为了表达海面上不规则波的特点,在实际应用中,经常采用它们的统计特征说明波浪场的状况。常用的波浪特征值有:

(1)平均波高。为所有波高的平均值。

(2)均方根波高。将所有波高平方相加取平均值后再开均方。

(3)部分大波的平均波高。将观测到的波高按从大到小排列,取最高的一部分波高计算平均值。常用的有 $H_{1/3}$、$H_{1/10}$、$H_{1/100}$ 等。其中 $H_{1/3}$ 也称为有效波高,以 H_s 表示。

(4)合成波。海面上风浪和涌浪并存时,可采用合成波高表示海面状况。常用的周期特征值有:有效波周期 T_s、最大波周期 T_{Hmax}、谱峰周期 T_p 等。

对于其他风流等参数,常见统计参数如下:

(1)风况资料应包括最大风速、极大风速、月平均风速、风向、大风天数及风况、台风情况及发生月份等。另外,需特别关注风速风向以及各月大于6级风出现的天数,特别注意台风等极端灾害天气的天数及月份分布。

(2)气温统计参数包括极端最低气温、极端最高气温及年高温日数、月平均气温、月平均最高气温、月平均最低气温等。

(3)降水资料应包括年降水日数、中雨、大雨以及暴雨日数,1小时和日最大降水强度等。

(4)雾统计参数包括年月平均雾日数及分布规律、易发大雾的月份等。特别关注能见度 $<1\,000$m大雾天气出现的天数和月份分布。

(5)雷暴应包括平均雷暴日数及分布规律、雷暴易发生的月份及频率等。

(6)湿度统计参数包括平均相对湿度、相对湿度最高月值、相对湿度最低月值、历年湿度最高值、历年湿度最低值。

(7)潮汐包括涨急最大断面流速、涨急最小断面流速、涨急平均断面流速、涨潮时水流平均流向、落潮时水流平均流向。

(8)水位统计参数包括历史最高水位、历史最低水位、各重现期水位等。

(9)水质参数包括全年水温变化范围、对应水温的水相对密度的平均值、枯潮水期及洪水期水的 pH 值、悬浮质。

2)基于谱分析的波浪参数统计分析方法

通过大量长期的观测发现,海浪的不规则性和不确定性,可以用统计方法从数学上正确地把海浪表示出来[4]。这样,可以把表面上“无规律”的海浪的规律性揭示出来。海浪统计规律的获得必须建立在一系列大量的同时观测之上,而不是单个观测。因此,把这种由大量统计资料分析得到的规律称为统计规律。海浪统计,根据统计内容和时间比尺可分为短期、中期和长期海浪统计。波况分析为短期统计,波候是中期统计,而与海上建筑物试用期有关的极值统计为长期统计。

考虑实际海面状态的复杂性,不限制在个别的波浪,而从海面的海浪统计特性着手,根据风要素预报海浪要素的半经验半理论的方法,学者们提出了著名的有效波理论和方法。直至今天,世界上的许多国家仍用这种方法预报海浪。但是,有效波预报方法也存在一些缺陷,主要是它不能反映海浪的复杂变化,预报准确度也受限制。

为了进一步改善海浪预报方法,提高预报准确度,科学家们开始转向海浪数值预报方法的研究。

各海洋国家的科学工作者提出的预报方法已达数十种之多,以后随着电子计算机的广泛使用,进一步促进了海浪预报的发展,产生了海浪的数值预报方法,使得在预报时可以考虑到更复杂、更符合实际的风场条件和初始海浪状态,而不必像早期的预报那样对风场条件和初始条件作过多的简化。

海浪预报大致分两种:

(1)把实际出现的复杂海浪,按统计观点抽象成一种简单的特征波,并在风要素和这种特征波的波要素之间建立直接的函数关系,根据这种关系,由风要素可求得波要素的数值。

(2)在另一种类型中,把实际出现的海浪看作是由振幅不等、频率不等、波向不同且具有随机初相位的正弦波叠加而成。在这种意义上,海浪状态可用海浪谱来描述。预报时,通过风要素可计算出未来时刻的海浪谱,进而求得各种统计意义上的波要素值。

海浪数值预报方法可大致分为两类:

(1)对组成波分量建立能量平衡方程,方程中包括能量的局部变化、对流变化、地形引起的变化、反映能量输入和消耗的源函数。这一类方法的主要困难在于源函数项难以精确地确定。

(2)将海浪谱参量化,建立参量方程,从而避免对每一组成波进行计算,而直接用数值法求解谱中的参量,进而得到海浪要素。海浪谱的研究,提出了一系列的有限参数谱型,从有限风区到完全成长状态下的风浪谱。如 Neuman 谱、Bretshneider 谱、Pierson-Mockowitz 谱(P-M 谱)、JONSWAP 谱等。

P-M 谱是充分成长状态下的谱，谱数据基础比较坚实，基于至今最系统和精度最高的海浪观测资料，但是含有 5 个变量，使用不够方便。根据我国海浪预报和海洋工程的需要，早在 20 世纪 60 年代初，文圣常教授就着手建立以圆频率为参量的风浪谱，后在 1989 年和 1993 年，结合我国近岸特点，提出了深水水域、浅水水域的风浪频谱和同时适用于海浪非充分和充分成长状态下的风浪方向谱的理论表达式，且只包含 3 个变量，更便于使用。

2.2.3　港珠澳大桥施工海域气象水文条件

根据前节所述的气象水文条件统计方法，本书以港珠澳大桥施工海域为例进行气象水文条件统计分析，主要包括以下几个方面：

1）气象参数

（1）风

风向：工程所处区域为季风候地区，常年盛行 SEE ~ E 向风，随季节变化明显，秋冬季主要为 NE ~ N 向风，春季主要为 E、ESE、SE 向风，夏季主要为 SW、SSE 向风。

风速：珠海气象站和澳门气象站年平均风速分别为 3.1m/s 和 3.6m/s。大万山岛测站虽为离岸较远的海中小岛，但平均风速大于珠海站及澳门站。表 2-1 为大万山岛测站各月风速值。

大万山岛测站各月平均风速和最大风速（1996—2008 年）　　表 2-1

各月	1	2	3	4	5	6	7	8	9	10	11	12	全年
平均风速（m/s）	6.3	5.9	5.5	4.6	4.0	3.4	3.5	3.4	4.3	4.7	5.2	5.6	4.7
最多风向	N	N	E	ESE	SE	SE	SE	SE	SE	ESE	N	N	SE
最大风速（m/s）	23.7	22.0	22.3	20.0	21.7	16.0	30.0	28.1	35.0	24.0	29.0	24.0	35.0
强风向	NNW	N	NNW	NNW	NNW	SSE	SE	SE	ESE	NW	N	N	ESE

注：大万山岛测站距离隧道区约 45km。

（2）雨

港珠澳大桥区域年平均降水在 1 800 ~ 2 380mm 之间，最少 901mm、最多 3 340mm。主要集中在 4 ~ 9 月，占全年 83% ~ 86%，10 月 ~ 次年 3 月只占全年 14% ~ 17%。

小雨以上，日降雨量≥0.1mm 的年降雨日为 140 天/年；中雨，日降雨量≥25mm 的年降雨日为 25 ~ 28 天/年；暴雨，日降雨量≥50mm的年降雨日为 10 ~ 13 天/年，暴雨以 6 ~ 8 月最多。

（3）雾

港珠澳大桥施工区域大雾能见度 <1 000m，年平均 19.3 天，多在 1 ~ 4 月，尤以 3 月为多，平均 7.3 天/月。近年随珠三角地区空气污染状况的扩散，也影响到珠江口海区，灰霾天气逐渐增多，尤其在冬季旱天，能见度降低影响到工程测量监测的作业时间及效果。

（4）雷暴

港珠澳大桥施工区域年平均雷暴为 61.6 天，多出现于 4 ~ 9 月，占 89% ~ 93%，11 月到次年 1 月出现雷暴天气的情况很少。暴雷对海上施工安全危害较大，而雷暴又大多伴随雨天而来。

(5)湿度

港珠澳大桥施工海域附近,月平均相对湿度为80%,3~9月的平均相对湿度大于83%,年内日最大相对湿度达99%,日最小相对湿度为3%。

(6)气温

港珠澳大桥施工海域附近,年平均气温23℃,历年极端最高温度36.1℃,极端最低温度0℃。三角洲岛气象观测数据显示平均气温9月份最高,1月份最低,最高气温出现在7月,为35.6℃,最低气温出现在1月,为8.0℃。

2)水文参数

(1)潮汐

本工程海区平均潮差<2m,属弱潮河口湾,因此,其潮流流速也不是很强。工程区潮汐特征见表2-2~表2-5。

港珠澳大桥桥位点实测潮位统计值(单位:cm)　　表2-2

年-月	平均海面	最高水位	平均潮差	最小潮差	最大潮差	平均高水位	平均低水位
2007-04	61	189	-80	136	269	125	-11
2007-05	56	198	-102	123	287	114	-9
2007-06	52	191	-104	119	290	110	-9
2007-07	51	187	-87	124	272	112	-13
2007-08	62	187	-90	136	266	125	-10
2007-09	74	183	-53	139	219	141	2
2007-10	72	200	-75	133	266	134	1
2007-11	80	216	-76	129	290	143	14
2007-12	66	210	-81	109	285	118	8
2008-01	70	205	-76	111	271	122	12
2008-02	66	185	-58	130	234	129	-1
2008-03	56	173	-68	135	229	119	-15
年统计	64	216	-104	137	290	124	-3

(2)波浪

波浪是影响管节拖航及沉放安装的重要因素之一。工程海域全年波浪以涌浪为主的混合浪,出现频率达90%以上。冬季以风浪为主的混合浪略有增加,浪向主要为N;夏季以涌浪为主的混合浪,春夏季(3~10月中)浪向主要为S。海浪主要为单峰谱,双峰及多峰谱较少。2007年4月~2008年3月全年平均波浪要素:H_m=0.66m,$H_{1/10}$=0.48m,H_s=0.38m,最大H_m=2.58m,最大H_s=1.43m。全年有效波高H_s≥1.0m波浪的出现频率为0.37%,共33h分布在10天中,H_s≥1.5m的波浪无出现。年最大$H_{1/10}$大波平均波高$H_{1/10}$≥1.0m者波浪出现频率为2.21%。

隧道海区涨退潮流速平均值、最大值及流向表

表 2-3

潮汛	测点	表层(0~3.5m)							中层(3.5~7.5m)							底层(7.5~10.5m)							测点位置	
		平均			最大				平均			最大				平均			最大				N	E
		平均(cm/s)	退(cm/s)	涨(cm/s)	退(cm/s)	退流向(°)	涨(cm/s)	涨流向(°)	平均(cm/s)	退(cm/s)	涨(cm/s)	退(cm/s)	退流向(°)	涨(cm/s)	涨流向(°)	平均(cm/s)	退(cm/s)	涨(cm/s)	退(cm/s)	退流向(°)	涨(cm/s)	涨流向(°)		
大潮	SW2	46	55	32	132	183	52	348	45	51	43	95	197	93	359	21	19	23	37	170	52	346	22°16′27.2″	113°48′19.7″
	SW3	49	57	39	137	172	80	3	41	44	35	111	177	75	338	20	21	18	62	195	44	345	22°16′22.5″	113°46′12.7″
	SW7	43	51	34	113	190	69	5	51	51	51	109	203	90	12	36	38	34	87	193	68	20	22°14′30″	113°49′0.6″
	SW8	47	65	30	123	157	65	33	39	43	33	109	175	68	339	22	22	23	43	174	44	327	22°14′6.4″	113°46′45.9″
小潮	SW2	50	56	39	84	203	79	359	38	35	43	81	176	75	10	18	20	17	36	170	27	17	22°16′25″	113°48′17.6″
	SW3	48	57	32	110	150	60	356	40	48	30	88	159	43	347	14	14	14	35	216	27	1	22°16′22.6″	113°46′9.8″
	SW7	39	54	22	82	204	38	24	37	44	30	103	187	54	28	17	15	19	28	188	42	0	22°14′31.3″	113°48′59.7″
	SW8	35	45	21	106	166	37	14	33	39	26	80	166	49	8	13	13	14	31	195	29	340	22°14′5.9″	113°46′47.7″

注：计测大潮时间2004年农历五月初二至初三，小潮农历廿四至廿五。

隧道区全年海流速频率表(各层平均)

表 2-4

流速(cm/s)	0~20	20~40	40~60	60~80	80~100	100~120	120~140	140~170	170~200	备注(大流速出现季节)
频率(%)	19	24	19	12	10.5	9.3	4.1	2.05	0.05	≥170cm/s 只在春夏季，≥180cm/s 只在夏季

表 2-5

珠江口检测站海流天数统计表

（位置 22°21.6′N，113°45.8′E，距隧道轴线约 6km，海流为表层最大值时流速，一般为退流速）

年份	流速(m/s)	1	2	3	4	5	6	7	8	9	10	11	12	全年			
														总天数	占比(%)	其中白天	占比(%)
2007(365d)	<0.8	10	11	11	12	11	10	10	9	7	6	9	11	117	32	87	24
	≥0.8～1.0	6	4	8	12	9	5	5	6	10	13	8	5	91	24.9	68	18.6
	≥1.0～1.2	4	3	5	2	5	6	4	4	9	5	7	4	58	15.9	—	—
	≥1.2～1.5	8	8	7	3	3	8	11	12	4	5	2	7	78	21.4	—	—
	≥1.5～2.0	3	2	—	1	3	1	1	—	—	2	4	4	21	5.8	—	—
2008(366d)	<0.8	12	8	11	8	11	11	10	9	6	6	10	8	110	30.1	81	22
	≥0.8～1.0	5	8	9	11	7	5	6	7	12	11	5	8	94	25.7	72	19.7
	≥1.0～1.2	4	4	8	7	8	6	5	6	8	9	7	7	79	21.6	—	—
	≥1.2～1.5	8	9	3	4	2	5	10	6	4	5	6	4	66	18.0	—	—
	≥1.5～2.0	2	—	—	—	3	3	—	3	—	—	2	4	17	4.6	—	—
2009(365d)	<0.8	11	9	10	11	12	10	10	10	6	10	10	9	118	32.3	88	24.1
	≥0.8～1.0	5	8	9	6	6	6	7	7	12	10	9	7	92	25.2	69	18.9
	≥1.0～1.2	5	3	7	6	4	5	7	8	7	7	5	4	68	18.6	—	—
	≥1.2～1.5	6	5	5	7	6	5	4		5	4	6	9	66	18.1	—	—
	≥1.5～2.0	4	3	—	—	3	4	3	2	—	—	—	2	21	5.8	—	—
三年平均	<0.8													115	31.5	85.3	23.4
	0.8～1.0													92.3	25.3	70	19.2
	0～1.0													207.3	56.8	155.3	42.6

注：白天时段指：冬令时节（11 月～次年 4 月）为 7:30～17:30，夏令时节（5～10 月）为 7:00～18:30。

根据实测数据,基于谱分析方法的波浪参数统计分析方法,整理出以平均波高和平均周期为参数的平均频率谱公式见式(2-1),频率谱图如图 2-3 所示。

$$S(f)=0.0955\bar{H}^2\bar{T}(\bar{T}\cdot f)^{-5.1}\exp[-(\bar{T}\cdot f)^{-3.5}] \tag{2-1}$$

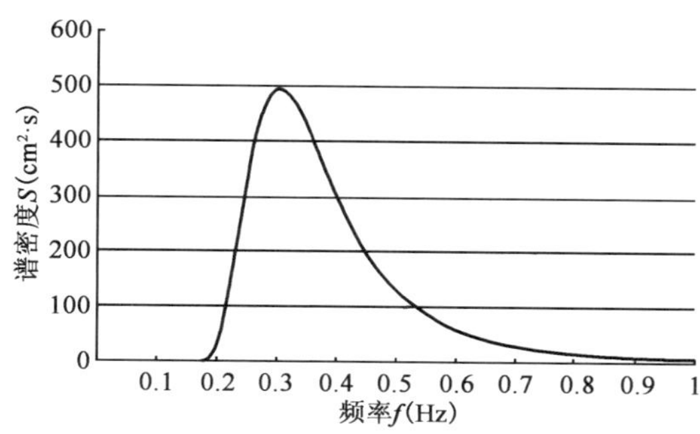

图 2-3 以平均波高和平均周期为参数的平均频率谱图

澳门九澳站从 1986—2001 年的观测,$H_s \geq 1.0$m 者出现频率为 4.96%,本工程海区波浪除遇热带旋风期、冬季寒潮大风期以及强风大潮汐外,波浪都不大,在 $H_s \leq 0.5$m 时作业仍有较多天数,对拖航的可控性、平稳性和安全性都较有利。

(3)海水相对密度

①泥沙。

影响海水相对密度的主要是含泥沙量和盐度,本工程海区海水含泥沙量较少,平均为 0.015kg/m³,最大为 0.140kg/m³,但由于施工期疏浚、挖泥等影响,海流反复方向会使回旋增加,隧道基槽含泥沙量会有所增加,尤其近底部,海水电导率会因含泥沙率增加而增加。

②盐度。

盐度随丰水期和枯水期而变化。据 2004 年 6 月实测,海水盐度最高和最低分别为 32.9 和 8.1,即海水因含盐度不同而相对密度分别为1.033 和 1.008。

(4)水深

管节作为大型钝体结构,在近海施工时,水流波浪参数在浅水时对管节的影响需要进一步评估分析。拖航海域航道及隧址处的水深为 9 ~ 40m,航道处水较浅,隧址处基槽开挖后可达 30m 以上。

2.3 环境参数敏感性分析

沉管在施工过程中受气象水文、施工区域地形及航运条件的影响较大,本节分析了环境参数对管节施工过程受力与稳定性的影响程度,并以此为例,说明环境参数在浮运、系泊沉放过程中的敏感性分析方法。

2.3.1 风参数敏感性分析

由于自然风大小及方向是不断变化的，而且沿垂直方向存在梯度并存在不稳定性，进行精确试验或计算具有较高的成本。海面上的风对于沉管管节的水面以上部分，而管节的干舷值为30～50cm，因此风对管节的作用不大。基于以上考虑，计算中可将风作为均匀风处理。风作用力的计算公式如下：

$$F_w = \frac{1}{2}C_{dw} \cdot \rho_a \cdot A_w \cdot U^2 \tag{2-2}$$

式中：F_w——风阻力；

ρ_a——空气密度；

A_w——迎风面积；

U——管节与风的相对速度；

C_{dw}——水流阻力系数。

管节一般干舷较小，风力较小，相对其他荷载，影响较小。

2.3.2 波浪参数敏感性分析

线性波浪理论可以在很大程度上描述作用在船舶及其他大体积结构物上的波浪诱导运动和荷载，并且可以通过叠加不同波幅、波长和波向的规则波得到不规则波中的结果。

管节在不规则波中的响应可以由规则单元波的线性叠加得到，因此我们从规则波中结构的水动力响应开始考虑。规则波中的水动力学问题通常可以分为两个问题来处理：

(1)在规则入射波中，当结构物的摇荡受约束时物体上的力和力矩，水动力荷载就是所谓的波激荷载，由 Froud-Krylov 力和波浪绕射力及力矩组成。

(2)结构物以波激频率做任何模式的刚体强迫摇荡时的力和力矩，当没有入射波时，水动力荷载为附加质量、阻尼和回复力矩。

由于线性化，可以叠加(1)和(2)中得到的力获得总的水动力。

波浪对浮体产生的作用力通常可分解为一阶波浪力和二阶波浪力，其中一阶波浪力的幅值虽较大，但只是一个与波浪具有相同的频率的脉动力，而二阶波浪力，特别是平均漂移力和慢漂力，是拖航系统设计和拖航阻力估算、浮体在波浪中阻力增加的计算、浮体在近水面时的性能分析主要考虑的波浪荷载因素。

对于规则波而言，二阶波浪力包括平均波浪漂移力和倍频波浪力，对于不规则波而言，除了平均波浪漂移力和倍频波浪力，还包括波浪慢漂力与各成分波频率之和的高频波浪力。对于管节拖航系泊系统，系统的固有周期一般都大于波浪周期，主要考虑波浪力的低频成分，这里主要针对管节计算平均波浪漂移力和波浪慢漂力。下面通过典型工况下的波浪阻力分析确定波浪阻力影响因素及影响程度。

1）管节浮运过程

管节浮运过程中，一般采用4拖轮浮运或5拖轮浮运方式，并通过其他船舶对浮运过程中的稳定性进行控制，风浪流等环境条件作用工况组合较多，浮运过程计算方法是基于波浪谱的势流理论分析方法，为明确单一波浪参数对浮运过程受力与运动响应的影响程度，以下介绍各种参数的影响分析方法。

（1）波谱及迎浪角度的影响分析

沉管管节一般来说是具有一定长宽比的结构，不同角度方向的管节尺度在波浪作用下的阻力和运动特性对于管节这类大型构件的浮运具有不可忽视的作用。不同入射方向的不规则波对管节的作用，根据第一节内容，通过谱分析的方法，根据隧道工程的实际海域特点，选取合适的谱或根据实际条件进行波谱统计，作为计算分析参数。这里选取常用的P-M谱和JONSWAP谱作为计算例子。

分别考虑P-M谱及JONSWAP谱，研究迎浪角度对波浪阻力的影响，考虑管节关于X、Y轴对称，取入射角为0°~90°的波浪进行分析计算。不同迎浪角度下管节所受横向及纵向波浪阻力见图2-4。

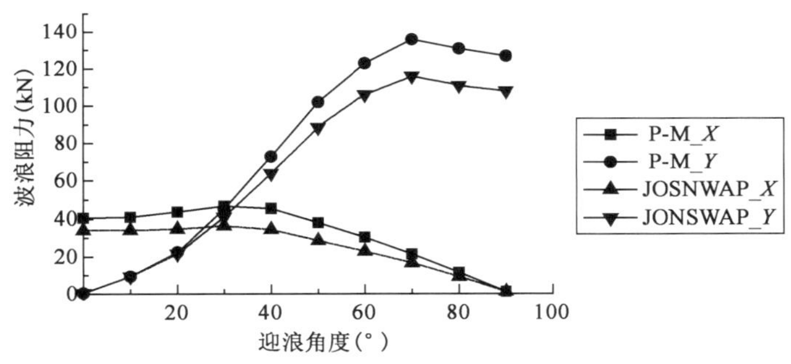

图2-4　两种波浪谱的波浪阻力随入射角度的变化情况

由图2-4可以看出，迎浪角为0°时的横向阻力（X方向）约为迎浪角为90°时的纵向阻力（Y方向）的1/3。对于横向力（X方向），当迎浪角为0°~40°时，基本保持不变，约为40kN，随着角度的继续增大，横向力逐渐减小；而对于纵向力（Y方向），其值随着迎浪角度的增加而增大，当角度达到70°左右时最大，90°时略有减小。

对比P-M谱及JONSWAP谱的计算结果可以发现，采用P-M谱计算得到的波浪阻力较JONSWAP谱的计算结果要大。管节因为长宽差异原因，通常不同方向的波浪阻力差别在几倍以上。

（2）水深及波浪周期的影响分析

沉管隧道选址一般在近海区域，波浪自深水向浅水传播直至破碎过程中，由于受水深、地形、水底摩阻和海岸轮廓线等影响，会发生波高、波长、波向以及波浪运动特性变化的现象。沉管管节浮运距离一般较长，在操纵过程中需及时预估阻力性能变化情况，不同水深下的阻力性能需进行参数敏感性分析。

以波浪入射角180°为例，考虑水深为13m、14m、15m及20m条件下，周期范围为3～10s，管节波浪阻力的变化情况见图2-5。

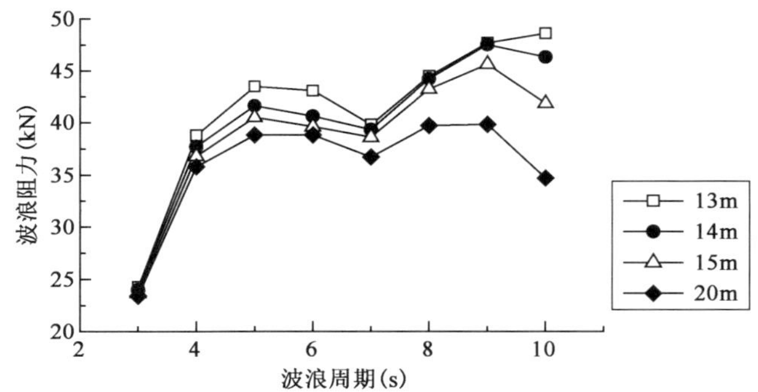

图2-5　不同水深条件下波浪阻力随周期的变化规律

由图2-5可以看出，对于所有讨论的波浪周期范围，波浪阻力随着航道水深的增大而减小，差距随着波浪周期的变化存在一定的不同；而波浪周期对于波浪阻力也具有较大影响，当波浪周期仅有3s时，其波浪阻力明显小于其他周期的波浪。

(3)波高的影响分析

沉管管节一般来说是具有一定长宽比的结构，在近岸海域进行浮运时，可能遭遇到长周期波浪作用，波高在涌浪大浪作用下会急剧增大，响应阻力性能增加幅度也需明确。因此，针对施工区域的波浪谱情况，进行波高敏感性分析是非常必要的。

为了研究波高对管节拖航过程中附加阻力的影响，考虑满足P-M谱不规则波，波浪入射角为180°，波高分别考虑0.3m、0.5m、0.8m、1.0m、1.3m、1.6m及2.0m情况，其波浪附加阻力计算结果见图2-6。

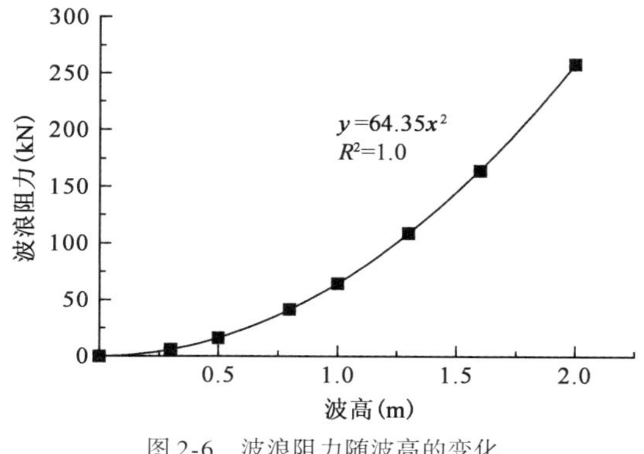

图2-6　波浪阻力随波高的变化

由图2-6可以看出，管节在波浪中的附加阻力随所遭遇波浪的波高增大而增加，且满足与波高的平方成正比的关系。

2）管节系泊过程

针对管节系泊过程，主要对波高和波浪周期的影响进行分析。

（1）波高对系泊的影响分析

沉管管节在浮运到沉放地点后系泊，到沉放结束可能持续的时间较长，甚至持续几个潮汐周期以上，系泊系统的波浪承受性能需得到评估，确保沉管管节受力与稳定性可控。需针对沉管在风浪最不利入射条件下的波浪参数进行分析。在沉管管节施工海域波浪谱参数调研分析基础上，进行波高敏感性分析，得到缆力与运动响应的变化情况。

以风浪流入射角90°为例，考虑波高0.2m、0.4m、0.5m、0.6m、0.8m、1.0m，周期6s，流速0.8m/s，6级风条件下不同波高的影响，如图2-7、图2-8所示。

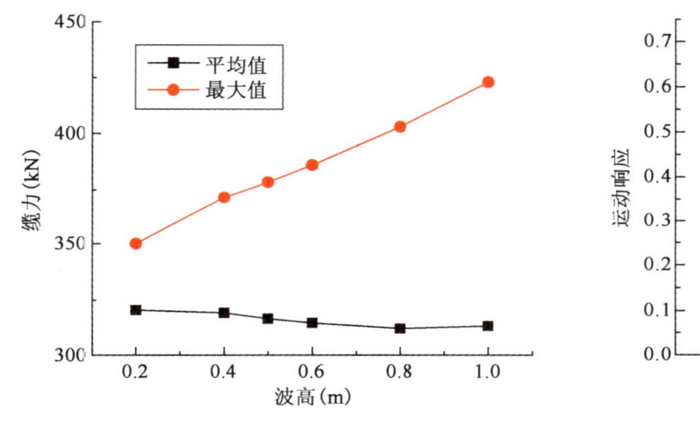

图2-7　不同波高对缆力的影响

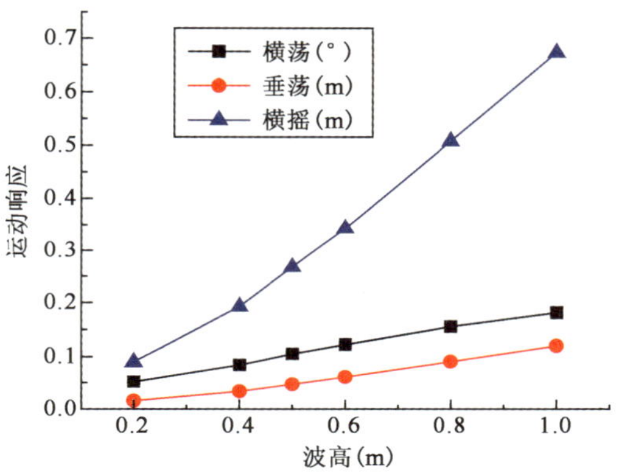

图2-8　不同波高对运动响应的影响

从图2-7和图2-8可以看出，风浪流综合作用下波高与缆力最大值呈线性关系。波高与缆力平均值之间关系不明显。横荡与垂荡随着波高增加呈线性增加。相对横荡、垂荡，波高对横摇影响较大。

（2）波浪周期对系泊的影响分析

如上文所述，沉管管节在浮运到沉放地点后系泊，到沉放结束可能持续的时间较长，甚至持续几个潮汐周期以上，系泊系统在涌浪、大浪作用下的性能需得到评估，确保沉管管节受力与稳定性可控。需针对沉管在涌浪、大浪下的参数进行分析。在沉管管节施工海域波浪谱参数调研分析基础上，进行波浪周期敏感性分析，得到缆力与运动响应的变化情况。

以风浪流入射角90°为例，考虑波高0.8m，波浪周期5s、6s、7s、8s、9s、10s、11s、12s，流速0.8m/s，6级风条件下的波浪周期对系泊力、运动响应的影响，如图2-9、图2-10所示。

从图2-9、图2-10中可以看出，缆力与运动响应计算结果与波浪单独作用结果类似；当波浪周期大于7s后，缆力平均值和最大值均大幅度增长，缆力最大值增大，达到周期7s的3倍以上。横荡增长达到了5倍。

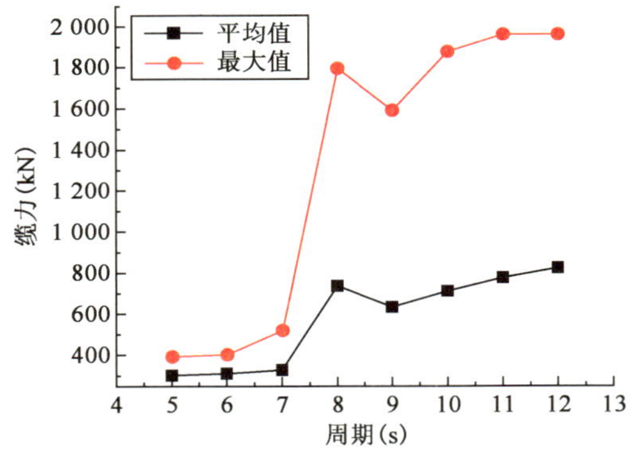

图 2-9　不同波浪周期对缆力的影响

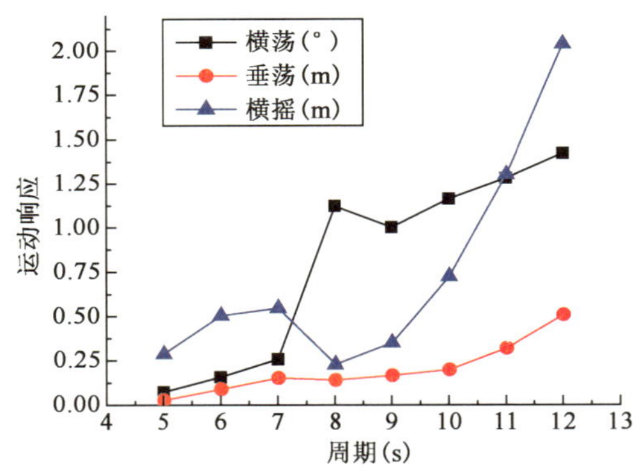

图 2-10　不同波浪周期对运动响应影响

2.3.3　水流参数敏感性分析

出于安全和经济考虑,管节的浮运一般会在风平浪静时进行,干舷值设置一般较小,管节的大部分都沉没在水中,所受的荷载以水流力所占比例最大。荷载大小一般通过试验获得,也可根据经验公式,即在计算中,将海流视为稳定流,水流对管节的阻力大小可参考风阻力公式。

实际上应用上述公式,关键在于阻力系数 C_{dw} 的选取,该系数的取值主要受水面宽度、水深、管节断面形式及水流流态等因素影响,一般可由试验进行确定或依据类似工程经验进行选取。从部分物理模型试验调研分析结果来看,模型试验得出的管节纵向拖航时的水阻力系数一般在 1.0 ~ 1.5 之间,横向拖曳或系泊时的水阻力系数一般在 1 ~ 3 之间,下面从管节浮运和系泊两个过程进行分析。

1)管节浮运过程

由于管节拖航距离大,管节拖航过程中必须达到一定的航速,以便管节在满足气象窗口条件的时间段内能够到达沉放区域。为确定管节不同拖航速度对波浪阻力的影响,考虑拖航速度(相对水流)在 0 ~ 4m/s 范围内变化,管节所受波浪阻力的情况见图 2-11。

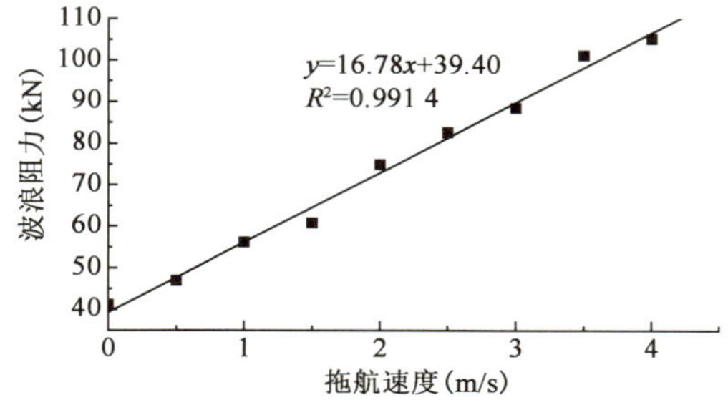

图 2-11　波浪阻力随管节拖航速度的关系

由图2-11可以看出,管节所受的波浪阻力随管节拖航速度的增大而增大,就计算结果来看,波浪阻力与拖航速度成正比的关系。

2)管节系泊过程

以风浪流入射角90°为例,考虑波高0.8m,波浪周期6s,流速0.0m/s、0.5m/s、0.8m/s、1.0m/s,6级风条件下的波浪周期对系泊力、运动响应的影响,如图2-12、图2-13所示。

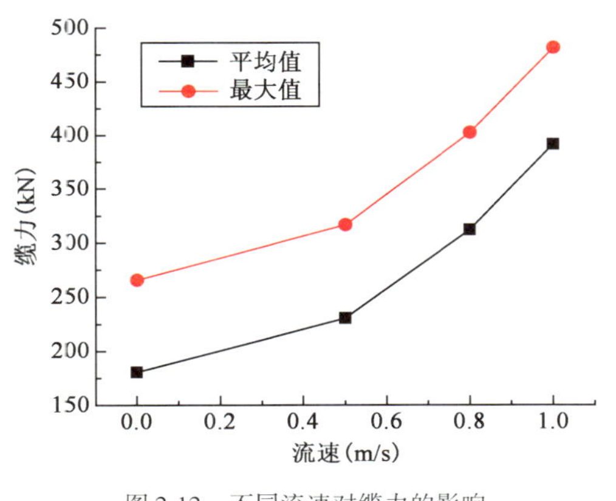

图2-12 不同流速对缆力的影响

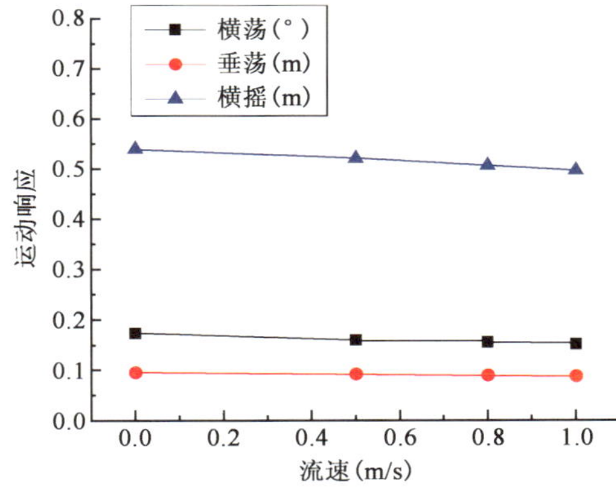

图2-13 不同流速对运动响应的影响

从图2-12、图2-13中可看出,流速对缆力影响较大,基本呈二次方关系,对运动响应影响幅度较小。与波浪的结果对比可以看出,运动响应幅度主要由波浪引起。

2.3.4 环境参数耦合影响分析

沉管管节在浮运到沉放地点后系泊,沉管沉放结束持续的时间可能较长,甚至持续几个潮汐周期,环境参数作用工况组合情况须根据施工海域进行详细调查,并在此基础上确定关键工况,为物理模型试验和数值仿真模拟提供进一步分析。

通过施工基础数据的采集和统计分析,确定计算时流速、波浪、潮位、水深和风速等主要环境参数的取值或合理取值区间以及工况组合,主要包括:

(1)计算流速最小值、最大值,流速参数间隔步长及流向选取间隔。

(2)计算波高最小值、最大值,波高间隔步长,流向选取间隔,波周期最小值、最大值及间隔步长。

(3)计算风速最小值、最小值,风速参数间隔步长及风向选取间隔。

(4)施工区域的水深参数取值范围。

针对复杂的气象水文条件,分析拟定施工期间环境参数监测数据,对施工现场的水流、波浪、潮汐和风等环境参数进行分析统计研究,并通过风浪预测模型、潮流分析模型输入风浪流参数的预测结果,利用这些基础数据进行统计分析,绘制风浪流环境参数的玫瑰图,归纳分析确定计划施工期内不同时间段内的各环境参数代表值,作为判定作业是否可行的重要指标。

2.4　管节作业水文气象窗口条件分析

港珠澳大桥沉管隧道是我国第一座在外海区域建设的大型沉管隧道工程，对其沉管施工作业保证度进行分析具有代表意义。第2、3节进行了沉管施工过程中环境参数敏感性分析，确定了风浪流等环境参数是沉管施工的关键影响因素，结合国内外沉管隧道施工环境条件调研及类似水运工程施工环境条件调研情况，初选沉管施工气象水文限制条件，依据港珠澳大桥水域历年气象水文统计资料，对该工程的工期保证度进行分析。

2.4.1　管节施工气象水文限制条件

下面从管节浮运、系泊和沉放作业三个施工过程对气象水文限制条件进行分析。

1)管节浮运作业

根据调研分析，波浪、水流、风力是影响拖航总阻力的主要因素，而水流力是影响拖航总阻力的关键因素。根据调研，沉管的浮运主要依靠拖轮进行拖带，一般配置3～5艘拖轮进行拖带。目前市场上大功率拖轮数量少，结合国内市场情况，14 000hp的拖轮容易租赁到。为在一定的时间窗口内将管节拖航至沉放区域，管节浮运过程应保持一定的速度，初步考虑管节的绝对速度为1.0m/s。根据以往工程经验，初步选择浮运作业气象水文限制条件，见表2-6。

浮运作业气象水文限制条件　　表2-6

作业阶段和内容		流速(m/s)	波高 H_s(m)	波浪周期(s)	风速(级)	能见度(m)
浮运	一般浮运	1.0	0.8	≤6	≤6	≥1 000
	基槽内纵拖	0.5	0.8	≤6	≤6	≥1 000

2)系泊作业

根据调研分析，水流、波浪和风是影响系泊荷载的主要因素，而且水流力是影响系泊荷载的关键因素。系泊过程中沉管的稳定性主要依靠沉管的系泊系统，目前，工程上较多采用大抓力锚、海军锚和重力式锚块，单个锚能提供的锚力为1 500kN(150t)左右。在系泊系统作用下，为保持沉管的稳定性，对气象水文条件会有所限制。根据以往工程经验，初步选择系泊作业气象水文限制条件，见表2-7。

系泊作业气象水文限制条件　　表2-7

作业阶段和内容	流速(m/s)	波高 H_s(m)	波浪周期(s)	风速(级)	能见度(m)
系泊等待	1.0	0.8	≤6	≤6	≥1 000

3）沉放作业

管节沉放施工的气象水文限制条件分析与系泊过程类似，气象水文限制条件包括风速、风向，浪周期、浪高、浪向，流速、流向等边界条件，受力与稳性判断条件（最大缆力、最大运动响应等）主要针对管节的受力与运动响应提出。根据调研，目前沉管的沉放主要采用沉放驳吊沉，而沉放驳有一定的作业工况条件，在满足沉管稳定性和运动响应的情况下，根据以往工程经验，初步选择沉放作业气象水文限制条件，见表 2-8。

沉放作业气象水文限制条件　　表 2-8

作业阶段和内容	流速（m/s）	波高 H_s（m）	波浪周期（s）	风速（级）	能见度（m）
沉放	0.8	0.8	≤6	≤6	≥1 000

2.4.2　管节施工作业窗口长度

分析管节施工作业窗口长度，须先进行管节施工流程及内容分析，进而分析各施工内容的作业时间长度。

1）施工流程及内容

管节浮运、安装施工直接影响项目总体工期，为工程的主线；沉管预制厂建设、管节预制、基槽开挖、碎石基床整平等为工程的副线。管节浮运安装施工流程如图 2-14 所示。

2）施工作业时间分析及窗口长度

窗口长度是指一个连续时间段的长度，在此期间水文气象条件满足浮运、安装施工要求，作业窗口时长应根据浮运设备性能、浮运距离、浮运时间、施工区气象和水文条件综合确定。以港珠澳大桥为例，对沉管施工作业工序进行全面分析，结合类似工程经验，确定了沉管施工作业内容，并估计了各作业内容的作业时间，见表 2-9。

沉管施工作业时间分析表　　表 2-9

<table>
<tr><th colspan="2">施工阶段</th><th>作业内容</th><th>作业时间（h）</th><th colspan="2">时间汇总（h）</th></tr>
<tr><td rowspan="3">浮运阶段</td><td>航道内浮运</td><td>从系泊区浮运至沉管基槽内调头点</td><td>4</td><td rowspan="3">7.5</td><td rowspan="5">36
气象窗口</td></tr>
<tr><td>基槽内转向浮运</td><td>基槽内管节转向浮运至安装锚泊点</td><td>1.5</td></tr>
<tr><td>管节锚泊</td><td>管节由拖轮控制转换为锚缆控制</td><td>2</td></tr>
<tr><td rowspan="4">安装阶段</td><td>安装等待</td><td>管节锚泊等待安装条件</td><td>12～18</td><td rowspan="2">19～26</td></tr>
<tr><td>安装实施</td><td>管节安装及定位调整</td><td>10</td></tr>
<tr><td>舾装件拆除</td><td>管节顶部舾装件拆除</td><td>72</td><td colspan="2" rowspan="2">144</td></tr>
<tr><td>重点锁定回填</td><td>管节两侧重点锁定回填作业</td><td>72</td></tr>
</table>

沉管浮运安装作业窗口长度为144h，剔除舾装件拆除、重点锁定回填等对气象条件要求稍弱的工序外，对气象条件有严格要求的窗口长度为36h。

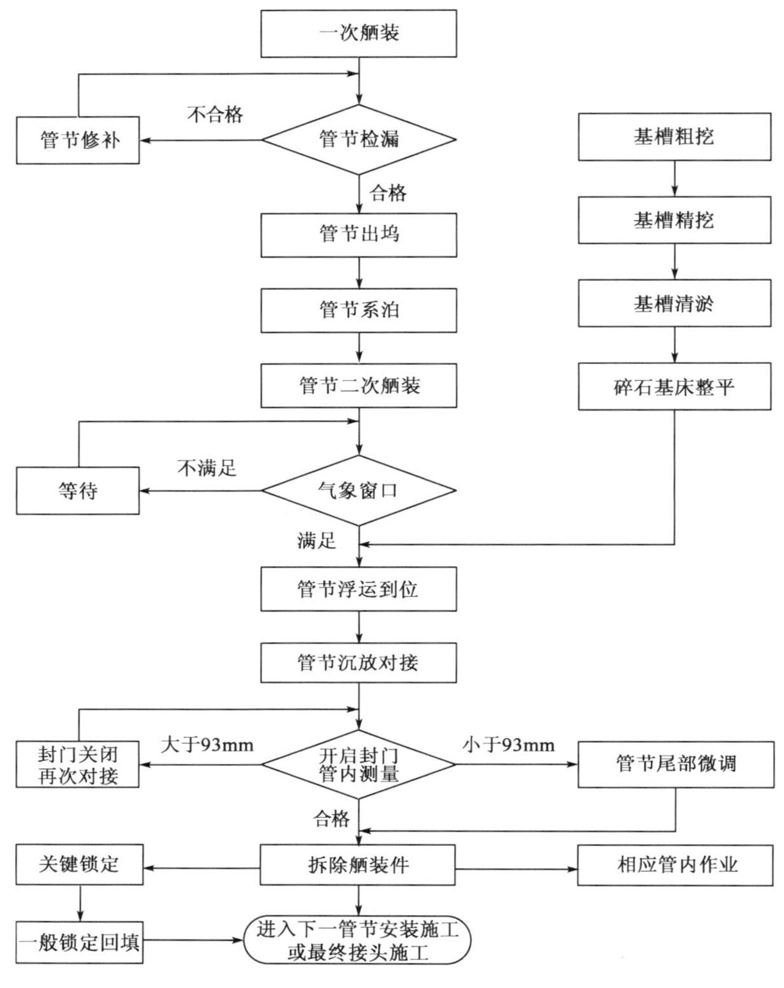

图2-14　管节浮运安装施工流程图

2.4.3　管节安装施工作业保证度分析

管节施工作业窗口的选择不仅与所在区域自然环境条件有关，还与工程项目的工期要求有密切关系，通常所讲的施工作业保证度是针对某一工期要求而言。

1）施工作业进度计划

沉管隧道项目施工工期应考虑水文气象、船舶作业条件、工艺方案、管节浮运和安装窗口长度等因素。其中沉管的浮运安装是关键，以此为主线安排其他工序施工计划。以港珠澳沉管隧道为例，33节沉管安装工期为3年，平均每月安装1节沉管。

根据施工现场附近历年水文气象统计资料，全年风力小于6级的天数约为284天，沉管浮运安装施工沿途各点流速小于0.95m/s的最少天数为119天，施工现场有效波高小于0.75m的天数约为307天。同时满足风力小于6级、流速小于0.95m/s、有效波高小于0.75m的天数约为101天。沉管浮运安装窗口长度为6天(144h)，按每年安装12节沉管计，需要作业天数72天，小于101天，基本满足要求，作业进度计划基本可行。

2)作业保证度分析方法

开展施工海域的气象水文条件持续观测和预报，按照沉管作业水文气象限制条件，逐天统计符合条件的日期，根据沉管施工作业窗口长度，符合条件的一段连续的时间计数一次，最后得出一年内符合限制条件的时间段数目，与计划安排的沉管安装数量的比例即为作业保证度倍数。

3)沉管施工作业保证度分析应用

以港珠澳大桥为例，论述作业保证度分析的具体方法。

(1)标准管节作业保证度分析

港珠澳大桥沉管隧道施工水域为不规则半日潮，每天均有4个低流速时段的平潮期，每月有2个小潮期。小潮期可作为管节浮运安装的作业窗口，期间的平潮期作为对水流速度限制要求较高的安装及潜水作业窗口。此外施工区域能见度情况良好，作业窗口保证度仅对隧址附近处管节浮运、安装等待期及沉放对接的流速、风速及波浪条件进行分析。

根据各月实测资料及推算结果，统计得出每月符合安装条件的窗口数除以每月计划安装管节的次数，形成作业窗口的保证度曲线。标准管节的浮运及沉放作业窗口保证度见图2-15，沉放对接作业窗口保证度见图2-16。

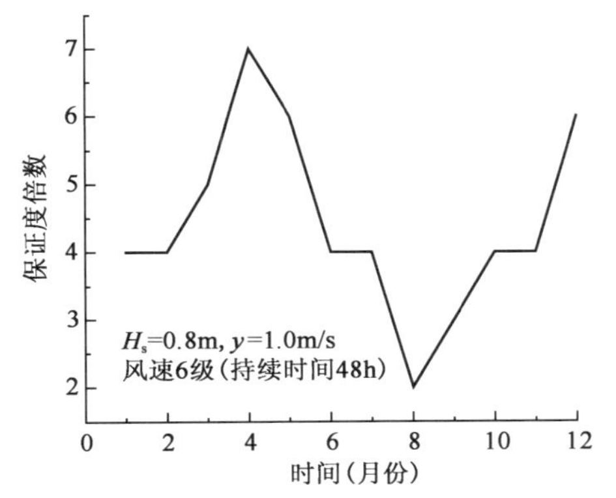

图2-15 标准管节浮运及沉放作业窗口保证度曲线

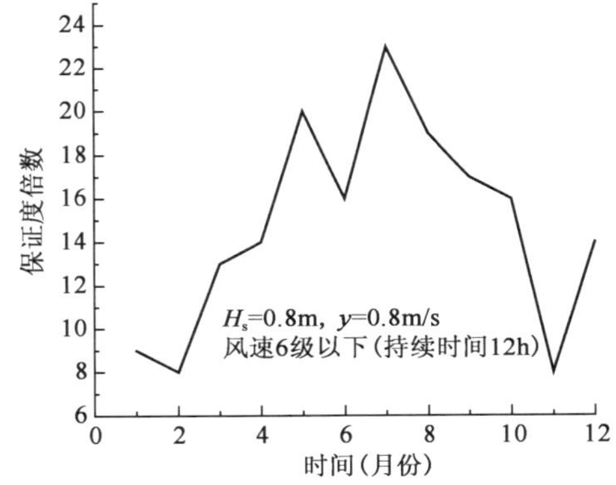

图2-16 标准管节沉放对接作业窗口保证度曲线

由图可知，选择流速1.0m/s、风速6级及0.80m波高作为沉管浮运及沉放作业窗口限制条件时，各月的最小保证倍数达到2，即每月至少有2个安装作业窗口期，可以实现管节连续安装。

选择流速0.8m/s、风速6级及波高0.80m作为沉管沉放对接作业窗口限制条件时，各月的最小保证倍数达到8，可以实现管节沉放对接作业。

（2）岛隧结合部作业保证度分析

岛隧结合部管节安装由于人工岛成岛扰流影响，局部流速增加、流态复杂。中交四航局委托武汉理工大学对岛隧结合部的流态进行了数值模拟计算（分析），岛隧结合部的流态变化如图 2-17 所示。

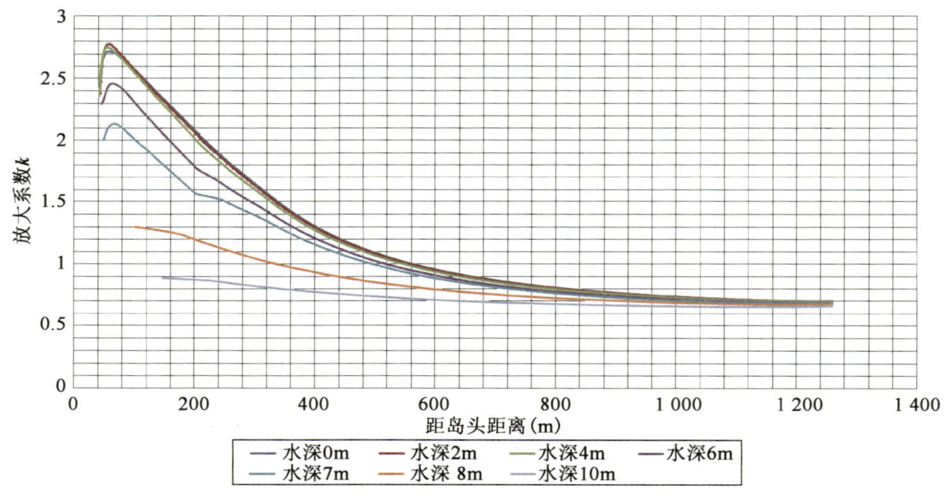

图 2-17　岛隧结合部流速放大系数

岛隧结合部管节流速放大系数取值 2.2（以后结合物理模型试验成果进行分析调整），岛隧结合部的管节长度为 112.5m，与标准管节相比，其尺寸影响系数为 0.625。

岛隧结合部的管节浮运作业按限定流速 1.0m/s 的标准进行作业，选择平潮期（流速小于 0.3m/s）使管节进入沉放系泊区进行系泊作业。同样得出岛隧结合部管节浮运作业窗口保证度曲线，见图 2-18。

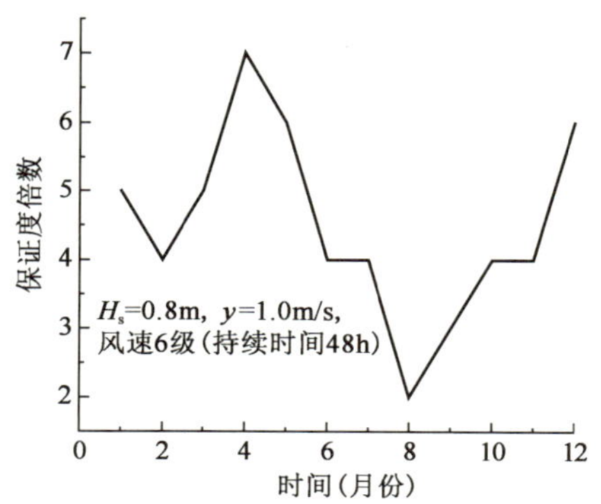

图 2-18　岛隧结合部管节浮运作业窗口保证度曲线

综合考虑沉放等待的管节系泊力（3 000kN）、岛头扰流放大系数以及尺寸影响系数，选取岛隧结合部管节（E1、E2 及 E33、E32）沉放等待的限定流速为0.60m/s（来流流速，现场流速 1.32m/s）进行分析，其作业窗口保证度如图 2-19、图 2-20 所示。

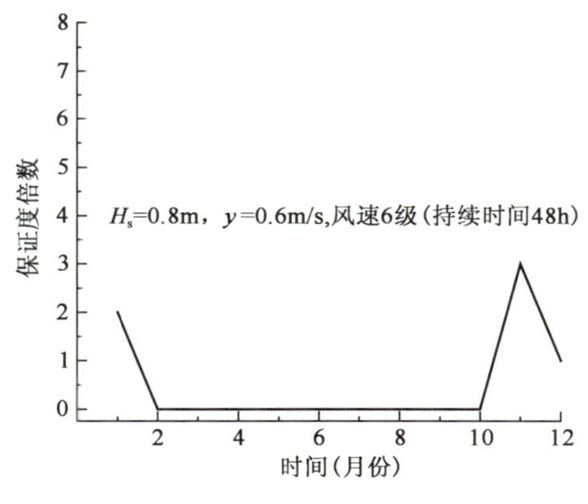

图 2-19 西岛岛隧结合部管节沉放等待作业窗口保证度曲线

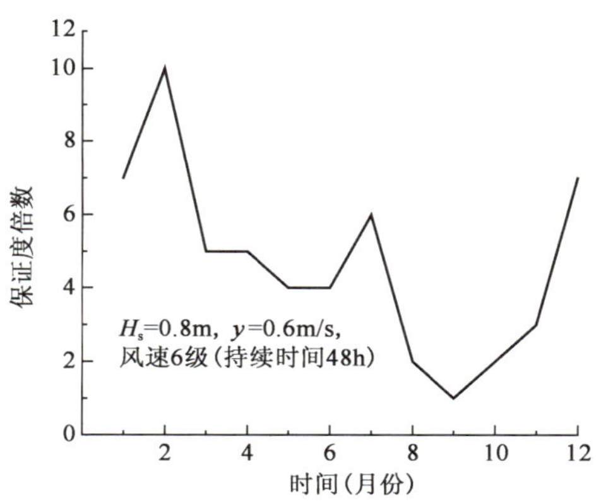

图 2-20 东岛岛隧结合部管节沉放等待作业窗口保证度曲线

标准管节的沉放对接作业限定流速为 0.8m/s,取岛隧结合部的管节(E1、E2 及 E33、E32)沉放对接的限定流速为 0.36m/s(来流流速,现场流速 0.8m/s)进行分析。限定流速 0.36m/s、持续时间 12h 的沉放对接作业限制条件下,在东西方向的岛隧结合部的管节不存在沉放对接作业窗口。

虽有部分月份具备岛隧结合部管节的沉放等待作业窗口的条件,但所有的月份都不具备岛隧结合部管节的沉放对接作业窗口的条件。因此,建议在人工岛岛头设置挡流设施,如图 2-21 所示。

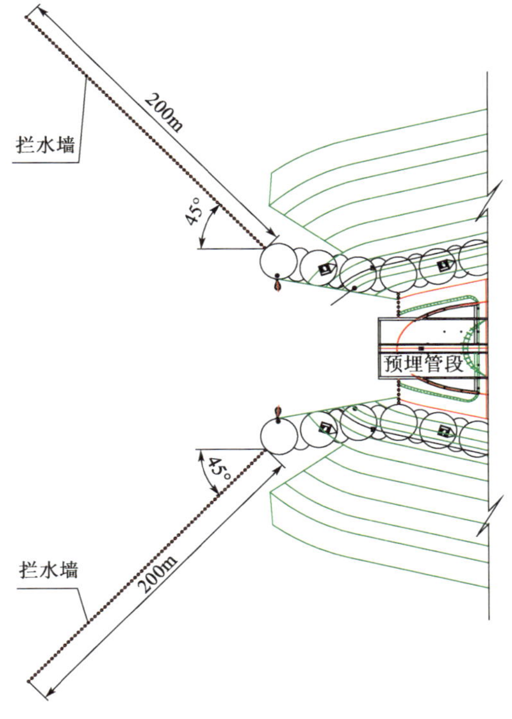

图 2-21 岛隧结合部挡流设施示意图

2.5 本章小结

本章在分析国内外沉管隧道施工环境条件基础上,确定了关键环境气象参数及其影响激励,提出了环境参数影响机理和基于谱分析方法的波浪参数统计分析,确定各关键参数,确定水流、波浪等主要环境情况下的合理取值,结合国内外沉管隧道施工环境条件调研及类似水运工程施工环境条件调研情况,依据港珠澳大桥水域历年气象水文统计资料,初选了沉管施工气象水文限制条件。本章的主要结论如下:

(1)从施工角度,对气象水文参数的影响进行了统计,确立了气象水文详细统计参数;从谱分析的角度,总结了波浪谱的统计分析方法。结合港珠澳大桥气象水文资料,给出了统计参数的示范,并对港珠澳大桥波浪谱进行了统计。

(2)沉管在施工过程中受气象水文、施工区域地形及航运条件的影响较大,通过分析环境参数对管节施工过程受力与稳定性的影响程度,明确环境参数在浮运、系泊沉放过程的敏感性分析方法。

(3)结合港珠澳大桥施工水域风浪流统计资料,对港珠澳大桥沉管浮运安装作业工期保证度进行分析,标准管节的作业保证度符合要求,在岛隧结合部需要增加挡流设施方能满足作业要求,因此初选的沉管浮运、系泊和沉放作业气象水文限制条件是合适的。

本章参考文献

[1] 港珠澳大桥桥位持续气象观测和风参数专题研究(6个月)阶段报告[R]. 广东省气候中心,2008.

[2] 港珠澳大桥桥位现场波浪观测专题研究年度报告[R]. 中国科学院南海海洋研究所,华南理工大学,2008.

[3] 港珠澳大桥隧道施工风浪流条件分析[R]. 国家海洋局南海预报中心,2009.

[4] 左其华. 现场波浪观测技术发展和应用[J]. 海洋工程,2008,02:124-139.

[5] 吕卫清,应宗权,苏林王,等. 沉管管节浮运过程中波浪附加阻力的水动力学分析[J]. 水运工程,2011,11:1-5.

第3章　管节施工物理模型试验研究

沉管管段所有受力可能随着管段的形状、水位高度、水流速度、水的相对密度及沉放深度的变化而变化。根据世界沉管隧道建设的经验，浮运沉放的设计、施工方案、施工设备取决于将要实施处的环境条件。每一条沉管隧道所处水文、地质条件不同，隧道尺度及结构形式也不同，为了确定在不同的环境条件下隧道管段所受的力，不能依据相关工程类的设计施工规范，必须进行实验室模拟试验，尤其是沉管隧道的浮运沉放方案设计必须依据相应的水工模型试验结果进行[1-3]。

3.1　管节安装施工模型试验技术现状

3.1.1　水力模型试验

目前，国内外与管段的浮运沉放相关的水力模型试验一般可在拖曳水池或海工水池中进行，主要有以下两个方面的试验内容：

1)沉管管段拖航阻力、稳性及操纵性模型试验

通过试验，测量管段纵向拖曳阻力及在均匀水流中的横向阻力，以确定拖运时所需拖运力及水流产生的横向力，分析研究管段在浮运过程中的拖航阻力及稳定性，确定最佳浮态及干舷值[4-5]。提出确保管节拖航操纵性的主要措施及浮运所需的船舶功率、最佳浮运方式、驳船尺度等[6]，主要是解决管段在水面浮运过程中管段以及管段与驳船组合体的拖航阻力及管段的操纵性问题。

2)管节沉放水工模型试验

管节沉放水工模型试验主要是在实验室中模拟管节沉放过程，它是沉管隧道工程中一个很重要的试验[7-8]。试验需考虑水流速度大小及方向、潮汐以及波浪等情况下，管段在不同沉放阶段时的水动力(阻力、升力、力矩等)以及各定位缆索的拉力；管节沉放主要靠加入压载水下沉，因此压载水的加载量(亦称负浮力)以及管段下沉速度、下沉过程中管段稳定性(如沿流向漂移、倾斜等)也是需要试验加以解决的；此外管段在水下与另一管段端对接时的稳定性也是需要考虑的。

3.1.2 物理模型试验

目前,国内外只有少数的文献报道了沉管管段的浮运、沉放的试验研究。本节主要对国内外几个典型沉管浮运、沉放物理模型试验进行介绍。

1)釜山—巨济隧道管节沉放模型试验

(1)釜山—巨济隧道概况

韩国釜山—巨济跨海工程采用桥隧结合方式,跨金海湾,连接韩国第二大城市釜山及巨济岛,由一座3.7km双向四车道沉管隧道及两座2km的斜拉桥组成。隧道由18段预制管节组成,管节沉放直接遭受外海波浪影响,最大沉放水深为50m。

(2)模型试验内容及方法

模型试验在荷兰海洋工程研究所海工水池中进行,管节尺寸为$L \times B \times H = 180m \times 26.5m \times 10m$,管节自重4.8万t,模型比尺采用1:50,水池尺寸为$L \times B = 220m \times 16m$。最大水深1.1m,水深可调。试验装置由管节模型、两个浮驳模型及沉放基槽组成,测试在不同不规则波下的管节运动及荷载。共开展了管节在50种不规则波下的试验工况,测试水深包括12m及23m;波浪方向与管节成60°及90°夹角;波浪由风浪及涌浪组合;管节状态考虑水面以下1.0m及距离基槽底部0.5m;负浮力按管节自重的2%、3%及5%考虑。

2)广州珠江隧道施工模型试验

(1)珠江隧道概况

珠江隧道位于中国广东省广州市,是中国第一条穿越珠江的隧道。该隧道于1990年10月14日动工,1993年12月28日建成通车,隧道全长1 380m,宽33.4m,沉管段长457m,高8.15m,是我国内地首次采用沉管法设计施工的大型水下隧道。

(2)模型试验内容及方法

管段浮运的模型试验采用水池试验与风洞试验相结合的方法。水池试验在华南理工大学船舶与海洋研究所进行,试验水池长200m,宽6m,模型比尺采用1:50。模型具体尺度为:长$L = 2.0m$,宽$B = 0.674m$,高$H = 0.156m$。试验分别在两种不同水深条件下进行纵拖和横拖,测定了拖航及系泊水阻力;风洞试验则在建筑风洞中进行,模型比尺采用1:100,得出了黏性阻力系数与风速之间的关系。

在中山大学进行了管段沉放模型试验。采用双吊驳、单起重船两种管节沉吊方案,进行了4种水深(水面状态、水下2m、6m及10m固定水深)、3种负浮力[2 000kN(200t)、3 000kN(300t)及4 000kN(400t)]、不同流速(0.3~1.5m/s)及不同波浪(波高0.5~0.6m,波长17m)和流速情况下的沉放试验,为确定沉放采用双吊驳配合起重船方案提供了依据。

3）宁波常洪沉管管节施工模型试验

（1）常洪隧道工程概况

宁波市东外环路常洪隧道采用沉管法进行施工，沉管段全长395m，由4节管段组成，其中E1管段长95m，E2～E4管段长100m。该隧道为单管两孔四车道，管段横断面的外形尺寸为：22.8m（宽）×8.45m（高）（未浇防锚层）。管段在舾装工程后的入水深度为8.35m。纵向坡度为4%，采用全沉埋形式，沉管管段全部埋入河床泥面以下，很多顶面不高于甬江河床床面。该处甬江河床呈典型V字形，平均河床高程为－4～＋2m，隧道设计轴线最大深度处（管段顶端）约为－8.76m。干坞水位－9.67m。拖运、系泊采用驳船工作平台。驳船长35m，宽9m，深3m，质量661.5t，采用双浮箱吊沉法。吊驳长22m，宽12m，深3m，质量150t。沉放加载方法：负浮力为管节自重的1%。

（2）模型试验内容

为确定管段拖曳过程中所受阻力、管段在沉放位置所受浪流力、沉放过程中各系缆力、浮箱受力及尺寸、拉合千斤顶型号等一系列施工关键参数，进行理论计算和模型试验。上海交大海洋工程国家重点实验室对宁波市东外环路常洪沉管隧道工程进行了模型试验研究，缩尺比为1:30。主要试验内容如下：

①阻力试验。管段拖运出坞至江中沉放地点数个位置的拖运模拟，测量管段纵向拖曳阻力，管段在水流中的横向阻力。

②系泊试验。测量管段在江中系泊时在浪流作用下的运动及锚泊缆绳的张力。

③沉放试验。测量管段沉放至基槽中数个位置时缆绳的张力。

通过以上各项试验，获得管段在各施工阶段的有关数据，为隧道设计施工提供科学依据。

4）上海外环线沉管隧道施工模型试验

（1）外环线沉管隧道工程建设概况

上海外环线沉管隧道位于黄浦江下游吴淞口，由于黄浦江属感潮河流，受潮汐影响明显。涨落潮时间每天达13～15h，可进行沉放作业的平潮时间仅为5～6h，沉放作业时间短。吴淞口是目前上海港万吨巨轮船舶和内河航运船舶进出航道最繁忙的咽喉部位，且水文地质条件复杂、回淤量高，导致隧道沉放施工难度增大。如何使庞大的管段实现在水中浮运、沉放、精确对接是工程的关键技术之一，也是工程的难点。确定施工方案、制订施工技术参数及其有效控制等的难度相比以往的中、小型管段及海域处沉放施工均有过之而无不及。因此，对该隧道沉放施工的关键技术进行研究就显得尤为重要。黄浦江为潮汐河流，历年最高潮位5.74m，平均高潮位3.25m，平均低潮位1.02m，平均潮差2.20m，平均涨潮历时4.6h，平均落潮历时7.9h。该河段水体含盐度较低，以淡水控制为主。采用“双三角形”锚碇系统，双浮箱吊沉法进行管段沉放施工作业。

(2)模型试验内容

上海交大海洋工程实验室采用缩尺比为1:40的模型管节,开展了以下几个方面的试验内容:

①阻力试验。考察不同工况下管段的阻力特征。

②操纵性模型试验。

③江中系泊试验。

④沉放试验。该隧道规模较大(管段宽43m),决定沉放方式时对双浮箱吊沉法和双驳杠吊法进行了多方面的比较,对这两种沉放方法均进行了模型试验。

3.2 试验相似准则及参数换算

3.2.1 相似准则

沉管模型试验相似准则需满足流体力学模型试验几何相似、运动相似、惯量相似、傅汝德相似、雷诺相似等相似准则,而系泊系统方面需满足弹性相似等,详细如下:

1)几何相似

保证沉管、浮驳及基槽按照同一比例缩小,考虑到水池的阻塞效应及各试验项目的需要,本试验研究模型缩尺比取1:40,即:

$$\frac{L_s}{L_m} = \frac{B_s}{B_m} = \frac{H_s}{H_m} = \lambda = 40 \tag{3-1}$$

式中:L、B、H——构件的长、宽、高,角标s、m分别表示实型和模型;

λ——试验缩比尺。

2)运动相似

保证模型与全尺度工件的运动相似,相对速度矢量相似。按照相对运动理论,用拖车带动模型,以模型动而水不动进行试验,以拖车运动速度模拟水流速度,实现运动相似。

当仅有水流速度时,按照相对运动概念,拖车速度即是水流速度;当有不同角度的水流速度浮运时,相对速度按照水流速度与浮运速度的矢量和计算,见图3-1。

3)惯量相似

质量分布相似,并进行惯量测量及调整,保证模型与实型的惯量相似。

由于沉管在水面运动,所受到的力有:重力引起的力(兴波阻力、波浪力)、黏性引起的力(黏压阻力和摩擦阻力),要将模型试验结果换算到全尺度,需要满足力学相似,即同时满足傅汝德和雷诺两个相似条件。

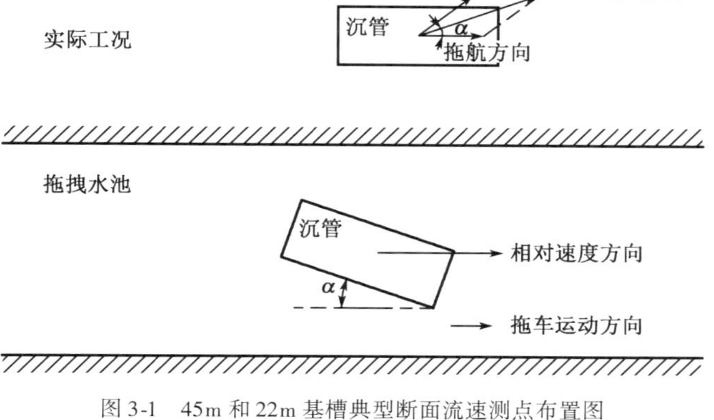

图 3-1　45m 和 22m 基槽典型断面流速测点布置图

4）傅汝德相似

傅汝德数：

$$F_r = \frac{v}{\sqrt{gL}} \tag{3-2}$$

式中：F_r——傅汝德数，它是惯性力与重力的比值，可以反映质量力对流体的作用；

v——速度；

g——重力加速度；

L——长度。

模型与实际尺度的速度关系需满足傅汝德数相同。

$$F_{rs} = \frac{v_s}{\sqrt{g_s L_s}} = \frac{v_m}{\sqrt{g_m L_m}} = F_{rm} \tag{3-3}$$

$$v_m = v_s \frac{\sqrt{g_m L_m}}{\sqrt{g_s L_s}} = v_s \sqrt{\lambda} \tag{3-4}$$

式中：角标 s、m——分别表示实型和模型。

5）雷诺相似

在黏性力为主要受力的情况下，考虑雷诺相似，保证试验达到临界速度区。

雷诺数：

$$R_n = \frac{vL}{\nu} \tag{3-5}$$

式中：R_n——雷诺数，它是惯性力与黏性力的比值，反映流体的黏性作用，雷诺数相等表示流动现象的黏性相似，雷诺数大，表示黏性作用小；而雷诺数小，则表示黏性作用大；

ν——运动学黏性系数。

$$R_{ns}=\frac{v_s L_s}{\nu_s}=\frac{v_m L_m}{\nu_m}=R_{nm} \tag{3-6}$$

$$v_m=v_s\frac{L_s}{L_m}\frac{\nu_m}{\nu_s}=v_s\lambda \tag{3-7}$$

6) 系泊相似

系泊模型要求根据质量力相似和弹性相似进行制作和模拟。

质量力相似准则保证了模型与实体之间惯性的对应关系。由于系缆长度方向上的跨度较其他方向大,所以保证质量力相似的条件一般是系缆模型与实体在单位长度下的质量对应相似,即:

$$m_m=\frac{m_s}{\lambda^3} \tag{3-8}$$

式中:m_m——系缆模型单位长度质量;

m_s——系缆实体单位长度质量。

弹性相似准则保证了模型试验中系缆受到的拉力-应变关系与实体相似。弹性相似的基本要求是保证模型与实体的弹性系数相似,即:

$$\frac{k_s}{k_m}=\lambda^2 \tag{3-9}$$

式中:k_m——模型系缆弹性系数;

k_s——实体系缆弹性系数。

而弹性系数又满足拉力与伸长变形(或应变)的比例关系,计算公式为:

$$k=\frac{F}{\Delta L}=\frac{EA}{L} \tag{3-10}$$

$$\varepsilon=\frac{F}{EA}=\frac{\Delta L}{L} \tag{3-11}$$

式中:k——弹性系数;

ε——应变;

L——系缆长度;

ΔL——受到拉力 F 后系缆的伸长量;

E——弹性模量;

A——吊缆截面积。

又根据系缆抗拉刚度公式:

$$EA=\frac{E_e\pi d^2}{2} \tag{3-12}$$

式中：E_e——有效弹性模量；

d——系缆公称直径。

可以得到模型弹性系数表达式：

$$k_m = \frac{E_e \pi d_s^2}{2(L_m + s)\lambda^3} \tag{3-13}$$

系缆的模型除了要求按实体根据质量力相似和弹性相似进行制作和模拟以外，为了保证实物和模型的系缆在静水中的悬链线形状基本一致，还需保证一定的几何相似。

几何相似包括尺度相似和形状角度相似两部分，考虑的方法是：通过截断设计的方法来保证几何尺度能够统一缩尺比；通过单位质量相似和经验仿真计算，确定系缆的系泊力角度。

模型系缆的长度根据实体的长度按缩尺比选取，考虑到试验条件的约束，在无法满足的情况下采用等效截断试验方法处理。

等效截断试验方法首先确定需要截断系缆的截断因子μ，即截去系缆长度与原始系缆长度的比值：

$$\mu = \frac{L - L_t}{L} \tag{3-14}$$

式中：L——原始系缆长度；

L_t——截断后系缆长度。

要保持截断前后系泊线的悬链线特性不变，需要满足截断后系缆的轴向刚度以及单位长度质量与截断因子分别成正比和反比的关系，即：

$$(EA)_t = EA \cdot \mu \tag{3-15}$$

$$m_t = \frac{m}{\mu} \tag{3-16}$$

式中：EA——原始系缆轴向刚度；

$(EA)_t$——截断后系缆的轴向刚度；

m_t——截断后系缆的单位长度质量；

m——原始系缆的单位长度质量；

μ——截断系缆的截断因子。

3.2.2 参数换算方法

实际上，同时满足雷诺数与傅汝德数相等在现有试验条件下难以实现，根据船舶流体力学理论，试验只要超过临界雷诺数，黏性阻力系数几乎不变。

沉管是一个规则的箱形长方体，在流体力学中称为钝体，边界层分离点很容易稳定，并且极易进入自模区，即在较低的雷诺数下就进入自模区，而且摩擦阻力及兴波阻力占的比重较低。根据以前的试验结果及对沉管隧道的数值模拟,在拖航工况下,摩擦阻力仅占黏性阻力的5%左右,也就是总的黏性阻力中,黏压阻力占90%以上,又由于在自模区,黏压阻力系数几乎不变,则黏性阻力系数也不随雷诺数的变化而改变,即:

$$C_{vs} = C_{vm} \tag{3-17}$$

式中:C_v——黏性阻力系数;

角标 s、m——分别表示实型和模型。

对于沉管下沉作业的水动力换算,可以不考虑沉管兴波阻力的影响,仅考虑黏性力及波浪力,可以按照总阻力系数相等的原则换算处理,也可以对摩擦阻力的微量变化做出修正,即:

$$C_{ts} = C_{tm} \tag{3-18}$$

式中:C_t——总阻力系数;

角标 s、m——分别表示实型和模型。

在满足相关相似关系及准则后,模型与实型各物理量之间的转换关系见表3-1。

管实型和模型尺寸　　表3-1

序　号	项　目	符　号	转换关系
1	线尺度	L_s/L_m	λ
2	面积	A_s/A_m	λ^2
3	体积	V_s/V_m	$r\lambda^2$
4	周期	T_s/T_m	$\lambda^{1/2}$
5	频率	ω_s/ω_m	$\lambda^{-1/2}$
6	流体密度	ρ_s/ρ_m	r
7	线速度	v_s/v_m	$\lambda^{1/2}$
8	线加速度	a_s/a_m	1
9	角度	θ_s/θ_m	1
10	质量	m_s/m_m	$r\lambda^3$
11	力	F_s/F_m	$r\lambda^3$
12	力矩	M_s/M_m	$r\lambda^4$
13	转动惯量	I_s/I_m	$r\lambda^5$

3.3　试验模型设计与制作

试验模型设计首先需要考虑的问题就是试验缩尺比的选择。

3.3.1　试验缩尺比选取

根据国际公认的海洋工程试验缩尺比的原则,发挥拖曳水池的优势及考虑阻塞问题以方便所有试验的完成，基本试验的缩尺比为1∶40。另外，考虑模型质量和试验仪器设备问题，制作缩尺比为1∶80的小比例模型，进行静水试验相关工况的测试，如附加质量和黏性阻尼等。

整个沉管管节沉放物理模型试验设计遵照水工物理模型试验的相似准则展开，确定好缩尺比后，可以开始对物理模型试验所需要的相关模型进行设计与加工，并对相关测试设备进行预置，还要在正式试验前对环境荷载进行标定以满足试验要求。

3.3.2　试验模型制作

试验需要制作的模型主要有管节模型、浮驳模型、基槽假底模型和系泊缆绳模型等。

1)管节模型

根据相似准则和试验条件，按一定的缩尺比(1∶40)制作钢质模型，模型设计前，计算实际管节的转动惯量，模型设计中要进行惯量计算及配重，保证模型惯量与全尺度管节惯量一致。此外，沉管模型制作需要预置压力传感器(表面压力传感器)、三轴陀螺及加速度传感器。模型尺寸如表3-2所示。

沉管实型和模型尺寸　　表3-2

参　数	单　位	实　型	1∶40模型	1∶80模型
总长	m	180	4.50	2.25
宽	m	37.95	0.95	0.475
高	m	11.4	0.285	0.142 5
入水	m	11.1	0.277 5	0.138 8

2)浮驳模型

根据相似准则和试验条件，按缩尺比1∶40制作木质浮驳模型，模型设计前，计算实际管节的转动惯量，模型设计中要进行惯量计算及配重，保证模型惯量与实际沉放驳船一致。此外，浮驳模型上制作了简化的沉放装置，完成沉管压载沉放过程。浮驳两边的浮箱上制作成有密封盖、可开启式的形式，方便浮驳的惯量调整。浮驳具体尺寸如表3-3所示，浮驳模型参见图3-2。

浮驳模型参数　　表3-3

序　号	参　数	实际值	模型值
1	型长(m)	36	0.9
2	型宽(m)	9	0.225
3	型深(m)	9	0.225
4	入水(m)	4.8	0.12
5	质量(t)	1 455	0.022 7

图 3-2　浮驳模型图

3)基槽假底模型

以"沉放驳-管节-基槽(假底)"一体化设计为基础,假底模型按照同一缩尺比设计制作,并需考虑足够的刚性以避免振动,在运动方向的两侧制作防干扰墙。防干扰墙可作为缆绳的系柱点,例如,在边坡上抛锚的模拟,一定要保证缆绳与连接点的角度等满足相似条件。钢制假底制作完成后通过缆固定在拖车上,随着拖车按不同的速度向前运行,如图 3-3 所示。

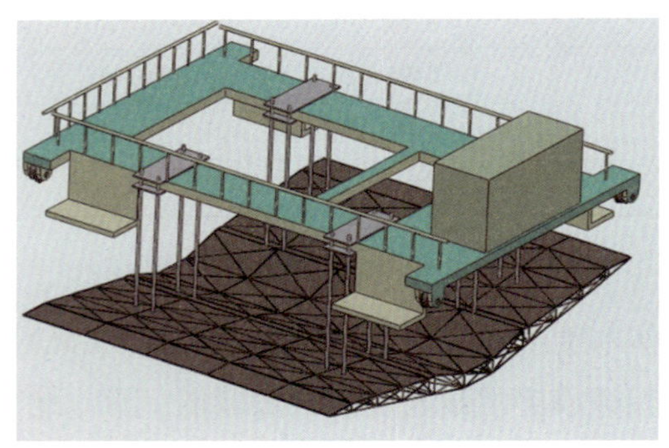

图 3-3　假底示意图

为了满足不同深度假底、不同方向来流和波浪,试验总共制作了 5 个假底,包括 45m 水深、30m 水深、22m 水深共 3 个水深 90°方向假底,45m 水深 60°斜假底和 13m 水深平假底(浮运工况),具体参数见表 3-4。

假底模型参数　　表 3-4

基槽形式	45m-90°	30m-90°	22m-90°	45m-60°	13m-平假底
长(m)	12.0	12.0	12.0	18.0	12.0
宽(m)	10.0	10.0	10.0	10.0	10.0
深(m)	1.125	0.75	0.55	1.125	0.375

4)系泊缆绳模型

系泊模型要求根据质量力相似和弹性相似进行制作和模拟。由于系缆长度方向上的跨度较其他方向大,所以保证质量力相似的条件一般是系缆模型与实体在单位长度下的质量对应相似,然后,按照试验要求中不同水深的工况,根据水深 h、沉管与假底的相对坐标位置,确定出每种工况下系缆的长度及悬链线形状、假底上对应的锚固点坐标位置;最后,在试验中,对每种工况按照对应的锚固点选用事先匹配的系缆进行系固,吊缆安装拉力测量器,将沉管隧道下放到对应的水深,系缆与沉管隧道连接端安装拉力测量仪后连接,精确控制系缆顶端系泊角度和方向,在准动态情况下测量系泊力。试验过程如图 3-4 所示。

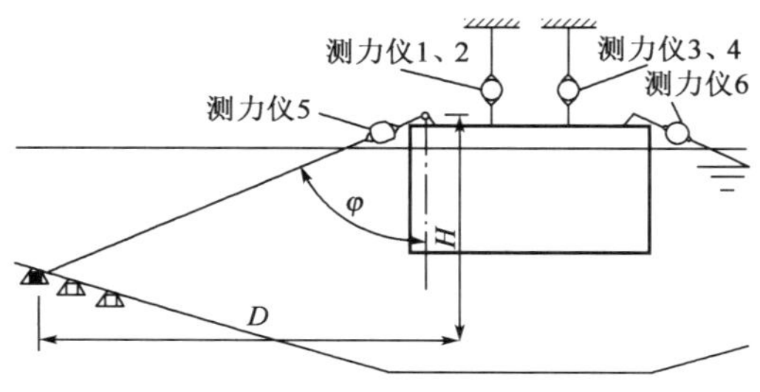

图 3-4　试验过程示意图

缆绳模型主要由比例相似直径的钢丝绳、弹性相似配接的弹簧和进行缆绳张力测量的拉力传感器构成。模型在空气中的单位长度质量 $m_m = 13.31$g/m,采用直径为 1.2mm 的 6 × 36WS - IWRC 钢丝绳,其单位长度质量为 5g/m,并在钢丝绳上分段均匀缠绕 1.5mm 宽、0.5mm 厚的铅皮配重补足质量差值,从而满足质量相似关系。模型的弹性系数约为 $k_m = 52.09$kg/m,通过单根缆绳上配接 4 ~8 个不同 k 值的小型弹簧并由钢丝绳分段串接来模拟。

3.3.3　测量传感器预置

模型试验中管节六自由度运动响应和沉管管节系泊缆绳缆力需采用传感器进行测量。

1)运动响应测试传感器

运用较为先进的非接触式光学运动测量仪测试沉管管节在风、浪、流作用下的运动响应。这种测量仪应用位置测量仪(高像素红外摄像机)跟踪测量固定在模型上的至少 3 个红外线发光源(灯球),得到这些发光源随模型运动的三维空间坐标数据,然后通过软件的信号处理与计算分析,得到模型的六自由度运动参数。非接触式光学运动测量仪如图 3-5 所示。

2)系泊缆绳缆力测试传感器

拉力传感器主要测系泊缆绳的缆力,在浮运和沉放过程中均有设置,分别在每个缆绳的端部连上一个拉力传感器,浮运时拉力传感器布置示意图如图 3-6a)所示,沉放时拉力传感器布置示意图如图 3-6b)所示。

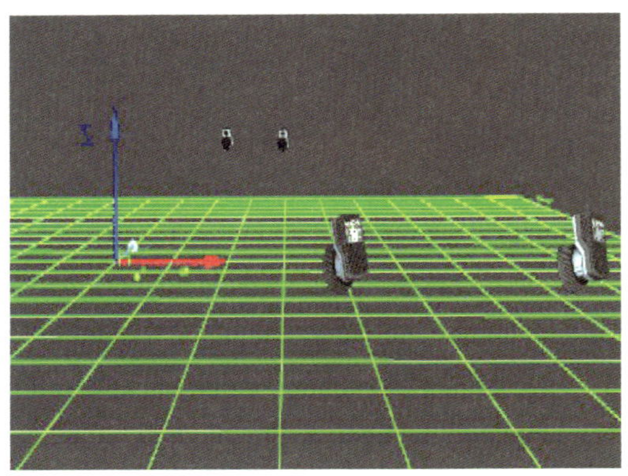

图 3-5 非接触式光学运动测量仪(Qualisys-Marine Trak)

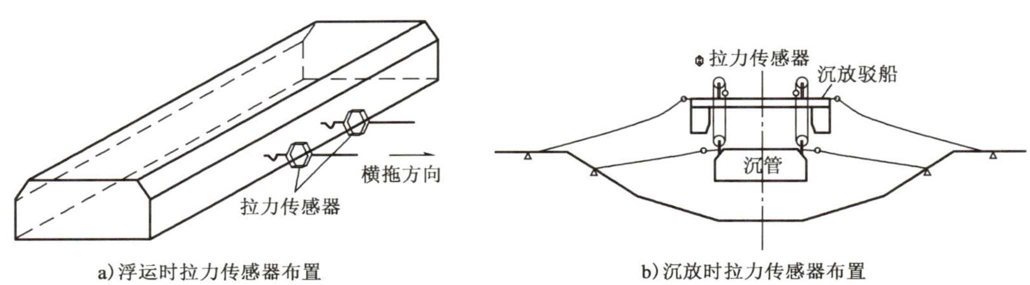

a)浮运时拉力传感器布置　　b)沉放时拉力传感器布置

图 3-6 拉力传感器布置示意图

3.3.4 环境荷载标定

环境参数的模拟可以通过海洋工程水池实验室或拖曳水池实验室进行,波浪参数通过造波机设定,拖曳水池实验室则通过拖车相对运动来进行模拟。港珠澳大桥管节物理模型试验为了构筑不同假底模拟管节在基槽中的边界条件,采用相对运动的概念模拟不同来流、波浪和基槽,对于每个不同假底和拖曳水池内的流场、波浪参数和风参数都进行了标定,如图 3-7 所示。

a)流速仪测试假底内流场分布

b)假底进流浪高仪布置图

图 3-7

c)拖曳水池浪高仪布置图

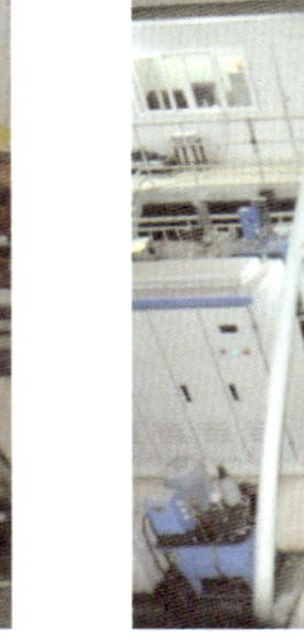

d)风车车速及风速标定

图 3-7 试验风浪流仪器标定

3.4 模型试验方法

管节施工物理模型试验主要包括管节水动力学参数测试、沉放基槽内流场测试以及管节浮运沉放施工过程运动响应和受力测试等,主要试验方法如下[9]。

3.4.1 管节水动力学参数试验原理及方法

1)试验原理

试验是模拟弹簧单自由度有阻尼自由振动情况。有阻尼自由振动的振动微分方程为:

$$m\ddot{x} + c\dot{x} + kx = 0 \tag{3-19}$$

其通解为 $x = Ae^{\lambda t}$,则上式方程可写为:

$$m\lambda^2 + c\lambda + k = 0 \tag{3-20}$$

解得:

$$\lambda = \frac{-c \pm \sqrt{c^2 - 4mk}}{2m} = -\frac{c}{2m} \pm \frac{\sqrt{c^2 - 4mk}}{2m} \tag{3-21}$$

$$-\frac{c}{2m} = \delta$$

式中: δ——衰减率;

$\frac{\sqrt{c^2 - 4mk}}{2m}$——测得的频率值 f。

工程中常用对数衰减率 δ 来表征系统阻尼情况,δ 的定义为两个相邻的同号位移峰值之比的自然对数,即:

$$\delta = \ln\frac{x_i}{x_{i+1}} = nT_d \tag{3-22}$$

考虑 $n=\zeta f$，有：

$$\delta=\frac{1}{m}\ln\frac{x_i}{x_{i+1}}\approx 2\pi\zeta \tag{3-23}$$

式中：m——周期数；

ζ——阻尼比。

由此可得到两个方程：

$$\begin{cases}-\dfrac{c}{2m}=\delta\\ \dfrac{\sqrt{c^2-4mk}}{2m}=f\end{cases} \tag{3-24}$$

解方程组可得出总质量 m 和阻尼系数 c：

$$m=\frac{k}{\delta^2+4\pi^2f^2} \tag{3-25}$$

$$c=\frac{-2\delta k}{\delta^2+4\pi^2f^2} \tag{3-26}$$

这种情况下得到的是沉管在水中单自由度的总质量，则附加质量为：

$$m_{\text{a}}=m-m_{\text{空}} \tag{3-27}$$

2）试验方法

试验采用弹簧方式，然后给定一个初始位移，使管节在水中作每一个自由度的自由衰减运动，测试运动曲线，最后通过公式推算附加质量和阻尼，如图 3-8 ~ 图 3-14 所示。

3.4.2 沉放基槽内流场试验方法

试验中，假底随拖车运动，拖车运动速度即为水流速度，在拖车上固定一个支架，确定支架位置以使流速仪均能布置在基槽横向中心线上，同时各流速仪均可垂直升降，这样便可以确定不同深度下随拖车运动的基槽内的流场特性。在沉管运动水域分布流速仪，测试出沉管运动过程中的流场特性。

以基槽中心线为准，来流方向和去流方向各有 8 站，每站间距为 20m；沿着深度方向，测试 5 个断面，分别为 -4.0m、-8.0m、-16.0m、-24m 和 -32.0m，如图 3-15 所示（图中所示为模型尺度，缩尺为 1:40）。

3.4.3 浮运过程物理模型试验方法

通过测试管节浮运过程中管节的阻力、管节的升沉及上浪、稳性等情况，确定管节的可操纵性，在不同水深、不同拖曳角度等条件下，观测管节在不同拖曳速度下的姿态变化，并测试拖曳阻力，确定水流阻力系数。检验拖航船机及缆绳配置的合理性，并确定浮运航道的疏浚深度以及浮运施工方案的可靠性[10]。

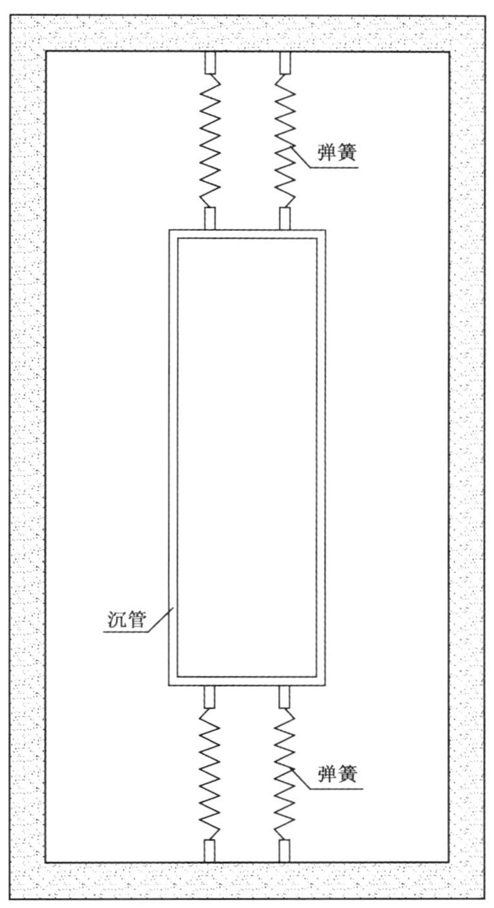

图3-8 纵荡布置示意图

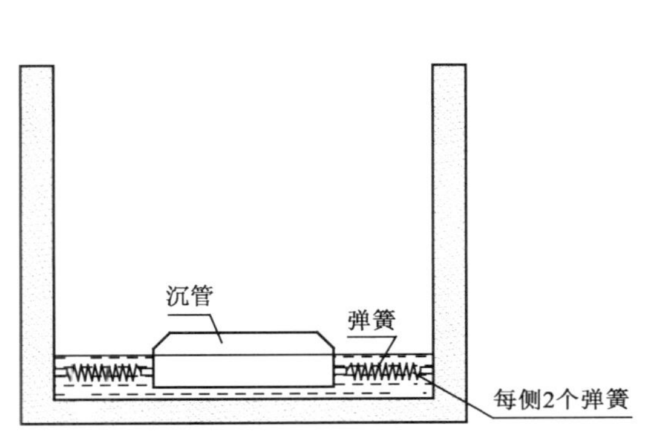

图3-9 横荡布置示意图

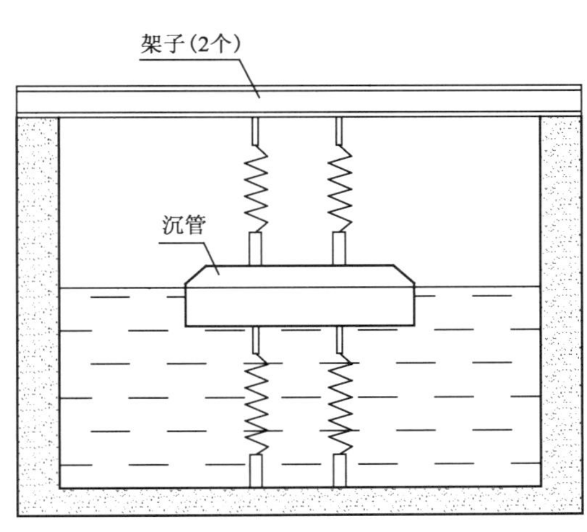

图3-10 垂荡布置示意图

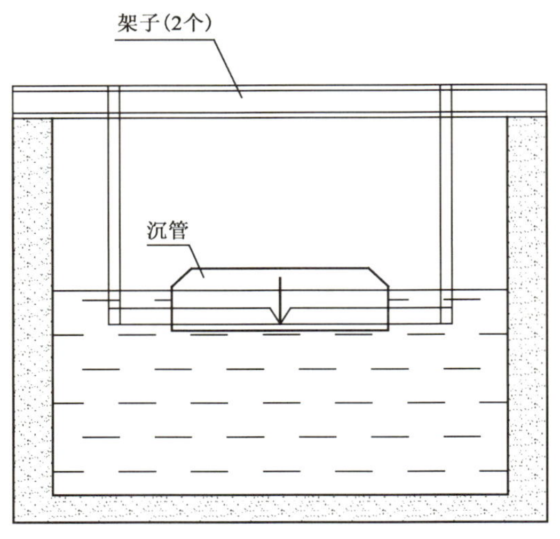

图 3-11　横摇布置示意图

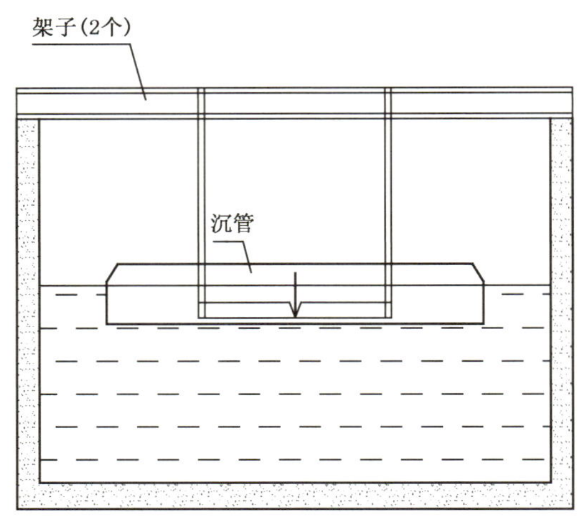

图 3-12　纵摇布置示意图

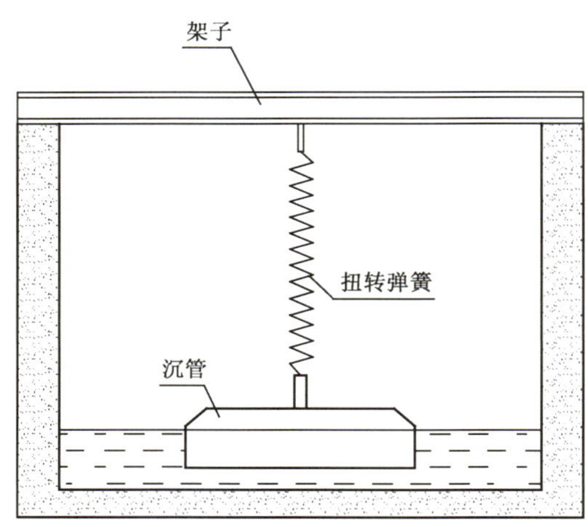

图 3-13　艏摇布置示意图

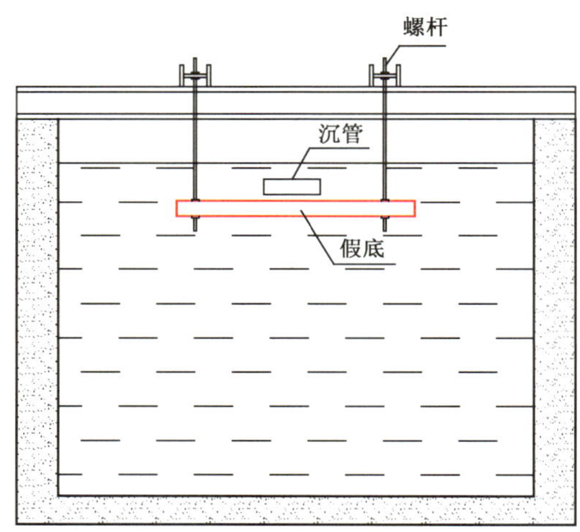

图 3-14　假底模拟示意图

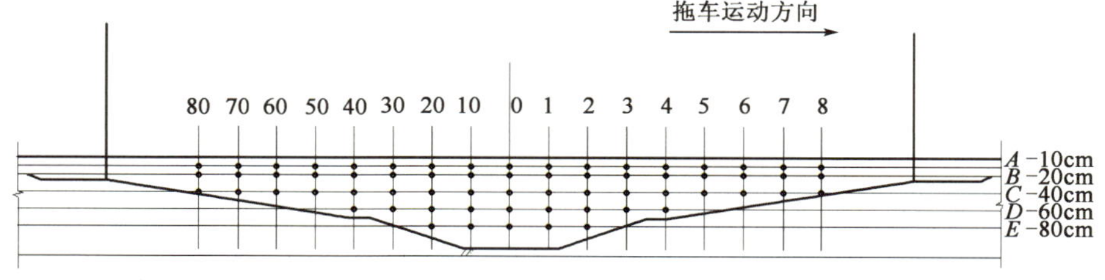

说明：0~8，0~80间距为0.5m；A距水面10cm；AB=10cm，BC=CD=DE=20cm
测点编号：第一位为站号，第二位为深度，如0A、1B、2C等

a）45m基槽开挖断面图

图　3-15

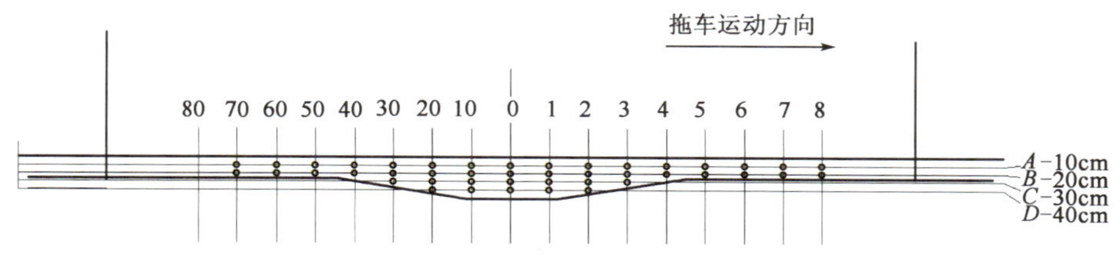

说明：0~8，0~80间距为0.5m；A距水面10cm；AB=10cm，BC=CD=DE=20cm
测点编号：第一位为站号，第二位为深度，如0A、1B、2C等

b）22m基槽开挖断面图

图 3-15　45m 和 22m 基槽典型断面流速测点布置图

1）静水拖曳浮运试验

以港珠澳大桥管节试验为例，根据试验要求，分别进行了实际水深为 13.5m、14.0m、14.5m、15.5m 的模型试验，拖曳角为 0°、6°、18°、30°、42°、60°、90°，测量在各工况下模型的静水阻力，再换算得到实际管节阻力 $R_s = R_m \rho_s \lambda^3 / \rho_m$，并得出总阻力系数 $C_t = R_t / 0.5\rho A v^2$，其中 A 为迎流湿面积。

沉管坐标如图 3-16 所示，其中，X 表示沿模型纵向，前为正；Y 表示沿模型切向，右为正。管节浮运布置如图 3-17 所示。

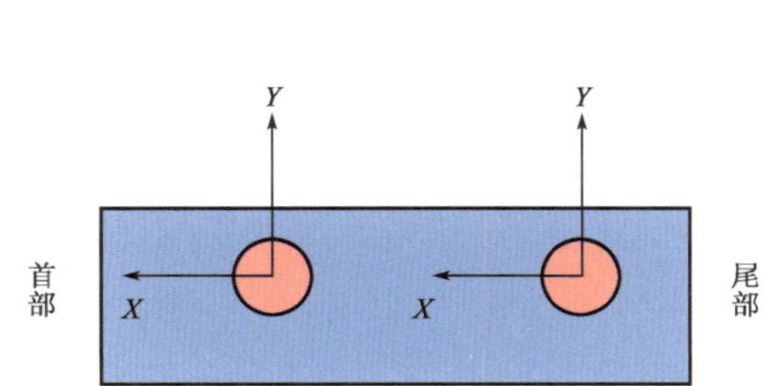

图 3-16　沉管坐标示意图

图 3-17　管节浮运布置示意图

2）波浪条件下浮运试验

管节在浮运过程中，受到风浪流的综合作用，而流速流向对波浪增阻有较大的影响，为了进一步研究管节浮运过程中管节的阻力、管节的升沉及上浪、稳性、缆绳受力等情况，需进行考虑风浪流联合作用下的管节模型试验。进而检验拖航船机及缆绳配置的合理性，并确定浮运航道的疏浚深度以及浮运施工方案的可靠性[3]。

浮运测试过程中，拖车带动假底和管节向前运动，后按标定的拖车速度行驶，当沉管运动稳定且达到工况要求的拖航速度后，通过仪器测得管节缆绳受力和管节运动响应，随后，开启船池另一端的造波机，为管节浮运提供相应的波浪荷载，测得管节在波浪荷载下的缆绳受力和管节响应。试验布置图参见图3-18,左图中带圈数字表示缆绳的编号,分别模拟浮运过程中几条拖轮的拖带缆绳。

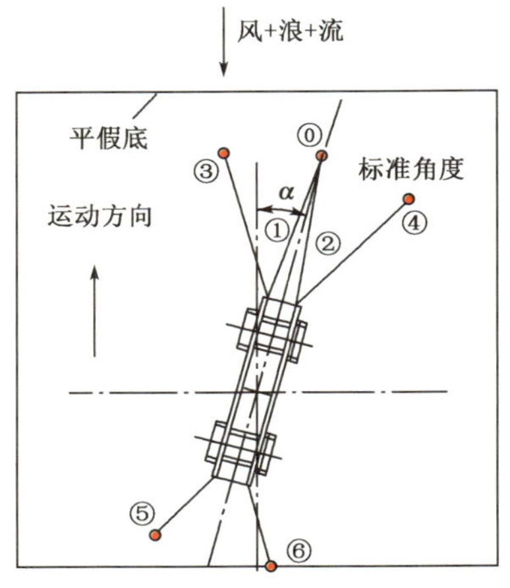

图3-18 沉管管节浮运测试示意图

3.4.4 沉放过程物理模型试验方法

管节沉放是指将已预制好的沉管管节沉放到水底事先挖好的基槽中指定位置的过程。管节就位后,通过管节内的压载系统向管节内注入压载水,使管节质量增加,克服浮力下沉,并在沉放浮驳的控制下,缓缓地放入基槽。沉放过程中,通过控制定位系泊系统,调整和修正管节的平面位置。沉放过程的管节受到重力、浮力、缆力(定位缆与调节缆)、水动力、内部液体的晃荡力等的作用。其中,缆力和水动力与波浪、水流、下沉速度等密切相关,直接影响到沉管沉放过程的运动与稳定性[4]。

测试不同环境条件下、不同沉放速度管节沉放状态下的以下内容:

(1)缆索力(系缆力和吊缆力)。

(2)管节六自由度运动响应。

(3)管节内力。

沉管和浮驳按实际的系泊方式固定在假底上,随着拖车运动而承受风、浪、流组合荷载作用,通过拉力传感器和光学运动测试系统测得缆力和管节运动响应。沉放缆系布置如图3-19所示。沉放过程中,沉管由4条横向调节缆和2条纵向调节缆组成的系泊系统系固,用图中带圈数字缆绳模拟。2个沉放驳分别由4个外八字锚锚固,通过8条缆绳系固,用图中$F_1 \sim F_8$缆绳模拟,每个沉放驳分别由2条吊缆与沉管连接,用图中$D_1 \sim D_4$缆绳模拟。

试验主要对沉管管节在定位系泊、压载沉放过程中在不同水流速度、不同波浪高度和周期、不同带缆角度下各位置处缆绳系点张力以及管节自身的六自由度运动响应进行测定,如

图 3-20 所示。

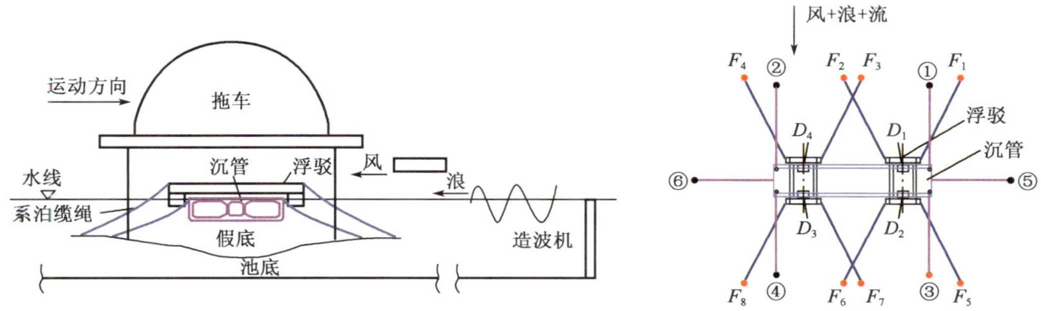

图 3-19　沉放缆系布置示意图

图 3-20　定位系泊试验图及压载沉放试验图

3.5　应 用 实 例

本书以港珠澳大桥物理模型试验为例，论述沉管安装模型试验相关技术，主要包括水动力学参数模型试验、基槽内流场试验、浮运和沉放过程物理模型试验。

3.5.1　水动力学参数模型试验

1）试验工况设计

试验工况选取依据施工环境的水深平面布置图，结合波浪、水流对管节的作用，由于水深影响较大，试验对水深深度进行选取。试验结果换算方法根据缩尺比进行计算。港珠澳大桥管节物理模型试验静水试验中选取实体与模型之间的线性尺度比为 1∶80，即 $\lambda = L_s/L_m = 80$。管节静水状态试验相关要素见表 3-5。

试验分横荡、纵荡、垂荡、纵摇、横摇、艏摇 6 类工况。

试验气象水文要素 表 3-5

原型-模型换算尺寸(m)				
原型	13	20	30	45
模型	0.1625	0.25	0.375	0.5625

2)附加质量与阻尼

通过各个自由度的时程测试,结合表 3-1 的各个变量进行模型到原型的转换。最后将各个自由度的附加质量和阻尼的测试结果与管节本身的质量/惯量进行对比,确定不同水深的变化,分析对附加质量产生较大影响的水深。

以港珠澳大桥管节静水试验为例,通过试验测试结果,可以得出以下结论:

(1)各个自由度振荡频率随水深的增大而增大,且水深增加至某一深度后,频率不再增大。

(2)除纵荡和艏摇外,其他自由度下的附加质量随水深的增大而减小,且水深增加至某一深度后附加质量不再变化。

(3)各状态下附加质量与沉管总质量之比如下:

横荡状态下附加质量与沉管总质量之比为 1.04 ~2.59。

纵荡状态下附加质量与沉管总质量之比为 0.21 ~0.75。

垂荡状态下附加质量与沉管总质量之比为 1.57 ~3.52。

横摇状态下附加惯性矩与沉管质量惯性矩之比为 0.82 ~1.66。

纵摇状态下附加惯性矩与沉管质量惯性矩之比为 2.20 ~5.01。

艏摇状态下附加惯性矩与沉管质量惯性矩之比为 0.26 ~0.78。

试验结果换算成实际管节的结果见表 3-6。

管节实型各自由度附加质量和附加惯性矩 表 3-6

水 深	横荡附加质量 m_a (kg)	纵荡附加质量 m_a (kg)	垂荡附加质量 m_a (kg)	横摇附加惯性矩 I_x (kg·m^2)	纵摇附加惯性矩 I_y (kg·m^2)	艏摇附加惯性矩 I_z (kg·m^2)
13m	1.94×10^8	5.53×10^7	2.62×10^8	2.05×10^8	1.26×10^{10}	9.42×10^9
20m	1.23×10^8	3.43×10^7	1.61×10^8	1.23×10^8	9.46×10^9	7.09×10^9
30m	7.73×10^7	2.97×10^7	1.61×10^8	8.19×10^7	7.21×10^9	5.53×10^9
45m	7.73×10^7	1.59×10^7	1.17×10^8	8.19×10^7	5.53×10^9	3.24×10^9

(4)由计算加速度幅值衰减率 δ_w 可以看出,随着水深的增加,阻尼逐渐减小,如表 3-7 所示。

3.5.2 基槽内流场试验

本试验中基槽平流段入口速度 v 分别为 1.0m/s 和 1.5m/s,试验结果如图 3-21 ~ 图 3-24 所示。

管节实型阻尼值

表 3-7

水 深	横荡阻尼 c (kg/s)	纵荡阻尼 c (kg/s)	垂荡阻尼 c (kg/s)	横摇阻尼 c (kg·m²/s)	纵摇阻尼 c (kg·m²/s)	艏摇阻尼 c (kg·m²/s)
13m	4.01×10^{7}	2.07×10^{7}	3.96×10^{9}	2.20×10^{9}	2.01×10^{11}	1.21×10^{11}
20m	2.10×10^{7}	9.85×10^{6}	1.71×10^{7}	1.47×10^{9}	1.32×10^{11}	7.77×10^{10}
30m	1.32×10^{7}	6.93×10^{6}	1.71×10^{7}	1.10×10^{9}	1.04×10^{11}	6.85×10^{10}
45m	6.07×10^{6}	5.67×10^{6}	1.11×10^{7}	1.10×10^{9}	8.32×10^{10}	5.17×10^{10}

从计算结果可以看出，当水流从基槽平流段流入基槽后，流速沿着深度方向和流动方向有所递减，至基槽中心线底部处折减的最大；45m 深度基槽中水流折减的比例比 22m 深度基槽折减得大；水流速度较高时，流速折减较低速时大。

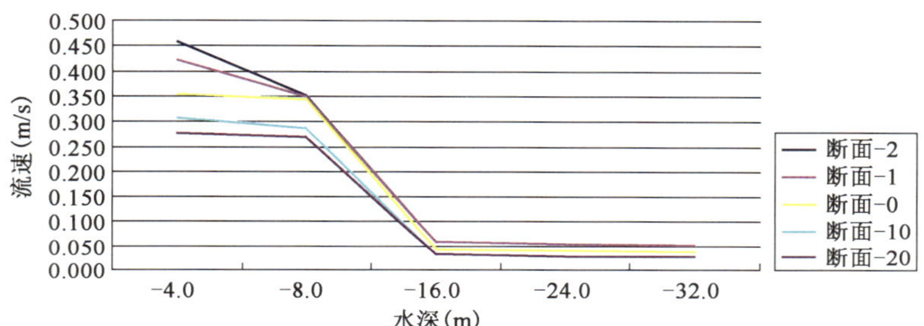

图 3-21 进场流速 $v=1.0$m/s 时，45m 深度基槽纵断面流速随水深变化图

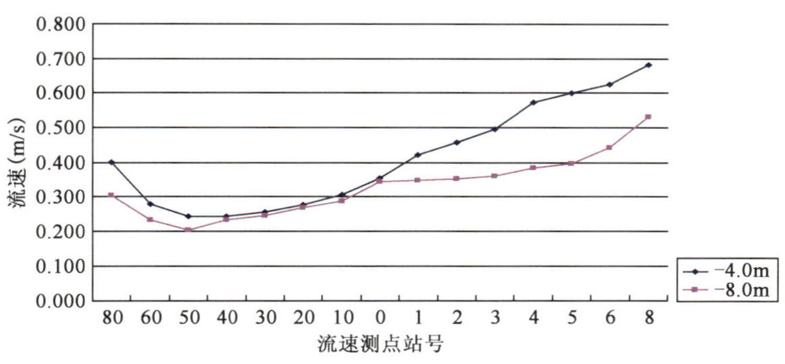

图 3-22 进场流速 $v=1.0$m/s 时，45m 深度基槽横断面流速随水深变化图

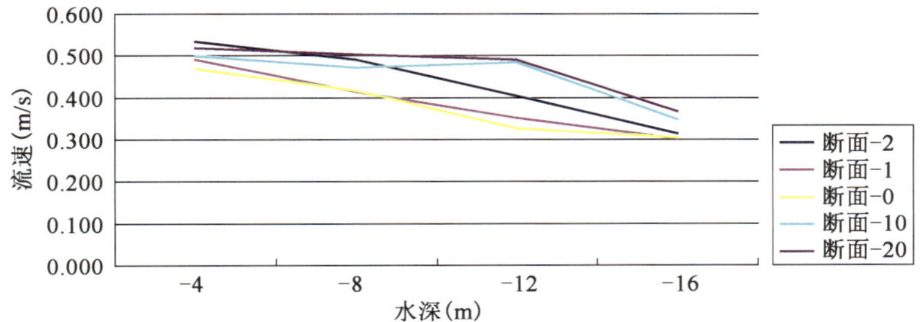

图 3-23 进场流速 $v=1.0$m/s 时，22m 深度基槽纵断面流速随水深变化图

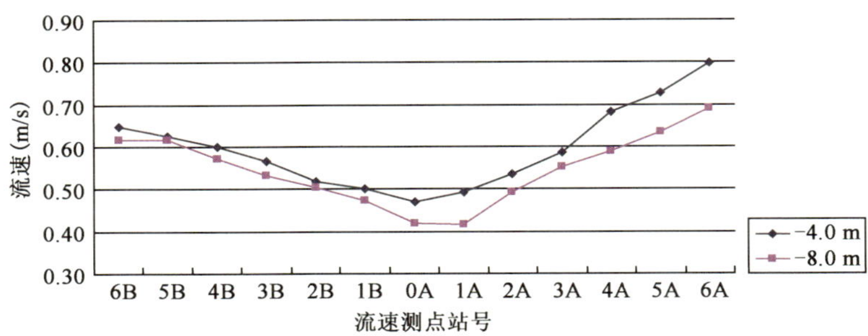

图 3-24 进场流速 $v=1.0\text{m/s}$ 时,22m 深度横断面流速随水深变化图

3.5.3 浮运过程物理模型试验

1)静水拖曳浮运试验

沉管管节在不同水深、不同拖角、不同拖航速度下的阻力试验结果参见图 3-25 ~ 图 3-31(1t = 10kN)。

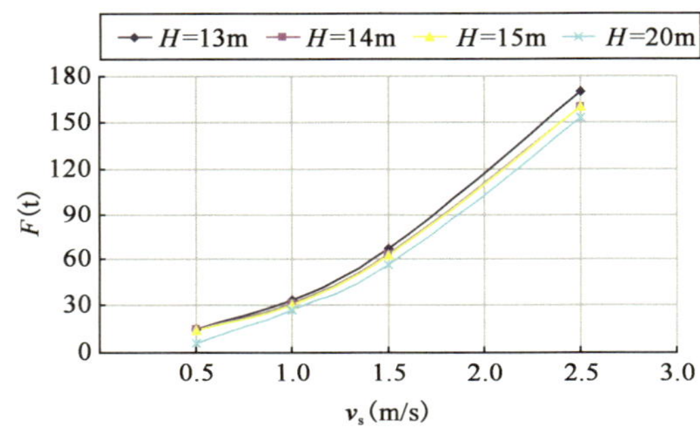

图 3-25 不同水深下,拖曳角 $\alpha=0°$ 沉管的阻力曲线

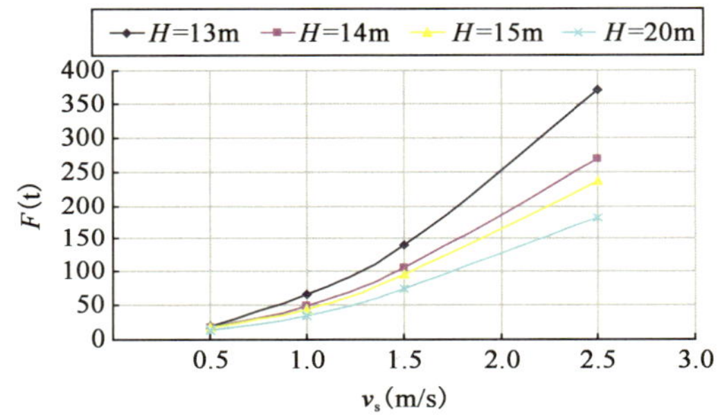

图 3-26 不同水深下,拖曳角 $\alpha=6°$ 沉管的阻力曲线

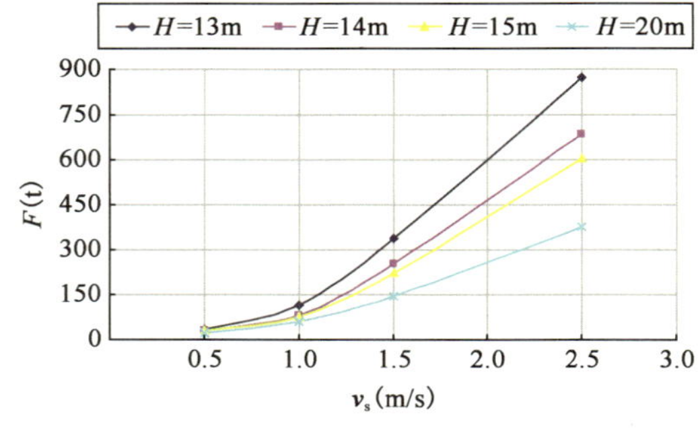

图 3-27 不同水深下,拖曳角 $\alpha=18°$ 沉管的阻力曲线

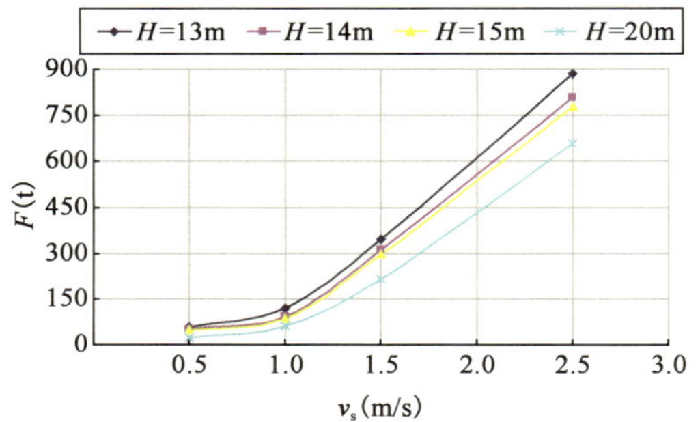

图 3-28 不同水深下,拖曳角 $\alpha=30°$ 沉管的阻力曲线

由图 3-25 ~ 图 3-31 的试验结果可以得到以下结论:

(1)在相同水深情况下,随着航速增加,阻力随之增大;特别是高速拖航时,阻力增加较为明显。

(2)对于沉管横向阻力来说,随着水深减小,横向阻力增大;随着拖曳角增大,横向力增大。

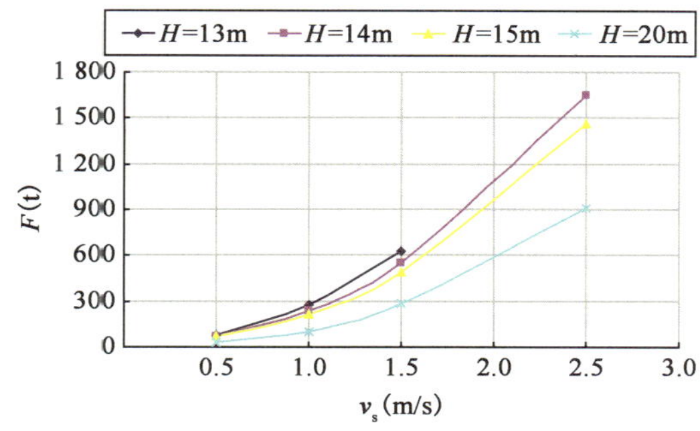

图 3-29　不同水深下，拖曳角 $\alpha = 42°$ 沉管的阻力曲线

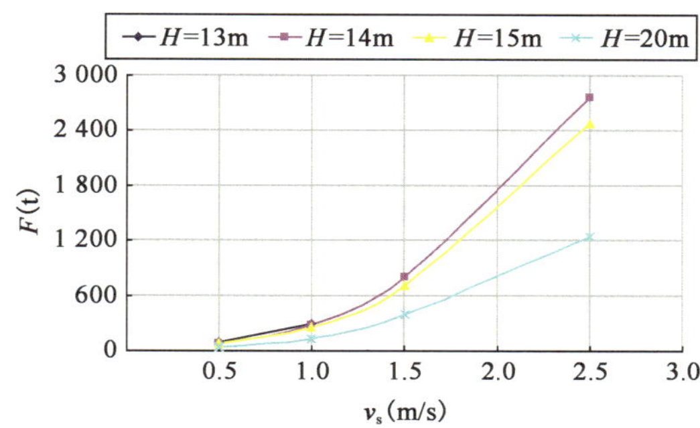

图 3-30　不同水深下，拖曳角 $\alpha = 60°$ 沉管的阻力曲线

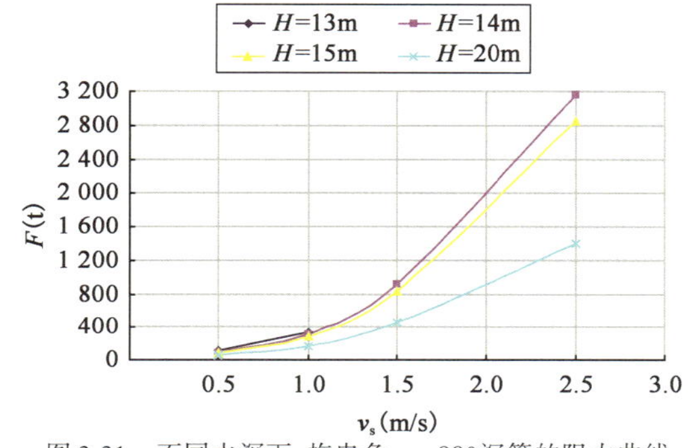

图 3-31　不同水深下，拖曳角 $\alpha = 90°$ 沉管的阻力曲线

(3)在相同拖航速度下，随着水深的减小，沉管管节在下沉力和横倾力矩的作用下容易发生前倾及触底，沉管首部容易上水，特别首部端部极易发生触底，明显增大管节阻力。而随着水深的减小，该现象对应的航向角(沉管与来流夹角)也随之减小。

(4)浅水效应较明显。在不完全约束沉管，只允许沉管有升沉运动时，较小水深(实际水深 13m)，沉管速度为 0.395 3m/s(实际相对航速 2.5m/s)时，航向角大于 30°时沉管会触底；而在沉管速度为 0.237 2m/s(实际相对航速 2.0m/s)时，航向角大于 42°时就会出现触底。

结合管节静水拖曳模型试验确定管节静水拖航的水流阻力系数，见图 3-32。

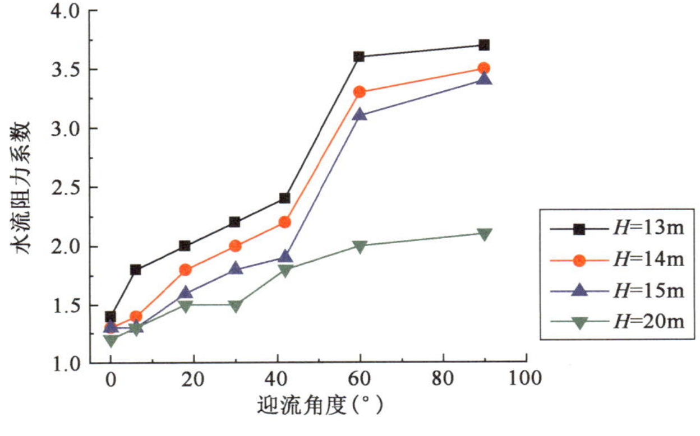

图 3-32　水阻力系数拟合值

2)波浪条件下浮运试验

浮运水深13m,沉管六缆拖航状态,流速为1.0～2.5m/s,浪高为0.8～1.0m,周期为6.0s,夹角0°～30°状态下,沉管缆力和运动响应随角度变化的结果和规律如下。

管节浮运波浪试验中,根据不同角度、不同浪高、不同流速的组合工况试验结果,可以得到以下结论:

(1)管节浮运过程中,在相同流速情况下,各缆绳浪流作用力随着浪高增加而增大,如图3-33所示(1t=10kN)。

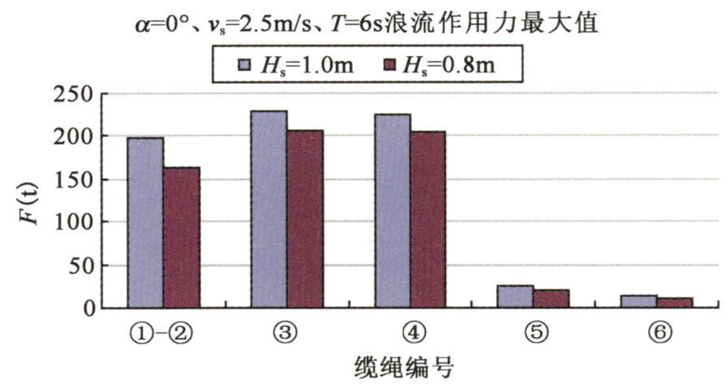

图3-33 沉管0°夹角不同浪高各缆绳浪流作用力最大值变化情况

(2)缆绳缆力因波浪增阻较为明显,在迎浪时,最大增幅达到96%,且缆绳波浪力增值随着流速增加而略微减小,随着迎浪角增加而减小,如表3-8所示。

沉管管节波浪力增值百分比 表3-8

角度	H_s=0.8m			H_s=1.0m		
	v_s=1.0m/s	v_s=1.5m/s	v_s=2.5m/s	v_s=1.0m/s	v_s=1.5m/s	v_s=2.5m/s
0°	96%	76%	61%	90%	75%	63%
15°	85%	74%	53%	79%	72%	51%
30°	72%	62%	49%	66%	60%	61%

注:波浪力增值百分比=(缆绳风浪流作用下最大值-纯流作用力)/风浪流作用下最大值×100%。

(3)在不同角度(0°～30°)的试验中,迎流缆系缆力都是随着浪高的增高而增大,15°夹角时,浪高变化引起的缆力增幅最大,如图3-34所示(1t=10kN)。

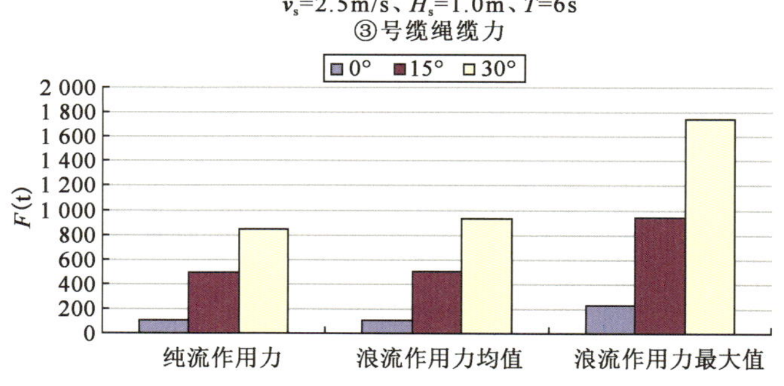

图3-34 沉管在不同角度下浮运中③号缆绳缆力变化情况

(4)迎流缆系缆力随着速度的增加而增大。在同一流速、不同夹角工况下,沉管缆力在夹角30°时最大,随着角度的增加,缆力逐渐增大,见图3-35(1t=10kN)。

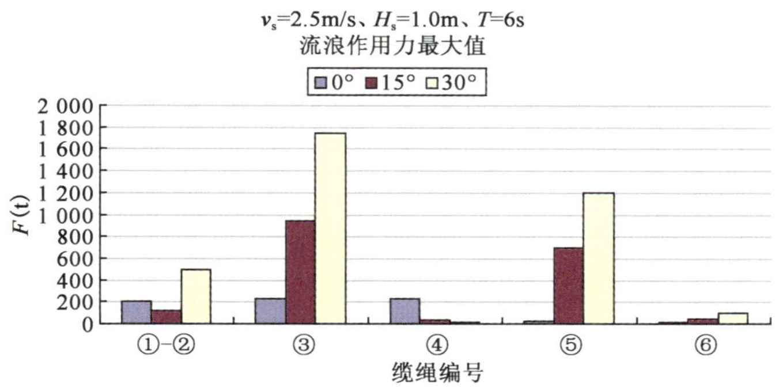

图3-35 沉管在不同角度下浮运中各缆绳浪流作用力最大值变化情况

(5)浪向角相同情况下,沉管响应随浪高增大而增大。例如:基槽深度13m,沉管六缆系泊状态,浪向角0°,流速1.0m/s,当浪高0.8m时,浪+流纵荡为0.164m;当浪高1.0m时,浪+流纵荡为0.173m。

(6)浪向角相同情况下,沉管响应随流速增大而增大。例如:基槽深度13m,沉管六缆系泊状态,浪向角0°,浪高1.0m,当流速1.0m/s时,浪+流垂荡为0.114m;当流速1.5m/s时,浪+流垂荡为0.125m;当流速2.5m/s时,浪+流垂荡为0.168m。

(7)在浪高、流速相同情况下,沉管响应随浪向角的增大而增大,见图3-36、图3-37。

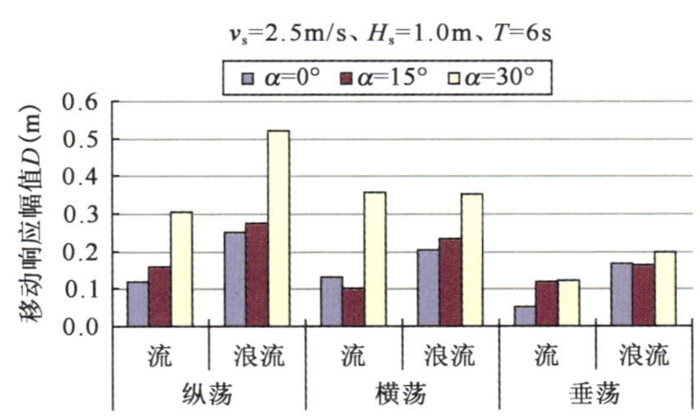

图3-36 沉管在不同角度下浮运移动响应最大幅值变化情况

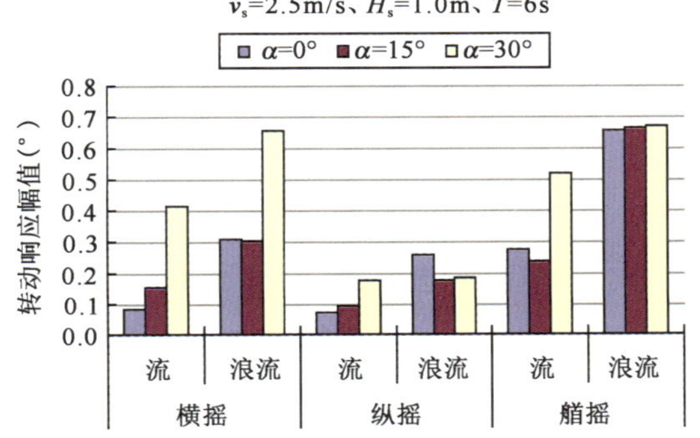

图3-37 沉管在不同角度下浮运转动响应最大幅值变化情况

3.5.4 沉放过程物理模型试验

1)定位系泊试验

管节不规则波定位系泊试验中,根据不同假底、不同角度、不同浪高的组合工况试验结果,可以得到以下结论:

(1)在不同角度、不同假底的试验中,沉管系泊缆绳缆力都是随着浪高的增加而增大。

(2)在不同角度、不同假底的试验中,沉管响应都是随着浪高的增加而增大。

管节规则波定位系泊试验中,根据不同浪高、不同流速的组合工况试验结果,可以得到以下结论:

(1)缆绳缆力随着浪高增加而增大。在同一浪高、不同流速工况下,沉管缆力在流速最大时缆力最大,随着流速的增加,缆力逐渐增大。

(2)沉放等待过程中,缆绳缆力在风浪流作用下增幅较明显,特别是波浪作用较为明显,波浪引起的缆力占总缆力的45% ~65%,如图3-38所示。从图3-38中可知,随着流速增加和基槽深度减小,管节缆绳波浪力增幅有所减小。另外,斜浪的增幅比横浪的增幅要大。

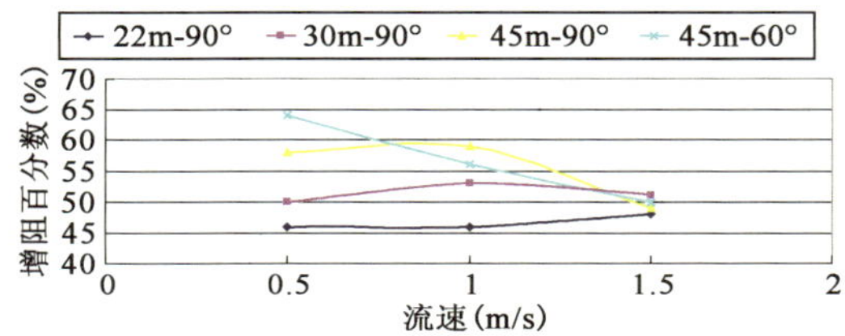

图3-38 不同深度基槽中管节缆绳波浪力增阻百分比

(3)在3个不同深度假底中,沉管系泊系统中,迎流面的横向调节缆绳的缆力最大,纵向调节缆绳缆力次之;去流面的横向调节缆绳的缆力最小,且纵向调节缆中与迎流面调节缆较大一侧的缆力比另一侧大。

(4)不同深度基槽中,在相同风浪流荷载作用下,缆力变化不大,但水深小的假底,缆力较大。这是由于水深小的假底,其基槽过水断面坡度较小,水流从基槽中通过时,流速折减较小,沉管遭受浪流荷载有所减小。

(5)相同深度假底,缆力变化不大,无明显规律,如图3-39~图3-41所示(1t = 10kN)。

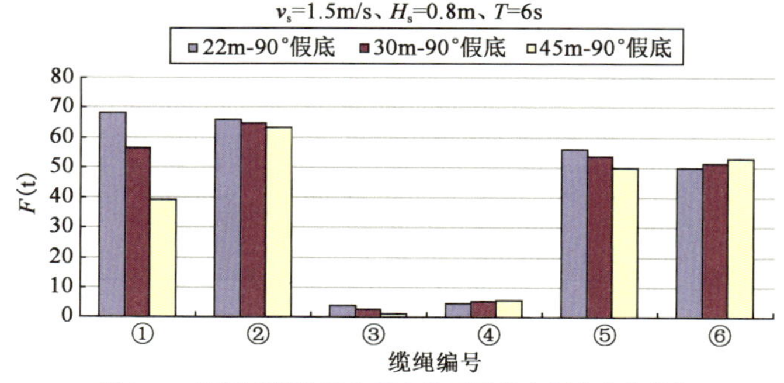

图3-39 沉管系缆纯流作用力随不同假底深度变化趋势

(6)响应随着浪高增加而增大,且管节运动响应以横荡和横摇为主。在同一流速、不同浪高工况下,响应在浪高最大时最大。如图3-42、图3-43所示,基槽深度45m,浪向角90°时,在1.5m/s流速下,0.8m浪高的响应较0.5m的响应大。

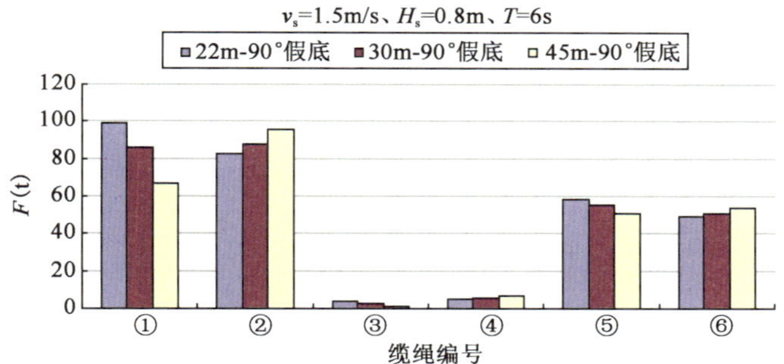

图3-40　沉管系缆风浪流作用力平均值随不同假底深度变化趋势

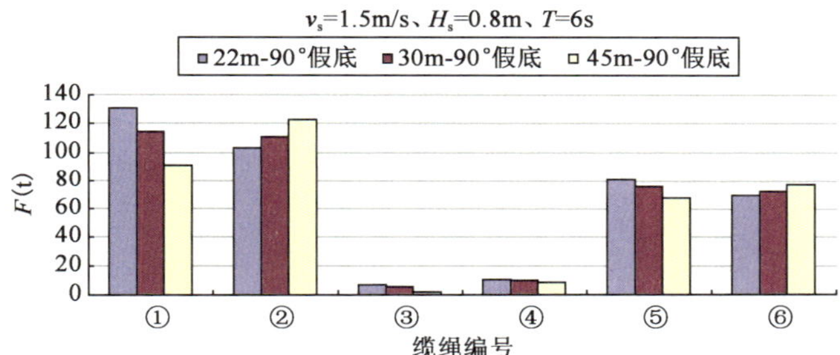

图3-41　沉管系缆风浪流作用力最大值随不同假底深度变化趋势

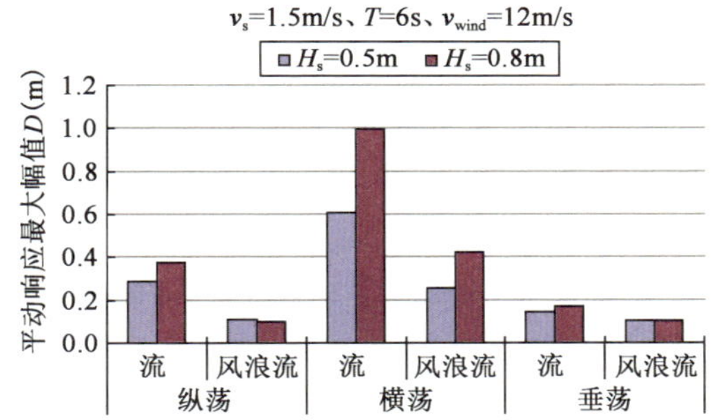

图3-42　浪向角90°,不同浪高平动响应最大幅值的变化情况

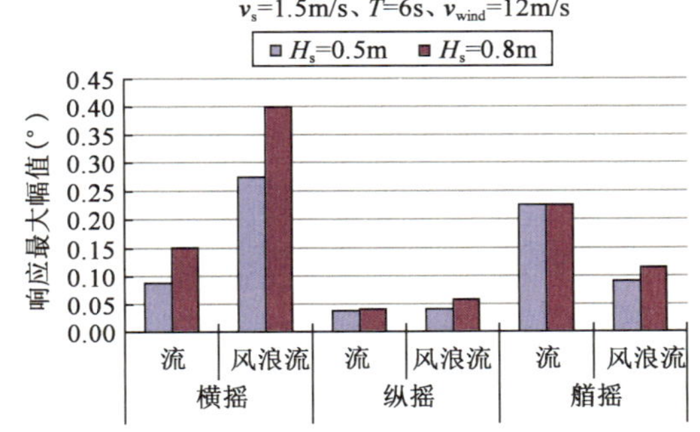

图3-43　浪向角90°,不同浪高转动响应最大幅值的变化情况

(7)响应随着流速的增加而增大。在同一浪高、不同流速工况下,响应在流速最大时最大。如图3-44、图3-45所示,基槽深度45m,浪向角90°时,在0.8m浪高下,沉管的响应随着流速的增大而增大。

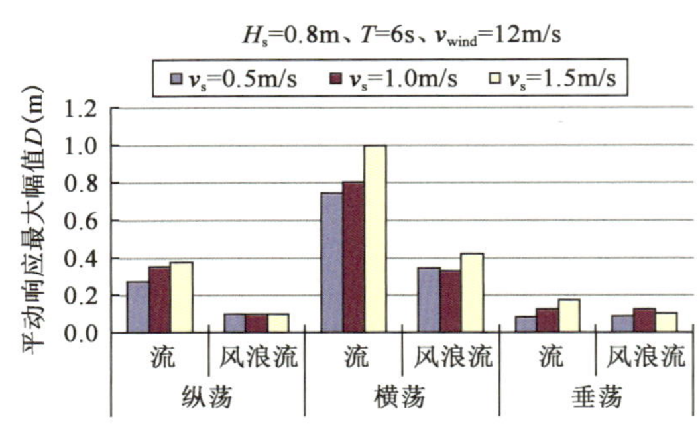

图3-44 浪向角90°,不同流速下沉管平动响应最大幅值的变化情况

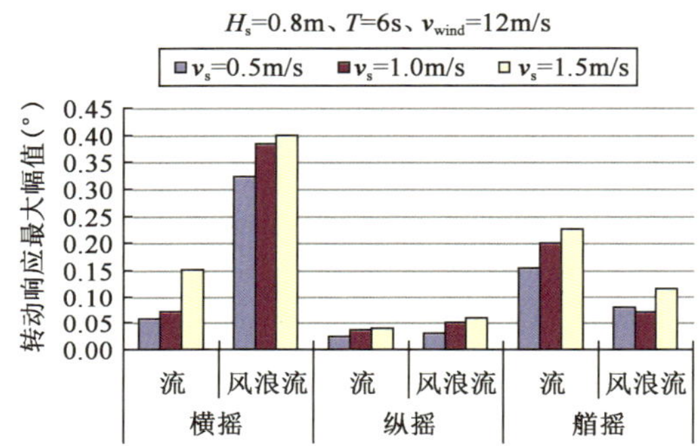

图3-45 浪向角90°,不同流速下沉管转动响应最大幅值变化情况

2)压载沉放试验

在沉管定位系泊试验中,管节与浮驳通过4组动滑轮连接,整个系统通过沉管上的6个缆绳和浮驳上的8个缆绳固定在假底上,每个缆绳的预张力在100~150kN(10~15t)范围内。按标定好的速度启动拖车,待流速稳定后开启船池另一端的造波机和随拖车运行的风车,在此过程中测试沉管在不同沉放深度、不同水流、波浪和风的组合荷载作用下的系泊缆绳和吊缆受力情况以及沉管系统的运动响应。沉放试验中,吊缆四缆、沉管六缆、浮驳八缆的实测缆力通过所测应变数据计算所得,沉管从静止状态到遭遇水流作用,再遭遇浪流共同作用。

(1)沉放阶段缆力

管节沉放试验中,根据不同负浮力、不同沉放深度、不同浪高的组合工况试验结果,可以得到以下结论:

①在不同深度假底的试验中,沉管系泊缆绳缆力都是随着浪高的增加而增大,但增幅较小。

②管节在风浪流荷载作用下，波浪增阻明显。沉管系缆力中波浪阻力最大为30%～40%，吊缆力波浪增阻为20%～30%，浮驳缆绳波浪增阻较大，最大为50%～60%。波浪增阻所占总缆力比重都随着管节沉放深度的增加而逐渐减小，随着基槽深度的增加而减小。

③在3个不同深度(45m、30m、22m)的基槽试验中，沉管系泊缆绳缆力对不同负浮力的变化不敏感，在12 000kN(1 200t)(1.5%排水量)、15 200kN(1 520t)(2.0%排水量)和22 800kN(2 280t)(3.0%排水量)3个负浮力工况试验中，负浮力对管节和浮驳水平方向的运动和缆力影响不大，但对吊放缆要求提高。增加负浮力，可以提高管节稳定性，减小管节运动响应，但需要提高吊缆缆绳的级别，增加其最大破断力。

④在不同假底深度、同一负浮力、不同风浪流组合工况下，沉管缆系的缆力在沉管刚浸没水面时缆力最大，随着沉放深度的增加，缆力逐渐减小。

⑤沉管吊缆缆力随浪高增加而增大。在同一负浮力、不同风浪流组合工况下，沉管吊缆缆力在沉管刚浸没水面时缆力最大，随着沉放深度的增加，缆力逐渐减小，吊缆缆力变化也越小。

⑥在不同深度假底中，吊缆总力在不同沉放深度的纯流作用下规律有所不同。

沉管刚刚沉入水下时(消除干舷)，3个假底中沉管吊缆总力都在流作用力下增大，在波浪作用下继续增大，如图3-46所示(1t＝10kN)。

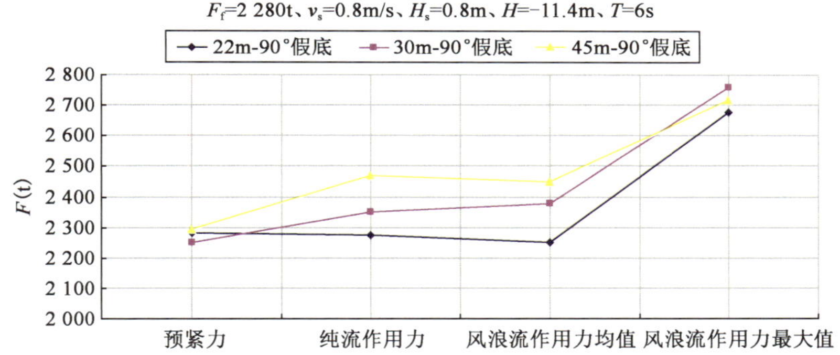

图3-46　$H=-11.4$m时，不同假底下吊缆总力变化情况

为沉管继续下沉后，在纯流和风浪流作用下，45m假底中沉管的吊缆总力依旧继续增大。22m和30m假底中，沉管的吊缆总力在纯流作用下时较初始状态有所减小，然后在风浪流同时作用下时才增大。此种情况出现可能是因为较浅假底中，流速折减较小，在基槽内流速较高，会在沉管周围产生涡，给沉管一定的升力，如图3-47所示(1t＝10kN)。

⑦浮驳系缆缆力随着浪高增加而增大。在同一负浮力、不同风浪流组合工况下，浮驳系缆缆力在沉管刚浸没水面时缆力最大，随着沉放深度的增加，缆力逐渐减小。

⑧浮驳缆系缆力对不同负浮力的变化不敏感，在12 000kN(1 200t)(1.5%)、15 200kN(1 520t)(2.0%)和22 800kN(2 280t)(3.0%)3个负浮力工况试验中，沉管缆系缆力在同一荷载环境下的缆力变化无明显规律，缆力变化范围也较小。

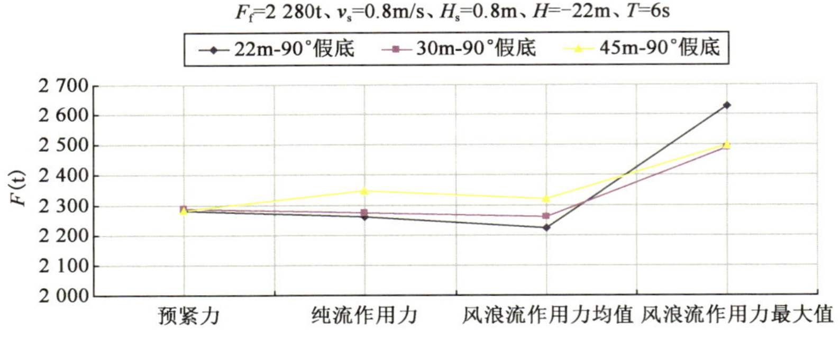

图 3-47　$H = -22\text{m}$ 时,不同假底下吊缆总力变化情况

⑨在 22m、30m 和 45m3 个不同深度的基槽中,相同风浪流荷载工况和相同沉放深度试验中,虽然水深小的假底缆力和运动响应较大,但总的看来,沉管缆力、浮驳缆力、沉管吊缆力和沉放系统的运动响应变化量值均较小,变化范围也在试验测试误差范围内。

⑩相同深度假底,当浪向角分别为 60°和 90°时:60°浪向角时的沉管缆系、沉管吊缆和浮驳缆系的缆力最大值均要大于 90°浪向角时的值。

(2)沉放阶段运动响应

管节沉放试验中,根据不同负浮力、不同沉放深度、不同浪高的组合工况试验结果,可以得到以下结论:

①沉管响应随着浪高的增加而增大。在相同深度假底的试验中,在同一负浮力、沉放水深、流速及不同浪高工况下,响应在浪高最大时最大。如图 3-48、图 3-49 所示(1t = 10kN),基槽深度 45m,浪向角 90°,负浮力为 22 800kN(2 280t)时,在流速 0.8m/s、沉放水深 -11.4m 条件下,浪高 0.8m 的响应较 0.5m 的响应大。

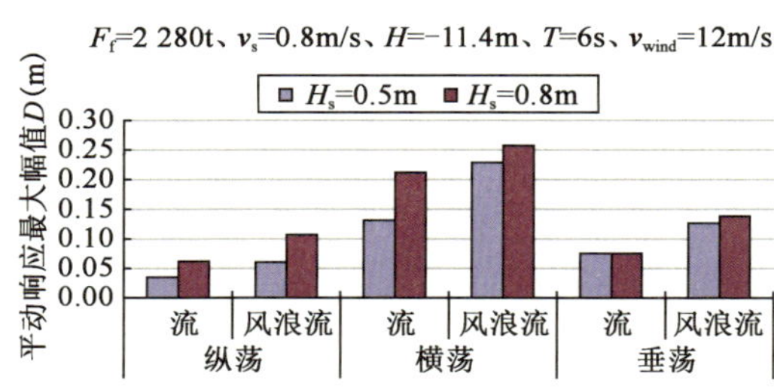

图 3-48　流速 0.8m/s,$H = -11.4\text{m}$ 时,不同浪高下沉管平动响应最大幅值 D 变化情况

②在相同假底,不同沉放深度试验中,沉管响应随着沉放水深的增加而减小。在相同深度假底的试验中,在同一负浮力、浪高、流速及不同沉放水深工况下,响应在沉放水深最小时最大。如图 3-50、图 3-51 所示(1t = 10kN),基槽深度 45m,浪向角 90°,负浮力为 22 800kN(2 280t)时,在流速 0.8m/s,浪高 0.8m 条件下,沉放水深 -11.4m 时的响应最大,-22.0m 沉放水深的响应次之,-44.0m 沉放水深的响应最小。

③沉管响应随着负浮力的增加而减小。在相同深度假底的试验中,在同一沉放水深、浪

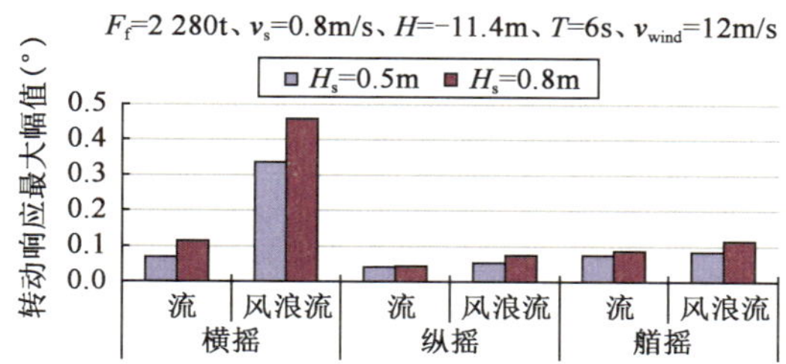

图3-49 流速0.8m/s,H = -11.4m时,不同浪高下沉管转动响应最大幅值变化情况

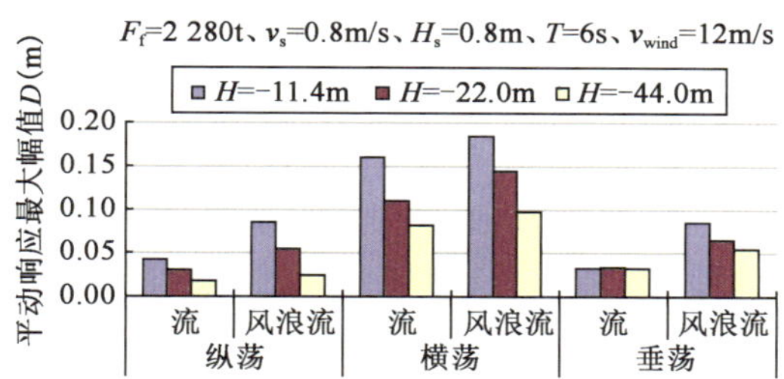

图3-50 流速0.8m/s,浪高0.8m时,不同沉放深度沉管平动响应最大幅值变化情况

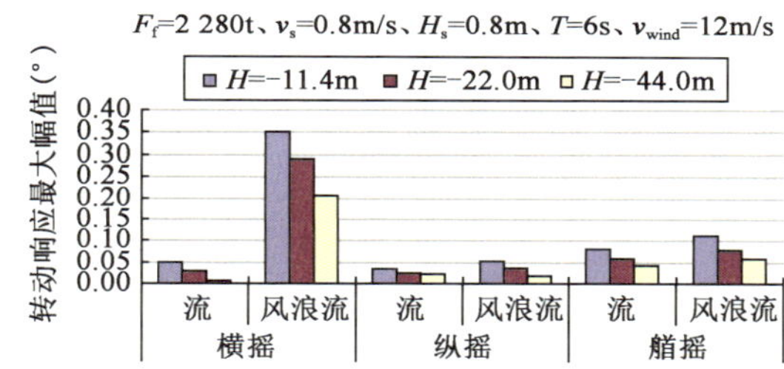

图3-51 流速0.8m/s,浪高0.8m时,不同沉放深度沉管转动响应最大幅值变化情况

高、流速及不同负浮力工况下,响应在负浮力最小时最大。如图3-52、图3-53所示(1t = 10kN),基槽深度45m,浪向角90°,沉放水深为 -11.4m时,在流速0.8m/s,浪高0.8m条件下,负浮力12 000kN(1 200t)时沉管的响应最大,负浮力15 200kN(1 520t)时沉管的响应次之,负浮力22 800kN(2 280t)时沉管的响应最小。

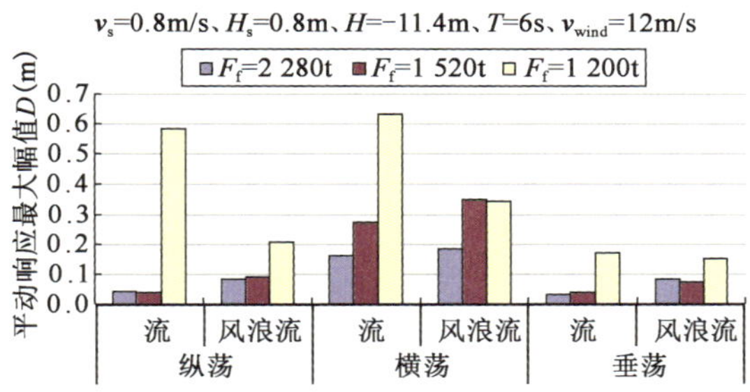

图3-52 流速0.8m/s,H = -11.4m时,不同负浮力沉管平动响应最大幅值变化情况

④沉管响应随着波浪周期的增加而增加。在相同深度假底的试验中,在同一沉放水深、浪高、流速及负浮力工况,不同波浪周期情况下,响应在波浪周期最大时最大。如图3-54、图3-55

所示(1t = 10kN),基槽深度 45m,浪向角 60°,沉放水深为 -11.4m 时,在流速 0.8m/s,浪高 0.8m 条件下,负浮力 12 000kN(1 200t),波浪周期为 10s 时沉管的响应最大,波浪周期为 8s 时沉管的响应次之,波浪周期为 6s 时沉管的响应最小。

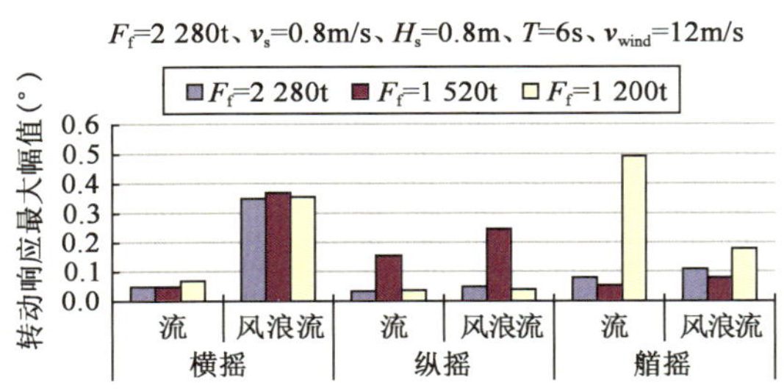

图 3-53 流速 0.8m/s,H = -11.4m 时,不同负浮力沉管转动响应最大幅值变化情况

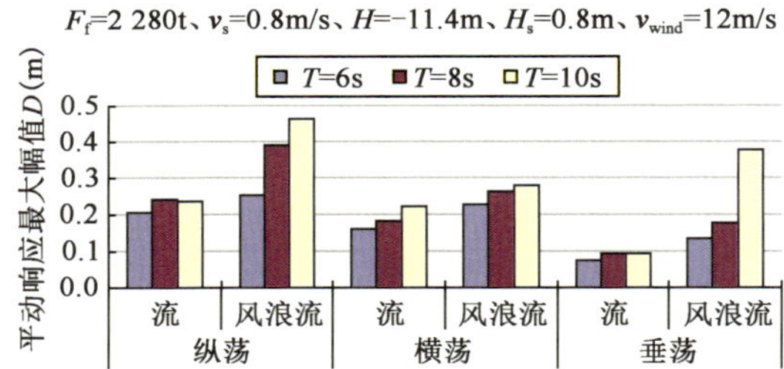

图 3-54 流速 0.8m/s,H = -11.4m 时,不同波浪周期沉管平动响应最大幅值变化情况

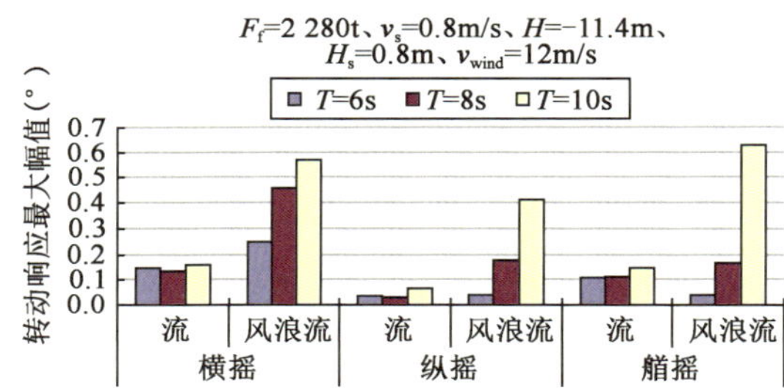

图 3-55 流速 0.8m/s,H = -11.4m 时,不同波浪周期沉管转动响应最大幅值变化情况

⑤沉管响应随着假底深度的增加而减少。在相同夹角的试验中,在同一沉放水深、浪高、流速及负浮力工况,不同假底深度情况下,响应在假底深度最小时最大。如图 3-56、图 3-57 所示(1t = 10kN),当浪向角 90°,沉放水深为 -11.4m 时,在流速 0.8m/s,浪高 0.8m,负浮力 22 800kN(2 280t)下,22m 假底时沉管的响应最大,30m 假底时沉管的响应次之,45m 假底时沉管的响应最小。

⑥沉管响应随着假底角度的变化而变化。在相同深度假底的试验中,在同一沉放水深、浪高、流速及负浮力工况,不同假底角度情况下,斜假底的响应较 90°假底的响应大。如图 3-58、图 3-59 所示(1t = 10kN),45m 水深假底,沉放水深为 -11.4m 时,在流速 0.8m/s,浪高 0.8m,负浮力 22 800kN(2 280t)下,60°斜假底时沉管的响应大。

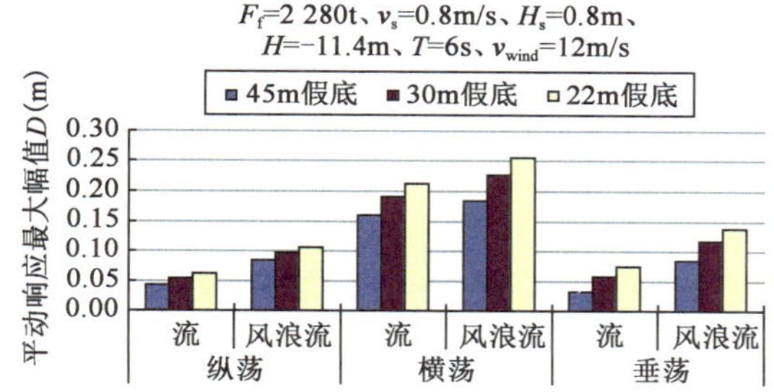

图3-56　流速0.8m/s,$H=-11.4$m时,不同假底沉管平动响应最大幅值变化情况

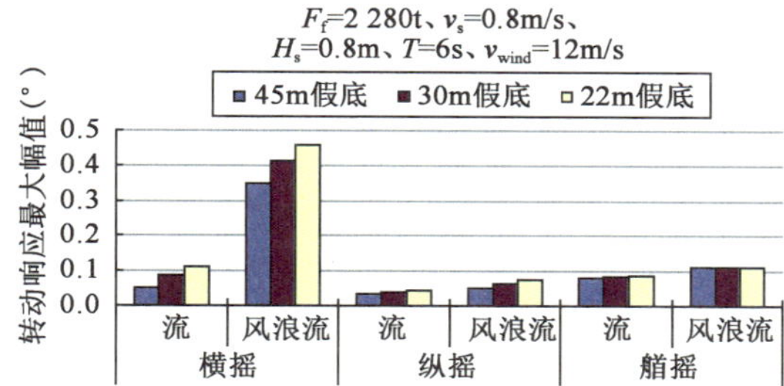

图3-57　流速0.8m/s,$H=-11.4$m时,不同假底沉管转动响应最大幅值变化情况

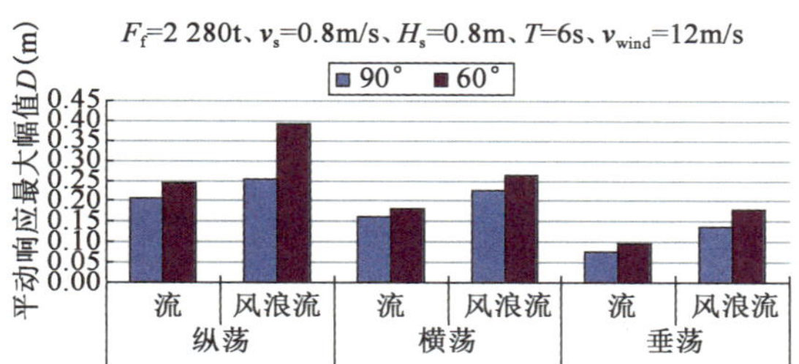

图3-58　流速0.8m/s,$H=-11.4$m时,不同迎浪角沉管平动响应最大幅值变化情况

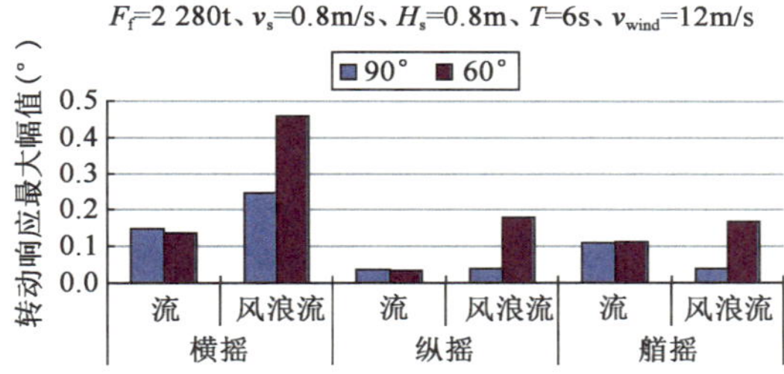

图3-59　流速0.8m/s,$H=-11.4$m时,不同迎浪角沉管转动响应最大幅值变化情况

3.6　本章小结

根据施工现场环境条件、施工工艺及主要测试工况等基本资料和要求,确定管节施工过程物理模型试验的相似准则,提出了管节水动力学参数的测试方法,形成了综合考虑“浮驳-管

节-基槽”一体化的水动力物理模型试验方案。通过一体化设计，能够有效模拟水流、波浪通过基槽的流动变化、管节在基槽内的运动与受力。试验过程中，对试验模拟的海洋环境，如风速、波高、流速及水深等工况参数进行了多项组合，并对缆力、管节运动等各种参数指标进行了监测分析。

通过水动力模型试验研究，确定了管节的附加质量与阻尼、水流阻力系数，并获得了管节波浪作用下的浮运阻力和运动响应；明确了系泊及沉放状态下管节的系缆力、管节姿态及运动响应，为施工工艺的确定提供了良好基础。

本章参考文献

[1] 吕卫清，吴卫国，苏林王，等. 港珠澳大桥沉管隧道长大管节水动力性能试验研究[J]. 土木工程学报，2014，03：138-144.

[2] 詹德新，王兴权，刘明源，等. 沉管隧道及其相关模型试验[J]. 武汉交通科技大学学报，2000，24(5)：488-492.

[3] 梁邦炎，卢普伟. 沉管隧道长大管节海上施工物理模型试验思路与结果分析[J]. 水运工程，2013，06：170-176.

[4] 胡勇前，吴刚，杨海涛. 复杂工况下沉管管节浮运阻力的模型试验研究[J]. 地下空间与工程学报，2013，S1：1620-1625.

[5] Ying Zongquan, Su Linwang, Lin Meihong. A scale model test on hydraulic resistance of tunnel elements during floating transports[C]. 4th International Conference on Structures and Building Materials (ICSBM2014)/Advanced Materials Research, Vol. 919-921: 841-845.

[6] 胡晓明. 南京长江沉管隧道管节顶推浮运系统操纵性模型试验研究[J]. 武汉交通科技大学学报，2000(4)：397-401.

[7] Zhou Yu, Tan Jiahua, Yang Jianmin, et al. Experimental investigation on element immersing process of immesrsed tube tunnel[J]. China Ocean Engineering, 2001, 15(4): 531-540.

[8] 陈智杰. 波浪作用下沉管管段沉放运动的试验与数值研究[D]. 大连：大连理工大学，2009.

[9] Wu Ruida, Ying Zongquan, Wang Zhan, et al. Model test for hydrodynamic parameters of immersed tube tunnel in static water[C]. The 3rd International Conference on Applied Mechanics and Materials (ICAMM 2014)/Applied Mechaanics and Materials, Vol. 477-478: 754-758.

[10] Lü Weiqing, Ying Zongquan, Wu Ruida, et al. An analytical study on the hydraulic resistance for the immersed tunnel elements during transportation for the project of Hong Kong-Zhuhai-Macao Bridge[C]. The World Tunnel Congress, 2013 (WTC2013).

[11] Lü Weiqing, Ying Zongquan, Su Linwang, et al. Experimental research and numerical analysis on the tunnel element mooring for the Hong Kong-Zhuhai-Macao Bridge[C]. The World Tunnel Congress 2014 (WTC 2014). May 9th to 15th, Lguassu Falls, Brazil.

第4章 管节施工数值仿真分析技术

沉管管节一般来说是长大型浮体结构,施工过程中的受力与稳定性必须得到精确控制,以便能够安全高质量安装施工。管节海上施工的数值仿真分析,目前主要采用计算流体动力学方法和基于势流理论的方法,其研究热点主要针对船舶工程和海洋平台工程。在海洋环境的长周期波浪和复杂水流情况下,对节段式管节结构安全、管节海上浮运和深水沉放的运动、受力和稳定性的系统进行仿真模拟研究。

本章针对长大管节的浮运、沉放等施工过程中可能遇到的关键问题进行研究,结合管节施工各阶段的物理模型试验研究,采用数值分析方法重点研究了管节的运动特性及单位线性波作用下的管节受力响应,探讨了浮运过程中的风、浪、流阻力、稳性及可控性,分析了沉放阶段系泊系统的缆绳力、管节受力及稳性,并根据相关的计算成果对施工工艺提出了相关建议,研发了管节施工窗口预报与管节稳定性控制系统,最后以港珠澳大桥沉管隧道和洲头咀沉管隧道为例进行了分析。

4.1 基于势流理论的管节施工数值仿真分析方法

本节介绍势流理论的管节数值分析方法,在物理模型试验基础上,进行参数总结,对参数进一步优化,最终将这些参数输入基于势流理论的数值仿真分析模型,以优化计算模型精度。

4.1.1 势流理论简介

1)数学模型

可通过势流理论[1]计算规则波作用下衍射浮体的水动力荷载,用速度势表示流体区域为:

$$\Phi(X,Y,Z,t) = \phi(X,Y,Z,t)e^{-i\omega t} \tag{4-1}$$

势函数 ϕ 根据浮体运动可以划分为入射波势、衍射势和散射势。具体的效应产生的力可由对应波势进行计算:

(1)浮体受到波列的作用问题,作用在浮体上的波浪力可以考虑为波浪激发的力,通常可以分为两部分:F-K 力和绕射力。

(2)浮体运动对波势的影响,浮体的运动将使流体作用在浮体上并产生辐射波应力,这些力将会用附加质量和波浪阻尼系数来表示。

考虑衍射辐射的波浪势函数可写为:

$$\phi(X,Y,Z)\mathrm{e}^{-i\omega t} = \left[\left(\phi_{\mathrm{I}} + \phi_{\mathrm{d}} + \sum_{j=1}^{6}\phi_j x_j\right)\right]\mathrm{e}^{-i\omega t} \tag{4-2}$$

式中:ϕ_{I}——入射波势;

ϕ_{d}——衍射波势;

ϕ_j——j 自由度运动产生的波势;

x_j——j 自由度运动;

ω——入射波频率。

无扰动(即不考虑浮体)三维入射波势可以表示为:

$$\phi_{\mathrm{I}} = \frac{-ig\mathrm{ch}[k(d+Z)]\mathrm{e}^{ik(X\cos\theta+Y\sin\theta)}}{\omega\cosh(kd)} \tag{4-3}$$

式中:d——水深;

k——波数;

θ——波浪入射角(与 x 轴夹角);

ω——入射波频率。

势函数是复数的,而结果物理量(比如流体压力、体运动等)根据实部就可以得到,我们必须根据包含流体域的边界条件用格林定理求解未知的势函数,势函数根据湿表面上离散的点来完成,当势函数求解出来后,一阶水动压力分布可根据线性伯努利方程求解。

$$P = -\rho\frac{\partial\phi}{\partial t} \tag{4-4}$$

根据压力分布,各种流体力可以通过对压力在湿表面分布积分得到,我们把流体的各种力分为反应和激发的分力,激发的力可以写为:

$$F_j = -\int_S P n_j \mathrm{d}S - \int_S i\omega\rho(\phi_{\mathrm{I}} + \phi_{\mathrm{d}})n_j \mathrm{d}S \tag{4-5}$$

式中:F_j——j 自由度运动激发的力;

n_j——表面法向量;

S——浮体湿表面。

波浪对浮体产生的力可表示为下面两部分:

$$F_j = -\int_S i\omega\rho\phi_{\mathrm{I}} n_j \mathrm{d}S - \int_S i\omega\rho\phi_{\mathrm{d}} n_j \mathrm{d}S \tag{4-6}$$

由运动产生的辐射力可表示为:

$$F_{ji} = -\int_S P_i n_j \mathrm{d}S - \int_S i\omega\rho\phi_{\mathrm{I}} n_j \mathrm{d}S \tag{4-7}$$

式中：F_{ji}——i 自由度运动产生的 j 自由度的力。

将势函数的实部和虚部代入以上方程可得到附加质量和波浪阻尼系数。

$$\phi_j = \phi_j^{Re} + i\phi_j^{Im} \tag{4-8}$$

式中：ϕ_i^{Re}——ϕ_j 的实部；

ϕ_j^{Im}——ϕ_j 的虚部。

这样得到运动产生的效应可表示为：

$$F_{ji} = \omega\rho x_i\int_S \phi_j^{Im} n_j \mathrm{d}S - i\omega\rho x_i\int_S \phi_i^{Re} n_j \mathrm{d}S \tag{4-9}$$

由于运动是简谐的，则上式可表示为：

$$F_{ji} = -A_{ji}\ddot{x}_i - B_{ji}\dot{x}_i \tag{4-10}$$

其中，附加质量和阻尼分别为：

$$A_{ji} = \frac{\rho}{\omega}\int \phi_j^{Im} n_j \mathrm{d}S \tag{4-11}$$

$$B_{ji} = \frac{\rho}{\omega}\int \phi_i^{Re} n_j \mathrm{d}S \tag{4-12}$$

(1)对于固定体，只考虑波浪激发力，当体式浮动时，两部分的力都要考虑。

(2)将以上各种效应考虑到浮体结构的运动方程中，如图 4-1 所示。

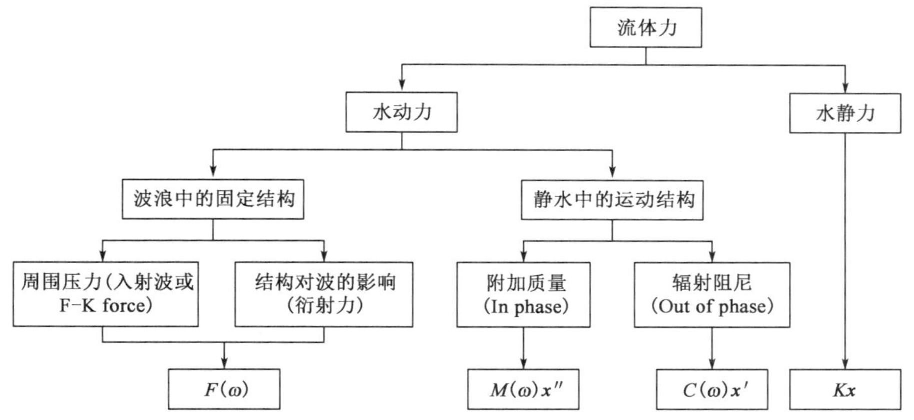

图 4-1 流体力与运动方程关系图

2)F-K force + dirffraction force 计算理论

根据下述公式对浮体结构水下板单元进行直接积分得到 F-K 力和力矩：

$$\vec{F}(t) = -\int_{S(t)} p\overline{N}\mathrm{d}S \tag{4-13}$$

式中：p——动压，可分为下面 4 种方式计算：

(1)线性深水

$$p(x,y,z,t) = \rho g a e^{kz} \cos(k\chi - \omega t) \tag{4-14}$$

(2)线性有限水深

$$p(x,y,z,t) = \rho g a e^{kz} \frac{1 + e^{-2kz} e^{-2kd}}{1 + e^{-2kd}} \cos(k\chi - \omega t) \tag{4-15}$$

(3)二阶深水

$$p(x,y,z,t) = \rho g a \left[e^{kz} \cos(k\chi - \omega t) - \frac{1}{2} k a e^{2kz} \right] \tag{4-16}$$

(4)二阶有限水深

$$\begin{aligned} p(x,y,z,t) = {} & \rho g a e^{kz} \frac{1 + e^{-2kz} e^{-2kd}}{1 + e^{-2kd}} \cos(k\chi - \omega t) + \\ & \frac{k a^2 e^{-2kd}}{1 - e^{-4kd}} \frac{6 e^{2kz} (1 + e^{-4kz} e^{-4kd}) - 1}{(1 - e^{-2kd})^2} \cos 2(k\chi - \omega t) - \\ & \rho g \frac{k a^2 e^{kz}}{2} \frac{1 + e^{-4kz} e^{-4kd}}{1 - e^{-4kd}} \end{aligned} \tag{4-17}$$

以上式中：$\chi = x\cos\theta + y\sin\theta$；

θ——水深；

k——波数；

ω——频率；

a——振幅；

d——水深；

ρ——水密度；

g——重力加速度；

t——时间。

在每一时间步长，根据最近迭代得到的结构位置重新计算 F-K 波浪力。根据确定频域的浮体结构波频响应，这些都以响应振幅因子 RAOS 的形式存储，时间历程的波谱响应可以通过 RAOS 和波浪频率联合得到：

$$x(t) = aX e^{-i\omega t + ikx_p} \tag{4-18}$$

式中：X——波频率响应振幅因子；

ω——规则波频率；

k——波数；

x_p——波传播距离；

a——规则波振幅。

初始速度可由类似表达式进行计算：

$$\dot{x}(t) = iaX e^{-i\omega t + ikx_p} \tag{4-19}$$

则总波频力由波浪力、附加质量力、阻尼力组成，可由下式计算：

$$F_{\mathrm{wf}} = (F - M_{\mathrm{a}}\ddot{x} - c\dot{x})\mathrm{e}^{-i\omega t + ikx_{\mathrm{p}}} \tag{4-20}$$

式中：$\ddot{x}$——复数加速度；

$\dot{x}$——复数速度；

F——总波浪力；

c——线性阻尼阵；

M_{a}——水动力附加质量矩。

3）不规则波漂移力计算理论

作用在浮体上的波频力由动压引起的F-K力和入射波引起的扰动的衍射力组成，设任何时刻波浪表示为：

$$A(t) = \mathrm{Re}\left\{\sum_{j=1}^{\mathrm{NSPL}} a_j \mathrm{e}^{i(-\omega_j t + k_j x_{\mathrm{p}} + \varepsilon_j)}\right\} \tag{4-21}$$

式中：Re——取复数实部；

NSPL——波列数目；

ω_j——每一波列的频率；

k_j——每一波列的波数；

x_{p}——波传播距离；

a_j——每一波列的振幅；

ε_j——随机波相角；

$A(t)$——实际波表面函数。

这里波浪由一定序列的规则波组成波谱，同样，每一时间步长总波浪力可由下式计算：

$$F_{\mathrm{wt}}(t) = \mathrm{Re}\left\{\sum_{j=1}^{\mathrm{NSPL}} a_j f_j \mathrm{e}^{i(-\omega_j t + k_j x_{\mathrm{p}} + \varepsilon_j)}\right\} \tag{4-22}$$

式中：f_j——每一波列的总波浪力；

当浮体在规则波作用下时，平均波浪漂移力随时间是不变的，如果有多个波列作用，比如波谱，则总的波浪漂移力由一个不变的平均漂移力和慢变化漂移力组成，二阶波浪激发力可写为：

$$\begin{aligned}F^{(2)}(t) = &\sum_{i=1}^{\mathrm{NSPL}}\sum_{j=1}^{\mathrm{NSPL}}\{P_{ij}^{-}\cos[-(\omega_i - \omega_j)t + (\varepsilon_i + \varepsilon_j)] + P_{ij}^{+}\cos[-(\omega_i - \omega_j)t + (\varepsilon_i + \varepsilon_j)]\} + \\ &\sum_{i=1}^{\mathrm{NSPL}}\sum_{j=1}^{\mathrm{NSPL}}\{Q_{ij}^{-}\sin[-(\omega_i - \omega_j)t + (\varepsilon_i + \varepsilon_j)] + Q_{ij}^{+}\sin[-(\omega_i - \omega_j)t + (\varepsilon_i + \varepsilon_j)]\}\end{aligned} \tag{4-23}$$

式中：P_{ij}和Q_{ij}——时间独立传输函数出入相组成部分，P_{ij}和Q_{ij}上方的“+”和“-”表示和频和差频部分[2]；

ω_i、ω_j——每对组成波的频率。如果忽略频率求和部分,则方程可写为:

$$F_{sv}(t) = \sum_{i=1}^{NSPL}\sum_{j=1}^{NSPL}\{P_{ij}^{-}\cos[-(\omega_i-\omega_j)t+(\varepsilon_i+\varepsilon_j)]\} + \sum_{i=1}^{NSPL}\sum_{j=1}^{NSPL}\{Q_{ij}^{-}\sin[-(\omega_i-\omega_j)t+(\varepsilon_i+\varepsilon_j)]\} \tag{4-24}$$

4)优缺点分析

利用三维辐射/衍射理论计算浮体或固定刚体在线性波浪作用下的运动特性。水动力包括辐射力和波激发的力,辐射力的产生主要是由于浮体运动产生辐射波场,辐射力可以通过这个波场来计算。激波产生的荷载又由入射波产生的辐射力和未扰动入射波压力场产生的 F-K 力组成。

假定作用在浮体上的入射波相对浮体长度来说是小振幅简谐的,假设流体理想不可压、无旋,则可用势流理论进行描述。同时考虑水动力和浮体质量属性,静水力计算可用来确定小振幅刚体响应的平均平衡点。求解方案通过分布在浮体平均湿表面的奇点分布来实现,由于假定是简谐运动,所以可以在频域范围内求解。

因势流理论假定流体无黏性,在计算效率方面相对 CFD 黏性理论的计算效率较高,在波浪模拟方面也有其独特优势,但在计算水流作用时无法考虑水流的黏性,在水流力作用方面更是无法直接计算,因此,在沉管结构施工数值分析模型方面需引入这一部分参数,才能确保计算精度和效率。

4.1.2 管节三维数值仿真分析模型

采用基于势流理论进行管节施工数值仿真分析需要逐步建立管节模型、浮运模型、系泊模型和沉放模型四个方面。

1)管节三维模型

为了较精确地获得管节的几何、物理属性,可采用大型通用有限元软件 ANSYS 建立管节的三维实体模型,模型的主要组成部分包括:管节本体、钢封门、压载混凝土、压载水箱、沉放方驳等。通过正确的建立管节几何模型并赋予相应的材料属性,并利用 ANSYS 软件基于单元层次计算的几何物理属性求解功能,可以比较精确地得到各方案的几何、物理属性。管节施工过程分析模型如图 4-2 所示。

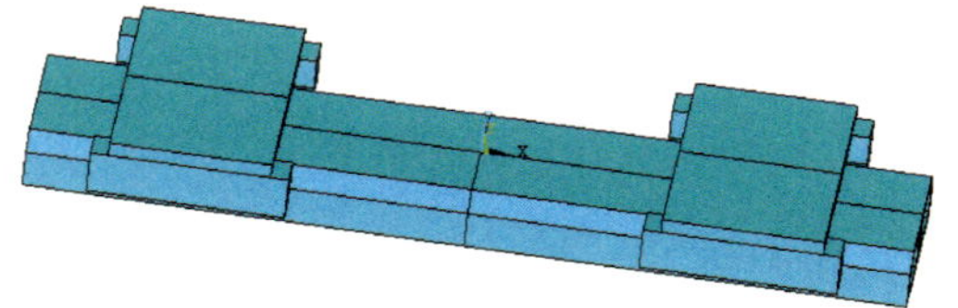

图 4-2 管节施工过程分析模型

2)浮运分析模型

管节浮运模型须在管节本体模型基础上,进行浮驳建模,如图4-3所示。

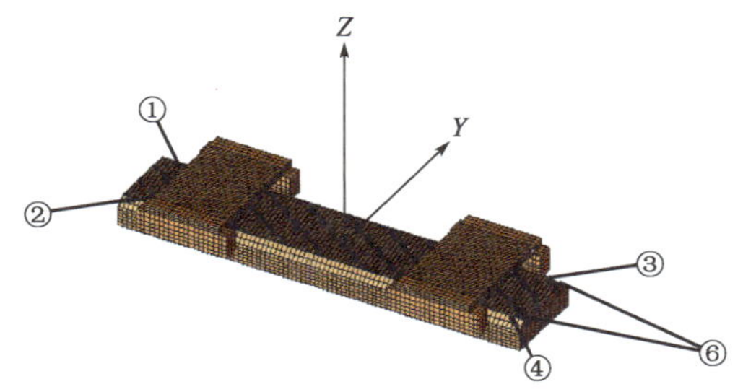

图4-3　管节浮运计算模型

3)系泊及沉放分析模型

管节沉管过程涉及管节本体与浮驳建模、系泊系统建模、管节与浮驳之间的吊缆系统建模,示范如下:浮驳通过8根缆索锚泊,管节本体通过6根缆索锚泊,浮驳与管节本体之间通过承重缆连接,不同沉深计算模型图见图4-4。

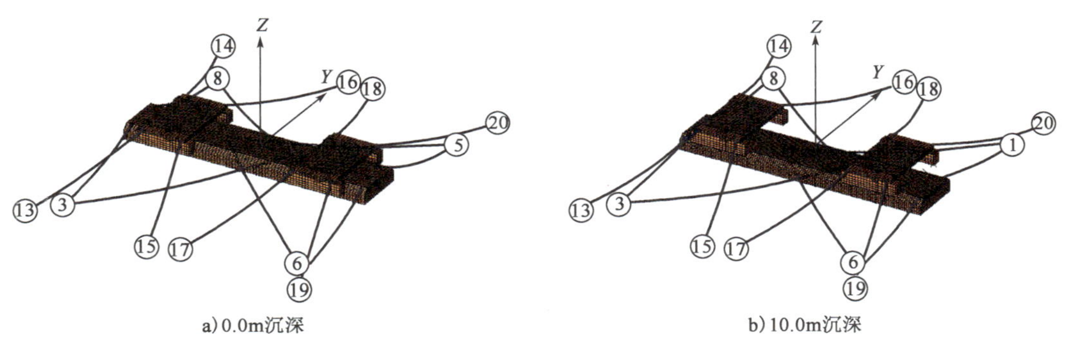

图4-4　不同沉深计算模型图

4)基于物理模型试验的对比修正方法

修正方法设计两个方面,一是计算结果的对比修正,二是计算参数对比修正。浮体在海上风、浪、流作用下受到各种外力作用,并产生六个自由度的运动。浮体结构的运动与受力之间的关系服从运动方程:

$$(m+\mu)\ddot{X}+\lambda\dot{X}+CX=F_{\mathrm{W}}+F_{\mathrm{C}}+F_{\mathrm{WD}}+F_{\mathrm{M}} \tag{4-25}$$

式中:　m——浮体质量;

μ——浮体运动附加质量;

λ——阻尼;

C——静水回复力;

F_{WD}、F_{W}、F_{C}——风、浪、流作用力;

F_{M}——系泊力。

根据物理模型试验得出的附加质量及阻尼、水流阻力系数等,都可以输入模型修正。并针对相同参数工况进行数值计算与试验对比,综合优化数值计算的精度。

4.1.3 波浪作用下的管节水动力频域分析方法

管节水动力频域分析主要包括幅频运动响应分析和管节水动力参数分析。

1)幅频运动响应分析

基于线性势流波浪理论,对单位幅值波高(波高 1m)的波浪作用下的管节幅频运动响应特性进行分析,确定了管节所受单位波高不同频率下的运动响应,为管节浮运、沉放等施工过程的分析提供基础。分析可初步确定管节在波浪作用下的受力与稳定响应算子,为下一步沉管管节结构在浮运沉放工况的计算提供基础。

因管节长宽差别较大,幅频运动响应分析工况须尽量加密,以免沉管管节在插值处理上引起误差,波浪作用可根据管节长宽情况进行角度加密,如:从 0°~90°共定义了 10 个波浪作用方向(Dirn1 = 0°、Dirn2 = 5°、Dirn3 = 10°、Dirn4 = 20°、Dirn5 = 35°、Dirn6 = 45°、Dirn7 = 55°、Dirn8 = 70°、Dirn9 = 85°和 Dirn10 = 90°)进行计算。为便于图形显示,此处提取了其中 5 个方向的计算结果:Dirn1、Dirn4、Dirn6、Dirn8、Dirn10,见图 4-5。上述角度加密分别在 0°和 90°附近进行了局部加密计算。

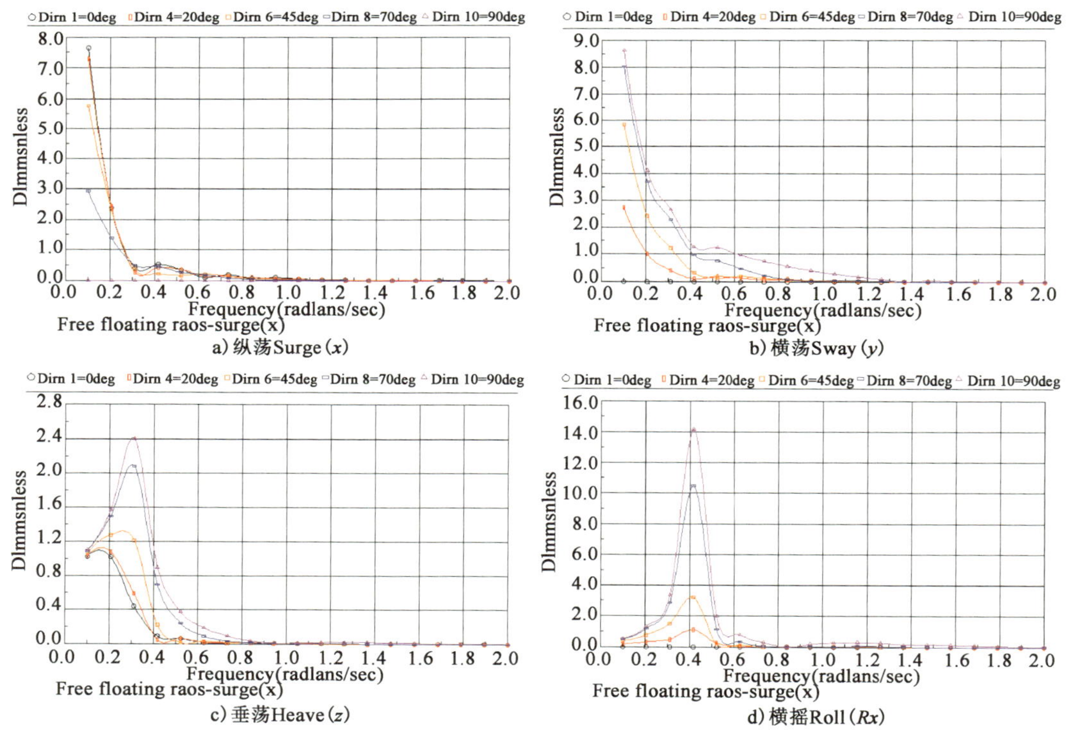

a)纵荡Surge(x)　b)横荡Sway(y)　c)垂荡Heave(z)　d)横摇Roll(Rx)

图 4-5

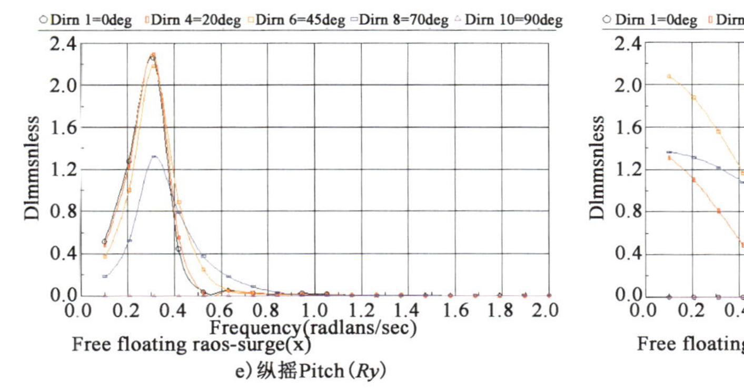

e) 纵摇Pitch（Ry）

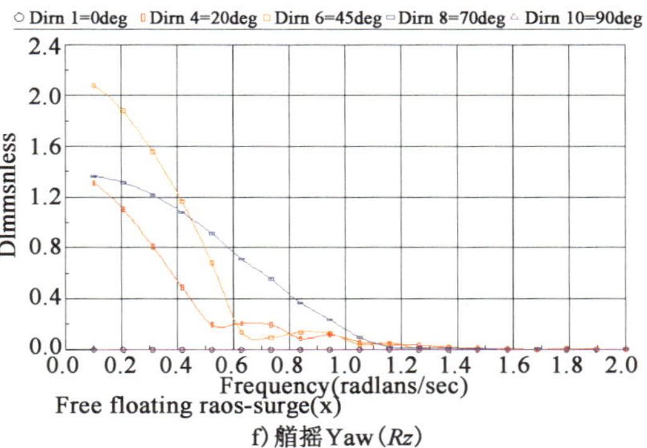

f) 艏摇Yaw（Rz）

图 4-5　不同方向波浪作用下管节的 RAO 响应

管节垂荡、横摇、纵摇三个自由度在沿海风浪和涌浪作用下，运动响应最为明显。因此，横摇自由度 RAO 响应达到峰值时，对应的基本周期为 11 ~ 14s；垂荡及纵摇固有周期相当，自由度 RAO 响应达到峰值时，对应的基本周期为 11 ~ 17s。实际浮运过程中应避免遭遇这个周期范围内的波浪，以免引发管节触底事故。

2）管节水动力参数分析

浮体在海上风、浪、流作用下受到各种外力作用，并产生六个自由度的运动。浮体结构的运动与受力之间的关系服从运动方程，见式（4-25）。

式（4-25）中，附加质量、阻尼，都是船舶与海洋工程水动力学理论与试验研究中非常基础和重要的物理概念，对于船舶或浮式海洋平台运动幅值的计算有重要影响，有必要进行详细分析[3]。

（1）附加质量

浮式海洋结构在海上风、浪、流作用下的运动是非定常运动，除了本身受到与加速度成正比的惯性力外，由于物体在运动中作用于周围的水使之得到速度和加速度，即存在水对物体的反作用力。其中，与加速度成正比的反作用力称为附加惯性力，其比例系数称为附加质量。

沉管隧道选址一般在近海区域，沉管管节浮运距离一般较长，水深变化范围一般较大，不同水深下的附加质量需进行分析。

对 14m、17m、20m、30m 和 40m 水深，分析波浪引起沉管管节的附加质量，见图 4-6。

从图 4-6 和表 4-1 可以看出，横荡、纵荡、艏摇附加质量在高频差别不明显。垂荡、横摇、纵摇附加质量沿水深变化较明显，水深越浅，附加质量越大。

（2）辐射阻尼

对于海上系泊浮式结构系统，阻尼包括浮体阻尼和系泊系统阻尼，单就浮体本身而言，其阻尼又包括：波浪辐射阻尼、表面摩擦阻尼、漩涡阻尼和波浪漂移阻尼。表面摩擦阻尼和旋涡阻尼都是因海水具有的黏性而引起的，统称为黏性阻尼。

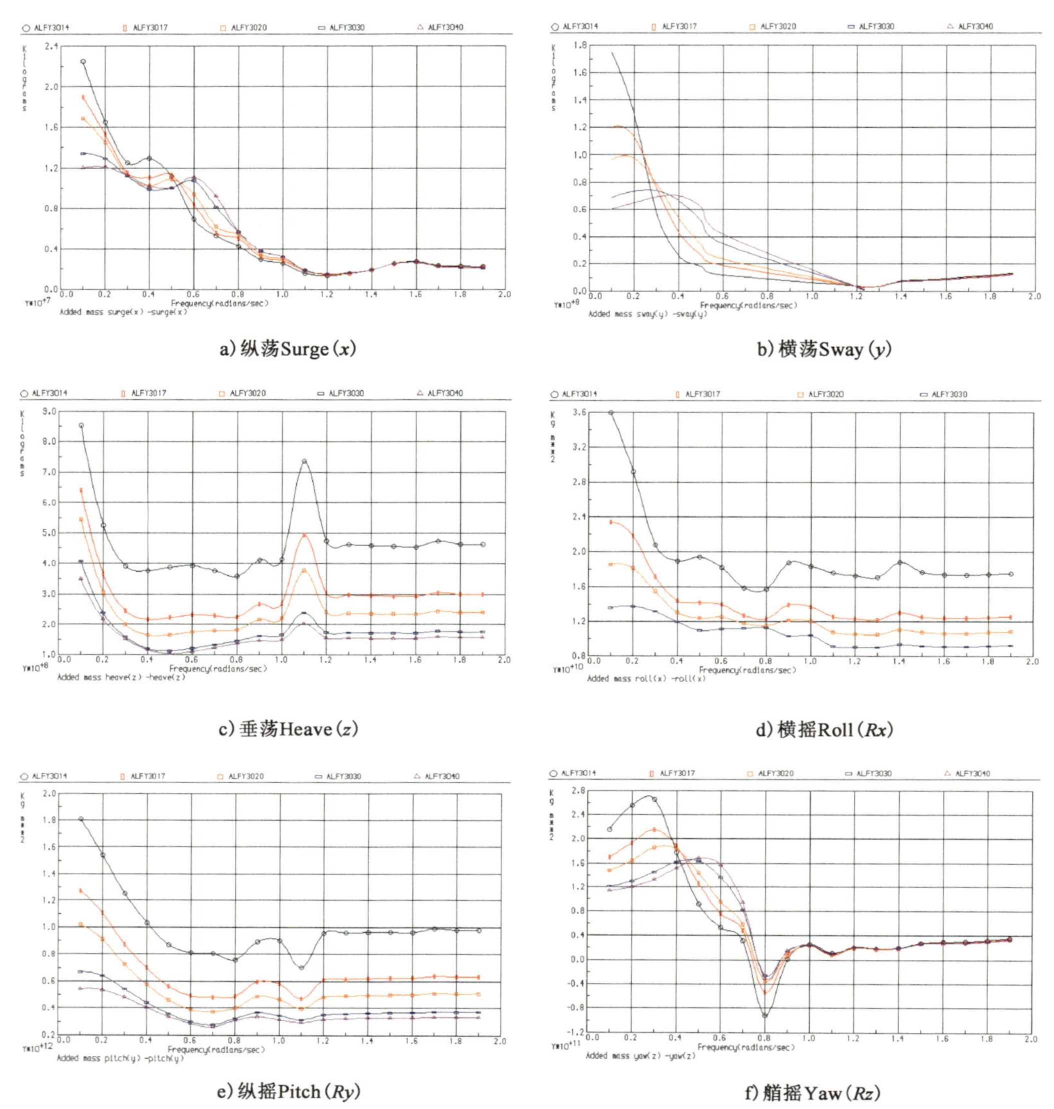

a) 纵荡Surge (*x*)　　b) 横荡Sway (*y*)

c) 垂荡Heave (*z*)　　d) 横摇Roll (*Rx*)

e) 纵摇Pitch (*Ry*)　　f) 艏摇Yaw (*Rz*)

图 4-6　不同水深下管节六自由度的附加质量

不同水深下附加质量　　表 4-1

水深(m)	纵荡(kg)	横荡(kg)	垂荡(kg)	横摇(kg·m²)	纵摇(kg·m²)	艏摇(kg·m²)
14	9.54×10^{6}	3.11×10^{7}	7.57×10^{7}	2.62×10^{8}	1.16×10^{11}	2.10×10^{9}
20	9.58×10^{6}	1.03×10^{8}	1.85×10^{8}	8.21×10^{9}	3.67×10^{11}	1.79×10^{11}
30	9.63×10^{6}	7.95×10^{7}	1.42×10^{8}	7.34×10^{9}	2.77×10^{11}	1.36×10^{11}
40	9.66×10^{6}	6.93×10^{7}	1.32×10^{8}	7.13×10^{9}	2.64×10^{11}	1.25×10^{11}

对于浮体的垂荡和纵摇运动,有波浪产生并向四周辐射,其运动阻尼的主要成分就是波浪辐射阻尼。对于修长型浮体而言,黏性阻尼主要体现在横摇阻尼中,黏性阻尼会占到横摇总阻

尼的一半以上。对于系泊浮体而言,除横摇阻尼以外,黏性阻尼还主要体现在低频慢漂阻尼中。系泊浮体的大幅度低频水平面运动,是由于波浪慢漂力的频率与系泊浮体固有频率相近而形成共振作用所致,这种共振运动的振幅将主要取决于系统的低频慢漂阻尼。由于振荡频率很低,波浪辐射阻尼可以忽略,低频慢漂阻尼就主要包括黏性阻尼。黏性阻尼在理论上难以确定,一般通过经验数据或者经验公式估算,也可通过模型在静水中的衰减试验得到。当然,因无法满足雷诺相似准则,存在尺度效应的影响,试验数据须经过适当的修正后才能用于实际。

对 14m、17m、20m、30m 和 40m 水深,分析波浪引起的阻尼,如图 4-7 所示。

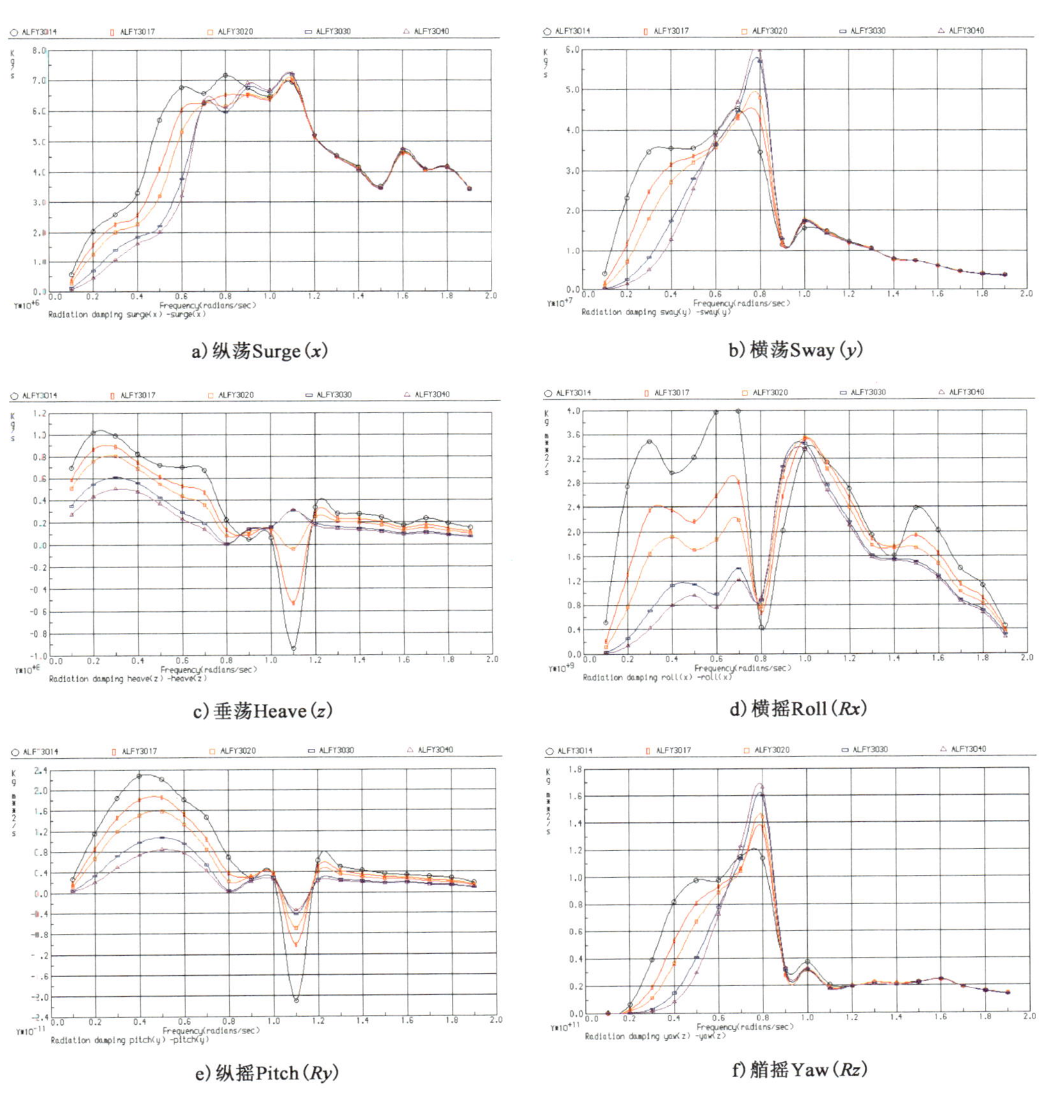

a) 纵荡Surge(x)

b) 横荡Sway(y)

c) 垂荡Heave(z)

d) 横摇Roll(Rx)

e) 纵摇Pitch(Ry)

f) 艏摇Yaw(Rz)

图 4-7 不同水深下管节六自由度的阻尼

从图4-7和表4-2可以看出，不同水深的横荡、纵荡、艏摇波浪阻尼在高频差别不明显。垂荡、横摇、纵摇波浪阻尼沿水深变化较明显，水深越浅，波浪阻尼越大。分别提取14m、20m、30m、40m水深时管节周期6s时的波浪阻尼如表4-2所示。

六自由度辐射阻尼　　表4-2

水深(m)	纵荡(kg/s)	横荡(kg/s)	垂荡(kg/s)	横摇(kg·m^2/s)	纵摇(kg·m^2/s)	艏摇(kg·m^2/s)
14	2.23×10^{6}	3.11×10^{7}	7.57×10^{7}	2.62×10^{8}	1.16×10^{11}	8.94×10^{9}
20	1.69×10^{6}	1.21×10^{7}	5.43×10^{7}	6.50×10^{7}	5.80×10^{9}	1.43×10^{9}
30	1.17×10^{6}	4.62×10^{6}	4.09×10^{7}	2.58×10^{8}	2.80×10^{9}	3.81×10^{8}
40	7.64×10^{5}	2.04×10^{6}	3.06×10^{7}	3.73×10^{8}	6.75×10^{9}	1.17×10^{8}

4.1.4　管节浮运状态分析方法

管节在海上浮运时，环境较为复杂，需要考虑风浪流等荷载的组合作用，并且浮运距离较长，经历的时间也较长，因此对管节浮运阻力、浮运稳定性和可控性进行分析是非常必要的。

1）浮运阻力分析方法

管节浮运过程中，由于风浪流参数相对内河较为复杂，需要对管节的浮运总阻力进行分析。管节从出坞寄放经过榕树头航道浮运至基槽，再经过基槽内浮运至系泊沉放地点。整个过程需针对各个过程进行浮运总阻力分析。

假如是在水流荷载影响占绝对主导地位、波浪影响较小的内河或浅海进行水上浮运，根据水流阻力的计算公式假设浮运总阻力与速度的平方成正比，是基本可以满足工程计算的需要的（此时流力系数的选择至关重要）。如果浮运环境在波浪影响相对较大的近海或外海的话，则应对浮运施工每个阶段风、浪、流荷载的综合作用及每个因素的影响大小进行全面考虑和评估[3]。

（1）风荷载

由于自然风大小及方向是不断变化的，而且沿垂直方向存在梯度并存在不稳定性，进行精确试验或计算具有较高的成本。海面上的风仅作用于沉管管节的水面以上位置，而管节的干舷值只有30cm，因此，风对管节的作用不大。基于以上考虑，本节的计算中将风作为均匀风处理。风的作用力的计算公式如下：

$$F_{\mathrm{w}} = \frac{1}{2}C_{\mathrm{dw}} \cdot \rho_{\mathrm{a}} \cdot A_{\mathrm{w}} \cdot U^2 \tag{4-26}$$

式中：F_{w}——风阻力；

ρ_{a}——空气密度；

A_{w}——迎风面积；

U——管节与风的相对速度；

C_{dw}——水流阻力系数。

因风荷载相对水流和波浪荷载来说要小得多;可取为一个偏保守的值1.5。

(2)流荷载

水流速度对阻力的影响很大,但实际当中海流速度从海底到海面不是均匀分布的,在进行沉管浮运计算,尤其是管节高度相对航道水深很大时(浅水拖航),若不能精确获得水流速在竖直方向的变化而采用平均流速假设时,应采用一个根据水底面附近边界层的速度剖面得来的有效速度 U_e。有效速度可利用1/7指数方程进行计算:

$$\frac{U}{U_0} = \left(\frac{z}{z_0}\right)^{\frac{1}{7}} \tag{4-27}$$

式中:U_0——距离水底高度为 z_0 处水质点测量所得或理论所得的水平速度;

z——距离水底高度。

有效速度由在管节高度范围内的速度沿垂直方向积分求得:

无特别说明时,以下针对水流速度均指有效速度。

出于安全和经济的考虑,管节的浮运一般会在风平浪静时进行,干舷值设置一般较小,管节的大部分都沉没在水中,所受的荷载以水流力所占比例最大。荷载大小一般通过试验获得,也可根据经验公式,即:在计算中,将海流视为稳定的流动,水流对管节的阻力大小为:

$$F_c = \frac{1}{2}C_{dc} \cdot \rho_w \cdot A_c \cdot v^2 \tag{4-28}$$

式中:F_c——水流作用力;

ρ_w——海水密度;

A_c——迎流面积;

v——管节与水流的相对速度;

C_{dc}——水流阻力系数。

实际上应用上述公式,关键在于阻力系数 C_{dw} 的选取,该系数的取值主要受水面宽度、水深、管节断面形式及水流流态等因素影响,一般可由试验进行确定或依据类似工程经验进行选取。参考相关行业规范(文献)来看,对于管节的浮运水阻力系数其取值区间变化范围较大,应经过充分的试验研究来确定阻力系数的取值。

关于水流阻力系数的取值,交通部曾颁发的《港口工程技术规范》(1980年出版)在12.0.1条规定:根据拖曳物体沿拖曳方向的长度与入水的比值选定,在比值2~30的范围内,浮运阻力系数 K 值应取1.1。此处的 K 即为对应的 C_w。

作为《港口工程技术规范》组成部分的《重力式码头设计与施工规范》(JTJ 290—1998)1998年修订版本的10.3.8条对矩形沉箱的浮运阻力系数 K(即 C_w)取为1.0,但是在迎流面积 A 时考虑箱前涌水高度系数,取为0.6倍航程中可能出现的波高 H。因为沉管的干舷高度相对管节高度一般很小,即使完全计入涌水高度,所占比例也不到5%,若将其换算到总阻力系数中小于1.05。

在1998年发布的《港口工程荷载规范》以及港工建筑方面的文献则对港工结构规定:水流中的矩形梁结构 C_w 取为2.32,考虑浮运中管节的淹没深度影响系数约为0.7,则最后的取值大概为1.6。

除了根据经验确定之外,本书建议流荷载阻力系数根据沉管管节物理模型试验确定并进行数值拟合,如必要,也可根据利用CFD方法进行进一步优化。

流作用力可根据阻力系数进行修正输入,提高计算模型精度。

流荷载输入涉及浮运沉放施工各个计算过程,输入方法与这里一致,后续不再论述。

(3)波浪荷载

波浪对浮体产生的作用力通常可分解为一阶波浪力和二阶波浪力,其中一阶波浪力的幅值虽较大,但只是一个与波浪具有相同的频率的脉动力,而二阶波浪力,特别是平均漂移力和慢漂力,是拖航系统设计和拖航阻力估算、浮体在波浪中阻力增加的计算、潜体在近水面时的性能分析主要考虑的波浪荷载因素。

对于规则波而言,二阶波浪力包括平均波浪漂移力和倍频波浪力;对于不规则波而言,除了平均波浪漂移力和倍频波浪力,还包括波浪慢漂力与各成分波频率之和的高频波浪力。对于管节拖航系泊系统,系统的固有周期一般都大于波浪周期,主要考虑波浪力的低频成分,这里主要针对管节计算平均波浪漂移力和波浪慢漂力来作为波浪增阻主要成分计算。

2)浮运稳性分析方法

稳性(Stability)是指浮体在外力或外力矩(如风、浪等)的作用下发生倾斜,当外力矩消除后能自行恢复到原来平衡位置的能力。浮体可能存在的三种稳性状态分别为稳定状态、中性状态和不稳定状态。由于管节浮运过程中可能遭遇不同周期的波浪,其稳性分析必须给予高度重视[4]。

稳性问题根据倾角大小,还可分为初稳性和大倾角稳性。对于船舶工程而言,初稳性是指浮体作倾角小于10°倾斜时的稳性,又称小倾角稳性;大倾角稳性是指浮体作倾角为10°以上倾斜时的稳性。根据倾斜方向,管节处于浮态时可能发生横向或纵向倾斜(分别称为横倾或纵倾),相对应产生了横稳性和纵稳性问题[4,5]。

(1)管节的初稳性计算方法

一般来说,管节的初稳性最重要的问题是,弄清楚浮心 B、重心 G 和稳心 M 的位置以及三者之间的关系,现简短介绍如下:

初稳性高 $\overline{GM}$ 是衡量浮体初稳性的重要指标,可写成:

$$\overline{GM} = \overline{KB} + \overline{BM} - \overline{KG} \tag{4-29}$$

式中：$\overline{KB}$——浮心高度（或以浮心垂向坐标 z_B 表示）；

$\overline{BM}$——初稳性半径（或称为横稳心半径）；

$\overline{KG}$——重心高度（或以重心垂向坐标 z_G 表示）。

令$\overline{BG}=\overline{KG}-\overline{KB}$，$\overline{BG}$为浮心和重心之间的距离，则上式亦可写成：

$$\overline{GM} = \overline{BM} - \overline{BG} \tag{4-30}$$

同样，纵稳性高$\overline{GM}_L$ 可写成：

$$\overline{GM}_L = \overline{KB} + \overline{BM}_L - \overline{KG} \tag{4-31}$$

式中：$\overline{BM}_L$——纵稳性半径。

上式又可写成：

$$\overline{GM}_L = \overline{BM}_L - \overline{BG} \tag{4-32}$$

在基于离散方法的浮体静稳性数值仿真分析当中，通常采用标准值可比逐步旋转法（Standard Jacobi Successive Rotation Method）来得到平衡位置的线性刚度矩阵特征值。如果特征值为正，表示处于稳定平衡状态；假如特征值为零，表示处于中性平衡状态；如果特征值为负，则处于不平衡状态，此时浮体上施加任意模态下的小扰动，都不会回到原来的平衡位置。在浮体稳性分析当中，这些特征值相当于定倾高度（稳心高度）$\overline{MG}$。

确定静态平衡位置的方程为：

$$X_{j+1} = X_j + \boldsymbol{K}^{-1}(X_j)\boldsymbol{F}(X_j) \tag{4-33}$$

式中：$\boldsymbol{K}$——系统的刚度矩阵；

$\boldsymbol{F}$——荷载矩阵。

程序对上述方程进行迭代计算直到$\Delta X=|X_j+1-X_j|$小于某个指定的容差。

静稳性方程为：

$$\boldsymbol{K}X - \lambda X = 0 \tag{4-34}$$

式中：λ——特征值，$\lambda<0$ 表示处于不稳定状态；$\lambda=0$ 表示处于随遇平衡状态；$\lambda>0$ 表示处于稳定状态。

（2）管节浮运过程的稳性校核

管节在纵向拖航时，通过考虑可能的极端拖航状态，进行稳性校核。如：考虑 10°迎流角度、2.0m/s 相对拖航速度时的横向阻力为 408kN。拖航阻力以水流阻力为主，阻力的合力作用点距离管节顶面约为 5.55m，设拖缆在缆桩上的作用点距离管节顶面 0.3m，则总作用距离为 5.85m，相应产生的力矩为：

$$M_{fH1} = 408 \times 5.85 \approx 2\,387(\text{kN}\cdot\text{m})$$

若考虑最不利情况下的 90°迎流（如管节系泊或转体时，假设管节 90°迎流水流力 8 192kN），则相应产生的力矩为：

$$M_{fH2} = 8\,192 \times 5.85 \approx 47\,923(\text{kN}\cdot\text{m})$$

进而分析各干舷值下的静态极限倾覆力矩，并与管节受到的倾覆力矩比较，校核倾覆力矩是否满足要求。以图4-8为例，管节静态横向抗倾覆性能见表4-3。

管节静态横向抗倾覆性能表 表4-3

干舷值(cm)		30.0	40.0	50.0
极限静态倾覆力矩(kN·m)		2.37×10^8	2.98×10^8	3.62×10^8
对应倾斜角(°)		35	34	33.5
是否满足抗倾覆要求	10°迎流(2 387kN·m)	是	是	是
	90°迎流(47 923kN·m)	是	是	是

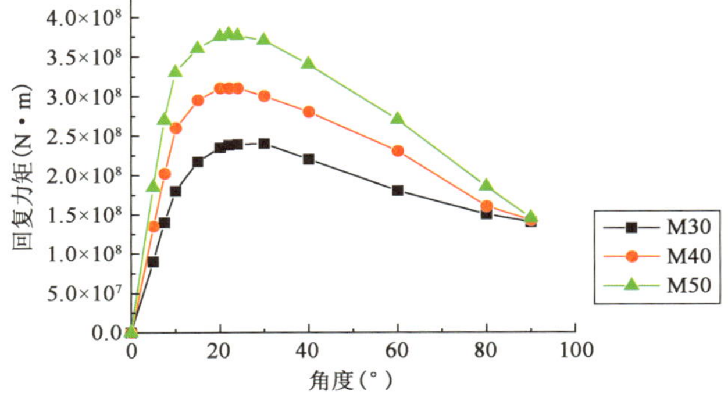

图4-8 横向倾覆力矩和静稳性曲线比较图

由以上分析可知，在浮运过程中，在拖航方向与水流方向夹角最不利情况下(10°和90°)，管节的横稳性是具有足够的安全余度的，均可满足管节的横向抗倾覆要求。

3)浮运可控性分析方法

管节启动、制动和转体是管节浮运的三个关键时间点，对这三个关键节点进行可控性分析如下：

(1)管节启动

管节起浮后从速度为0到以预定的拖航速度前进，需要经历一个启动过程，为保证启动过程的平稳、快速、安全，启动拖力的大小和速度选择至关重要。

设质量为m(附加质量m_x)的管节从速度$v_0=0$以匀加速度变化到稳定拖航时的速度v_1，期间受到的平均缆索拖曳力为F_L，受到的平均阻力为F_w，由动量定理可得：

$$(m+m_x)(v_1-v_0)=(F_L-F_w)t \tag{4-35}$$

从而得到启动时间为：

$$t=\frac{(m+m_x)v_1}{F_L-F_w} \tag{4-36}$$

相应的启动距离为：

$$S = \frac{1}{2}v_1 t = \frac{1}{2}\frac{(m + m_x)v_1^2}{F_L - F_w} \tag{4-37}$$

但实际上管节在拖曳过程中受到的缆索拖带力、水流阻力、波浪阻力、风阻力等多种荷载是随时间和管节运动状态不断变化的量，尤其波浪力的大小随时间变化很大，以解析式来推导整个受力运动过程比较困难，需采用数值方法进行分析计算。

(2)管节制动

管节正常制动实际是启动的反过程，需要注意的是相对速度计算时水流的方向会变成反向，计算方法一致。

(3)管节转体

管节的转体操纵决定于管节的回转性能，回转性是指管节在一定横向力矩的作用下(相当于自航船舶在一定舵角作用下)作圆弧运动的能力，是操纵性能的重要组成部分，通常以回转直径来衡量，回转直径越小，回转性能越好。此外，还需考察的另一个重要指标是管节在横向力矩作用下是否容易改变航向(也就是船舶操纵性中的应舵性能)。因此，衡量管节回转性能的重要参数包括回转直径 D、回转速度 $v(t)$ 和航速角 $\psi(t)$，三者的定义如图 4-9 所示。其中航速角 $\psi(t)$ 为：

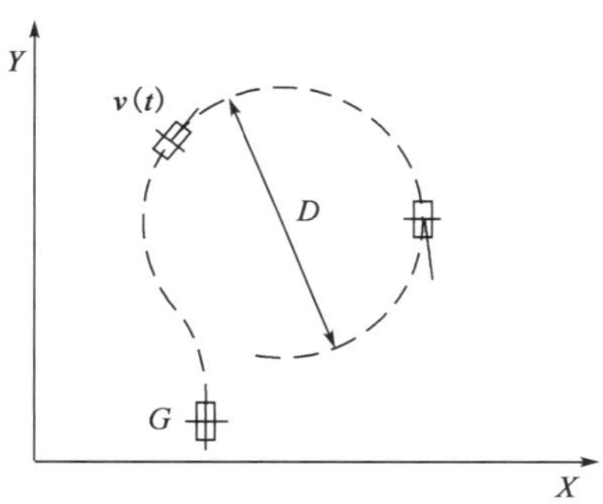

图 4-9　管节回转运动示意图

$$\psi(t) = \tan^{-1}\frac{v_x}{v_y} \tag{4-38}$$

式中：v_x、v_y——$v(t)$ 在 X、Y 方向上的速度分量。

管节的转体性能与其艏摇方向的阻力系数密切相关，在既无相关经验可借鉴、又无模型试验辅助的情况下，只能暂时参考船舶中方形系数较大的方舶在这方面的经验数据进行相关方面的计算。

根据石油公司国际海事论坛(OCIMF)1997 年出版的《超级油船风荷载和海流荷载的预报》，其中有关流力的计算公式可表示为：

$$F_{xc} = \frac{1}{2}C_{xc}\rho_c v_c^2 TL \qquad (\mathrm{kN}) \tag{4-39}$$

$$F_{yc} = \frac{1}{2}C_{yc}\rho_c v_c^2 TL \qquad (\mathrm{kN}) \tag{4-40}$$

$$M_{xyc} = \frac{1}{2}C_{xyc}\rho_c v_c^2 TL^2 \qquad (\mathrm{kN \cdot m}) \tag{4-41}$$

式中：F_{xc}、F_{yc}、M_{xyc}——纵向流力、横向流力和艏摇流力矩；

C_{xc}、C_{yc}、C_{xyc}——对应的纵向流力系数、横向流力系数和艏摇流力矩系数。

从公式(4-39)～式(4-41)可以看出，OCIMF对超级油船的纵向流体阻力计算是以船体侧向浸水面积而不是横向迎水面积为基础的，而这更适用于摩擦力占主导地位情况下的计算，对于管节而言，这是不合宜的，因此只能以之为参考借鉴而不能生搬硬套。

根据石油公司国际海事论坛(OCIMF)1997年出版的《超级油船风荷载和海流荷载的预报》，设定转体时的水流速度不超过1.0m/s，转体需要克服的最大艏摇水流阻力矩为：

$$M_{xyc} = \frac{1}{2}C_{xyc}\rho_c v_c^2 TL^2 = \frac{1}{2} \times 0.305 \times 1\,025 \times 1.0^2 \times 11.4 \times 180^2 = 57\,356(\mathrm{kN \cdot m})$$

由上节中波浪阻力分析可知，波浪阻力相对水流阻力较小，在实际确定管节的艏摇流力矩系数时，应取流力系数表中相应的数值放大一定倍数进行初步的估算，因为从现在掌握的资料无法得到管节的精确艏摇水流阻力矩系数，现暂时按上式计算的水流阻力矩放大3.0倍进行考虑，即暂定管节的水流阻力矩约为172 068kN·m。

假设按照4艘4 000hp拖轮(600kN)，能提供的力矩为：

$$600 \times 4 \times 90 = 216\,000(\mathrm{kN \cdot m})$$

计算结果表明符合转体要求。

4.1.5 管节沉放状态分析方法

管节在系泊、沉放过程中，主要使用尼龙缆和钢丝绳缆绳，缆绳作用可以通过经验公式或悬链线方程进行求解[6]。管节在风浪流作用下的缆力变化情况，需结合实际风浪流参数做进一步评估，确定风浪流对缆力和运动响应的主次关系。一般来说，在近海风浪流情况下，管节长宽较大，迎流面积也较大，水流作用力一般起到主要作用，而波浪对缆力的影响主要在缆力变化幅值，风对管节的影响由于管节的迎风面积较小，起到次要作用[8,9]。为了得到缆力变化的关键参数，需针对施工区域流速、流向、浪高、周期、浪向的统计参数及基槽水深作所有可能工况分析，确定引起缆力和运动响应变化较大的参数[10]，从而为管节安全系泊控制及工艺设备安全系数提供依据。

1)定位系泊

管节在海上系泊时，需要考虑风、浪、流、潮位等荷载的综合作用，经历的时间也较长，系泊过程中水深、风浪流等环境条件的变化通常不可忽略。因此，在进行系泊前，对其可能受到的系泊力、运动响应等影响因素进行分析，是非常必要的。

(1)计算工况设计

考虑风浪流、基槽等因素进行工况组合，详细参数见表4-4。

管节系泊计算要素表　　表4-4

<table>
<tr><td rowspan="3">工况</td><td rowspan="2">基槽水深(m)</td><td colspan="2">流</td><td colspan="4">波浪、风</td></tr>
<tr><td>流向</td><td>流速(m/s)</td><td>风速(m/s)</td><td>风浪角</td><td>波高(m)</td><td>周期(s)</td></tr>
<tr><td>根据基槽水深选取典型水深</td><td>安装可能遭遇的流向</td><td>安装可能遭遇的流速</td><td>施工过程最大风速</td><td>安装可能遭遇的风浪角</td><td>安装可能遭遇的波高</td><td>安装可能遭遇的周期</td></tr>
</table>

(2)参数取值

参数取值包括风流阻力系数取值、缆绳参数等，具体如下：

①风阻力系数取1.5。

②水流阻力系数可根据规范取值或通过物理模型试验确定，物理模型试验需得到不同流向的水流阻力系数。

③缆绳参数：根据施工工艺方案，确定系泊坐标、缆绳预紧力、长度、弹性模量等参数。系泊力计算可通过悬链线方法进行计算。

④黏性附加质量和阻尼：通过关键工况的物理模型试验得出结果，进行修正，并输入到结构运动方程中。

2)压载沉放

压载沉放过程分析除了考虑上节内容外，因沉管管节与浮驳沉放系统连接一般是多组缆绳连接，沉放吊缆系统一般具有较大的安全系数，需考虑合适的计算简化方法。

(1)计算工况设计

计算工况考虑风浪流、基槽、负浮力等因素进行工况组合，详细参数见表4-5。

管节系压载泊计算要素表　　表4-5

<table>
<tr><td rowspan="3">工况</td><td rowspan="2">负浮力</td><td rowspan="2">基槽水深(m)</td><td colspan="2">流</td><td colspan="4">波浪、风</td></tr>
<tr><td>流向</td><td>流速(m/s)</td><td>风速(m/s)</td><td>风浪角</td><td>波高(m)</td><td>周期(s)</td></tr>
<tr><td>根据不同沉深状态选择负浮力</td><td>根据基槽水深选取典型水深</td><td>安装可能遭遇的流向</td><td>安装可能遭遇的流速</td><td>施工过程最大风速</td><td>安装可能遭遇的风浪角</td><td>安装可能遭遇的波高</td><td>安装可能遭遇的周期</td></tr>
</table>

(2)参数取值

参数取值包括风流阻力系数取值、缆绳参数等。

①风阻力系数取1.5。

②水流阻力系数可根据规范取值或通过物理模型试验确定，物理模型试验需得到不同流

向的水流阻力系数。

③缆绳参数：根据施工工艺方案，确定系泊坐标、缆绳预紧力、长度、弹性模量等参数。系泊力计算可通过悬链线方法进行计算。

④黏性附加质量和阻尼：通过关键工况的物理模型试验得出结果，进行修正，并输入到结构运动方程中。

⑤吊沉系统模拟：可采用非线性缆索进行模拟计算。公式如下：

$$F = a_1 x + a_2 x^2 + a_3 x^3 + a_4 x^4 + a_5 x^5 \tag{4-42}$$

式中：F——缆绳张力；

x——缆绳伸长量；

a_i——系数（$i = 1, \cdots, 5$）。

因缆放吊缆系统一般具有较大的安全系数，可根据缆绳具体情况进行刚度等效，只取线性项。

4.2 管节施工窗口预报与管节稳定性控制系统开发

管节施工气象窗口预报系统根据受力与稳性数据，根据工程技术人员输入的受力与稳性限制性条件，根据所在海域的风、水流及波浪等环境参数监测、采集分析、预报与输入模型间的系统接口，进行施工作业窗口分析，如图4-10所示。

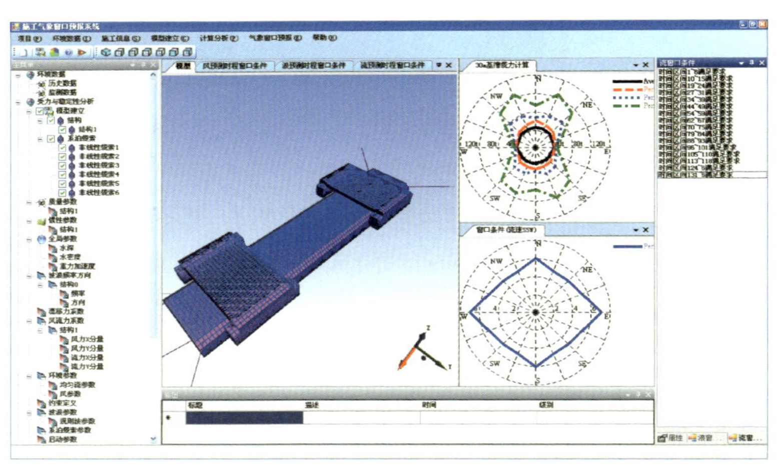

图4-10 管节气象窗口分析结果示意图

4.2.1 决策算法

管节施工窗口、管节受力与稳定性决策算法包括决策数据库建立、窗口预报算法和受力与稳定性预报算法。

1)决策数据库建立

根据施工基础数据的采集和统计分析,确定主要环境参数的取值或合理取值区间以及工况组合,结合物理模型试验与管节验证性监控框架的关键水动力参数修正计算分析模型,对施工各个过程所有可能工况进行计算文件生成,并提取数据建立受力与稳性数据库。最后根据工程技术人员输入的受力与稳性限制性条件,进行受力与稳定性分析和气象窗口筛选。

2)窗口预报算法

(1)决策集合方案

受力与稳性数据库作为决策集合,决策集合的每个方案包括条件与结果参数。条件参数包括风速、风向;浪周期、浪高、浪向、流速、流向等条件;结果参数包括环境风浪流等环境荷载、运动响应、系泊力、缆绳力等。

(2)决策集合方案筛选方法

决策集合的每个方案可采用优势法和满意值法进行筛选[7,11]。优势法是针对特定的受力与稳性判断条件(关键参数集合),当决策集合的任意两方案相互独立时,不能同时剔除;具有严格优选关系时,即可剔除一个。满意值法是针对某个关键参数临界值,当决策集合方案的参数值低于或高于临界值时,表明该方案可剔除。

通过对受力与稳性条件进行分析,模拟不同条件的决策者,建立多个决策者的群筛选优势矩阵和满意值矩阵,进行群决策筛选,得出风浪流参数限制条件,包含各个方向的流速、波高、周期、风速临界值。作业窗口、管节受力与稳定性决策算法逻辑关系见图4-11。

(3)窗口确定算法

窗口的确定采用多属性优先序算法进行分析,优先序算法根据给定风浪流预测数据点U_{ij},通过对流向流速、浪向波高周期、风向风速设置不同权值w_j,表征不同重要程度,计算风浪流限制条件总权值$S_i=\sum_{j=1}^{m}w_j(U_{ij}-u_{ij})$,取权值最小值对应的限制条件和数据点$U_{ij}$进行比较,判断数据点的风浪流条件能否施工。例如,已经筛选得出的风浪流参数限制条件集合为$\{A_1$=(流速0.7m/s,方向SSE)、A_2=(流速0.8m/s,方向S)、A_3=(流速0.75m/s,方向SE)$\}$,假设数据点X(流速0.7m/s,与正北方向夹角181°),进行总权值计算后可得优先序列为(A_2,A_1,A_3),则通过比较,可知X数据点满足施工要求。

3)受力与稳定性预报算法

(1)数据库建立

针对管节施工过程中实时采集的风浪流数据,进行管节的受力与稳定性分析,主要考虑所有参数出现的范围、每个参数的计算步长进行工况组合,建立参数文件,进行分析,统计所有工况组合形成受力与稳性数据库,最后根据基于权值的判断算法,找出与当前观测参数相匹配的受力与稳性数据。

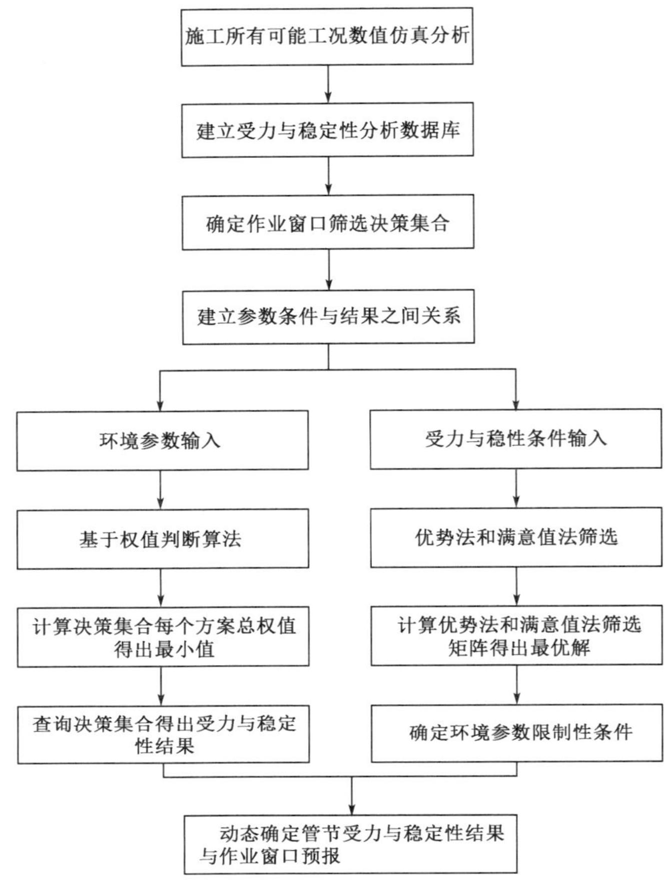

图 4-11　作业窗口、管节受力与稳定性决策算法逻辑关系图

(2)预报算法

采用基于权值的判断算法,给定数据点 U_{ij},对流向流速、浪向波高周期、风向风速设置不同权值 w_j 表征不同重要程度。对每个决策方案,计算总权值 $S_i = \sum_{j=1}^{m} w_j(U_{ij} - u_{ij})$,取最小值即为目标决策方案。这样即可根据现场环境参数观测结果,动态筛选决策集(受力与稳定性数据库),又可得到最为符合当前环境参数的受力与稳定性结果。

(3)实施思路

管节受力与稳定性控制,通过对施工过程的环境参数进行监测,通过风浪流的监测结果,通过基于权值判断算法,计算决策集合每个方案(每个工况计算结果)的总权值的最小值,得到当前风浪流参数最吻合的受力与稳性结果。吻合程度依赖于受力与稳性数据库的各个参数的计算步长,宜选取合适的计算步长保证能够根据当前监测风浪流参数通过筛选得到误差最小的受力与稳定性结果。并根据管节施工输出的受力与稳定性限制性条件,进行管节的受力与稳定性控制监控。管节受力与稳定性控制主要考虑以下因素：

①预设的受力与稳定性限制性条件及环境参数限制性条件，根据监测结果与分析结果进行提示。

②水流力增长速率，宜根据水流监测结果，根据阻力系数关键参数综合分析水流力变化幅度。

③波高增长速率，动态预测波高增大引起的受力与稳定性变化幅度。

④波浪周期变化统计，根据波浪参数的监测结果，对波浪组成成分进行分析，统计长波参数，动态提示。

4.2.2　基于C#语言软件平台开发

以常用水动力软件AQWA为例，说明基于C#语言的软件平台开发的实现。根据管节的初步水动力关键参数分析，确定影响管节施工受力与稳性的主要参数，制订施工过程具体监测参数及方案，即风浪流的监测参数、监测位置、方法以及缆力等荷载的传感器设计、监控方法等。通过这些关键参数的监测，对这些监测数据进行处理、统计分析得到风浪流的关键统计分析数据。管节受力与稳性监控结果作为管节施工作业窗口预报的基础数据，并提供给工程技术人员作业验证计算分析模型、修正关键水动力参数的重要依据，以便修正和完善相关参数，提高数值分析模型的可靠性。实现思路如下：

(1)根据模型建立参数，提供用户界面输入环境参数、系泊等外部荷载，阻力系数、附加质量和阻尼等关键参数，形成水动力分析模型，生成计算分析文件。

(2)通过开发AQWA软件的接口程序，借助水动力分析软件AQWA，进行计算分析，针对AQWA计算文件的参数输入分类，进行了数据组织，包括管节模型参数、质量与惯性参数、波浪分析频率或周期、计算波浪方向、水深参数、风流力系数、风向风速参数、流速流向参数、波浪工况参数、系泊分析参数、负浮力参数、外部荷载参数、计算时间参数等进行分类。

(3)建立参数可视化输入界面，并在参数输入结束后，生成计算文件，计算得到管节的受力与稳性数据。

(4)最后，在上面几条基础上实现结构受力及稳定性、施工作业窗口预报等功能。

在确定了软件平台系统模块及功能、系统架构的基础上，开发系统界面、基础数据管理、计算分析、窗口预报、Web发布。

1)系统模块及功能

管节施工作业窗口预报系统利用理论分析、数值预报、网络通信等多种技术，将作业海域地理信息、海洋环境预报、结构受力及稳性分析等控制信息，综合发布于系统上，为施工提供及时、全面信息，为管节施工作业气象窗口预报提供服务。系统总体功能主要包括基础数据管理、计算分析、窗口预报、Web 发布等,具体如图 4-12 所示。

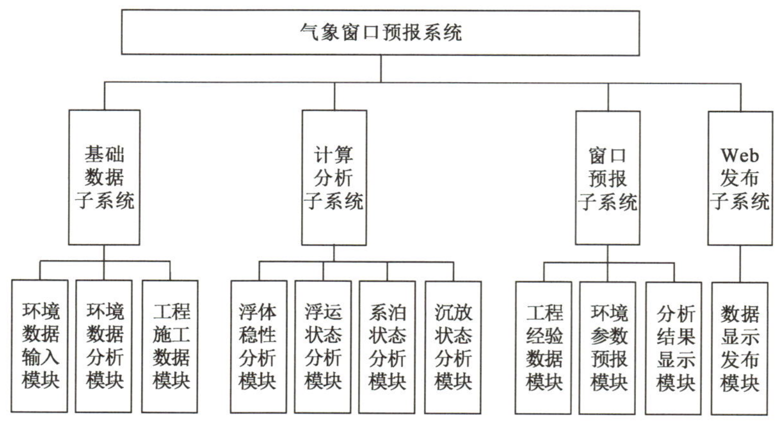

图 4-12　系统功能结构图

2) 系统架构

根据需求分析,可分为显示层、中间层、数据资源层,总体设计框架如图 4-13 所示。

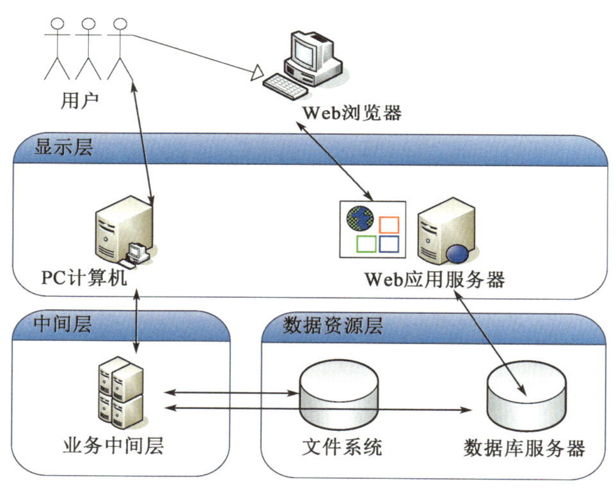

图 4-13　总体设计框架图

管理人员通过客户端或网页登录用户页面,提交业务处理的请求,请求提交至显示层,通过各子系统的调用,定位到相应应用处理,通过中间层调用数据资源层,统一对资源进行管理,各应用相关的数据存储在文件或数据库中。显示层调用中间层,对数据资源层进行调用,从数据资源层中找到用户请求数据及服务。

3) 系统界面设计

通过管节施工气象窗口预报系统,利用数值预报、网络通信等多种技术,将作业海域地理信息、海洋环境预报、结构稳定性控制信息,综合发布于系统上,为施工提供及时、全面信息。

系统功能包括数据存储、数据输入、数据查询、数据管理、数据传输、预报及决策分析等几大模块。系统创建目标：针对不同施工阶段的管节施工，给出合理的管节施工作业水文气象窗口和结构稳定性控制措施。管节施工气象窗口预报的界面设计见图4-14。

图4-14　管节施工气象窗口预报的界面设计

4）基础数据管理

基础数据管理包括风浪流历史数据、监测数据、预测数据的导入、导出、分析等功能，以及管节信息、施工信息、施工图等数据。

（1）数据导入：包括历史数据、监测数据、预测数据导入。

历史数据：将风浪流的历史统计数据，以表格形式导入到系统中，并进行风玫瑰图、浪玫瑰图、流速图绘图。

监测数据：将风浪流的时程监测数据导入到系统，并绘制风速时程图、浪高浪向时程图、流速流向时程图。

预测数据：对使用风浪流预测模型预测的结果数据进行导入，并绘制风速时程图、浪高浪向时程图、流速流向时程图。

（2）数据导出：包括历史数据、监测数据、预测数据导出。

历史数据：将风浪流的历史统计数据，以表格形式导出。

监测数据：将风浪流的时程监测数据导出到表格。

预测数据：将使用风浪流预测模型预测的结果数据输出到表格。

（3）数据分析：包括各种风浪流数据的最大值、最小值分析。

（4）施工概况：管节的施工概况信息。

(5)施工图浏览:浏览管节的施工图纸。

(6)管节信息:显示管节列表,并显示管节信息。

5)计算分析

计算分析子系统功能包括模型创建、模型导入、模型显示、计算参数输入修改、计算文件生成、执行计算、计算结果提取、计算结果显示等子模块。

(1)模型创建

包括模型节点创建、模型单元创建,节点创建通过节点的 *XYZ* 坐标创建,单元创建通过节点编号来创建。

(2)模型导入

模型导入根据 AQWA 计算文件导入模型数据及相关参数,包括模型节点导入、模型单元导入、模型质量惯性导入、波浪参数导入、全局参数导入、风流作用系数导入、环境参数导入、系泊参数导入、时间参数导入。具体参数数据参见 ANSYS 13 AQWA 帮助文档。

(3)模型显示

模型显示将模型的节点与单元、系泊条件进行三维显示,并实现三维显示的缩放、不同坐标轴的视图。

(4)计算参数输入修改

计算参数包括模型的质量与惯性参数、波浪频率方向参数、全局参数、风流作用系数、环境参数、系泊参数,功能包括各参数的输入修改。

(5)计算文件生成

输出 AQWA 计算文件,包括节点格式输出、单元格式输出、质量惯性格式输出、全局参数格式输出、波浪频率方向参数格式输出、风流系数格式输出、环境参数格式输出、系泊参数格式输出。具体格式参看 ANSYS 13 AQWA 帮助文档。

(6)执行计算

该模块收集管节不同施工阶段浮运、系泊、沉放阶段的计算文件,调用 ANSYS AQWA 计算程序进行计算。

(7)计算结果提取

计算结果提取模块对 AQWA 计算结果 LIS 文件进行分析,提取结果数据,包括对模型的六自由度运动响应结果、波浪力、风力、水流力、系泊力进行提取。并根据不同施工阶段的不同性对结果进行总结。得出稳性分析报告、系泊力分析报告、运动响应分析报告。

(8)计算结果显示

计算结果显示模块,将提取的结果数据进行图形化显示,包括波浪力、风力、水流力、系泊力结果显示。

6)窗口预报

根据风浪流条件对风浪流数据进行气象作业窗口预报。根据输入的风浪流预测数据和限制性条件,进行气象窗口分析,得出气象窗口数据,给出施工建议分析报告。主要功能包括:风浪流预测数据的显示、统计,限制性条件输入,气象窗口分析,施工建议报告输出。

(1)风浪流预测数据的显示、统计:将风浪流预测数据进行图形化显示,并统计最大值、最小值。

(2)限制性条件输入:根据不同施工阶段定义的不同施工环境限制性条件,将风浪流限制性条件输入,或根据当前计算分析的环境参数作为限制性条件输入,提供给预测数据进行分析。

(3)气象窗口分析:根据限制性条件,对风浪流预测数据进行分析,得出相应的风窗口、流窗口、浪窗口,综合得到整个气象窗口。

(4)施工建议报告输出:根据气象窗口分析结果,得出窗口列表,进行输出。并图形化显示结果。

7)Web 发布

Web 发布子系统,将作业海域地理信息、海洋环境预报、结构稳定性控制信息通过 Web 技术发布,使工程管理人员便于查询。Web 发布子系统包括以下功能:

(1)作业海域地理信息发布:将当前施工作业信息动态发布到 Web 上。

(2)海洋环境预报数据发布:将环境预报数据发布,通过 Web 页面查询环境预报数据。

(3)结构稳定性控制信息发布:根据输入的环境条件,查看结构稳定性控制信息。包括运动响应、风浪流荷载、系缆力等。

4.3 应用实例

本节以港珠澳大桥沉管隧道施工和广州洲头咀沉管隧道为依托,开展管节施工窗口预报和稳定性分析。

4.3.1 港珠澳大桥沉管隧道管节施工窗口预报与管节稳定性分析

针对港珠澳大桥的特点,对管节浮运和沉放过程进行分析。

1)管节浮运过程分析

(1)航道内浮运阻力

管节航道内浮运过程中,计算参数取风浪流同向作用于管节,角度为 180°、192°(N)和 214.5°(NNW),流速 0.5m/s、1.0m/s;波高 0.8m,波周期 6s;风 6 级。总阻力计算如表 4-6 所示。

航道内浮运阻力计算(单位:kN)　表 4-6

总阻力		角度(°)		
		180	192	214.5
X 方向阻力分量(kN)	拖航速度 0.5m/s	986	1 335	863
	拖航速度 1.0m/s	1 569	2 187	1 093
Y 方向阻力分量(kN)	拖航速度 0.5m/s	0	947	2 898
	拖航速度 1.0m/s	0	1 629	3 934

(2)基槽内浮运阻力

管节基槽内浮运过程中,计算参数取风浪流同向作用于管节,角度为 90°(N)、112.5°(NNW),流速 0.5m/s、1.0m/s;波高 0.8m,波周期 6s;风 6 级。不同基槽深度(22m、30m 和 45m)总阻力计算如表 4-7 所示。

航道内浮运阻力计算(单位:kN)　表 4-7

方向	阻力分量	22m 基槽	30m 基槽	45m 基槽
N	X	83	83	83
	Y	1 600	1 514	1 424
NNW	X	590	562	501
	Y	1 437	1 381	1 259

(3)浮运稳性计算及校核

采用 ANSYS 建模计算各方案模型相应的几何、物理属性见表 4-8。

各方案模型的几何物理属性　表 4-8

干舷(cm)	m(t)	I_{xx}(kg·m²)	I_{yy}(kg·m²)	I_{zz}(kg·m²)	Z_c(m)
30	75 690	1.157×10^{10}	2.058×10^{11}	2.145×10^{11}	-5.662
40	75 110	1.148×10^{10}	2.042×10^{11}	2.128×10^{11}	-5.562
50	74 520	1.139×10^{10}	2.026×10^{11}	2.112×10^{11}	-5.462

注:表中 m 为管节总质量,I_{xx}、I_{yy} 和 I_{zz} 分别是关于各轴的惯性矩,Z_c 为管节相对于水面的重心位置。

在管节的初稳性计算结果中,以 $\overline{BG}$ 代表重心与浮心间的距离,$\overline{GM}_x$、$\overline{GM}_y$ 代表稳心高度,$\overline{BM}_x=\overline{GM}_x+\overline{BG}$、$\overline{BM}_y=\overline{GM}_y+\overline{BG}$ 代表浮心和稳心间的距离,M_x、M_y 代表每倾斜 1°产生的复原力矩,不同干舷的计算结果汇总见表 4-9。

不同干舷值下的管节初稳性　表 4-9

干舷值(cm)	$\overline{BG}$(m)	$\overline{GM}_x$(m)	$\overline{GM}_y$(m)	$\overline{BM}_x$(m)	$\overline{BM}_y$(m)	M_x(N·m)	M_y(N·m)
30	0.007	6.228	206.071	6.235	206.079	8.071×10^7	2.670×10^9
40	0.051	6.354	208.934	6.404	208.985	8.171×10^7	2.687×10^9
50	0.094	6.484	211.869	6.578	211.963	8.273×10^7	2.703×10^9

由表 4-9 可以看出,重心与浮心间的距离 $\overline{BG}$ 随着干舷值的增大而近似呈线性关系;横稳心高和纵稳心高 $\overline{GM}$ 也是随着干舷值的增大而增大,证明干舷值的增大是对稳定性有利的,上述

干舷取值均可满足管节初稳性的要求。

管节在纵向拖航时，考虑10°迎流角度、2.0m/s 相对拖航速度时的横向阻力为408kN。拖航阻力以水流阻力为主，阻力的合力作用点距离管节顶面约为5.55m，设拖缆在缆桩上的作用点距离管节顶面0.3m，则总作用距离为5.85m，相应产生的力矩为：

$$M_{fH1} = 408 \times 5.85 \approx 2\,387(kN \cdot m)$$

若考虑最不利情况下的90°迎流（如管节系泊或转体时），则相应产生的力矩为：

$$M_{fH2} = 8\,192 \times 5.85 \approx 47\,923(kN \cdot m)$$

总结各干舷值下的静态极限倾覆力矩，并与管节受到的倾覆力矩比较，结果见图4-15。管节静态横向抗倾覆性能见表4-10。

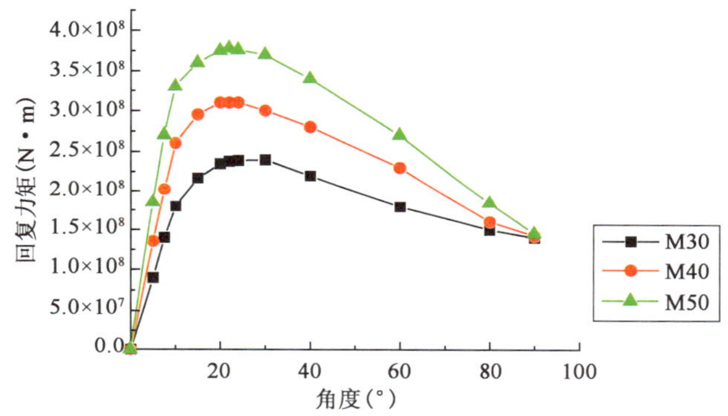

图4-15　横向倾覆力矩和静稳性曲线比较图

管节静态横向抗倾覆性能表　　表4-10

干舷值(cm)		30.0	40.0	50.0
极限静态倾覆力矩(kN·m)		2.37×10^8	2.98×10^8	3.62×10^8
对应倾斜角(°)		35	34	33.5
是否满足抗倾覆要求	10°迎流(2 387kN·m)	是	是	是
	90°迎流(47 923kN·m)	是	是	是

由以上分析可知，在浮运过程中，在拖航方向与水流方向夹角最不利情况下（10°和90°），管节的横稳性是具有足够的安全余度的，均可满足管节的横向抗倾覆要求。

2）管节沉放过程分析

（1）定位系泊

①系缆力分析。

计算工况必须包含管节施工过程中可能遭遇的所有环境参数，根据物理模型试验系泊计算工况进行计算，进行各种可能工况的管节受力数值分析。具体工况见表4-11。

管节系泊计算要素表 表4-11

工况	基槽水深(m)	流		波浪、风			
		流向	流速(m/s)	风速(m/s)	风浪角	波高(m)	周期(s)
	22、30、45	S、SSW	0.8、0.9、1.0	13.8	NNW、NNE、N、NE、NW、SW、SE、SSW、S、SSE	0.6、0.7、0.8	5、6、7

分别提取基槽深度22m、30m和45m,流速0.8m/s、1.0m/s;流向S、SSW的不同浪向的缆力计算结果。对于不同流速、流向,不同波向(NNW、NNE、N、NE、NW、SW、SE、SSW、S、SSE)、不同周期(5s、6s、7s)的缆力计算结果,将平均缆力与最大缆力画图如图4-16所示。图中Average表示平均缆力,Period = 05、06、07对应为周期5s、6s、7s的缆力计算结果,基槽深度为45m。

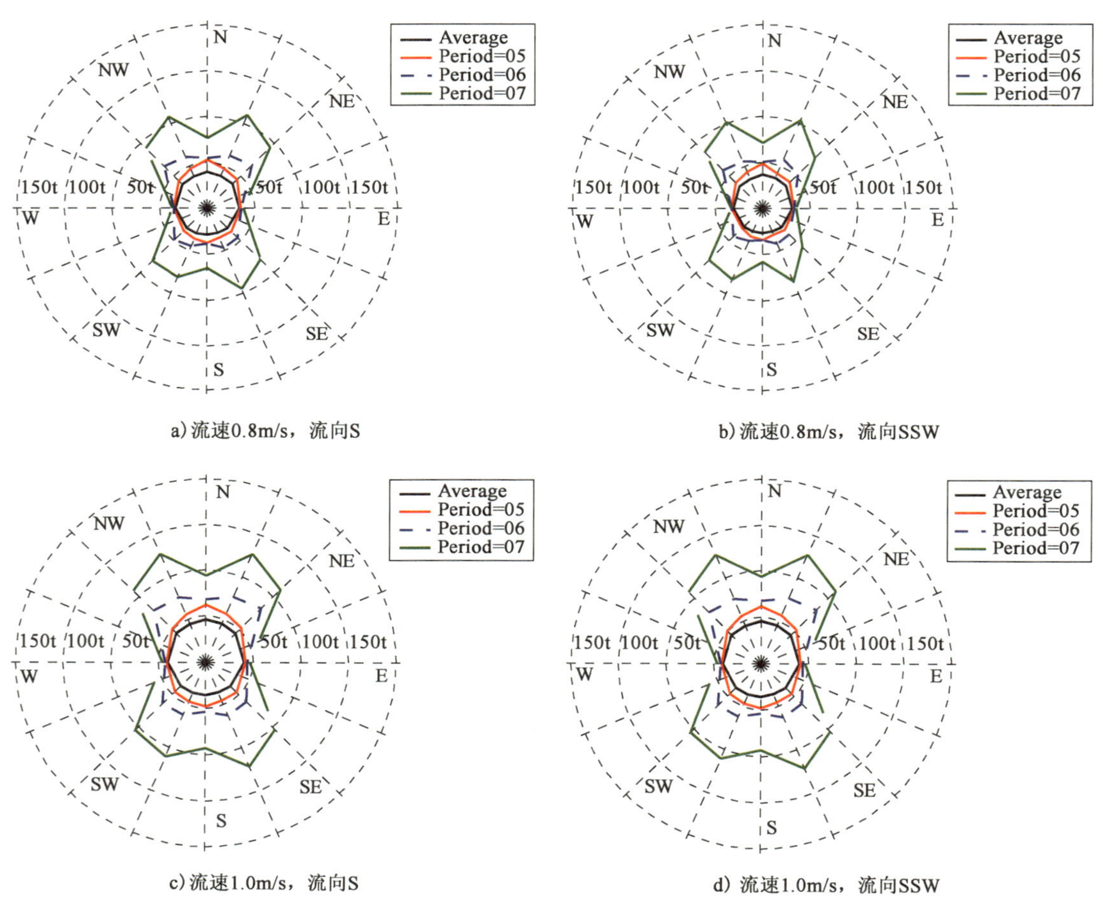

图4-16 45m基槽缆力计算结果

从所有工况的计算结果可以得到以下结论:

a. 从不同基槽的缆力计算结果可以看出,基槽水深较浅的缆力整体较大。

b. 水流力对系泊力起到主要作用,流速对平均缆力和最大缆力影响较大。

c. 对于特定流速流向，波向 SSW、SSE、NNW、NNE 对缆力起到较大影响，并随着流速增加而影响增大。主要因为波向与系缆的方向相近的原因使对应缆索缆力增大。

d. 波浪周期 7s 对系泊的缆力影响比较大，最大缆力在最不利工况下可达 2 倍以上。波浪周期 5s 对最大系泊缆力的影响较小。当波浪周期 6s 时，整体的最大缆力相对 5s 有一定增长，对于特定波浪入射方向才增加较大。

②系泊过程运动分析。

管节在浮运系泊过程中，运动响应主要由波浪引起，波浪对运动响应的影响主要有三种：低频响应、中频响应及高频响应。三类不同响应主要由波浪的不同组成成分引起，产生较大横荡、纵荡主要由低频运动引起，而较大的横荡和纵荡会使得缆力幅值迅速增大，特别在水流作用力较大的情况下。管节在风浪流作用下的运动响应变化情况，需结合实际风浪流参数做进一步评估，确定风浪流对运动贡献的主次关系。为了得到运动响应变化的关键参数，需针对施工区域流速、流向、浪高、周期、浪向的统计参数及基槽水深作所有可能工况分析，确定引起运动响应变化较大的参数，从而为管节安全系泊控制及工艺设备安全系数提供依据。

分别提取基槽深度 45m，流速 0.8m/s、1.0m/s，流向 S、SSW 的不同浪向的运动响应计算结果。对于不同流速、流向，不同波向（NNW、NNE、N、NE、NW、SW、SE、SSW、S、SSE）、不同周期（5s、6s、7s）的运动响应计算结果，将运动响应幅值画图，图中 Period＝05、06、07 对应为周期 5s、6s、7s 的运动响应计算结果。横荡运动分析如图 4-17 所示。

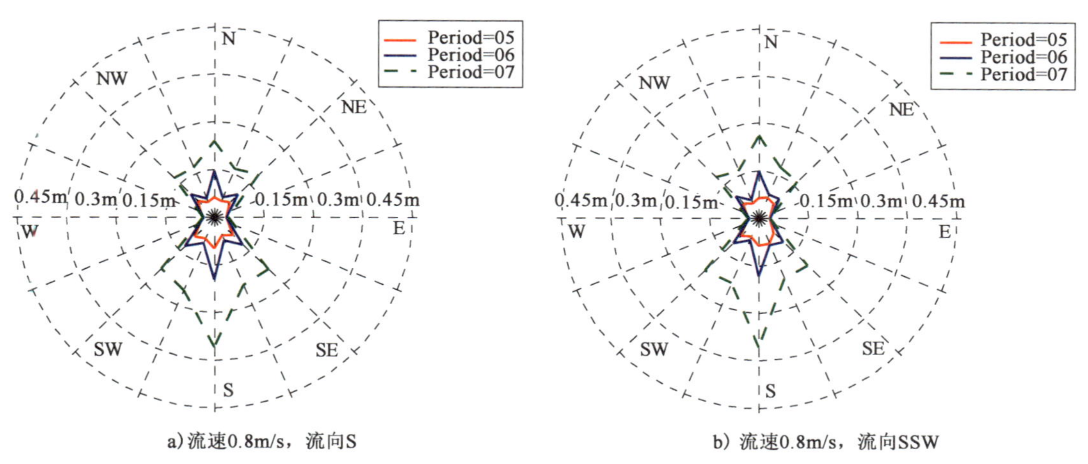

图 4-17 不同波向、周期管节横荡运动幅值

垂荡运动分析结果如图 4-18 所示。

从以上各工况的计算结果可看出：

a. 波浪入射方向各运动响应的影响最大，在波向 SE、SSE、S、SSW、SW、NE、NNE、N、NNW、NW 对运动响应影响最大。其中 N、S 波向的对运动响应影响最为明显。

b. 流速对运动响应幅值略有影响，流速对横荡的影响较大，对垂荡和纵摇影响较小。

c. 波浪周期对横荡、垂荡、纵摇的影响都比较大，周期 7s 的与周期 5s 的运动响应幅值可达 2 倍以上。

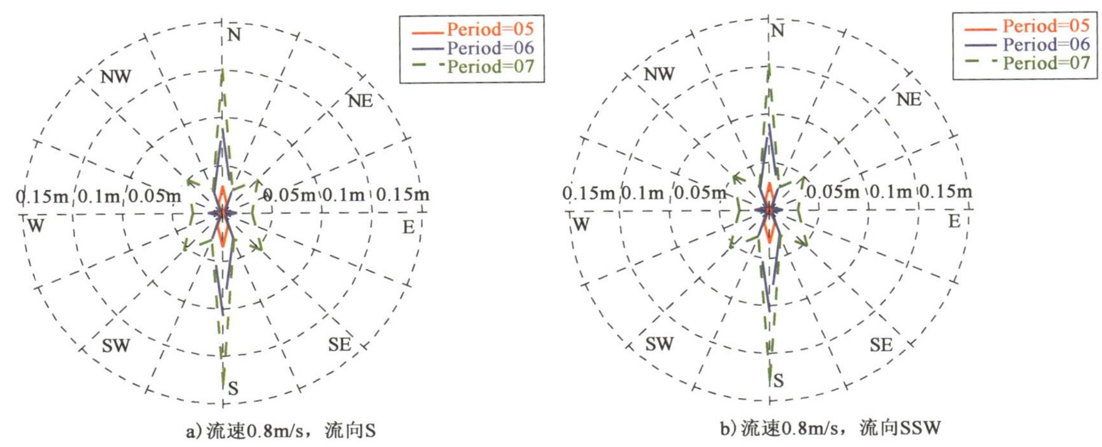

图 4-18　不同波向、周期管节垂荡运动幅值

横摇运动分析结果如图 4-19 所示。

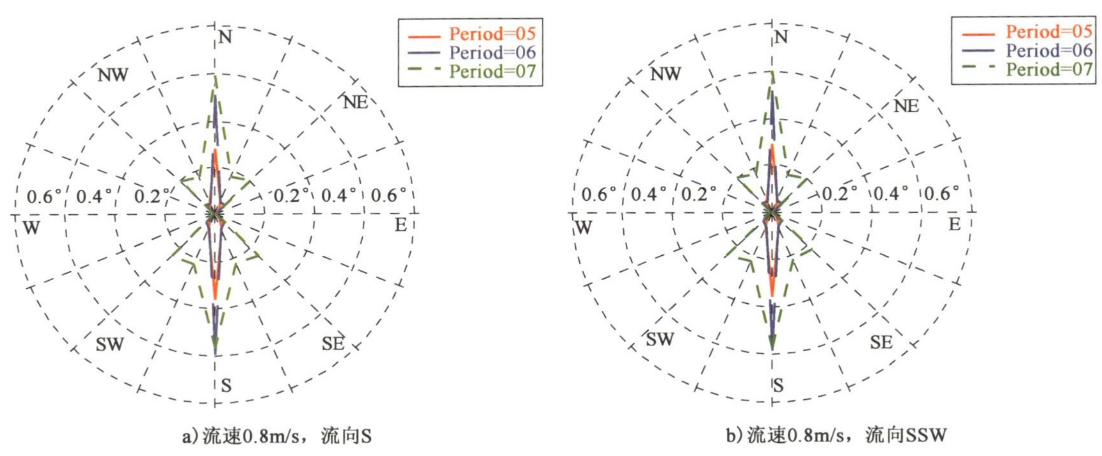

图 4-19　不同波向、周期管节横摇运动幅值

(2) 压载沉放

①沉放过程受力分析。

由于沉放时间较长，需考虑系泊过程可能遭遇到的各风浪流工况，分析沉放受力与运动响应。计算工况与计算结果如下：

根据物理模型试验沉放计算工况进行计算，进行各种可能工况的管节受力数值分析计算。具体工况见表 4-12。

分别提取不同沉放深度，不同基槽深度，流速 0.8m/s、1.0m/s，流向 S、SSW 的不同浪向（NNW、NNE、N、NE、NW、SW、SE、SSW、S、SSE），不同周期（5s、6s、7s）的缆力计算结果。图中

Average 表示平均缆力，Period＝05、06、07 对应为周期 5s、6s、7s 的缆力计算结果。

管节系泊计算要素表　　表 4-12

工况	基槽水深（m）	流		波浪、风			
		流向	流速（m/s）	风速（m/s）	风浪角	波高（m）	周期（s）
	22、30、45	S、SSW	0.5、0.6、0.7、0.8	13.8	NNW、NNE、N、NE、NW、SW、SE、SSW、S、SSE	0.6、0.7、0.8	5、6、7

沉深 1m、基槽深度 45m 的缆力计算结果图 4-20 所示。

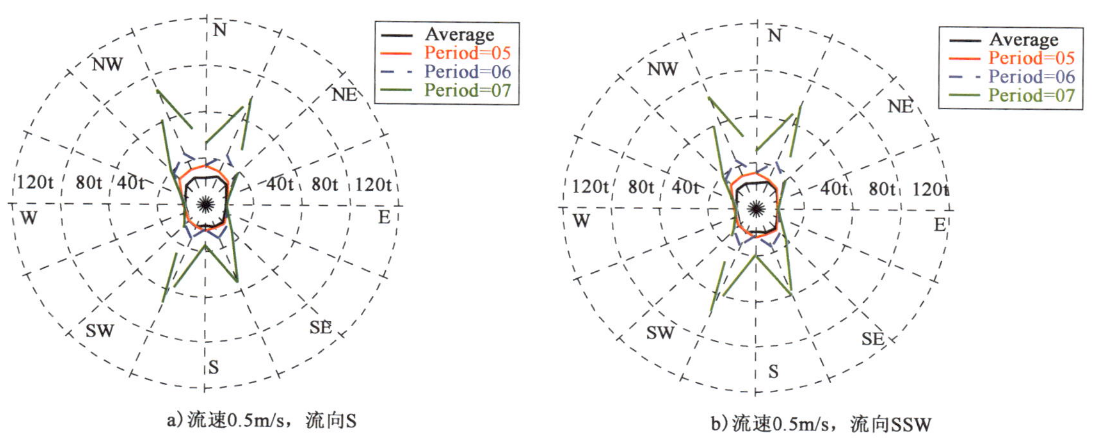

图 4-20　不同流速流向的缆力计算结果

沉深 10m、基槽深度 45m、流速 0.8m/s、流向 S 的缆力计算结果图 4-21 所示。

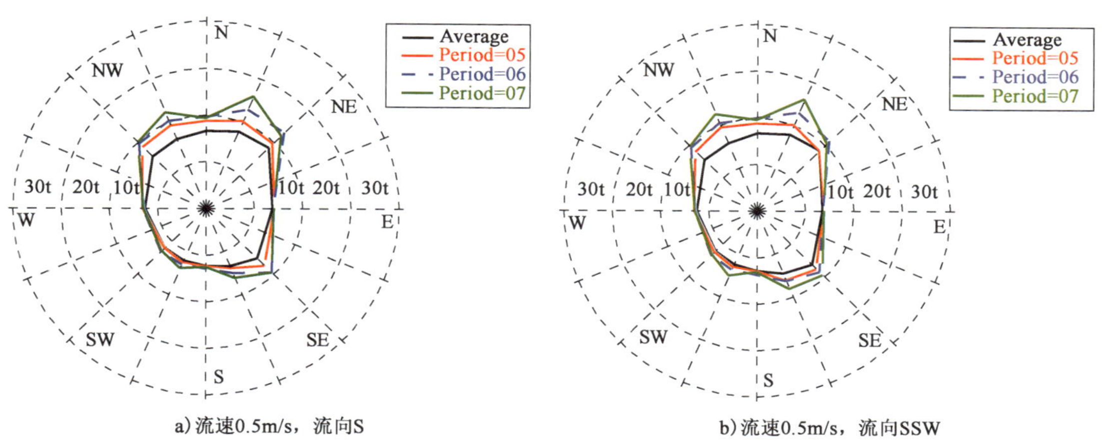

图 4-21　不同流速流向的缆力计算结果

从以上所有工况的计算结果可看出：

a. 不同基槽的缆力计算结果由于基槽对水流的影响，基槽水深较浅的缆力整体较大。

b. 水流力对系泊力起到主要作用，整体来看流速对平均缆力和最大缆力都起到较大影响。

c. 对于特定流速流向，波向 SSW、SSE、NNW、NNE 对缆力起到较大影响，并随着流速增加而影响增大。主要是因为波向与系缆的方向相近而使对应缆索缆力增大。

d. 沉深 1m 时与系泊的计算结果接近，波浪周期 7s 对系泊的缆力影响比较大，最大缆力在最不利工况下可达 2 倍以上。波浪周期 5s 对最大系泊缆力的影响较小。当波浪周期 6s 时，整体的最大缆力相对 5s 有一定增长，对于特定波浪入射方向才增大较大。

e. 系泊力随着沉深急剧减小，流速 0.8m/s、波浪周期 6s、沉深 10m 时的最大缆力约为 30t，而沉深 1m 时缆力可达 80t。

f. 随着沉深的增加，波向、周期对计算结果的影响迅速减小，只有当波浪周期 7s 时波向影响才比较明显。由波浪周期 6s、5s 的计算结果可知，波浪的整体影响已变得较小。

②压载沉放过程稳性分析。

管节沉放稳性分析与浮运稳性分析类似，不过计算参数需进一步考虑负浮力的作用，针对不同的压载参数，进行稳性计算分析，得到稳性参数。

根据实际工程经验的调研总结，取负浮力的取值范围为管节质量的 2%，根据模型试验方案管节总负浮力约为 $F=1\,520$t，本节对施加的不同负浮力（$F/4$、$F/2$、$F/4\times3$ 和 F）情况下管节的稳定性进行计算，为工程提供参考。

在以下管节的初稳性计算结果中，以$\overline{BG}$代表重心与浮心间的距离，$\overline{GM}_x$、$\overline{GM}_y$ 代表稳心高度，$\overline{BM}_x=GM_x+\overline{BG}$、$\overline{BM}_y=\overline{GM}_y+\overline{BG}$代表浮心和稳心间的距离，$M_x$、$M_y$ 代表每倾斜 1°产生的复原力矩，不同抗浮系数情况下管节的初稳性计算结果见表 4-13。

不同负浮力情况下的管节初稳性 表 4-13

负浮力	$\overline{BG}$(m)	$\overline{GM}_x$(m)	$\overline{GM}_y$(m)	$\overline{BM}_x$(m)	$\overline{BM}_y$(m)	M_x(N·m)	M_y(N·m)
$F/4$	-0.122	0.122	0.122	0.000	0.000	1.612×10^6	1.612×10^6
$F/2$	-0.174	0.174	0.174	0.000	0.000	2.301×10^6	1.781×10^6
$F/4\times3$	-0.148	0.148	0.148	0.000	0.000	1.957×10^6	1.957×10^6
F	-0.189	0.189	0.189	0.000	0.000	2.504×10^6	2.504×10^6

不同负浮力情况下管节的属性见表 4-14，不同负浮力情况下管节的大倾角稳性见图 4-22。

不同负浮力下管节属性 表 4-14

负浮力(t)	m(kg)	I_{xx}(kg·m²)	I_{yy}(kg·m²)	I_{zz}(kg·m²)	Z_c(m)
3.80×10^6	$7.778\,8\times10^7$	$1.183\,3\times10^{10}$	$2.104\,5\times10^{11}$	$2.193\,4\times10^{11}$	-5.962
7.60×10^6	$7.817\,5\times10^7$	$1.190\,4\times10^{10}$	$2.116\,9\times10^{11}$	$2.206\,4\times10^{11}$	-5.988
1.14×10^7	$7.856\,2\times10^7$	$1.197\,5\times10^{10}$	$2.129\,2\times10^{11}$	$2.219\,3\times10^{11}$	-6.014
1.52×10^7	$7.894\,9\times10^7$	$1.202\,6\times10^{10}$	$2.137\,7\times10^{11}$	$2.228\,2\times10^{11}$	-6.029

注：表中 Z_c 为管节重心到管节顶面的竖向距离。

从图 4-22 可以看出，负浮力越大管节稳定性越好，这一方面是因为形成回复力矩的重力增大；另一方面是因为提供负浮力的水箱增加质量处于管节底部，增加其质量会使管节整个重心降低，从而使得浮心和重心之间的距离加大，这也会使得回复力矩的数值增大，从而增强管节稳定性。

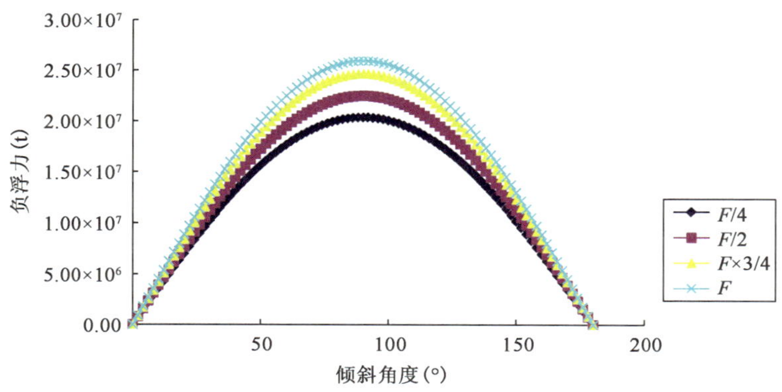

图4-22　不同负浮力情况下管节的大倾角稳性

一般沉放设定的最大流速为0.8m/s左右，现以0.8m/s为最大沉放流速并进行校核。管节沉放时主要处于90°迎流的情况下管节横向受力为：

$$f_{cy} = 2.048 \times 10^6 \times 0.8^2 + 924 \times 10^3 = 2\,235(\text{kN})$$

则对应流速0.8m/s沉放时管节受到的横向倾覆力矩为：

$$M_{v10} = 2\,235 \times 5.7 = 12\,738(\text{kN} \cdot \text{m})$$

由大倾角稳性曲线可知：水流速度小于0.8m/s时，都能满足抗倾覆要求。

4.3.2　洲头咀沉管隧道管节施工窗口预报系统研发及应用

针对洲头咀沉管隧道工程施工过程，进行了前期环境数据采集、数值分析模型建立，进行了管节施工过程数值仿真分析，最后进行了现场监控测试。

1)数据采集与分析

在管节施工前，对浪流等环境参数进行了观测，统计流速流向、波高周期等关键参数。典型浪流数据如图4-23、图4-24所示。

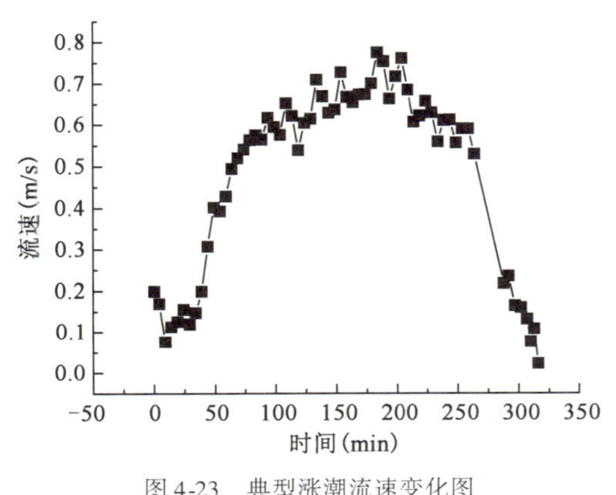

图4-23　典型涨潮流速变化图

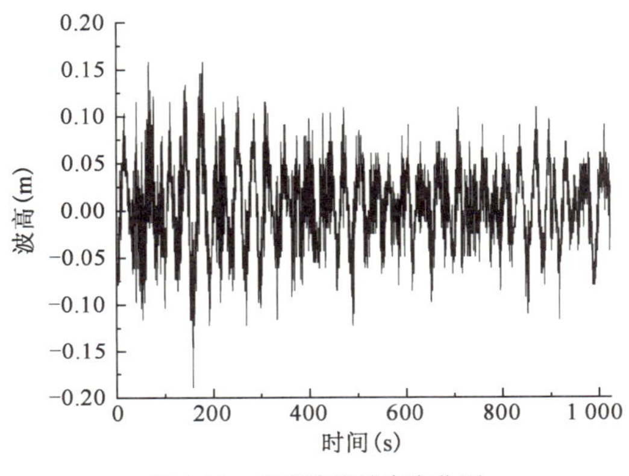

图4-24　典型波浪波高变化图

2)验证性监控框架

为验证和完善试验方法及分析模型,通过管节施工海域的气象水文等环境条件、缆绳受力、管节截面应力及姿态的监测结果分析,计算与修正阻力系数关键参数,将关键参数输入到计算分消息模型,才能针对管节施工过程可能遭遇的所有工况进行计算,对各种可能工况的受力与稳定性计算分析结果进行提取,从而建立管节的施工水文气象窗口的受力与稳性数据库,指导现场施工作业,并为后续管节施工方案的优化与完善提供现实依据。

对管节施工过程中的缆力与流速进行了观测,测试时间从早上7:40开始,100min的流速测试结果见图4-25,并根据管节系泊方案、管节的几何尺寸,进行了阻力系数的计算,作为数值仿真分析的关键参数输入。管节横向水流作用力阻力系数约为2.0,并根据阻力系数取值和流速实测结果进行缆力计算,结果见图4-26,结果误差较小,吻合较好。

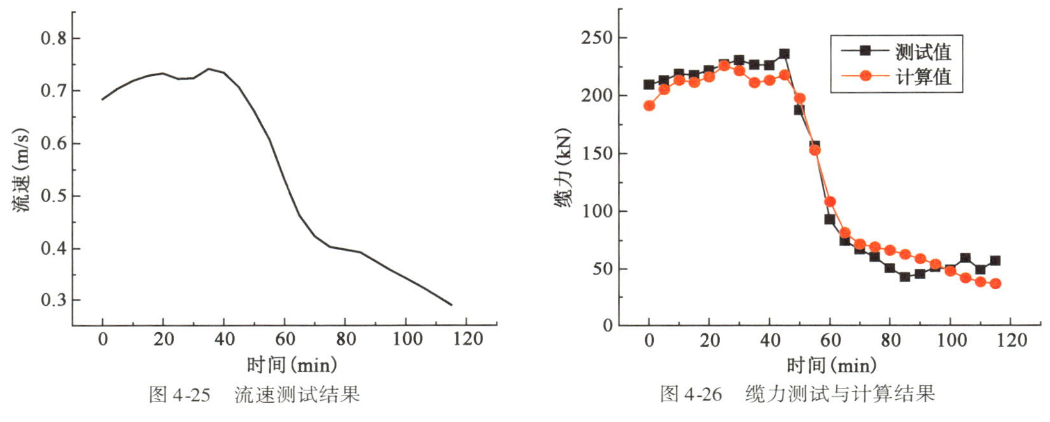

图4-25 流速测试结果

图4-26 缆力测试与计算结果

3)数值分析模型建立

根据管节主要参数及系泊沉放工艺方案,采用大型通用有限元软件ANSYS和AQWA建立管节的三维实体模型,并利用ANSYS和AQWA软件基于单元层次计算的几何物理属性求解功能,可以比较精确地得到各方案的几何、物理属性。基于势流理论,将实体模型转化为表面模型进行分析,建立了管节系泊及沉放施工过程的数值计算仿真模型,分析模型如图4-27所示。

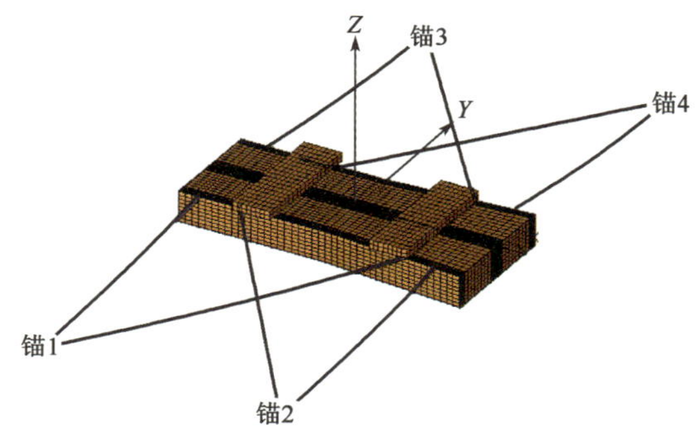

图4-27 管节安装施工过程数值分析模型

洲头咀隧道连接芳村—海珠，潮位属于不规则半日潮，根据环境参数的测量结果，最大流速0.89m/s，最大波高0.35m，最大波周期4s，为了考虑管节施工过程中可能遭遇的所有工况，计算参数取值见表4-15。

计算风浪流参数表　　表4-15

参　　数	计 算 取 值
流速(m/s)	0.1,0.2,0.3,0.4,0.5,0.6,0.7,0.8,0.9,1.0
最大浪高(m)	0.1,0.2,0.3,0.4,0.5
最大浪周期(s)	3,4,5

4)验证性监控与数值仿真分析对比

计算参数取流速0.72m/s，波高0.35m，周期4s，分析并提取迎流侧系缆力和管节横摇运动响应如图4-28、图4-29所示。

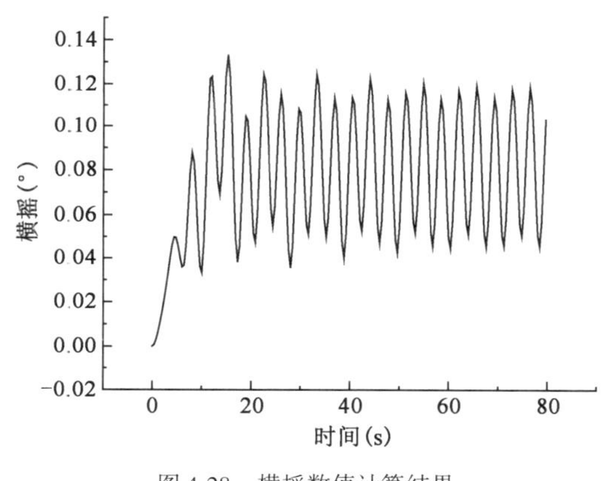

图4-28　横摇数值计算结果

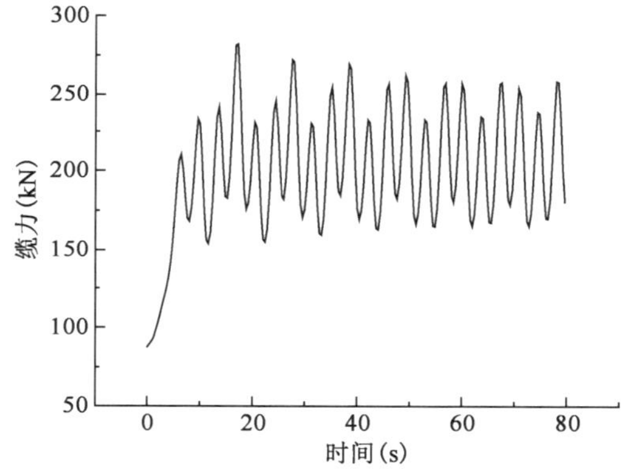

图4-29　迎流侧主缆(横调)计算结果

从迎流侧主缆缆力与管节横摇的数值计算结果可知，缆力变化平稳后最大值250kN，横摇运动响应幅值最大值0.13°；而由现场测试结果可知，横摇最大值0.14°，缆力最大值240kN。数值计算结果与现场测试结果比较符合。

5)受力与稳定性数据库建立

根据洲头咀沉管隧道水流波浪的长期监测结果，统计了波浪水流所有可能工况，将各工况的受力与稳定性计算结果提取，汇总成为受力与稳定性数据库。分别提取不同流速作用下的最大缆力与平均缆力结果见图4-30，流速0.72m/s下的不同波高作用下的缆力与横摇见图4-31、图4-32，流速0.72m/s下的不同周期作用下的缆力与横摇见图4-33、图4-34。

从结果可以看出，流速对缆力的影响呈近似二次方关系，波高对缆力与横摇的影响呈线性变化，波浪周期对缆力与横摇的影响较大，在施工过程中应避免附近大船引起的较大周期波浪。

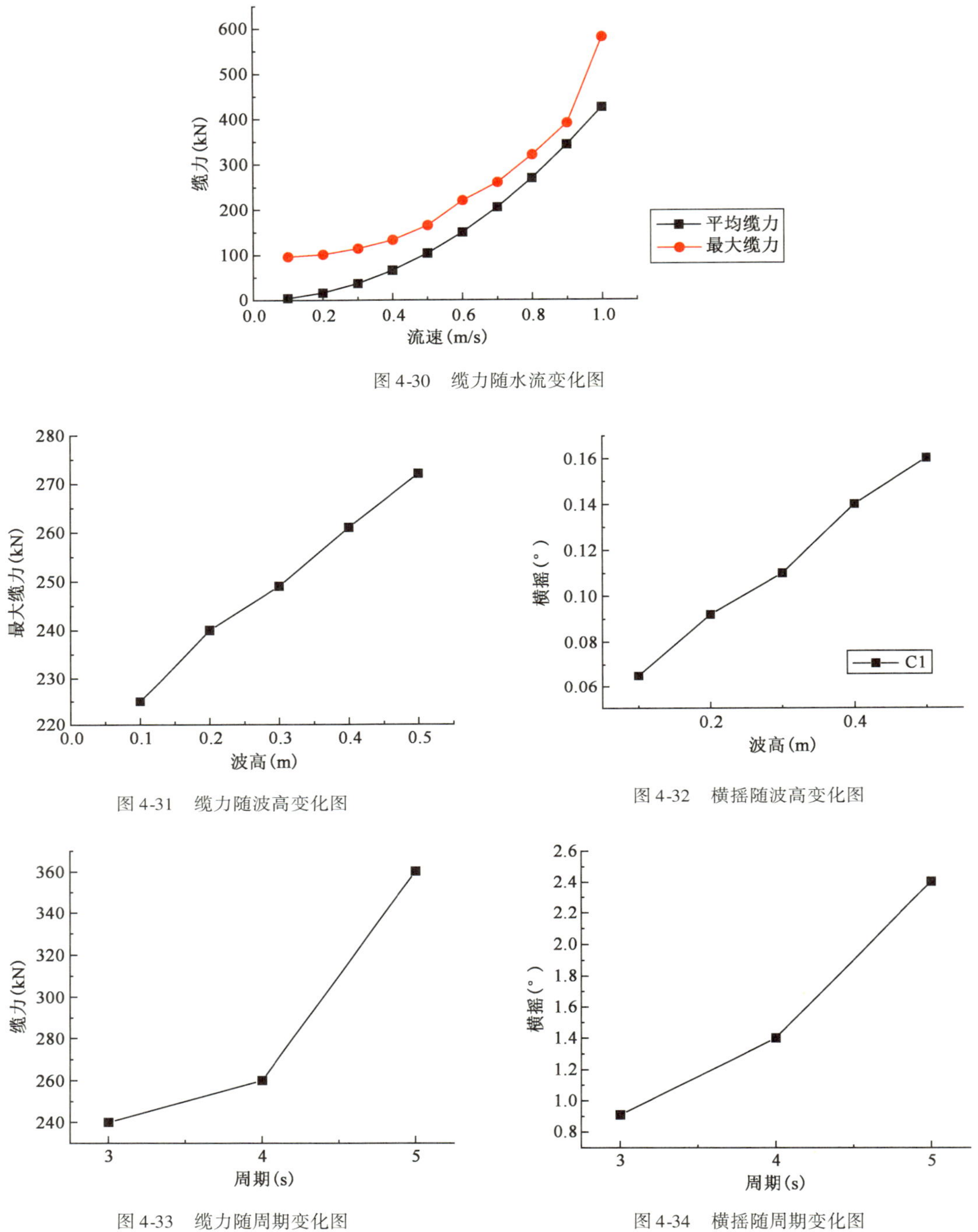

图 4-30　缆力随水流变化图

图 4-31　缆力随波高变化图

图 4-32　横摇随波高变化图

图 4-33　缆力随周期变化图

图 4-34　横摇随周期变化图

6)管节施工作业窗口选择

针对管节施工过程的潮流变化情况、水流数据的观测结果,涨潮过程水流较急流速大,落潮过程水流较缓流速小,考虑涨潮过程管节受力较大,典型的涨潮过程流速变化见图 4-35。

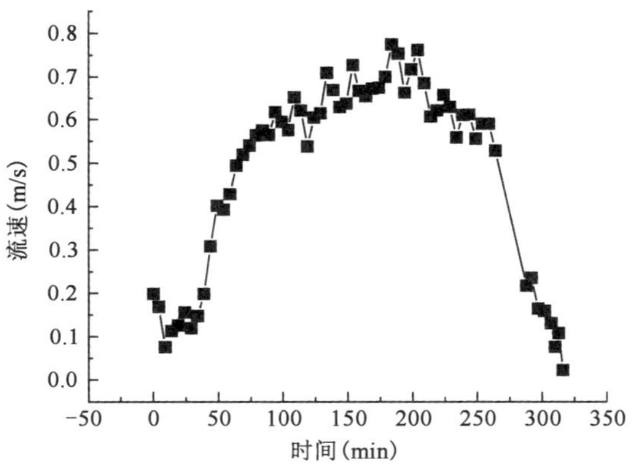

图 4-35 典型涨潮流速变化图

考虑管节相关控制设备配备,作为主要受力与稳定性限制条件,浮运过程考虑航道水深较浅,需在涨潮过程进行浮运,浮运完毕后需进行系泊缆安装(流速限制 0.4m/s),系泊沉放过程锚碇最大张力 120t,缆力最大控制 100t,沉放过程要求水流速度 0.4m/s。以上受力与稳定性及环境条件限制进行施工窗口选择。参照所有可能工况的受力与稳定计算结果数据库,施工窗口选择结果见图 4-36,选择 29 ~ 35(早上 6 ~ 12 时)作为管节浮运及系泊缆安装施工窗口,此阶段潮位增加到达高平潮,但是流速减小;55 ~ 70(早上 8 ~ 晚上 23 时)作为系泊沉放安装施工作业窗口,早上 8 ~ 12 时潮位增加到高平潮,但是流速减小,12 ~ 19 时为退潮阶段,退潮阶段流速较缓。

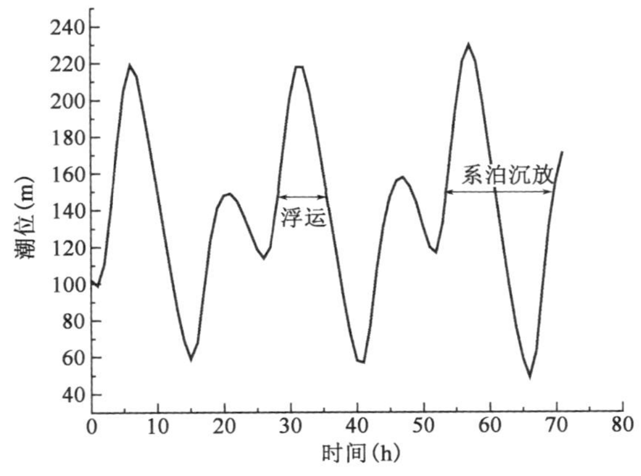

图 4-36 施工期间潮位变化及施工窗口选择图

4.4 本章小结

本章详细介绍了利用数值仿真分析的手段,重点分析了沉管管节施工过程涉及的受力与稳定性,提出了管节施工窗口预报与管节稳定性控制系统开发方法,并应用于港珠澳大桥沉管隧道和洲头咀沉管隧道。本章主要结论如下：

(1)对于沉管管节这种长大型浮体结构,采用势流理论 + 系泊分析理论方法,结合必要的物理模型试验修正,可有效地解决数值仿真分析的效率与精度问题。

(2)通过频域分析方法,可得到管节幅频运动响应特性和管节波浪作用下的附加质量和阻尼,附加质量和阻尼受到波浪参数、水深的影响较大。

(3)在浮运过程阻力关键参数计算原理基础上,得出风阻力系数对于干舷较小的管节阻力贡献较小,水阻力系数由于管节尺寸原因不同角度差别一般较大,对阻力贡献较大,波浪增阻不同角度差别也较大,最后总结了管节整个浮运过程中的总阻力、浮运稳定性、管节启动、制动和转体施工的稳性校核方法。

(4)阐述了管节沉放安装过程的计算工况、参数取值与计算方法,介绍了风流参数系数、系泊缆绳模拟、吊沉系统模拟的相关参数选取输入。

(5)采用 C#语言与软件 AQWA 结合的管节施工窗口预报与管节稳定性控制系统开发是可行的,可有效处理大量管节受力与稳定性数据,将相关方法在港珠澳沉管隧道与洲头咀沉管隧道进行了应用。

本章参考文献

[1] 刘应中,廖国平. 船舶在波浪上的运动理论[M]. 上海:上海交通大学出版社,1987.

[2] Newman, J. N.. Second order slowly varying forces on vessels in irregular waves[C]// Int. Symp. on the Dynamics of Marine Vehicles and Structures in Waves,1994,University College London.

[3] 吕卫清,应宗权,苏林王,等. 沉管管节浮运过程中波浪附加阻力的水动力学分析[J]. 水运工程,2011(11):1-5.

[4] Aono T., Sumida K., Fjiwara R., et al. Rapid stabilization of the immersed tunnel element[C]. Proceedings of the Coastal Structures,2003:394-404.

[5] Jensen O. L., Olsen T. H., Kim C. W., et al. Construction of immersed tunnel in off-shore wave conditions Busan-Geoje project South Korea[J]. IABSE Symposium, Weimar 2007, 8:25-32.

[6] Chen Z. J., Wang Y. X., Wang G. Y., et al. Time-domain response of immersing tunnel element under wave actions[J]. Journal of Hydrodynamics, 2009,21 (6):739-749.

[7] DeSanctis G, Gallupe R B. A foundation for the study of group decision support systems[J]. Management Science, 1987,33(5):589-608.

[8] Su Linwang, Kang Lan. Hydraulic analysis of immersed tunnel element's immersion and its application[C]The 2011 International Conference on Civil Engineering, Architecture and Building Materials (CEABM 2011)/Advanced Materials Research, Vol. 250-253: 2360-2365.

[9] Remseth S, Leira B J, Okstad K M, et al. Dynamic response and fluid/structure interaction of submerged floating tunnel[J]. Computers and Structures, 1999, 72:659-685.

[10] Fogazzi P, Perotti F. The dynamic response of seabed anchored floating tunnels under seismic excitation[J]. Earthquake Engineering & Structural Dynamics, 2000, 29:273-295.

[11] Lin Meihong, Lü Weiqing, Ying Zongquan, et al. Research on the construction window forecast of immersed tunnel based on the decision-making analysis[J]. Applied Mechanics and Materials, 2013:380-384.

第5章　沉管测量定位技术

沉管测量定位是确保管节施工到设计位置过程中非常重要的控制环节[1-2]。为此,在调研管节沉放实时测量定位的常用测量方法和新的测量定位技术的基础上,研究常用测量方法的误差和提高测量精度的方法,并对测量定位新技术的优缺点进行分析,以期给出各测量定位方法的定位模型、坐标转换模型和误差模型,以及测量定位特点、精度和适用性,并据此最终给出满足港珠澳工程不同施工阶段的最优组合测量定位方法。

5.1　测量定位理论方法

根据港珠澳管节沉放对接测量定位的特点和要求[3-4],下面研究测量塔全站仪定位[5-6]、测量塔 GPS 定位[7]、GPS 绝对定位定向、机械拉线定位、超短基线声学定位、声呐定位、贯通测量和激光靶准直等测量定位方法,给出这些方法定位机理及模型,以期最终提出适合港珠澳工程的最优测量定位方法和成果融合方法。

5.1.1　测量定位方法的原理及特点

1)测量塔全站仪定位法[5]

(1)定位原理

根据计算方式不同,棱镜实时三维位置可根据前方交会法和极坐标法确定。前方交会法借助实测的全站仪到棱镜距离 S_A 和 S_B、水平角度 α 和 β、天顶距 h_1 和 h_2、初始方位 A_{01} 和 A_{02},结合两已知点坐标,计算棱镜的三维坐标(图 5-1)。极坐标法借助一个全站仪到棱镜的实测距离 S、水平角 α、天顶距 h、初始方位 A_{01},结合全站仪所在位置的三维坐标,推求棱镜三维坐标。

获得棱镜坐标后,还需顾及沉管姿态变化,归算出沉管上各个控制点的实时三维坐标,进而对沉管下放过程实现实时监控。

(2)系统组成及其特点

测量塔全站仪定位法由 2 个测量塔、2 个棱镜、2 台全站仪、2 个姿态仪、1 套数据传输系统和中心计算机组成。其优点是:具有毫米级定位精度,可同时确定棱镜平面和高程坐标以及定向功能，实施方便，数据获取和传输简单。不足之处是：测量精度与几何图形强度相关；受气象环境、海洋波动影响显著，需解决两台设备观测成果的同步问题，作用距离有限（一般不大于1 000m）且需通视。

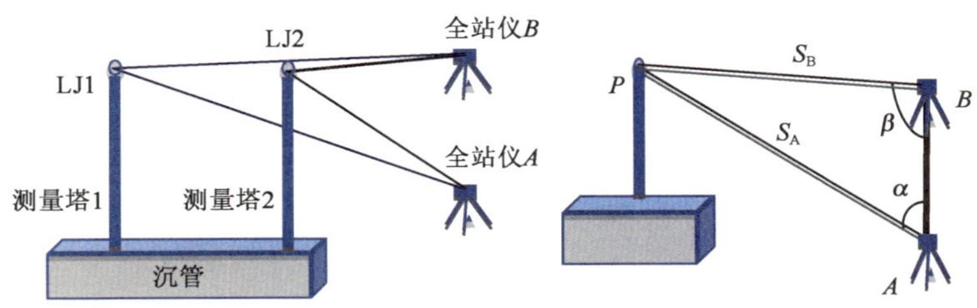

图5-1　测量塔全站仪定位原理示意图

2）测量塔GPS定位法[6]

（1）定位原理

测量塔GPS定位法采用RTK（Real Time Kinematic）技术。GPS流动站安装在测量塔上，借助安置在人工岛上的GPS基准站提供的差分改正信号，对其实时观测的GPS载波相位信号进行改正，进而获得其精确的瞬时位置（图5-2）。

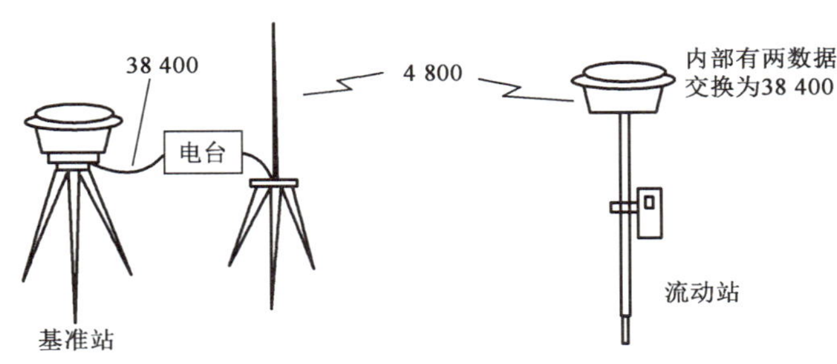

图5-2　GPS RTK定位原理

$$\rho_{\mathrm{b}}^{i} = R_{\mathrm{b}}^{i} + C(\mathrm{d}\tau_{\mathrm{b}} - \mathrm{d}\tau_{\mathrm{s}}^{i}) + \mathrm{d}\rho_{\mathrm{b}}^{i} + \mathrm{d}\rho_{\mathrm{bion}}^{i} + \rho_{\mathrm{btrop}}^{i} + \mathrm{d}M_{\mathrm{b}} + v_{\mathrm{b}} \tag{5-1}$$

式中：R_{b}^{i}——基准站到第i个卫星的真实距离，可由基准站坐标和卫星星历求得；

$\mathrm{d}\tau_{\mathrm{b}}$——基准站时钟偏差；

$\mathrm{d}\tau_{\mathrm{s}}^{i}$——第$i$个卫星的时钟偏差；

$\mathrm{d}\rho_{\mathrm{b}}^{i}$——第$i$个卫星的星历误差（包括SA政策影响）引起的伪距误差；

$\mathrm{d}\rho_{\mathrm{bion}}^{i}$——电离层效应；

$\rho_{\mathrm{btrop}}^{i}$——对流层效应；

$\mathrm{d}M_{\mathrm{b}}$——多路径效应；

v_{b}——GPS接收机噪声。

(2)系统组成及特点

系统需要双频 GPS 接收机 3 台,其中 1 台用作基准站,架设在人工岛已知点上,另外两台用作流动站,分别安装在沉管测量塔上;需要姿态传感器 1 台,安装在沉管上,监测沉管的姿态变化;需要数据链实现 RTK 基准站差分改正信号的发送,以及流动站对差分改正信号的接收;此外还需通信系统辅助,实现 RTK 定位解向中心处理单元的发送。系统测量示意图如图 5-3 所示。

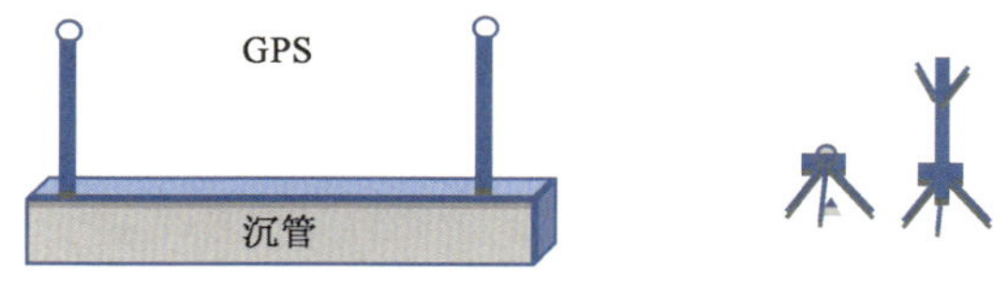

图 5-3 测量塔 GPS 定位

RTK 定位方法的优点是可提供 5cm、0.01°的定位定向精度、每个历元定位解独立、数据通信和传输易于实现;不足之处是定位精度受卫星信号遮挡、多路径效应、磁爆等的影响,且易受无线电干扰,不能满足沉管对接精度要求。

3)机械拉线法(Tunnel Segment Measurement System,简称 TSMS)

(1)定位原理

TSMS 定位原理如图 5-4 所示。TSMS 借助实测拉线长度 S 及其与水平面 X 轴夹角(水平偏角)、与 Z 轴夹角(倾角),以拉线测量单元原点为参考,计算挂钩点相对参考点的三维坐标($\Delta X,\Delta Y,\Delta Z$),如图 5-4 所示。

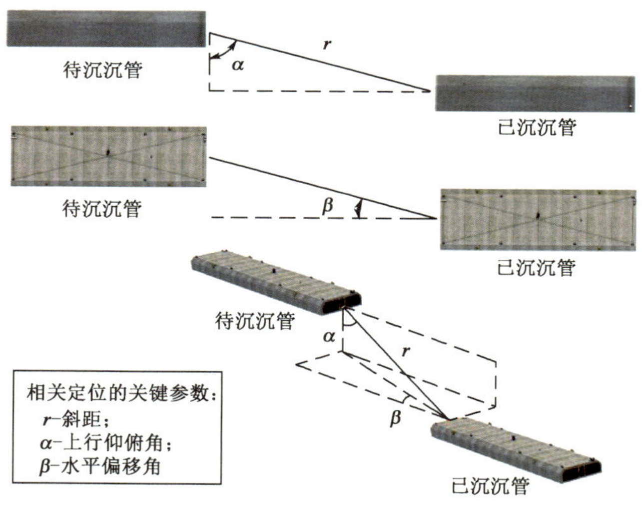

图 5-4 水下拉线测距测向定位方法

(2)系统组成及特点

TSMS 主要由测距传感器、拉线测量单元、固定板和挂钩组成(图 5-5)。TSMS 的优点是测量精度较高。管间距小于 2m 时,距离 S 测量误差小于 10mm;仰俯角 β 和方位角 $A(\alpha)$ 导致误差小于5mm;受环境影响较小,便于实施,数据传输方便。不足之处:安装位置要求精度较高。

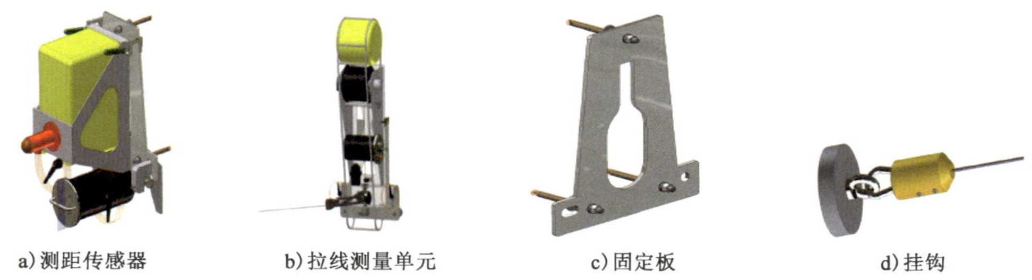

图5-5 TSMS组成

4)水下声呐定位法

(1)声呐阵列定位。

借助声呐测距、后方交会原理,计算待沉管上控制点与已沉管上控制点间的坐标矢量,进而获得待沉管上各控制点坐标。工作原理如图5-6、图5-7所示。

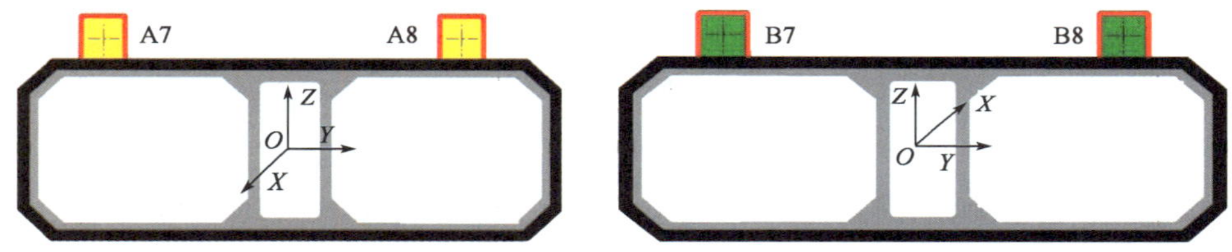

图5-6 待沉管上安装声波发射器(A7和A8)和已沉管上安装声波接收器位置(B7和B8)

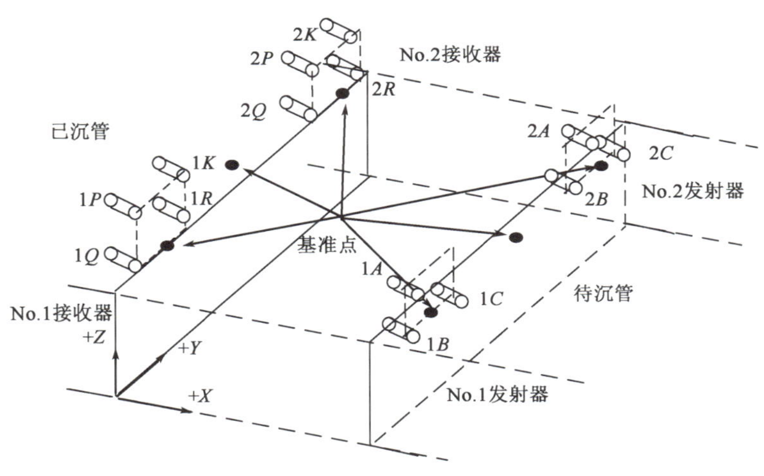

图5-7 水下声呐定位系统安装示意图

注:1A、1B、1C前1表示1号发射器,1K、1P、1Q、1R前1表示1号接收器,2A、2B、2C前2表示2号发射器,2K、2P、2Q、2R前2表示2号接收器。

(2)声呐差分测距定位。

声呐差分测距定位系统主要由发射换能器和接收换能器阵列组成,负责沉管下放作业过程中的测量定位工作。系统组成及安装示意图如图 5-8 所示。

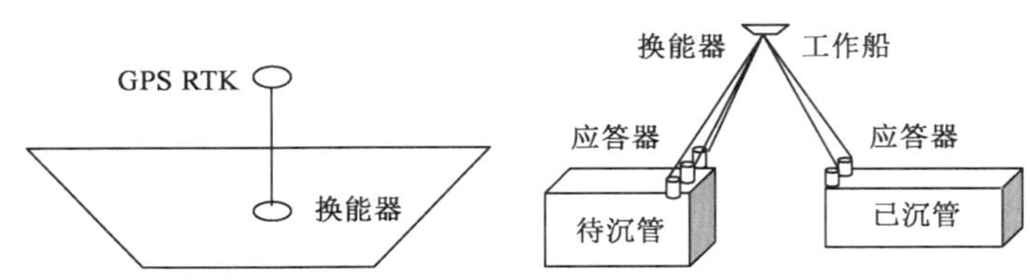

图 5-8　换能器安装及设备单元安装

声呐阵列定位系统由 4 个传感器固定支架、2 个发射阵列(6 个换能器)、2 个接收阵列(4 个换能器)、2 台超声波测定显示器、1 个 I/F 盒和连接电缆组成。声呐差分测距定位系统组成:工作平台(RTK 1 台,姿态传感器 1 台,换能器 1 个)、已沉管(2 个应答器)、待沉管(3 个应答器)。其优点是便于使用、数据传输方便、无需声速测量、测量定位精度较高。不足之处是应答器个数过少,受多路径效应、声波频率和海水浑浊度等影响,需选择较小波束开角的设备发射换能器,设备安装位置需在沉管构建上严格测定,需潜水员安拆。

5)贯通测量法[6-7]

(1)测量原理

贯通测量的目的在于实现人工岛上控制基准向管节铺设位置的延伸,是实现待沉管与已沉管在工程坐标系下准确沉放和对接的基础。贯通测量借助导线测量实现管节内外控制点平面位置的确定,借助水准测量实现控制点高程的确定,其测量成果为管节尾部微调提供参数。导线网和水准测量如图 5-9 所示。

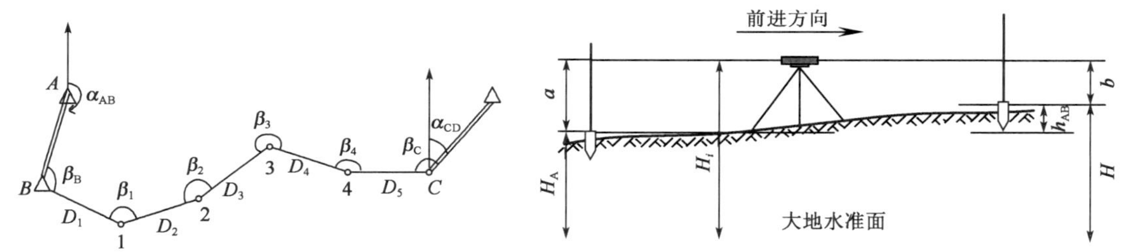

图 5-9　导线网和水准测量

若 A 为导线上已知点,B 为待求点,当 A 点坐标为(x_A、y_A)、A 至 B 水平距离 S_{AB} 和坐标方位角 α_{AB} 均已知时,即根据坐标正算,可求得 B 点坐标(x_B、y_B)。水准测量根据测点间实测高差,结合起算点高程,计算待求点高程。待求点高程可通过两种方法获得,即高差法和视线高法。

(2)系统组成及特点

整个系统由全站仪 1 台、棱镜 2 套、棱镜杆 2 根、水准仪 1 台、水准尺 2 根、尺垫 2 个及其他辅助设备组成。系统的优点在于实施简单方便,管节内进行,测量精度受外界环境影响较小,测量精度较高。不足之处是需要光照、通视。

6）激光靶准直法

（1）测量原理

激光靶准直法用于沉管贯通后尾部方位和偏离量的确定，其测量成果为管尾微调提供参数。根据激光直线传播原理，当已沉管管尾对接面中心轴线上激光发射器垂直安装时，发射的激光束与已沉管中央轴线一致或平行，则由此发射出去的激光束是已沉管中央轴线在待沉管上的延伸。若在待沉管尾部几何中心安置激光靶，激光束与激光靶中心一致时，则认为待沉管中央轴线与已沉管一致；否则，需对待沉管尾部进行调整。其工作原理如图5-10所示。

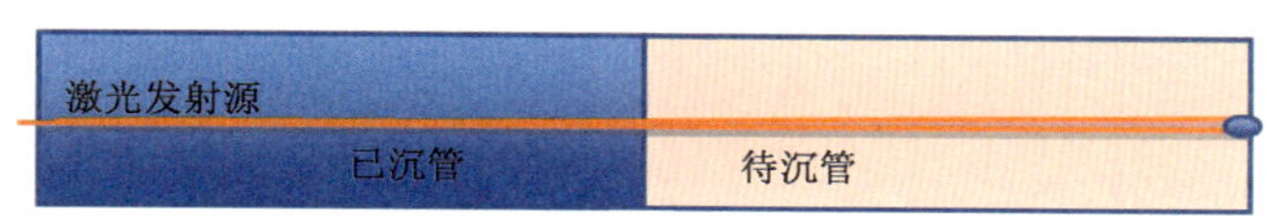

图5-10　激光靶准直系统工作原理

（2）系统组成及特点

激光靶准直系统主要由激光发射器、激光靶、距离和方位感应器、固定支架、数据提取和传输单元及其他辅助设备组成。系统优点：具有较高的定向和定位精度、可精确给出相对设计轴线的偏离角和距离、实施简单方便。不足之处：需通视、激光束方位需严格校准、适合于直线段情况。

5.1.2　数据处理和误差分析模型

在5.1.1节介绍测量定位方法的基础上，下面主要介绍六种测量定位方法的数据质量控制、观测要素预处理、定位模型及其误差模型等内容。

1）测量塔全站仪定位法

（1）数据处理过程

①数据质量控制。数据质量控制可借助2σ/3σ原则、基于统计方法来实现。

②观测要素预处理。对距离进行大气折光改正，对距离和角度进行仪器偏差改正等处理，消除外部因素对观测要素的影响。

③改算处理。实测距离S为空间直线，而点位计算需在平面内进行，因此需进行天顶距h转换为垂直角δ和斜距S化平距处理。

$$\begin{cases}\delta = 90 - h \\ S_a = S_A\cos\delta \\ S_b = S_B\cos\delta\end{cases} \tag{5-2}$$

④借助交会法或极坐标法计算平面坐标，采用三角高程法计算棱镜高。

⑤姿态改正及沉管控制点坐标计算。由于监测对象为沉管状态，因此，采用基于交会法或

极坐标法获得棱镜1(LJ1)和棱镜2(LJ2)平面坐标,采用三角高程法计算上述两个棱镜的高程并归算到沉管各个控制点上,得到各控制点的三维坐标。

由于沉放和对接过程中管节姿态发生瞬时变化,因此,需结合管节姿态,通过姿态改正和坐标归算,获得管节坐标系原点在工程坐标系下坐标(x_0,y_0,z_0),进而计算管节坐标系下控制点P坐标(x_P,y_P,h_P)。

⑥Kalman 滤波。对姿态改正和归位计算后获得的连续控制点坐标进行 Kalman 滤波,消除异常定位解,确保各控制点的精度。

⑦管节对接参数计算及对接条件判断。

根据t时刻管节中轴线上控制点1和2的坐标(x_1,y_1,h_1)和(x_2,y_2,h_2),可以计算管节该时刻方位A以及两者间的距离。

$$\begin{cases}A=\tan^{-1}\dfrac{\Delta y}{\Delta x}=\tan^{-1}\dfrac{y_2-y_1}{x_2-x_1}\\L=\sqrt{(x_0-x)^2+(y_0-y)^2}\end{cases}\tag{5-3}$$

根据实时定位结果,满足如下条件时认为待沉管与已沉管可实现对接。

$$\begin{cases}A+\varepsilon_A=A_G=A_0\\h+\varepsilon_h=h_0\\L+\varepsilon_L=L_0\end{cases}\tag{5-4}$$

以上式中:A_0——已沉管管尾中轴线设计方位;

h_0——已沉管表面对应控制点高程;

L_0——待沉管与已沉管对应控制点距离;

A_G——待沉管管尾方位;

(x_0,y_0)——已沉管上的对接控制点,与之对应的待沉管上控制点坐标为(x,y);

ε_A、ε_h、ε_L——设定的方位误差限差、高程误差限差和距离误差限差。

也可以根据控制点实时定位坐标与设计坐标的偏差来诊断是否对接成功。

$$\begin{cases}x-x_0=\varepsilon_x\\y-y_0=\varepsilon_y\\h-h_0=\varepsilon_h\end{cases}\tag{5-5}$$

式中:ε_x、ε_y、ε_h——根据设备定位误差等获得的误差限差。

以上参数是指导沉管下放操作的重要依据。

(2)定位模型及其误差模型

①棱镜定位模型及定位误差模型。

a. 前方交会法。

前方交会借助实测的全站仪到棱镜距离 S_A 和 S_B，以及角度 α 和 β，如图 5-1 所示，A、B、P 按逆时针编号。结合两已知点坐标，计算棱镜的三维坐标，主要有角交会法、边交会法和边角交会法三种。

角交会：基于测角网（S_A、α 和 β）的棱镜定位模型及其误差模型。

$$\begin{cases} x_P = x_A + S_{AP} \cdot \cos\alpha_{AP} \\ y_P = y_A + S_{AP} \cdot \sin\alpha_{AP} \end{cases} \tag{5-6}$$

$$M_P = \frac{m}{\rho} \cdot \frac{S_{AB}}{\sin^2\gamma} \cdot \sqrt{\sin^2\alpha + \sin^2\beta} \tag{5-7}$$

式中：M_P——P 点的定位误差；

m、ρ——距离、角度测量误差；

γ——S_{AP}和 S_{BP}交会角。

边交会：测边网（S_A、S_B）的前方交会定位模型及其误差模型。

$$\begin{cases} x_P = x_A + M(x_B - x_A) + N(y_B - y_A) \\ y_P = y_A + M(y_B - y_A) - N(x_B - x_A) \end{cases} \tag{5-8}$$

$$M_P^2 = \sigma_{X_P}^2 + \sigma_{Y_P}^2 = \frac{1}{\sin\gamma} \cdot \sqrt{m_1^2 + m_2^2} \tag{5-9}$$

边角交会：基于边角网（S_A、S_B、α 和 β）的定位模型及其误差模型。

$$\begin{cases} \partial\alpha = \dfrac{\rho''\Delta Y_{AP}^0}{S_{AP}^0} \cdot \hat{x}_P - \dfrac{\rho''\Delta X_{AP}^0}{S_{AP}^0} \cdot \hat{y}_P \\ \partial\beta = -\dfrac{\rho''\Delta Y_{BP}^0}{S_{BP}^0} \cdot \hat{x}_P + \dfrac{\rho''\Delta X_{BP}^0}{S_{BP}^0} \cdot \hat{y}_P \\ v_{AP} = \dfrac{\Delta X_{AP}^0}{S_{AP}^0} \cdot \hat{x}_P + \dfrac{\Delta Y_{AP}^0}{S_{AP}^0} \cdot \hat{y}_P - l_{AP} \\ v_{BP} = \dfrac{\Delta X_{BP}^0}{S_{BP}^0} \cdot \hat{x}_P + \dfrac{\Delta Y_{BP}^0}{S_{BP}^0} \cdot \hat{y}_P - l_{BP} \end{cases} \tag{5-10}$$

$$\begin{cases} \hat{x} = (B^T PB) - 1B^T Pl = N_{BB}^{-1} W \\ D_{\hat{X}\hat{X}} = \sigma_0^2 Q_{\hat{X}\hat{X}} = \hat{\sigma}_0^2 N_{BB}^{-1}, m_P = \sqrt{\sigma_x^2 + \sigma_y^2} \end{cases} \tag{5-11}$$

b. 极坐标法。

若已知点 A、B 连线方位为 A_0，全站仪到棱镜 1 的距离 S_A，则可计算 LJ1 的坐标（x_1，y_1）和点位误差 m_1。

$$\begin{cases} x_1 = x_A + S_\alpha \cos A \\ y_1 = y_A + S_\alpha \sin A \\ A = A_0 + \alpha \end{cases} \tag{5-12}$$

$$m_1 = \sqrt{m_{S_\alpha}^2 + \frac{m_\alpha^2}{\rho^2} S_\alpha^2} \tag{5-13}$$

c. 棱镜高程确定模型。

基于三角高程测量，由两已知点观测棱镜得 S_A、δ_1、S_B、δ_2，则 LJ1C 高程 h：

$$\begin{cases} h_1 = h_A + \dfrac{\Delta h_{1-A} + \Delta h_{1-B}}{2} \\ \Delta h_{1-A} = h_A + S_A \sin\delta_1 \\ \Delta h_{1-B} = h_B + S_B \sin\delta_2 \end{cases} \tag{5-14}$$

$$\sigma_h^2 = \frac{\left[\dfrac{(S_1^2\cos^2\delta_1 + S_2^2\cos^2\delta_2)}{\rho^2} \cdot (m_\delta^2 + \sin^2\delta_1 m_{S_1}^2 + \sin^2\delta_2 m_{S_2}^2)\right]}{4} \tag{5-15}$$

②沉管定位模型及其误差模型。

若棱镜在管节坐标系下的坐标为(dx_0, dy_0, dz_0)，则在姿态 r(roll)、p(pitch)和航向 A 下，管节坐标系原点在工程坐标系下的坐标为(x_0, y_0, z_0)；若控制点 P 在管节坐标系下坐标为(dx_{P0}, dy_{P0}, dz_{P0})，其在工程坐标系下坐标(x_P, y_P, z_P)为：

$$\begin{pmatrix} x_0 \\ y_0 \\ z_0 \end{pmatrix} = \begin{pmatrix} x_{LJ} \\ y_{LJ} \\ z_{LJ} \end{pmatrix} - \boldsymbol{R}(A)\boldsymbol{R}(p)\boldsymbol{R}(r) \begin{pmatrix} dx_0 \\ dy_0 \\ dz_0 \end{pmatrix} \tag{5-16}$$

$$\begin{pmatrix} x_P \\ y_P \\ z_P \end{pmatrix} = \begin{pmatrix} x_0 \\ y_0 \\ z_0 \end{pmatrix} - \boldsymbol{R}(A)\boldsymbol{R}(p)\boldsymbol{R}(r) \begin{pmatrix} dx_{P0} \\ dy_{P0} \\ dz_{P0} \end{pmatrix}, \begin{pmatrix} x_0 \\ y_0 \\ z_0 \end{pmatrix} = \begin{pmatrix} x_{LJ} \\ y_{LJ} \\ z_{LJ} \end{pmatrix} - \boldsymbol{R}(A)\boldsymbol{R}(p)\boldsymbol{R}(r) \begin{pmatrix} dx_0 \\ dy_0 \\ dz_0 \end{pmatrix} \tag{5-17}$$

式中：下标 LJ——棱镜；

$\boldsymbol{R}(A)$、$\boldsymbol{R}(p)$和$\boldsymbol{R}(r)$——由 A、p 和 r 构成的旋转矩阵。

类似，可计算出管节坐标系下其他控制点的坐标。

2）测量塔 GPS 定位法数据处理

与测量塔全站仪定位法不同，该系统借助 RTK 定位技术，实时提供测量塔上 GPS 天线相位中心在管节沉放过程中三维坐标(x, y, h)。数据处理流程如下：

（1）基于 2σ 原则数据质量控制

考虑沉管下放是一个缓慢、稳态过程，因此，基于 2σ 原则，可对 1s 内的定位数据进行滤波处理。当满足下式时，认为定位解正确。

$$\begin{cases}(x - x_0) \leqslant 2\sigma_x \\ (y - y_0) \leqslant 2\sigma_y \\ (h - h_0) \leqslant 2\sigma_h\end{cases}$$

(2)姿态改正

由于监测对象为沉管，因此需将测量塔上的 GPS 1 和 GPS 2 三维坐标归算到管节各控制点上，得到各控制点的三维坐标。由于下放过程中沉管姿态发生瞬时变化，因此，需采用测量塔全站仪实时定位解姿态改正算法，消除姿态因素的影响，进而将坐标归算到沉管各控制点上。若 GPS 天线在理想管节坐标系下的坐标为$(dx_0, dy_0, dz_0)_{VFS-Ga}$，则在姿态作用下其在理想管节坐标系下的坐标为$(dx, dy, dz)_{VFS-Ga}$；类似；若控制点在理想管节坐标系下坐标为$(dx_0, dy_0, dz_0)_{VFS-cp}$，则姿态作用下在理想管节坐标系下坐标为$(dx, dy, dz)_{VFS\text{-}Ga}$：

$$\begin{cases}\begin{pmatrix}dx \\ dy \\ dz\end{pmatrix}_{VFS\text{-}Ga} = \boldsymbol{R}(p)\boldsymbol{R}(r)\begin{pmatrix}dx_0 \\ dy_0 \\ dz_0\end{pmatrix}_{VFS\text{-}Ga} \\ \begin{pmatrix}dx \\ dy \\ dz\end{pmatrix}_{VFS\text{-}cp} = \boldsymbol{R}(p)\boldsymbol{R}(r)\begin{pmatrix}dx_0 \\ dy_0 \\ dz_0\end{pmatrix}_{VFS\text{-}cp}\end{cases} \tag{5-18}$$

若 GRF、VFS 代表工程坐标和管节坐标；Ga 为 GPS 天线，cp 为控制点，则控制点的工程坐标$(x, y, z)_{GRF\text{-}cp}$为：

$$\begin{pmatrix}x \\ y \\ z\end{pmatrix}_{GRF\text{-}cp} = \left(\begin{pmatrix}x \\ y \\ z\end{pmatrix}_{GRF\text{-}Ga} - \boldsymbol{R}(A)\begin{pmatrix}dx \\ dy \\ dz\end{pmatrix}_{VFS\text{-}Ga}\right) + \boldsymbol{R}(A)\begin{pmatrix}dx \\ dy \\ dz\end{pmatrix}_{VFS\text{-}cp} \tag{5-19}$$

(3)坐标转换

RTK 实测的是 WGS84 坐标，需转换到工程坐标系下平面坐标和高程。RTK 坐标转换如图 5-11 所示。

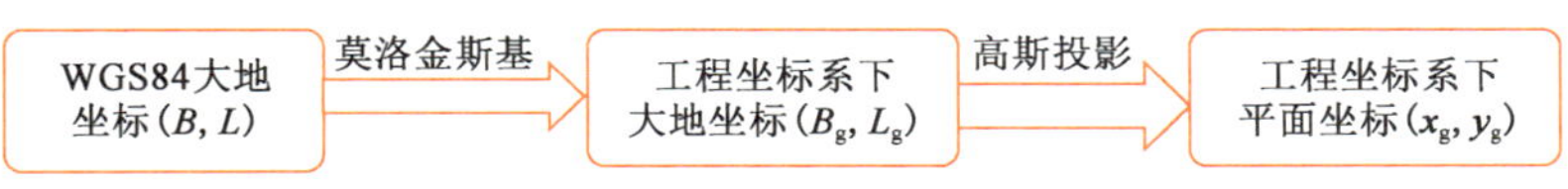

图 5-11　RTK 坐标转换

高程系统转换采用图 5-12 所示计算过程和模型。

(4)Kalman 滤波

对姿态改正和归位计算获得的控制点坐标进行 Kalman 滤波，消除异常定位。

图 5-12　高程转换

(5)管节状态参数计算及对接条件判断

根据管节上各控制点实时坐标,采用测量塔全站仪定位法计算待沉管实时方位 A、高程 h 和距离 L。结合设计参数,实现管节沉放和对接过程监控。

$$A = \tan^{-1}\frac{\Delta y}{\Delta x} = \tan^{-1}\frac{y_{g-2} - y_{g-1}}{x_{g-2} - x_{g-1}} \tag{5-20}$$

$$\begin{cases} A = A_0 \\ h_{g-1} = h_{g-2} = h_0 \\ L = L_0 \end{cases} \tag{5-21}$$

式中: A_0——已沉管的中央轴向方位,或设计方位;

h_0——已沉管表面高度;

L_0——待沉管到已沉管中心轴向的水平距离;

A——当前沉管轴线方位;

$(x_{g-1}, y_{g-1}, h_{g-1})$、$(x_{g-2}, y_{g-2}, h_{g-2})$——沉管轴线前、后控制点坐标。

3)机械拉线法数据处理

TSMS 借助拉线长度 $r(S)$、拉线方位 A(即测站坐标系 X 轴方位)、拉线与拉线系统测站空间直角坐标系 Z 轴的夹角(即仰角)β、拉线与拉线系统测站空间直角坐标系 X 轴的夹角(即偏角)α、拉线测量单元在待管节坐标系下坐标实现待沉管与已沉管间相对关系确定(图 5-4)。数据处理流程如下:

(1)数据质量控制。采用 2σ 原则实现测量数据质量控制,滤波方法如前所述。

(2)相对坐标计算。拉钩点相对 TSMS 为原点的测站空间直角坐标系坐标为:

$$\begin{cases} \Delta X = S\sin\beta\cos\alpha \\ \Delta Y = S\sin\beta\sin\alpha \\ \Delta Z = S\cos\beta \end{cases} \tag{5-22}$$

(3)待沉管拉钩点工程坐标计算。

若已沉管上拉钩工程坐标 $(X,Y,Z)_{\text{GRF-g}}$,则拉线单元工程坐标 $(X,Y,Z)_{\text{TSMS}}$ 为:

$$\begin{pmatrix} X \\ Y \\ Z \end{pmatrix}_{\text{GRF-TSMS}} = \begin{pmatrix} X \\ Y \\ Z \end{pmatrix}_{\text{GRF-g}} - \boldsymbol{R}(A)\begin{pmatrix} \Delta X \\ \Delta Y \\ \Delta Z \end{pmatrix} \tag{5-23}$$

(4)控制点工程坐标计算。获得 TSMS 中心坐标后,结合管节姿态、方位参数,采用前述类似方法获得待沉管上各控制点工程坐标。

(5)待沉管状态调整参数计算。

若拉钩点在待沉管测站坐标为$(X_0, Y_0, \Delta Z_0)$,实际坐标为(X, Y, Z),则:

$$\begin{cases} dX = X_0 - X \\ dY = Y_0 - Y \\ dZ = Z_0 - Z \end{cases} \tag{5-24}$$

当 $dP = \sqrt{dX^2 + dY^2 + dZ^2} \leqslant 2\text{cm}$ 时,则可以进行待沉管与已沉管对接操作。

基于各控制点工程坐标,借助前面所述管节对接参数计算及对接条件判断方法,也可以实现管节状态的监测、管件状态调整参数的计算及对接条件的判断。

4)水下声呐定位法

(1)数据处理流程

①声呐阵列定位法。

a. 粗差剔除。如前所述,对边观测数据基于 2σ 原则进行粗差剔除。

b. 声速改正。K-R 间距离采用平均距离,采用比例法进行声速改正。

c. 点位计算。依图 5-7,若接收器上 P、Q、R、K 工程坐标为$(X_i, Y_i, Z_i)$$(i = P, Q, R, K)$,发射器上 A、B、C 工程坐标为$(X_j, Y_j, Z_j)$$(j = A, B, C)$,则:

$$S_{i,j} = \sqrt{(X_i - X_j)^2 + (Y_i - Y_j)^2 + (Z_i - Z_j)^2} \tag{5-25}$$

根据实测距离,可组成 12 个方程,包含了 21 个未知数,为此需建立各发射器与发射器上控制点间关系。若超声波接收器上控制点工程坐标为(X_r, Y_r, Z_r),P、Q、R、K 相对控制点坐标分量为$(\Delta X_i, \Delta Y_i, \Delta Z_i)$$(i = P, Q, R, K)$,则有:

$$\begin{cases} X_i = X_r + \Delta X_i \\ Y_i = Y_r + \Delta Y_i \\ Z_i = Z_r + \Delta Z_i \end{cases} \tag{5-26}$$

相应的,若超声波发射器上控制点的工程坐标为(X_s, Y_s, Z_s),A、B、C 相对控制点的坐标分量为$(\Delta X_j, \Delta Y_j, \Delta Z_j)$$(j = A, B, C)$,则有:

$$\begin{cases} X_j = X_s + \Delta X_j \\ Y_j = Y_s + \Delta Y_j \\ Z_j = Z_s + \Delta Z_j \end{cases} \tag{5-27}$$

将以上两式带入距离方程组中,由于超声波接收器上控制点坐标(X_r, Y_r, Z_r)已知,待求坐标只有发射器上的控制点坐标(X_s, Y_s, Z_s)。因此,利用 12 个距离方程可以解算得到该点三维坐标。在以上($\Delta X_i,\Delta Y_i,\Delta Z_i$)($i=P$、$Q$、$R$、$K$)计算中,需利用前面所述的归位计算方法,在已沉管管节坐标系下,结合管节方位、姿态等实现工程坐标系下坐标差量的计算;类似地,实现待沉管上坐标差量($\Delta X_j,\Delta Y_j,\Delta Z_j$)($j=A,B,C$)的计算。

d. 借助 Kalman 滤波,对待沉管控制点定位数据滤波。

e. 待沉管上各控制点工程坐标计算。

待沉管上各控制点工程坐标系下坐标计算需要如下两个步骤来实现:

首先,计算待沉管对接端管节坐标系原点工程坐标。获得发射换能器阵列控制点坐标(X_s,Y_s,Z_s)后,根据如下参数实现待沉管对接端管节坐标系原点工程坐标(X_0,Y_0,Z_0)的计算。若发射换能器阵列控制点在管节坐标系下坐标为(x_s,y_s,z_s),待沉管当前方位 A,光纤罗经提供的待沉管姿态 roll(r)和 pitch(p),则对接端面上任意控制点 P 的工程坐标(X_P,Y_P,Z_P):

$$\begin{pmatrix}X_P\\Y_P\\Z_P\end{pmatrix}=\begin{pmatrix}X_0\\Y_0\\Z_0\end{pmatrix}-\boldsymbol{R}(A)\boldsymbol{R}(p)\boldsymbol{R}(r)\begin{pmatrix}x_P\\x_P\\x_P\end{pmatrix},\quad\begin{pmatrix}X_0\\Y_0\\Z_0\end{pmatrix}=\begin{pmatrix}X_s\\Y_s\\Z_s\end{pmatrix}-\boldsymbol{R}(A)\boldsymbol{R}(p)\boldsymbol{R}(r)\begin{pmatrix}x_s\\x_s\\x_s\end{pmatrix}\tag{5-28}$$

式中:(x_s,y_s,z_s)——控制点 P 在管节坐标系下的坐标。

f. 待沉管与已沉管相对状态参数的计算。

根据待沉管和已沉管各控制点在工程坐标系下的坐标,可以计算如下参数:

$$\begin{cases}dX = X_P - X_P^0\\dY = Y_P - Y_P^0\\dZ = Z_P - Z_P^0\end{cases}\tag{5-29}$$

式中:$(X,Y,Z)_P$——控制点实测工程坐标;

$(X,Y,Z)_P^0$——控制点设计工程坐标。

若($\varepsilon_X,\varepsilon_Y,\varepsilon_Z$)为给出的坐标限差,则当满足如下条件时,认为对接完成。

$$\begin{cases}dX \leqslant \varepsilon_X, dY \leqslant \varepsilon_Y, dZ \leqslant \varepsilon_Z\\dS = \sqrt{dX^2 + dY^2 + dZ^2} \leqslant 2\text{cm}\end{cases}\tag{5-30}$$

②声呐差分测距定位。

a. 粗差剔除。测距粗差探测和剔除仍采用 2σ 原则。

b. 距离差分改正。已沉管上,各应答器安装在管节控制点上,由于已完成贯通测量,这些点位均具有工程坐标;同时,换能器上安装 GPS RTK 接收机和姿态传感器,可以实时获得换能器在工程坐标系下的三维坐标;根据换能器和已沉管上的控制点坐标,可以实时地计算换能器到应答器之间的真实距离 L_1^0 和 L_2^0。

$$L_{1(2)}^0 = \sqrt{(X_{1(2)}^0 - X_T)^2 + (Y_{1(2)}^0 - Y_T)^2 + (Z_{1(2)}^0 - Z_T)^2} \tag{5-31}$$

式中：$(X,Y,Z)_T$、$(X,Y,Z)_1^0$和$(X,Y,Z)_2^0$——换能器、两个应答器工程坐标。

若换能器到已沉管上这两个应答器的实测距离分别为 L_1 和 L_2，则距离差为：

$$\begin{cases} \Delta L_1 = L_1 - L_1^0 \\ \Delta L_2 = L_2 - L_2^0 \end{cases} \tag{5-32}$$

式中：ΔL——声速误差、测量误差等因素引起的测距误差，因此，可以将在两条测线上获得的距离差分改正量取平均，获得上述因素的、较准确的综合影响量。

$$\Delta L = \frac{\Delta L_1 + \Delta L_2}{2} \tag{5-33}$$

对于待沉管，同样可获得实测距离 L_3、L_4和 L_5。若待沉管和已沉管处于近似相同水深，借助下式对这些观测距离进行改正，获得准确的 $L_i^0(i=3,4,5,6,7,8)$：

$$L_i^0 = L_i - \Delta L \qquad (i = 3,4,5,6,7,8) \tag{5-34}$$

若待沉管处于下放过程中，则需对距离差按照深度比例分配，实现距离改正。

$$\begin{cases} L_i^0 = L_i - \Delta L' \\ \Delta L' = \Delta L \dfrac{D_i}{D} \end{cases} \qquad (i = 3,4,5,6,7,8) \tag{5-35}$$

式中：D_i——待沉管深度；

D——已沉管深度。

c. 点位计算。获得了精确的距离后即可进行点位计算。若以对接面一侧中间点应答器位置$(x,y,z)_4$为待求点，则其与 3 点和 5 点的关系如下：

$$(X \quad Y \quad Z)_i^T = (X \quad Y \quad Z)_4^T + (\Delta X \quad \Delta Y \quad \Delta Z)_{4-i}^T \qquad (i = 3,5,6,7,8) \tag{5-36}$$

测距方程中只有一组未知量$(X,Y,Z)_4$，采用类似方法实现各点坐标计算。

d. 定位数据滤波。采用类似声呐阵列定位数据处理中滤波方法。

e. 待沉管上各控制点工程坐标计算。采用前述方法计算。

f. 管间相对状态参数计算。采用前述方法计算沉管参数，判断对接条件。

(2)点位计算模型及误差模型

声呐定位均借助实测距离通过空间交会实现待沉管上各个发射换能器坐标的计算，并最终实现待沉管上各个控制点坐标的计算，但首先需借助下式线性化：

$$v_{ji} = \frac{\Delta X_{ji}^0}{S_{ji}^0}\hat{x}_i - \frac{\Delta X_{ji}^0}{S_{ji}^0}\hat{x}_j + \frac{\Delta Y_{ji}^0}{S_{ji}^0}\hat{y}_i - \frac{\Delta Y_{ji}^0}{S_{ji}^0}\hat{y}_j + \frac{\Delta Z_{ji}^0}{S_{ji}^0}\hat{z}_i - \frac{\Delta Z_{ji}^0}{S_{ji}^0}\hat{z}_j - l_{ji} \tag{5-37}$$

其中 $l_{ji}=L_{ji}-S_{ji}^0$，L_{ij}为测定的边长；$\Delta X_{ji}^0 = X_i^0 - X_j^0$，$\Delta Y_{ji}^0 = Y_i^0 - Y_j^0$，$\Delta Z_{ji}^0 = Z_i^0 - Z_j^0$；$X_m^0$、$Y_m^0$、$Z_m^0$ $(m=i,j)$为近似坐标；S_{ji}^0为近似边长。

若要直接根据测量的距离计算 A、B、C 发射换能器的坐标，连同 P、Q、R、K，则方程中21个未知数，显然无法实现方程解算。下面给出求解算法。

根据测距原理，对所有点建立如下几个距离方程。

$$S_{ij} = \sqrt{(X_j - X_i)^2 + (Y_j - Y_i)^2 + (Z_j - Z_i)^2} \quad (i = P,Q,R,K;\ j = A,B,C) \tag{5-38}$$

组建线性化方程组 $V = Bx - l$，并采用最小二乘解算可得：

$$x = (B^{\mathrm{T}}PB)^{-1}B^{\mathrm{T}}Pl = N_{\mathrm{BB}}^{-1}W \tag{5-39}$$

获得发射阵列控制点坐标（X_s，Y_s，Z_s）的或然值 $\hat{X}_s = X_s + x$

距离测量误差：
$$\sigma_0 = \sqrt{\frac{V^{\mathrm{T}}PV}{r}} = \sqrt{\frac{V^{\mathrm{T}}PV}{n - t}}$$

点位误差：

$$D_{\hat{X}\hat{X}} = \sigma_0^2 Q_{\hat{X}\hat{X}} = \sigma_0^2 N_{\mathrm{BB}}^{-1},\quad \sigma_{\mathrm{S}} = \sqrt{\sigma_X^2 + \sigma_Y^2 + \sigma_Z^2} \tag{5-40}$$

5）贯通测量法

（1）数据处理流程

①质量控制：外业测量数据质量控制通过外业检核实现，内业根据附合或闭合路线不符值、距离长度等参数和导线/水准测量的限差条件进行数据质量控制。

②数据预处理：对测站内多个测回观测要素取平均，获得最终转角、高度角和斜距；开展大气折光改正、水平角度误差分配、斜距化平距、当前边方位计算。

③坐标矢量概算和高差计算：包括斜距化平距、高差计算、平面高程推算。

④闭合差计算及配赋：根据导线和水准网闭合/附合条件，开展坐标不符值计算、三角高差和水准高程校核、高差不符值计算、坐标和高程不符值分配。

⑤测点或然平面坐标和高程计算：根据点间坐标差和高差，以及起算点绝对坐标，开展平面坐标或然值计算和高程或然值计算。

⑥测线方位计算：根据平行于管节尾端轴线的两个控制点反算沉管尾端方位。

⑦沉管尾端调整参数计算：根据贯通测量所得尾端管内控制点的平面坐标，采用全站仪，开展管尾内外控制点的转点测量，获得转点的工程坐标系坐标，进而获得管尾顶端和对接面上的控制点坐标。结合设计坐标，指导管尾微调。

⑧传递测量：传递测量根据实测的导线测量成果，获得沉管内管尾的控制点坐标，根据控制点工程坐标系下坐标，借助一点一方位测量成果，通过参量计算，将坐标传递到转点上；根据转点在管节坐标系下的坐标以及工程坐标系下的坐标，计算沉管外尾端顶面和对接面上控制点的工程坐标。

（2）数据处理模型及定位精度分析

①导线网平面点位计算模型。

导线网测量采用全站仪进行，三等往返附合/闭合路线。贯通测量前，在岛隧结合部稳固地基上布设隧道贯通转入控制点，联测两个以上首级控制点。贯通测量中的导线路线如图5-13所示。为确保精度，应采用附合/闭合导线布设方案。数据处理流程如下：

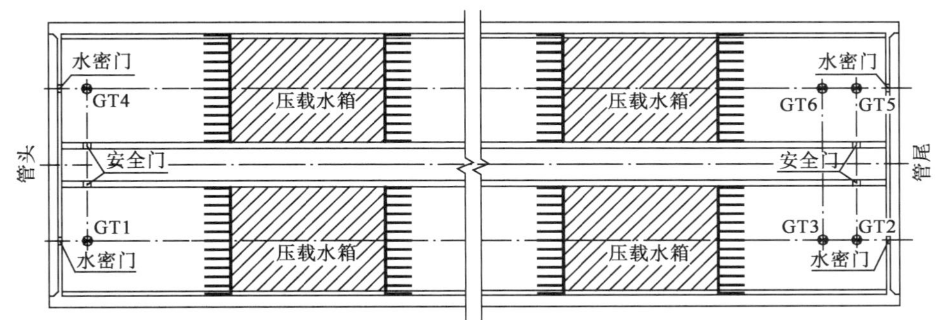

图5-13　贯通测量中的导线路线

a. 质量控制。

观测要素的测站质量控制应遵从三等水准测量规范和三等三角测量规范要求。完成每个测站观测后，还需对所有观测数据按照附合/闭合条件，进行角度、距离等不符值限差检验。

b. 坐标增量推算。

当采用附合导线时，D4L1、D4L2、D3L3、D3L4 为起始控制点。L5D1、L6D2、L7D2、L8D2 为相应的附合控制点。坐标方位角和坐标增量的计算：

$$\begin{cases}\Delta x = S\cos\alpha \\ \Delta y = S\sin\alpha \\ \alpha_{\beta} = \alpha_{初始} + \sum\beta \pm n\cdot 180^{\circ}\end{cases} \tag{5-41}$$

c. 不符值计算及配赋。

对于导线，首先计算其不符值。闭合差或附合导线的不符值分别为：

$$\begin{cases}f_{\beta} = \alpha_{起始} + \sum\beta \pm n\cdot 180^{\circ} - \alpha_{附合} \\ f_{\beta} = \sum\beta - (n-2)\cdot 180^{\circ}\end{cases} \tag{5-42}$$

超限判断：　$f_{\beta} \leqslant f_{\beta容许}(\pm 40''\sqrt{n})$

同时计算导线平面坐标的纵横闭合差及全长闭合差：

$$\begin{cases}f_x = x_A + \sum\Delta x - x_B \\ f_y = y_A + \sum\Delta y - y_B \\ f_s = \sqrt{f_x^2 + f_y^2}\end{cases} \tag{5-43}$$

判定导线全长相对闭合差是否在限差内$\dfrac{f_s}{\sum S} = \dfrac{1}{K} \leqslant \dfrac{1}{2\,000}$

方位角改正数计算和分配：

$$
\begin{cases}
\beta' = \beta + v_{\beta} \\
v_{\beta} = \dfrac{-f_{\beta}}{n} \\
\sum v_{\beta} = -f_{\beta}
\end{cases}
\tag{5-44}
$$

各边的纵横坐标增量改正数的计算和检核：

$$
\begin{cases}
v_{\Delta x_i} = \dfrac{-f_x}{\sum S} \cdot S_i \\
v_{\Delta y_i} = \dfrac{-f_y}{\sum S} \cdot S_i \sum v_{\Delta x} = -f_x \sum v_{\Delta y} = -f_y
\end{cases}
\tag{5-45}
$$

坐标不符值分配：$\Delta x' = \Delta x + v_{\Delta x}$ $\Delta y' = \Delta y + v_{\Delta y}$

d. 点位计算。

$$
\begin{cases}
x_j = x_i + \Delta x_{ij} + v_{\Delta x_{ij}} \\
y_j = y_i + \Delta y_{ij} + v_{\Delta y_{ij}}
\end{cases}
\tag{5-46}
$$

e. 点位精度。

$$
\begin{cases}
\sigma_{P} = \sqrt{\sigma_X^2 + \sigma_Y^2} \\
\sigma_x = \sqrt{\dfrac{\sum \Delta x}{n}} \\
\sigma_y = \sqrt{\dfrac{\sum \Delta y}{n}}
\end{cases}
\tag{5-47}
$$

②水准网点高程计算模型。

水准网测量采用电子水准仪 DiNi03 进行，三等往返附合/闭合路线，特征点位置见图 5-13 中的 GT1、GT2、GT3 与 GT4。贯通测量前，在岛隧结合部稳固地基上布设隧道贯通转入控制点。管节安装前一天，将人工岛控制点高程引测至上次安装管节的特征点上，管节沉放到位后，以上次安装管节尾部特征为基准点，测量新安装管节 GT1 的高程，在中部水箱合适位置架设仪器，保证前后视距离相等，按规范要求测量管节尾部 GT2 特征点高程，另一测量路线同步测量，进行相互校核，同时根据 4 个特征点高程计算沉管高差和管节横向、纵向倾斜。

贯通测量中的高程测量采用附合线路与闭合线路布设方案（图 5-14）。

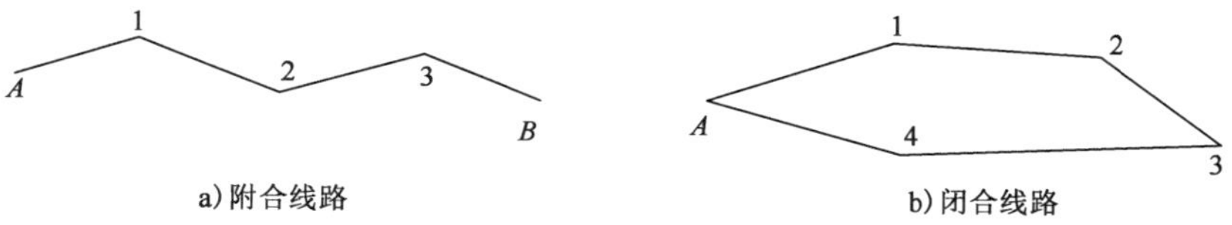

图 5-14 水准测量路线示意图

水准测量的内业数据处理过程为：

a. 质量控制。包括外业检验和内业检验，需遵从三等水准测量的规范要求。

b. 高程估值计算。

$$H = H_A + \Delta h'_i \tag{5-48}$$

式中：h'_i——各测段所测高差；

H——测点高程估值；

H_A——已知点 A 的高程。

c. 高差不符值计算及配赋。

首先计算路线闭合差。附合路线或闭合路线闭合差采用下式计算：

$$\begin{cases} f_h = H_A + \sum h'_i - H_B \\ f_h = \sum h'_i \end{cases} \tag{5-49}$$

闭合差超限判断：

$$f_h \leqslant f_{h容许} \tag{5-50}$$

然后计算各测段观测高差改正数：

$$v_i = \frac{-f_h}{\sum S} \cdot S_i \tag{5-51}$$

式中：$\sum S$——整个水准路线的总距离；

S_i——第 i 测段的距离。

检查闭合差是否分配完全：

$$\sum v_i = f_h \tag{5-52}$$

d. 高差计算。

$$h_i = h'_i + v_i \tag{5-53}$$

e. 计算各点的高程。

$$H_i = H_{i-1} + h_i \tag{5-54}$$

③高程确定精度评估。误差采用下式计算：

$$\sigma_H = \sigma_h = \sqrt{\frac{\sum v_i^2}{n}} \tag{5-55}$$

④沉管外控制点工程坐标系下坐标的计算模型。

a. 转点坐标的计算。

转点坐标计算采用一点一方位方法测量和计算。

坐标方位计算：若管尾控制点 GT3 和 GT2 坐标已知，则可反算起始方位 A_0，若起始方位的转角为 α，则 GT2 到转点 ZD1 的坐标方位 A 为：

$$A = A_0 + \alpha \tag{5-56}$$

高差及平距计算：将 GT2 到 ZD1 斜距 S 借助垂直角 β 转换为平距 S_H 和 S_V。

$$\begin{cases} S_H = S\cos\beta \\ S_V = S\sin\beta \end{cases} \tag{5-57}$$

坐标增量计算（$\Delta x,\Delta y$）计算：
$$\begin{cases} \Delta x = S_h\cos A \\ \Delta y = S_h\sin A \end{cases}$$

转点工程坐标计算：
$$\begin{cases} x_{ZD1} = x_{GT2} + \Delta x \\ y_{ZD1} = y_{GT2} + \Delta y \\ h_{ZD1} = h_{GT2} + S_V \end{cases}$$

b. 管面外控制点坐标的计算。

将沉管尾端坐标系坐标转换为工程坐标系坐标增量：若管节沉放前已测定 ZD1 和 ZD2 在管节坐标系下坐标（$\mathrm{d}x^0,\mathrm{d}y^0,\mathrm{d}z^0$）$_{ZD1/ZD2}$，管节尾端当前的姿态 roll（$r$）和 pitch（$p$）及沉管方位 A，则 ZD1 和 ZD2 工程坐标增量为：

$$\begin{pmatrix} \mathrm{d}x \\ \mathrm{d}y \\ \mathrm{d}z \end{pmatrix}_{ZD1/ZD2/P} = \boldsymbol{R}(A)\boldsymbol{R}(p)\boldsymbol{R}(r)\begin{pmatrix} \mathrm{d}x^0 \\ \mathrm{d}y^0 \\ \mathrm{d}z^0 \end{pmatrix}_{ZD1/ZD2/P} \tag{5-58}$$

基于上述方法可得到沉管顶面或对接面控制点的坐标矢量（$\mathrm{d}x_P,\mathrm{d}y_P,\mathrm{d}z_P$）。

则控制点 P 工程坐标为：

$$\begin{pmatrix} x \\ y \\ h \end{pmatrix}_P = \begin{pmatrix} x \\ y \\ h \end{pmatrix}_O + \begin{pmatrix} \mathrm{d}x \\ \mathrm{d}y \\ \mathrm{d}z \end{pmatrix}_P \tag{5-59}$$

其中
$$\begin{pmatrix} x \\ y \\ h \end{pmatrix}_O = \frac{1}{2}\left[\begin{pmatrix} x \\ y \\ h \end{pmatrix}_{O-ZD1} + \begin{pmatrix} x \\ y \\ h \end{pmatrix}_{O-ZD2}\right]$$

$$\begin{pmatrix} x \\ y \\ h \end{pmatrix}_{O-ZD1} = \begin{pmatrix} x \\ y \\ h \end{pmatrix}_{ZD1} - \begin{pmatrix} \mathrm{d}x \\ \mathrm{d}y \\ \mathrm{d}z \end{pmatrix}_{ZD1}$$

$$\begin{pmatrix} x \\ y \\ h \end{pmatrix}_{O-ZD2} = \begin{pmatrix} x \\ y \\ h \end{pmatrix}_{ZD2} - \begin{pmatrix} \mathrm{d}x \\ \mathrm{d}y \\ \mathrm{d}z \end{pmatrix}_{ZD2}$$

6）激光靶准直法数据处理流程

（1）各项校正。主要包括弯曲改正和安装校正等。

（2）数据质量控制。基于 2σ 原则，对奇异偏移观测量进行剔除。

（3）偏移量计算。偏移量计算采用算术平均法。

(4)偏移角计算。沉管实际轴线与设计轴线偏差角 dA 可借助下式计算:

$$\begin{cases} dA = \dfrac{ds}{dS} \\ dS = \dfrac{1}{2}CT \\ ds = \sqrt{dy^2 + dh^2} \end{cases} \tag{5-60}$$

式中:ds——偏移距离;

dS——激光测距;

dy——水平方向偏移量;

dh——垂直方向偏移量;

dA——角偏移量。

5.1.3 环境因素的影响及改正/削弱方法

本节主要介绍六种测量定位方法的定位精度分析、水文气象因素的影响及其极限参数确定、综合定位精度分析和评估等内容。

1)测量塔全站仪定位法

(1)平面定位模式的选择及其定位精度分析

采用 Leica TCA2003 全站仪,测角和测距精度为±0.5″和 1mm + 1 × 10^{-6}mm。为方便比较,假设目标点在已知两点中垂线上,交会角范围为 20°≤γ≤150°。根据以上定位误差模型,不同定位方法下不同距离的定位精度如图 5-15 所示。

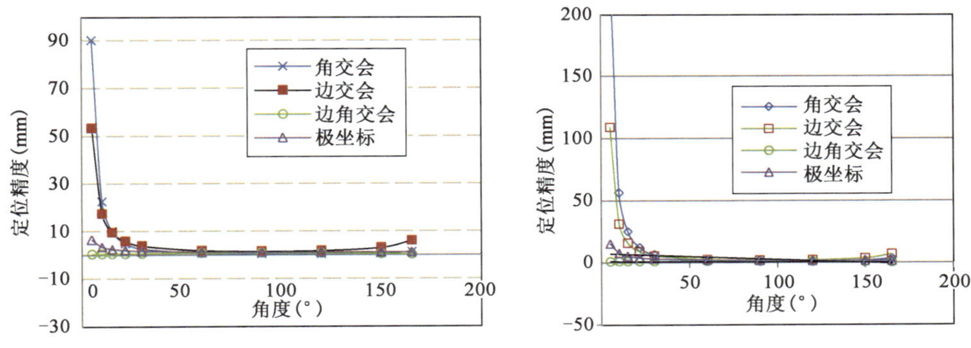

图 5-15 四种定位方法下 S_{AB} = 50m 和 S_{AB} = 500m 的点位中误差

由图可以看出:

①无论已知点间距离多大,与棱镜构成的锐角三角形定位精度最高。

②交会棱镜点交角 30°≤γ≤150°,无论何种方法定位精度均能够满足 11.2mm 要求;作用距离小于 1 000m 时,无论何种方法定位精度均满足 11.2mm 要求。

③边角交会精度最高,其次为极坐标法和角交会法,最差为边交会法。

(2)垂直定位精度分析

根据高程定位误差模型,对不同距离下的高程定位精度、测量塔水面上高度随垂直角的变化进行计算,如图5-16所示。从图5-16可以看出,随着高度角的增加,距离的增大,高程定位精度降低;高度角小于30°,作用距离小于600m时,高程定位精度优于10mm;高度角20°时,距离0~1 000m,高程定位精度均能满足11mm精度要求。此外,考虑实际塔高35m,由图可知,当最大作用距离为1 000m,高度角为0°~30°时,高程定位精度约为10mm。综上可认为,满足最大距离1 000m时,三角高程测量方法获得的最弱高程定位精度为10mm。

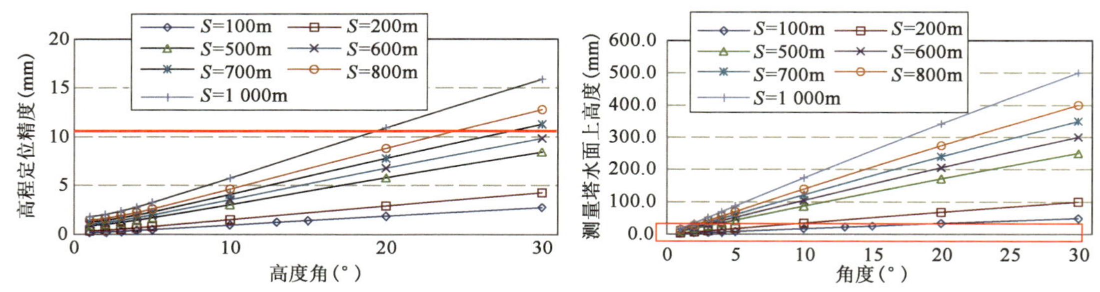

图5-16 高程定位精度及测量塔水面上高度与距离、高度角的关系

(3)综合定位精度分析

根据前面研究,基于全站仪的棱镜定位精度为:

$$m_{\mathrm{p}} = \sqrt{m_{\mathrm{H}}^2 + m_{\mathrm{V}}^2} = \sqrt{11.2 + 10.0} = 14.8(\mathrm{mm})$$

将m_{p}带入姿态改正后的点位误差模型中,同时考虑姿态测量采用光纤罗经,测角精度为0.01°,测量塔高度35m,极值姿态角$r(p)$变化范围为$-10° \leqslant r(p) \leqslant 10°$,则改正到沉管上测点的最弱定位精度$\sigma_{\mathrm{p}} = 17.3\mathrm{mm}$。

(4)水文气象因素对定位的影响

全站仪测量获得的距离仅为初始值,还受诸多环境因素,如温度在垂直方向梯度的变化、水汽和气压等影响。为了获得高精度距离,必须对仪器系统误差进行改正(包括加常数改正、乘常数改正和周期误差改正),同时开展环境因素的影响改正(大气改正和弯曲改正等)。并且要考虑水文因素的影响。海洋存在多种波动,表5-1给出了该影响的经验估值。

波高与测量船升沉值估计　　表5-1

波高(m)	0.7	1.0	1.5	2.0
升沉(cm)	0.7~17	42~59	67~78	72~95

项目研究采用Leica TCA2003全站仪,其切向跟踪速度为1m/s,波高2.0m,变化周期为2.0s,TCA2003可实现对其连续跟踪。理论上,TCA2003在中浪时也可实现正常跟踪和观测,但为确保跟踪精度和观测成果的稳健性,建议在波浪等于和弱于轻浪时开展观测为宜。图5-17

为测角精度为0.01°，测量塔高度为35m时，不同姿态角变化引起的沉管最弱综合定位误差曲线。从图中可以看出，姿态角最大变化幅度为20°时，姿态改正后的综合定位精度达到2cm；姿态角大于20°时，精度将超出对接时的定位精度要求。为确保施工安全和测量成果的稳健性，建议当波浪引起的姿态变化大于10°时，应停止作业。

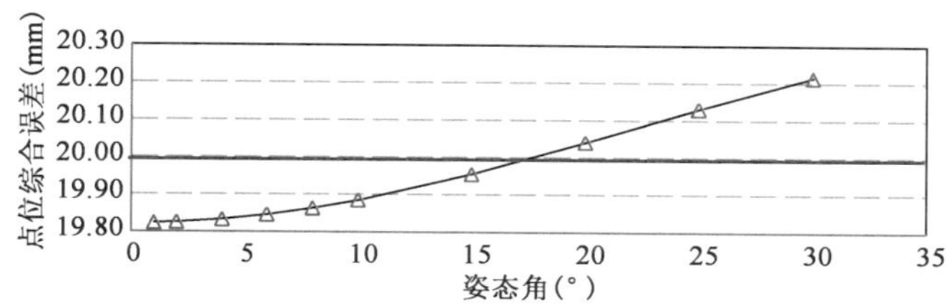

图5-17　姿态角变化引起的沉管最弱综合定位误差曲线

2）测量塔GPS定位法

（1）定位精度综合评估

测量塔GPS定位法的定位精度与GPS天线处的定位精度、坐标转换精度、姿态改正精度等因素有关。因此，测量塔GPS定位法定位精度综合评估模型为：

$$\begin{cases} m_{\mathrm{H}}^2 = m_{\mathrm{H-RTK}}^2 + m_{\mathrm{H-T}}^2 + m_{\mathrm{H-Att}}^2 \\ m_{\mathrm{V}}^2 = m_{\mathrm{V-RTK}}^2 + m_{\mathrm{V-T}}^2 + m_{\mathrm{V-Att}}^2 \end{cases} \tag{5-61}$$

式中：H、V——平面、垂直定位；

RTK——RTK定位；

T——模型转换；

Att——姿态改正。

项目采用的GPS RTK接收机，平面定位精度$m_{\mathrm{H-RTK}}$为$10\mathrm{mm}+1\times10^{-6}\mathrm{mm}$，高程精度$m_{\mathrm{V-RTK}}$为$20\mathrm{mm}+1\times10^{-6}\mathrm{mm}$。港珠澳隧道总长5 664m，考虑两侧为人工岛，均架设GPS基准站，则实际RTK最弱定位精度为：

$$\begin{cases} m_{\mathrm{H-RTK}} = \pm 12.8(\mathrm{mm}) \\ m_{\mathrm{V-RTK}} = \pm 22.8(\mathrm{mm}) \\ m_{\mathrm{RTK}} = \sqrt{m_{\mathrm{H-RTK}}^2 + m_{\mathrm{V-RTK}}^2} = 26.1(\mathrm{mm}) \end{cases}$$

坐标转换精度与前期控制网测量精度和参与赫尔默特参数计算模型的点对个数有关，由于隧道距离相对较短，平面和高程转换模型精度均可达到±5mm。姿态改正精度如前所述，采用测量塔GPS RTK定位技术，若塔高35m，姿态改正引起的三维定位误差m_{Att}最大为$m_{\mathrm{Att}}=\pm8.9\mathrm{mm}$。

则测量塔GPS最弱定位精度为：$m_{\mathrm{p}} = \pm\sqrt{m_{\mathrm{RTK}}^2 + m_{\mathrm{Att}}^2} = \pm 27.6(\mathrm{mm})$

以上根据港珠澳工程情况，给出了GPS最弱定位精度。若基准站与流动站距离非常近，

如在人工岛附近,则此时 RTK 可获得最优定位解。即有:

$$\begin{cases} m_{\text{H-RTK}} = \pm 10.0(\text{mm}) \\ m_{\text{H-RTK}} = \pm 20.0(\text{mm}) \\ m_{\text{RTK}} = \pm 22.4(\text{mm}) \end{cases}$$

则此时综合定位精度为:$m_{\text{p}} = \sqrt{m_{\text{RTK}}^2 + m_{\text{Att}}^2} = \pm 24.1(\text{mm})$

基于 RTK 定位可满足管节沉放定位精度要求,但不能满足对接精度要求。

(2)环境影响因素分析及削弱/消除方法

综合已有文献研究,表 5-2 给出 GPS RTK 定位中各影响因素的影响量级及消除或削弱方法,以指导港珠澳大桥施工期间的 RTK 测量定位作业。

RTK 定位中各影响因素的影响量级及消除、削弱方法 表 5-2

影响类型	影响因素	影响量级	消除或削弱方法	作业参数或措施
系统内影响	相位中心变化		设备参数模型改正	
	已知点误差		提高控制网测量等级	采用高等级如 A 级 GPS 控制网成果
	对中误差		严格对中整平	采用强制对中装置
外界环境影响	多路径效应	4 ~ 19cm	软硬件综合削弱方法	带抑径板/圈接收机天线; 天线架设时尽量减少沉管下放塔吊的影响
	电离层延迟	5cm	双频观测 改正模型 同步观测求差	RTK 差分处理; 避免太阳黑子频发期作业; 避免磁暴频发期作业; 避免雷雨天气作业
	对流层延迟	1.7cm	双频观测 改正模型 同步观测求差	RTK 差分处理; 避免极端对流天气,如台风、风暴潮等情况下作业
	数据通信	非 RTK	避免同频无线电干扰	避免同频无线电干扰

3)机械拉线法

(1)定位精度分析

$$\sigma_{\text{P}} = \sqrt{S^2 \sin^2\beta \frac{m_\alpha^2}{\rho^2} + \frac{S^2 m_\beta^2}{\rho^2} + m_s^2} \tag{5-62}$$

机械拉线系统的测角精度为 0.01°;距离测量精度受水流冲击作用影响,精度随拉线长度而变化,测距精度采用流速为 2.5m/s 下给出的最弱测距精度[8-9]。则由式(5-62)可计算不同长度的拉线系统综合定位精度,如图 5-18 所示。

(2)水文环境因素对拉线的影响分析

根据水流动力学理论,水流冲击力、重力以及钢丝绳在一个平面内,且水流冲击力和重力垂直于钢丝绳弦线方向的分力的方向相同。钢丝变形后是一条弧线,弧线函数的微分方程为:

$$\frac{\mathrm{d}^2}{\mathrm{d}x^2}\left(EI\frac{\mathrm{d}^2y}{\mathrm{d}x^2}\right)-P\frac{\mathrm{d}^2y}{\mathrm{d}x^2}=-F \tag{5-63}$$

式中：E——钢丝弹性模量，$E=200\text{GPa}$；

I——钢丝横截面对 Z 轴的惯性矩，Z 轴垂直于 XOY 平面；

P——拉线系统对钢丝绳系统对钢丝施加的拉力，$P=500\text{N}$；

F——水流冲击力和重力垂直于钢丝绳弦线方向的分力的合力。

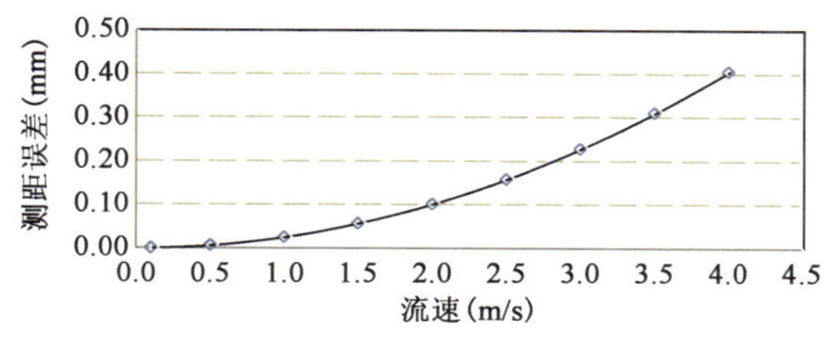

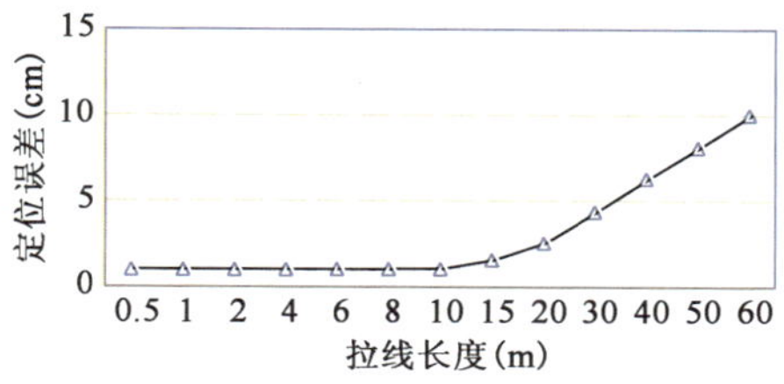

图 5-18　流速对钢缆的影响及产生的理论最大误差

$$\Delta S=s-L=2\alpha\sqrt{\left(\frac{L}{2}\right)^2+\left(\frac{L}{2}\left|\frac{F}{P}\left(\sqrt{\frac{EI}{P}}-\frac{L}{2}\right)\right|\right)^2}-L \tag{5-64}$$

式中：s——弧长；

L——弦线长；

α——过原点做弧线的切线与 x 轴的夹角，即该切线的斜率。

式(5-64)反映了长度 L、不同流速 v 和拉力 P 下拉线实际长度与两连接点间直线距离的差值。正确的点位计算需借助直线段距离来计算，而弧线段借助拉线测距定向系统获得，差值 ΔS 实际上反映了水流冲击对定位的影响。为获得流速对测距影响的极限值，设 α 和 β 测角精度为 0.01°；当拉力 P 为 500N 时，研究不同流速对拉线测距精度的影响。试验结果如图 5-19 所示。可以看出：

①流速一定时，随着拉线长度的增大，流速对测距的影响越来越大。

②拉线长度一定时，随着流速的增大，对测距的影响随之增大。

③拉线长度小于 15m 时，测距精度最差可达 1.1mm，满足对接要求。

④流速为 2.8m/s 时，最弱测距精度为 10cm，难以满足沉放精度要求。

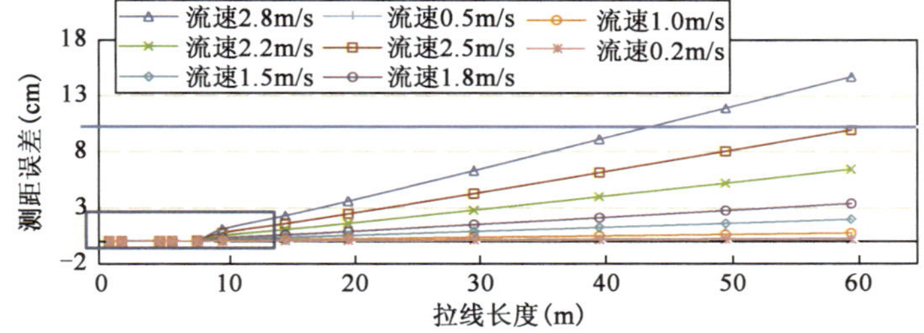

图 5-19　拉线测距精度与流速和拉线长度的关系曲线

4)水下声呐定位法

(1)声速对测距精度的影响

声速影响可借助声线弯曲改正模型来评估。设定作业水域水深为50m,给出声速剖面,计算不同入射角下声线弯曲改正量,弯曲改正变化量如图5-20所示。由图可以看出:近距离测距,声线弯曲改正较小;随着波束入射角的增大,声线弯曲改正量增大;因此,在沉管下放作业中,建议深水声线弯曲不容忽视,采用声线跟踪法实施改正;在水面上,利用GPS将待沉管和已沉管在纵向控制在一个较小的距离范围内,然后再开始下放,期间采用声呐测距定位,可保证入射角度控制在较小范围内,减小声线弯曲改正量,提高测距定位精度;声呐测距精度与距离相关,因此随着距离减小,适当增加声呐定位法定位解在综合定位中的权重。

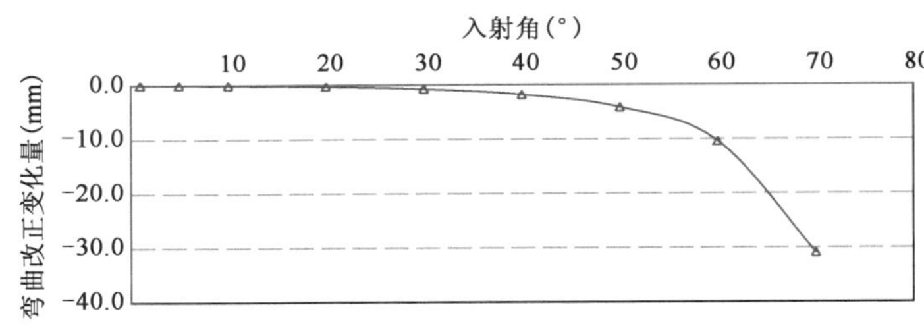

图5-20　声线弯曲改正随初始入射角变化曲线

(2)多路径效应的影响

声呐发射声波在海水中传播时,遇障碍物会产生反射,此时接收换能器所接收到的信号不是直射波,而是经过障碍物反射后的信号。声波在传播过程中会遇到障碍物,实际测量中,多路径误差不可避免,只能通过采取相应的措施来减弱,可选择合适的接收声呐,适当延长观测时间消除。

(3)海水浑浊度对测距的影响

由于声呐在测距过程中所发射的声波在海水中会发生衰减,所以需根据声波采用的频率,分析这种频率下声波的穿透能力,即讨论声波的有效作用距离、声波的频率以及海水浑浊度之间的关系。为了分析海水浑浊度对声能及传播的影响,下面开展3个试验,给出削弱这种影响的应对措施。

传播距离对声能的影响(试验一):若海水密度不变,为1 200kg/m^3,声频率为30kHz,从5～100m改变传播距离,研究声能随距离的衰减变化。

海水密度对声能的影响(试验二):采用频率为30kHz的超声波,水深为50m,密度变化范围为1 025～1 350kg/m^3,研究声能随海水密度的衰减变化。

频率对声能的影响(试验三):设海水密度为1 200kg/m^3,声波传播距离为50m,声波频率变化范围为1～30kHz,研究声能随频率衰减变化。三个试验结果如图5-21所示。

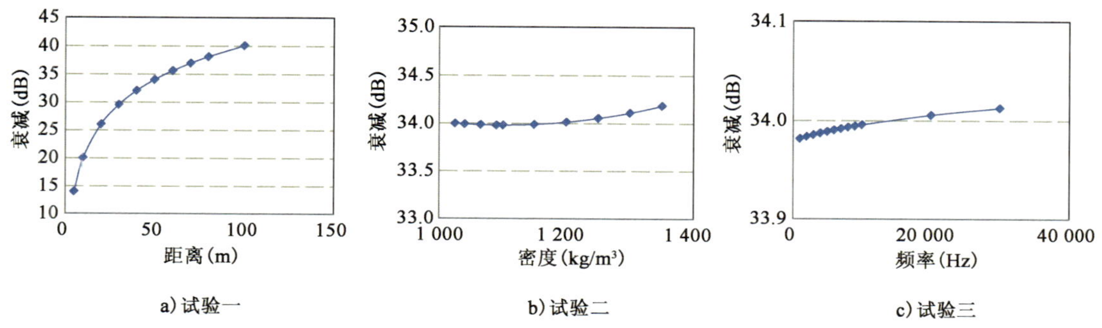

图 5-21 距离、海水密度、声波频率造成的声能衰减变化

图 5-21 表明,随距离增大、浑浊度和声频率提高,声衰减增大。距离是影响声能衰减第一要素,其次是海水密度和声波频率。结合港珠澳工程,需采用如下措施:

①正常海水密度下,根据声能与距离的衰减关系,要满足管节沉放要求,建议在发射阵列与接收阵列距离为 20m 以内时采用声呐定位系统。

②当待沉管接近海床时,易搅浑海水,增加海水密度,此时会造成较大的声能衰减,建议降低设备作业频率,提高波束穿透能力,从而改善测距精度和定位精度。此外,海水密度的增大,还会引起回波杂乱现象,建议管节缓慢下放和对接,以增加多余观测,消除杂波影响,提高测距精度。

5)贯通测量法

(1)影响导线测量精度的因素及应对措施

导线网测量采用全站仪,在测量过程中测定各测段距离以及各测点上的转角,所以影响贯通测量的因素主要是全站仪测距和测角因素。需要控制的因素包括仪器误差、观测误差和外界条件的影响。

(2)影响水准测量精度的因素及应对措施

①仪器误差:仪器校正后的残余误差和水准尺误差。

②观测误差:水准管气泡居中的误差、读数误差和水准尺倾斜误差。

③外界环境影响:仪器下沉和尺垫下沉、大气折光影响及温度影响。

6)激光靶准直法

(1)影响激光测距能力的因素分析

激光靶准直法借助激光的准直性,根据打击在预先设置在管尾的靶面上的位置偏离中心的位置偏离量 dy 和 dh 来确定管尾的校正量。为了提高准直效果,下面讨论激光传输能力和大气环境因素引起的弯曲问题。

测距方程用最小接收功率来表示激光测距能力。

$$P_{min} = \frac{4 \times P_t \times e^{-2\sigma L} \times \beta \times A_r \times A_t \times T_r \times T_t}{\pi^2 \theta^2 L^4} \tag{5-65}$$

式中：P_{min}——接收功率（W）；

P_t——激光发射功率（W）；

L——作用距离（m）；

σ——大气衰减系数；

β——目标有效反射系数；

A_r——接收光学系统面积（m^2）；

A_t——目标有效反射面积（m^2）；

T_r——接收光学系统透过率；

T_t——发射光学系统透过率；

θ——光束发散角（m · rad）。

对于激光来说，大气衰减主要来自大气散射，可以借助如下经验公式计算大气衰减。经验公式利用目标物与背景归一化对比与视距关系计算大气衰减系数。

$$\sigma = \frac{3.91}{V}\left(\frac{\lambda}{0.55}\right)^{-q}$$

$$q = \begin{cases} 1.6, \text{当 } V \text{ 很大时} \\ 1.3, \text{中等能见度} \\ 0.585V^{1/3}, \text{当 } V \leqslant 6\text{km 时} \end{cases}$$

式中：σ——用经验公式确定的大气衰减系数（km^{-1}）；

V——大气能见度（km）；

λ——激光波长（μm）。

为了分析不同环境条件对激光测距能力的影响，开展了如下两个试验。

试验一：设定能见度5km、大气衰减系数 σ 和初始发射功率20mW，计算不同距离下的接收功率如表5-3所示，可以看出200～5 000m均可达检测需要的 2×10^{-8}W 最小功率。

距离对测距能力的影响　　表5-3

L (m)	V (km)	q	λ (μm)	σ	P_t (mW)	θ (rad)	T_t	T_r	A_r (m^2)	A_t (m^2)	β	P_{min} (W)
200	5	1.000 3	1.064	0.404 139 73	20	0.001	0.9	0.6	0.011 3	0.1	0.3	7.9×10^{-1}
800	5	1.000 3	1.064	0.404 139 73	20	0.001	0.9	0.6	0.011 3	0.1	0.3	1.9×10^{-3}
2 000	5	1.000 3	1.064	0.404 139 73	20	0.001	0.9	0.6	0.011 3	0.1	0.3	1.8×10^{-5}
3 000	5	1.000 3	1.064	0.404 139 73	20	0.001	0.9	0.6	0.011 3	0.1	0.3	1.6×10^{-6}
6 000	5	1.000 3	1.064	0.404 139 73	20	0.001	0.9	0.6	0.011 3	0.1	0.3	9.0×10^{-9}

试验二:港珠澳两管长360m,以500m传播距离对不同可见度下传播衰减及接收功率计算(表5-4)。可以看出,两者均造成一定影响,但均可以满足系统测量需要。综上认为,管内大气条件下,激光靶测量可以满足管尾微调精度要求。

大气能见度对测距能力的影响

表5-4

L (m)	V (km)	q	λ (μm)	σ	P_t (mW)	θ (rad)	T_t	T_r	A_r (m^2)	A_t (m^2)	β	P_{min} (W)
500	2	0.737 1	1.064	1.202 050 36	2×10^7	0.001	0.9	0.6	0.011 3	0.1	0.3	7.1×10^{-3}
500	10	1.260 3	1.064	0.170 211 39	2×10^7	0.001	0.9	0.6	0.011 3	0.1	0.3	2.0×10^{-2}
500	18	1.533 1	1.064	0.078 984 24	2×10^7	0.001	0.9	0.6	0.011 3	0.1	0.3	2.2×10^{-2}
500	22	1.639 2	1.064	0.060 255 39	2×10^7	0.001	0.9	0.6	0.011 3	0.1	0.3	2.2×10^{-2}

(2)影响定位精度的因素分析

影响激光准直性能的主要因素是大气折射,大气折射率变化将使光波在大气中的传播速度发生变化,从而影响测尺长度,产生测距误差。折射率误差对激光光线的影响随温度和距离变化而变化。大气折射率主要受测量环境温度、湿度和气压等因素影响,因此需实时测量,进行气象改正,以削弱该项因素的影响。

5.2 坐标系统及其相互转换方法研究

港珠澳隧道施工需要实现不同阶段管节的精密对接,实现与隧道设计的严格一致,因此需要管节坐标系,并将测量坐标系实现与管节坐标系的有机统一[10];此外,最终需将所有的成果反映到工程/地理坐标框架中,实现与工程/地理坐标框架的统一[11]。因此在整个研究中需要测量单元坐标系、载体坐标系、管节坐标系、工程坐标系、国家坐标系和WGS84坐标系。故港珠澳隧道沉管工程中需要测量单元坐标系、管节坐标系、工程坐标系和国家坐标系。

5.2.1 坐标系统的定义方法研究

1)测量单元坐标系定义[12]

测量单元坐标系即测站空间直角坐标系,坐标系及轴定义如图5-22所示。以其发射单元活性面中心,即设备安装控制点中心为坐标原点 O;以其标定的指向方向为 X 轴;在其工作面(或活性面)内与 X 轴正交的方向为 Y 轴;通过原点,与 XOY 面正交的轴线方向为 Z 轴;三者构成右手坐标系。

2)管节坐标系

管节坐标系为相对定位坐标系,管节坐标系定义如图5-23所示。将沉管控制点 A 定义为坐标原点;沉管中央纵向轴线定义为 X 轴,向前为正;过原点,与 X 轴正交定义为 Y 轴,向左手为正;与 XAY 面正交,过原点 O,垂直向上为 Z 轴;A-XYZ 为右手坐标系,即图中红线坐标系。考虑沉管的柔性变化,还应以沉管末端控制点 B 为原点,建立 B-XYZ 为右手坐标系,方便与后续管节下放和对接中的定位[13],即图中蓝线坐标系。为使沉管姿态监测与坐标轴定义一致,定义 Yaw:绕沉管 Z 轴,X 轴向右旋转角度为正;Roll:绕沉管 Z 轴,沉管下旋为正;Pitch:绕沉管 Y 轴,上仰角为正。

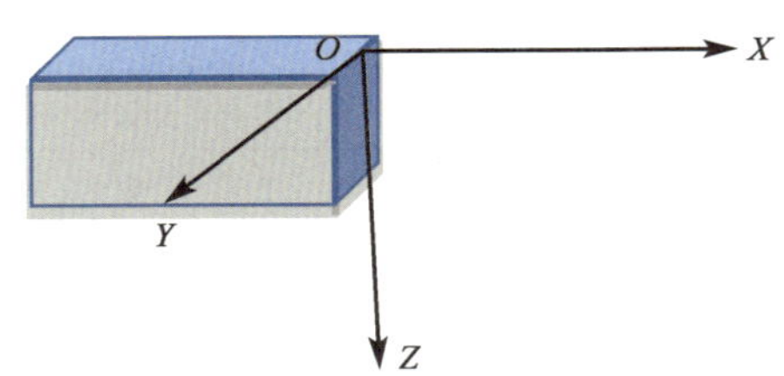

图 5-22　测量单元坐标系(测站空间直角坐标系)

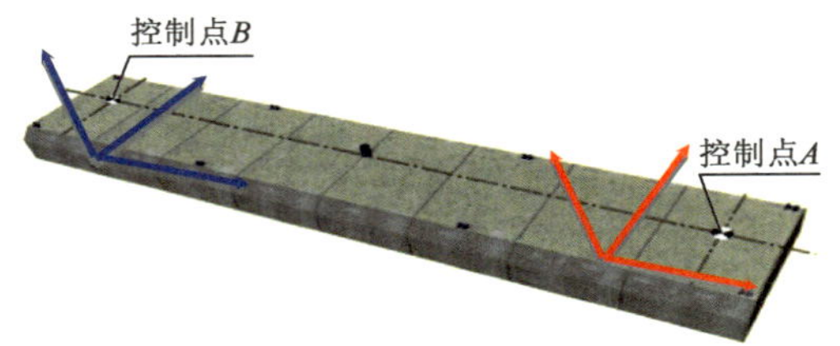

图 5-23　管节测量特征点及坐标系的建立

3)工程坐标系

工程坐标系是港珠澳海底隧道工程项目的工程实际应用坐标系统,为统一绝对坐标系统,其他坐标系测量定位成果可统一在该坐标系下。将附近高等级控制点图解到工程主轴线上,选取适当坐标原点,然后根据坐标平移、旋转,计算工程坐标系与已有国家坐标系之间的转换关系。为控制投影变形,应建立满足要求的工程坐标系统。采用以下两种方法建立工程坐标系统[14]:

(1)投影于抵偿高程面的高斯正形投影 3°或 1.5°带的平面直角坐标系。

(2)高斯正形投影任意带平面直角坐标系,投影面为测区平均高程面。

建立工程控制网坐标系时,要求采用测区附近国家控制点作为起算数据,因此在建立工程控制网时,国家控制点与工程控制网存在换算关系。同时,对于较长线路,因涉及范围广,需建立多个控制网才能满足控测要求,不同控制网之间的坐标需要相互换算。工程坐标系参考椭球中心、长半轴及赤道面可以与国家高等级控制点的参考椭球相重合,扁率相同。为减小投影变形并使工程坐标系与国家坐标系投影面重合,工程坐标系参考椭球参数的确定可在国家坐标系基础上进行,即改变参考椭球长半轴,扁率不变。

4)国家坐标系

国家坐标系基于某一参心椭球建立,我国使用北京 54 坐标或西安 80 坐标,通过对其大地坐标(B,L)采用高斯投影,可实现大地坐标向平面坐标的转换。

5.2.2　坐标系统间转换模型构建[15]

1)WGS84 坐标向工程坐标系下坐标的转换[16](图 5-24)

根据莫洛金斯基公式,可以将国家等级控制点的大地坐标(B,L)转换为工程坐标系的大地坐标(B_g, L_g);然后,根据高斯投影正算公式可计算出国家控制点在工程坐标系的平面直角坐标。两套坐标系之间的关系如下式所示:

$$\begin{cases} B_g = B + \Delta B \\ L_g = L \end{cases} \tag{5-66}$$

式中:(B,L)——国家控制点大地坐标。

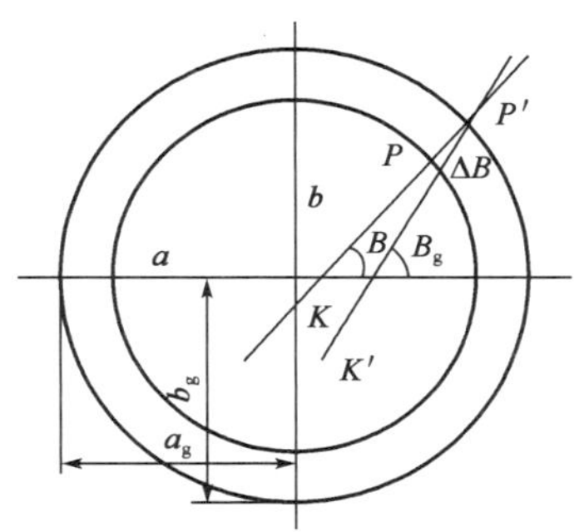

图 5-24 WGS84 坐标系与工程坐标系

借助高斯投影,可将大地坐标转换为平面坐标。坐标投影时,需要考虑中央子午线的选择、投影面的选择和投影带宽的定义 3 个因素。

若获得两套坐标系的平面坐标和高程,可借助 7 参数实现坐标系相互转换。

2)实时动态管节坐标系下坐标向理想管节坐标系下坐标转换[17]

以单一沉管为刚体,若在沉管理想坐标系下的坐标为(x_0, y_0, z_0),则受姿态因素影响,瞬时坐标系下坐标在理想坐标系下的坐标(x,y,z)为:

$$\begin{pmatrix} x \\ y \\ z \end{pmatrix} = \boldsymbol{R}(p)\boldsymbol{R}(r)\begin{pmatrix} x_0 \\ y_0 \\ z_0 \end{pmatrix} \tag{5-67}$$

式中: p——纵滚角;

r——横滚角;

$\boldsymbol{R}(p)$、$\boldsymbol{R}(r)$——由 p、r 构成的 3×3 旋转矩阵。

3)管节坐标系下坐标向工程坐标系下坐标转换

获得了瞬时控制点在理想管节坐标系下坐标后,需将其转换到工程坐标系下。

$$\begin{pmatrix} X \\ Y \\ Z \end{pmatrix} = \begin{pmatrix} X_0 \\ Y_0 \\ Z_0 \end{pmatrix} + \boldsymbol{R}(h)\begin{pmatrix} x \\ y \\ z \end{pmatrix} \tag{5-68}$$

式中：(X_0, Y_0, Z_0)——管节坐标系原点坐标；

h——轴向方位；

$\boldsymbol{R}(h)$——h 矩阵。

5.3 测量定位方法综合分析及最优组合方法确定

港珠澳海底隧道工程由人工岛岛隧部分和深水施工部分组成，按照沉管安装施工工艺流程，测量定位分为：沉放前、下沉过程、对接安装和贯通后隧道内测量定位四个部分[18-20]。为了给每个施工阶段提供最佳的测量方法，下面根据以上方法定位原理、实施方法、系统组成、数据处理流程及特点、定位精度等，针对港珠澳海底隧道施工具体情况，综合分析上述方法对不同施工阶段的适用性。

5.3.1 定位方式、适用对象和作用距离

1）定位方式

在以上定位方式中，除测量塔 GPS 定位法和测量塔全站仪法为绝对定位外，其他定位方法均为相对定位技术。绝对定位解经坐标转换后，可以直接获得工程坐标系下坐标。相对定位解需借助方位信息和起算点坐标，方可实现定位解在工程坐标系下的表达。因此，绝对定位可实现管节间测量成果的统一，而相对定位方法比较适合施工阶段待沉管下放测量以及与已沉管的对接测量。

2）适用对象

GPS 需借助 GPS 信号实现定位，全站仪和水准仪需借助光线实现定位，因此，这三类定位方法适用于空气介质中测量。其中，GPS 只适用于水面测量，全站仪和水准仪可适用于水面上测量，也可适用于岛礁上测量以及沉管内部测量。管内部测量时，需借助外部光源。

水下声呐定位系统以及回声测深均借助超声波实施测量，适合于水下测量：

（1）水下声呐定位系统主要实现定位测量，可以确定测点的三维坐标。

（2）测深仪借助回声测量原理，通过测量换能器与海底回波面间垂直距离实现深度测量，主要用于实现垂直方向的控制测量，不能给出测点的平面坐标。

沉管定向定姿系统借助惯性陀螺实现载体姿态和方位测量，为物理测量方法，基本不受外界环境因素影响。因此，该测量方法适用于沉管下放和对接过程中的姿态和方位控制。水下拉线测距测向定位系统 TSMS 是基于几何和物理测量原理相结合的测量方法，拉线是将基于光学测量方法实测的空间直线实物化，由于保持一定的拉力，这种方法受环境因素的影响较小。因此，该方法既可用于水下测量，又可用于水上测量。TSMS 中的

测距单元为物理测量单元，由于最大作用距离为40cm，因此只适用两沉管对接阶段水平方法的控制测量。激光靶准直系统借助激光聚敛性和直线传播实现测量，传播介质为空气，需要静态观测环境，因此该方法只适用于待沉管与已沉管对接和贯通后的方位和偏移量测量。综上有：

(1)GPS RTK、全站仪和水准仪适合水面上测量，其中GPS RTK适合三维定位，全站仪可用于平面定位和三角高程测量，水准仪只适合高程测量。

(2)水下声呐定位系统适合于水下二维或三维定位。

(3)测深仪适合垂直方向距离控制。

(4)TSMS适合水下测量。考虑作用距离，适合待沉管下放期间测量以及与已沉管拼接时测量。其中，拉线测量单元适合待沉管下放和与已沉管对接时测量，而距离测量单元适合待沉管与已沉管对接测量。

(5)全站仪和水准仪组成的贯通测量系统与激光靶准直系统均适合贯通测量。

(6)沉管定向定姿系统适合沉管下放过程中的姿态监测。

3)作用距离

GPS RTK在20km范围内可实现厘米级定位，满足作业段沉管浮运、下放作业的距离和精度要求。

若将GPS RTK安装在测量塔上，开展测量塔GPS RTK定位，测量塔会随着沉管下放深度的增加，塔顶到水面的距离将越来越小，直至淹没，此时GPS RTK则无法接受卫星信号，难以实施定位。因此，观测塔GPS RTK定位只适合岛隧结合部浅水域测量。

全站仪借助光学方法进行测量，受海上气象条件影响显著，作用距离一般在1 000m以内，恶劣气象条件下，作用距离将变得更短。同样，测量塔全站仪定位法还受类似于测量塔GPS RTK定位中的局限，只适合于近岛浅水域沉管下放和对接期间的测量。

沉管定向定姿系统由于监测对象为沉管，不受作业距离的限制。

水下拉线测距测向定位系统TSMS最长拉线为80m，考虑港珠澳隧道施工水域最大水深(50m左右)，TSMS非常适合于待沉管下放和与已沉管对接阶段的测量定位。TSMS中的距离测量单元最大作用距离为40cm，只有在其作用距离范围内有效，因此只适合于待沉管与已沉管的对接阶段测量。

水下声呐定位系统，在设定频率下，最大作用距离约为1km，可满足施工区不同水深沉管施工作业期间的定位距离要求。

贯通测量系统主要采用全站仪和水准仪分测段进行施工测量，基本不受作业距离的影响。

激光靶准直系统激光传播距离受激光发射器的初始能级因素影响，但至少可以传播500～600m，大于两个管节长度，可满足沉管贯通测量在距离上的要求。

综上,就作用距离而言,不同测量方法适用对象如下:

(1)测量塔 GPS 定位和全站仪定位适合近岛浅水区管节沉放、对接测量定位。

(2)管节定向定姿系统适合所有位置的管节沉放、对接测量定位。

(3)水下拉线测距测向定位系统适合所有位置的管节沉放、对接测量定位。

(4)水下声呐定位系统所有位置的管节沉放测量定位。

(5)贯通测量及激光靶准直系统适合管节贯通期间的定位定向测量。

5.3.2 同一施工阶段不同方法的定位精度

1)近岛浅水域管节下放和对接

根据前面分析,定位方式、作用距离和适合对象满足该阶段要求的方法主要有测量塔全站仪、测量塔 GPS 定位法、TSMS、水下声呐定位系统和沉管定向定姿系统。下面分析各自精度:

(1)测量塔全站仪定位:在其作用距离范围内,测角精度为 ±0.5″,测距精度为 $1\text{mm} + 1 \times 10^{-6}\text{mm}$,综合定位精度可以达到 10mm,满足沉管下放和对接的精度要求。

(2)测量塔 GPS 定位:其精度可以满足沉管在沉放过程中的定位精度要求。

(3)水下拉线测距测向定位系统 TSMS:配置的光线罗经,方位角测量精度为 0.01°,纵摇角测量精度为 0.01°,横摇角测量精度为 0.01°,垂直运动 Heave 测量精度为 1cm。TSMS 测距和定位精度与作用距离相关。当距离大于 2m 时,距离误差随钢绳长度的增大而增大。当距离为 70m 时,测量误差最大,因为受到海流和自身质量的影响;随着距离的拉近,距离测量精度将越来越高。当距离小于 2m 时,测距误差小于 10mm,最优测距精度为 5mm,最差为 20mm。仰角、俯角和方位角测量造成的误差一般小于 5mm,最大 1cm;距离传感器测距精度 0.1mm。

因此,TSMS 的定位精度均可满足相应任务的定位精度要求。

(4)水下声呐定位系统。

水下声呐定位系统测量精度受作用距离的影响显著,但由于有较多的观测边和多余度参量,因此其定位精度较高。水下声呐定位系统随着作用距离的减小,定位精度将进一步得到提高。当作用距离小于 10m 时,其定位精度在 X 方向为 3cm,Y 方向优于 2cm,Z 方向优于 2cm,满足沉管下放期间的定位精度要求,但不能满足沉管对接阶段的精度要求。

(5)沉管定向定姿系统。

该系统在姿态角测量精度一定时,定位精度与沉管长度成正比。若姿态角测量精度为 0.1°,沉管尺寸为 $180\text{m} \times 37.95\text{m} \times 11.5\text{m}$,姿态测量误差对沉管尾端最大将造成 $dx = 0.314\text{m}$、$dy = 0.07\text{m}$以及 $dz = 0.02\text{m}$ 的定位误差;但若接近目标,相对距离在 10m 时,定位精度 $dx = dy = dz = 0.02\text{m}$,精度相对较高。因此,沉管定向定姿系统只适合对待沉管和已沉管对接端面的精确定位，而不适用于待沉管尾端的精确定位。若选择高精度的光线罗经，如测角精度为0.01°，则对沉管尾部造成的定位误差分别为 dx = 3.14cm，dy = 0.7cm，dz = 0.2cm，可同时实现对接面和沉管尾部的精确定位。因此选择高精度光纤罗经对于确保该方法测量精度十分重要。

2）远岸深水区沉管下放和对接

随着施工水深增加，测量塔全站仪定位法和测量塔 GPS 定位法因测量塔在沉管下放中逐渐淹没而难以实施，此时可采用的沉管下放和对接测量定位方法主要有：TSMS、水下声呐定位系统和沉管定向定姿系统。各系统的定位精度同上分析。

在上述适用性研究中，只有贯通测量系统和激光靶准直系统适用于贯通测量。

贯通测量精度与采用的测量方法和测量等级相关。随着测量距离的增大，无论是采用闭合导线还是单支贯通测量，定位定向精度将会进一步降低。若以已沉管上的控制点为起算基准，基于贯通测量待沉管的方位和控制点坐标，采用三等导线测量和三等水准测量即可实现秒级定向及厘米级定位，可满足沉管尾端微调。

激光靶准直系统在相邻两个管节间实施定向和定位测量，由于距离较短，系统可实现厘米甚至毫米级定位和秒级定向，满足该阶段沉管尾端微调的精度要求。

5.3.3 沉管不同施工阶段拟采用的定位方法

综合以上分析，表5-5给出了管节在不同施工阶段拟采用的测量定位方法。

管节在不同施工阶段测量定位方法、优先级及定位设备 表5-5

施工阶段	水 域	主要测量方法	优 先 级	定 位 设 备
沉放	岛隧结合部近岸浅水区域	测量塔全站仪定位	主1	Leica TCA2003
		测量塔 GPS 定位	主2	Trimble R7/R8
		水下拉线测距测向定位系统	辅1	TSMS
		沉管定向定姿系统	辅2	OCTANS 光线罗经
		水下声呐定位系统	辅2	定制
		沉管绝对定位定向系统	辅3	Trimble R7/R8
	远岸深水区域	水下拉线测距测向定位系统	主	TSMS
		水下声呐定位系统	辅1	定制
		沉管定向定姿系统	辅2	OCTANS 光线罗经
		沉管绝对定位定向系统	辅3	Trimble R7/R8
对接	岛隧结合部近岸浅水区域	水下拉线测距测向定位系统	主	TSMS
		沉管定向定姿系统	辅1	OCTANS 光线罗经

续上表

施工阶段	水　　域	主要测量方法	优　先　级	定 位 设 备
对接	岛隧结合部近岸浅水区域	测量塔全站仪定位	辅 2	Leica TCA2003
		测量塔 GPS 定位	辅 2	Trimble R7/R8
	远岸深水区域	水下声呐定位系统	辅 3	定制
		水下拉线测距测向定位系统	主	TSMS
		沉管定向定姿系统	辅 1	OCTANS 光线罗经
		水下声呐定位系统	辅 2	定制
贯通	—	贯通测量系统	主	Leica TCA2003、DiNi03
		激光靶准直系统	辅	定制

5.4 本 章 小 结

本章主要研究了可能适用于港珠澳工程的测量定位理论和方法，给出了各方法的系统组成、工作原理、坐标转换模型以及定位误差模型，给出了各种方法的定位方式、适用对象、作用距离和定位精度，给出了适合不同施工阶段的最优组合测量定位方法。

(1)对测量塔全站仪定位法、测量塔 GPS 定位法、GPS 绝对定位定向法、机械拉线法、超短极限声学定位法、声呐定位法、贯通测量法和激光靶准直法 8 种测量定位方法进行了研究。给出了不同方法的系统组成、特点及定位原理，定位模型及精度评估模型，影响因素、误差模型及削弱诸因素影响的措施，在此基础上，给出了不同方法的数据处理流程。

(2)系统分析了气温、湿度、气压、潮汐、波浪、水文等气象水文环境要素对测量精度的影响，给出了水文气象环境因素对测量定位精度影响的估计模型，以及满足测量定位精度要求的作业和环境参数门限。

(3)根据不同测量定位方法的定位方式、适用对象、作用距离、同一施工阶段不同方法的定位精度、实施的可行性，最终给出了不同测量定位方法的优先级以及适合岛隧结合部浅水区和深水区不同阶段的最优组合测量定位方法。

(4)坐标系统及其相互转换方法研究。根据港珠澳工程实际，认为实际工程应用中需要四类坐标系，即测量设备单元坐标系、管节坐标系、工程坐标系和国家坐标系；给出了上述(四类坐标系的定义；构建了上述四类坐标系之间的相互转换模型，实现了综合定位系统中相对定位结果和绝对定位结果的相互转换及统一。

以上研究，形成了满足复杂水文条件下全水深管节沉放对接高精度定位需求的、完备的测量定位理论体系。

本章参考文献

[1] 杨文武.沉管隧道工程技术的发展[J].隧道建设,2009,29(4):397-404.

[2] 王艳宁,熊刚.沉管隧道技术的应用与现状分析[J].现代隧道技术,2007,44(4):1-4.

[3] 王吉云.港珠澳大桥岛隧工程沉管隧道施工新技术介绍[J].地下工程与隧道,2011(1):22-26.

[4] 李英,陈越.港珠澳大桥岛隧工程的意义及技术难点[J].工程力学,2011(S2).

[5] 邱峰.沉管隧道施工与管理研究[D].华南理工大学,2009.

[6] 潘永仁,丁美.大型沉管隧道管段沉放施工技术[J].现代隧道技术,2004,41(5):1-5.

[7] 吴小羊.上海市外环沉管隧道管段沉放施工技术[J].建筑施工,2005(02):29-31.

[8] Janssen W P S, Lykke S. The fixed link across the Öresund: Tunnel section under the Drogden[J]. Tunnelling and Underground Space Technology, 1997, 12(1): 5-14.

[9] Odgaard S S, Jensen O P, Kasper T, et al. Design of long immersed tunnel for highway in offshore conditions Busan-Geoje Fixed Link[J]. Tunnelling and Underground Space Technology, 2006, 21(3): 334.

[10] 雷巨光.沉管隧道施工控制测量方法研究[D].成都:西南交通大学,2010.

[11] 孙钧.海底隧道工程设计施工若干关键技术的商榷[J].岩石力学与工程学报,2006,25(8):1513-1521.

[12] 李全海,何青.海底沉管隧道安放测量[J].海洋测绘,2004,24(6):34-36.

[13] 陈韶章.沉管隧道设计与施工[M].北京:科学出版社,2002.

[14] 李征航,黄劲松.GPS测量与数据处理[M].武汉:武汉大学出版社,2005.

[15] 杨凡,李广云,王力.三维坐标转换方法研究[J].测绘通报,2010(6):5-7,15.

[16] 刘飞,周琳琳,益建芳.GPS大地坐标向地方坐标转换的实用方法研究[J].华东师范大学学报(自然科学版),2005,1:73-77.

[17] 曾文宪,陶本藻.三维坐标转换的非线性模型[J].武汉大学学报:信息科学版,2003,28(5):566-568.

[18] Janssen W, de Haas P, Yoon Y H. Busan-Geoje Link: immersed tunnel opening new horizons[J]. Tunnelling and Underground Space Technology, 2006, 21(3): 332.

[19] Ingerslev L C F. Considerations and strategies behind the design and construction requirements of the Istanbul Strait immersed tunnel[J]. Tunnelling and Underground Space Technology, 2005, 20(6): 604-608.

[20] Glerum A. Developments in immersed tunnelling in Holland[J]. Tunnelling and Underground Space Technology, 1995, 10(4): 455-462.

第 6 章　沉管测量定位工艺

本章基于不同测量定位理论、不同阶段的最优和次优测量定位方法研究，提出适合岛隧结合部以及最优组合定位方法和设备安装工艺，设计了基于无线传输管节端观测设备数据的通信控制软件和硬件系统，研制具有采集、处理、显示和发送各阶段测量定位数据功能的沉放对接测量定位软件，建立不同水深、距离和复杂环境下沉管安装的测量定位体系，较好地解决了设备安装工艺方案的选择、现场测量实施方案的可操作性、测量数据的综合处理及研制、环境因素影响及其修正等关键技术问题。

6.1　测量设备安装工艺

沉管测量定位针对不同施工阶段采取了不同的测量定位方法组合，所采用的仪器设备也不相同，包括管节浮运过程中的 GPS RTK 定位系统，管节水上定位采用的测量塔全站仪定位系统，管节沉放过程中的声呐定位系统和水下拉线定位系统，贯通测量过程中的光纤罗经定位系统。

6.1.1　管节浮运GPS RTK 定位系统

沉管浮运过程中采用 GPS RTK 定位技术，浮运定位系统采用 GPS 1 +4 作业方案[1]。下面介绍各设备的安装。

1）管面 GPS 天线的安装

管节浮运阶段，GPS 流动站天线安装在管节的四个角度上（JD1 ~ JD4）。天线安装全部采用强制对中装置，确保安装初期严格置平。浮运过程中，根据 JD1 ~ JD4 GPS 间基线长度和坐标矢量变化，计算管节的横摇角；根据 JD1 和 JD4、JD2 和 JD3 GPS 间的基线长度和坐标矢量变化，计算管节的纵摇角以及方位；根据 4 台 GPS 天线的高程变化确定管节的上下起伏；根据 4 台 GPS 天线的平面位置，计算管节不同浮运阶段的水平位置，如图 6-1 所示。

2）基准站安装

浮运管节的 GPS RTK 基准站安置在两个人工岛控制点上。控制点采用强制对中装置，将基准站 GPS 天线固定在强制对中螺旋上。

基准站应设在距离浮运或工作水域较近人工岛上；当施工水域位于两人工岛中间时，可考虑在两个人工岛上各选择一个观测条件较好的观测墩，同时安置 GPS 基准站，此时工作模式将变为 2 +4 模式。

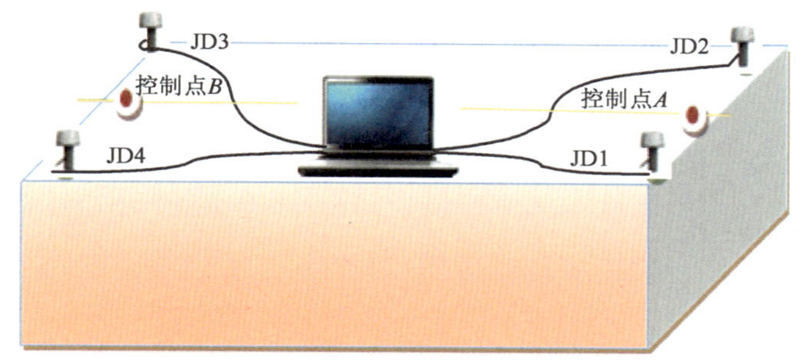

图 6-1 管节浮运 GPS 天线安装示意图

3）数据通信

浮运管节上的 4 台 GPS 接收机均放置在控制中心，每套 GPS 接收机天线采用长通信电缆与其各自的主机连接，实现实时 RTK 定位。各主机与计算机连接，计算机实时提取各 GPS 天线定位数据，并计算管节的位置、姿态、方位等信息。若整个测量系统采用 CORS 定位，则无需设置基准站，直接在 JD1 ~ JD4 位置安置 CORS 接收机即可。

6.1.2 测量塔全站仪定位系统和测量塔 GPS 定位系统

主要包括 GPS 天线、棱镜、全站仪和基准站 GPS[2]。

1）测量塔上 GPS 天线和棱镜的安装

在管节中轴线的两端，距离管节首尾等距离位置上各安装 1 座测量塔；在每个测量塔顶面安装 GPS 天线和棱镜（LJ），设备安装全部采用强制对中装置（图 6-2 ~ 图 6-4）。

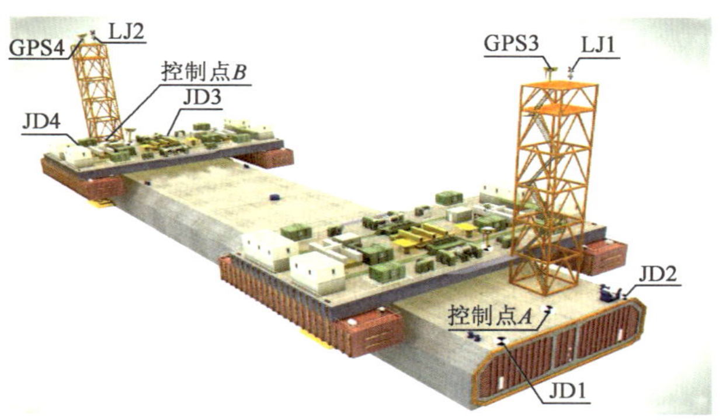

图 6-2 测量塔、GPS 天线和棱镜安置示意图

GPS 天线及棱镜（LJ）在深水坞舾装件安装后进行，在测量塔上标定棱镜点 LJ1 和 LJ2，GPS 天线 GPS3 和 GPS4。根据预制时标定的管节 4 个角点 JD1、JD2、JD3、JD4，在测点 JD1、JD2、JD3、JD4，棱镜点 LJ1、LJ2，GPS 接收点 GPS3、GPS4 上同时架设 GPS 接收天线，同步多次

联测，标定棱镜点和 GPS 接收点与管节的相对位置。由于在浅水区作业，距离人工岛较近，可在人工岛已知点上架设 GPS RTK 基准站。基准台和流动台联合，对两个观测塔瞬时绝对位置和方位实现确定。若进行 CORS 定位，则无需架设 GPS 基准台。

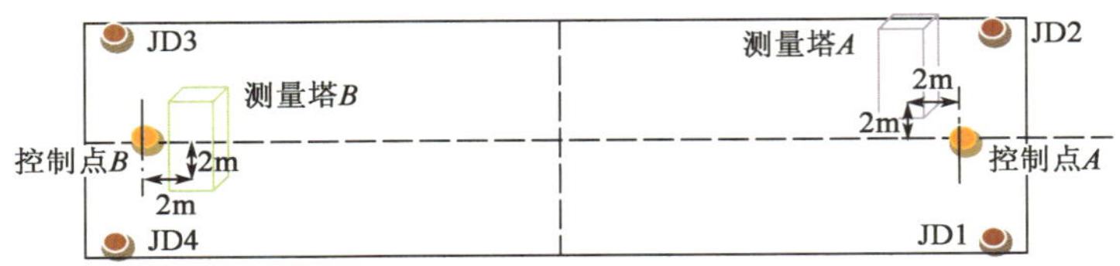

图 6-3 测量塔相对控制点 A 和 B 的安置示意图

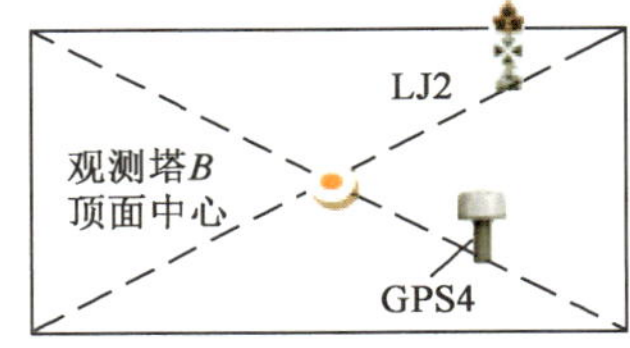

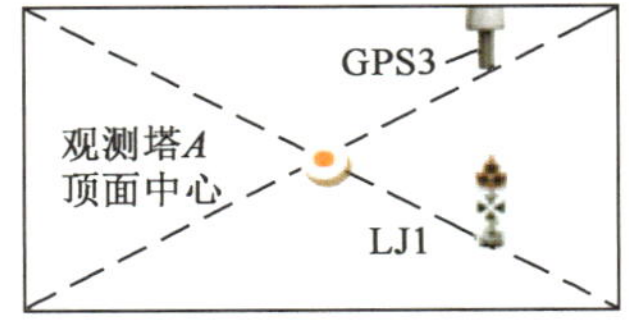

图 6-4 全站仪棱镜和 GPS 天线在测量塔顶面安置示意图

2）全站仪和基准站 GPS 架设

全站仪和基准站 GPS 架设在人工岛控制点上的观测墩上，如图 6-5 所示。

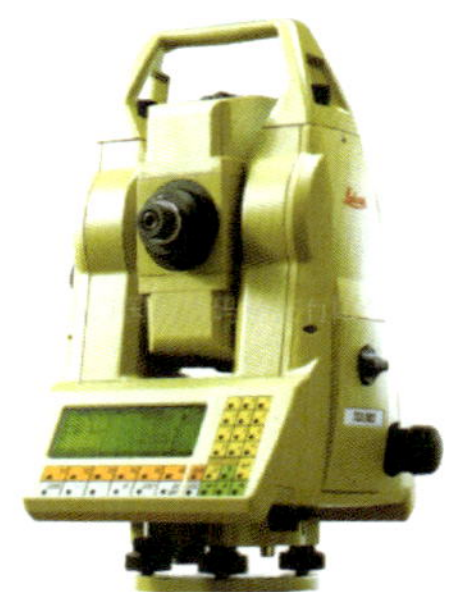

图 6-5 全站仪和基准站 GPS 安置

3）数据通信

GPS/CORS 接收机定位结果为工程坐标系下坐标，打开接收机输出端口后可以实时输出，电台存储器存储当前定位结果，并实时发送到数据处理中心。

全站仪数据处理在其内部完成，定位结果仍为工程坐标系下坐标；借助通信系统将其单历元的定位数据提取出来，利用无线通信方式发送到数据处理中心。

6.1.3 水下拉线测距测向定位系统

1）水下拉线测距定向系统 TSMS 负责沉管下放和对接期间定位

整个系统由两套水下拉线测距定向定位系统 TSMS 组成。每套系统包括 1 套水下测量单元、4 套水下距离传感器、4 套防水电子舱、1 个接线盒和 1 个水上控制工作站(图 6-6)。

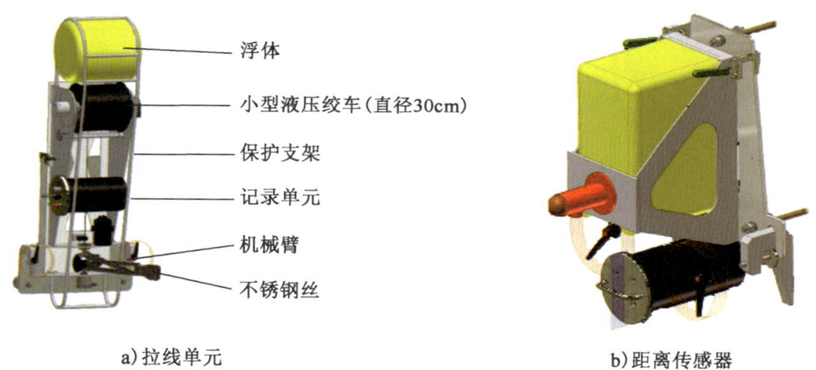

图 6-6　拉线单元与距离传感器

2)待沉管上设备单元安装在已沉管与待沉管对接面上(图 6-7)

(1)在四个角点 A1 ~ A4 安装距离传感器固定基座,固定基座上安装距离传感器。

(2)在 A5 和 A6 位置安置拉线单元固定基座,在基座上安装拉线单元。

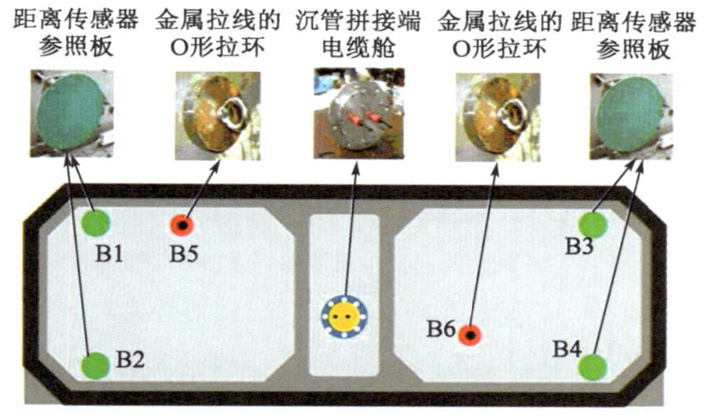

图 6-7　待沉管对接面拉线单元布设及安装

3)已沉管上设备单元安装

相对应于待沉管对接面,在已沉管对接面上四个角点 B1 ~ B4 安装距离传感器的参照板;B5 和 B6 位置安置拉线单元的 O 形拉环。各设备安装如图 6-8 所示。

4)数据通信和处理单元

无论是测距单元还是拉线单元,其距离、方位、倾角和偏角等观测要素均在待沉管的拉线单元和测距单元输出。将单元输出的数据通过电缆舱连接到接线箱,并经密封电缆输送到计算机数据处理终端,进行待沉管点位计算。图 6-9 给出了数据通信和处理单元连接示意图。

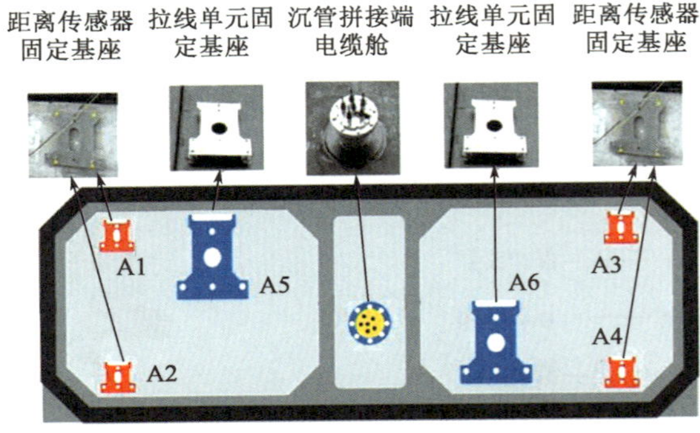

图 6-8　已沉管对接面拉线单元布设及安装

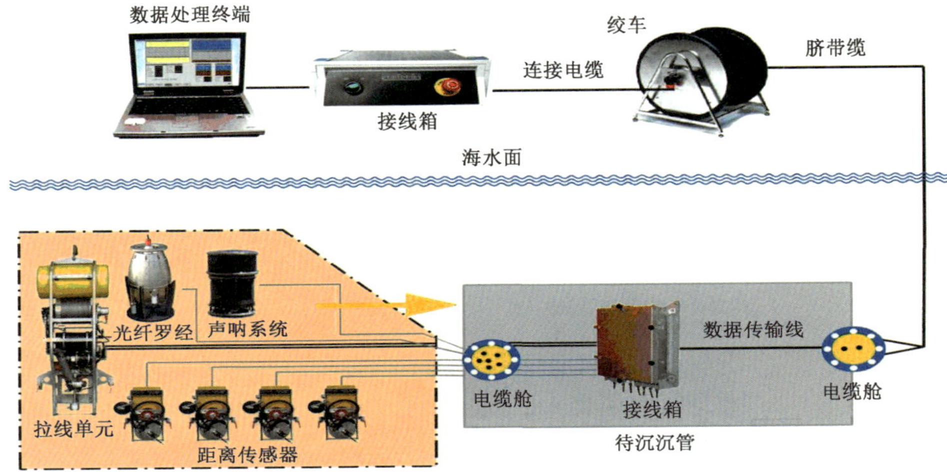

图 6-9　水下拉线测距测向定位系统数据通信及处理链接示意图

6.1.4　水下声呐阵列定位系统

水下声呐阵列定位系统由发射换能器阵列和接收换能器阵列组成[3]，如图 6-10 所示。已沉管和待沉管上设备单元的安装见第 5 章图 5-6。数据输出同水下拉线系统一样，输出单元均安装在待沉管。将待沉管发射换能器 A7 和 A8 的输出数据，利用通信电缆通过电缆舱汇总后，连接到主控接收机上。根据接收到的测距数据 B7 和 B8 上各接收换能器在工程坐标系下的坐标、A7 和 A8 上各发射换能器在待管节坐标系下的坐标，计算待沉管上控制点坐标。

6.1.5　声呐差分测距定位系统

声呐差分测距定位系统由发射换能器和接收换能器阵列组成。

1) 已沉管和待沉管上设备单元的安装

系统组成及安装示意图如图 6-11 所示。

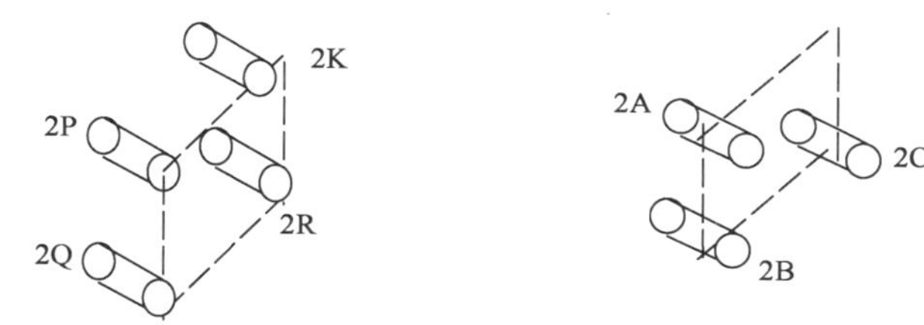

图 6-10　接收换能器阵列(接收器)和发射换能器阵列(送波器)

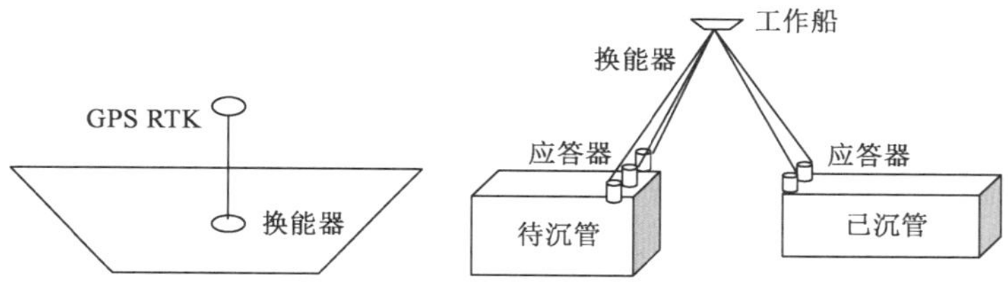

图 6-11　换能器安装及设备单元的安装位置

2)数据通信及处理

声呐差分测距定位系统测量要素在其发射换能器主机中输出,主机位于工作船台,利用数据电缆将其输出数据传送到中心单元即可实现系统测量数据的提取。

利用提取的系统测量数据,结合已沉管上两个应答器的工程坐标,结合姿态参数即可获得待沉管上 3 个应答器的工程坐标;进而结合这 3 个应答器在待沉管上的管节坐标、待沉管姿态和方位参数,计算待沉管上各控制点的工程坐标。

6.1.6　光纤罗经安装

光纤罗经安装于待沉管上,首、尾各一个,用于监测待沉管下沉、对接过程中姿态和方位的变化,为待沉管上各控制点在工程坐标系下坐标的计算提供参数,如图 6-12 所示。

图 6-12　光纤罗经

1)待沉管上光纤罗经的安装

光纤罗经安装在待沉管顶面中心轴线上首、尾两个控制点下方管内位置,采用特殊支架固定;支架需要在管节内部校准其方位、Roll/Pitch/Heave 方向偏差,校准可借助全站仪进行,如

图 6-13 所示。

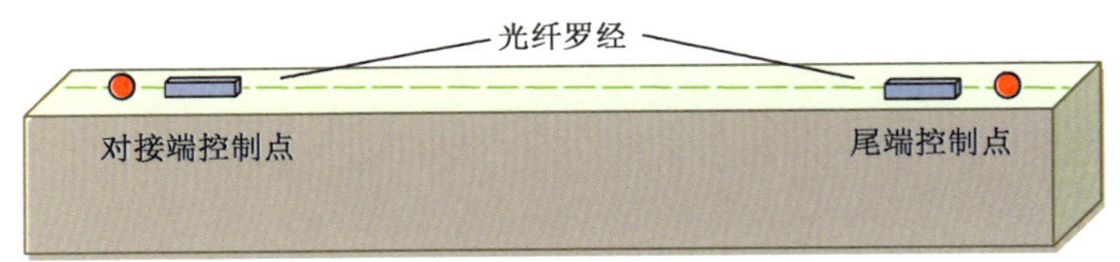

图 6-13　光纤罗经安装示意图

2)数据通信及处理

将首尾光纤罗经输出的四维参数(方位、Roll、Pitch 和 Heave)借助通信电缆,通过电缆舱连接到接线盒,经接线盒再通过通信电缆连接到数据处理终端系统计算机,实现光纤罗经测量数据的提取。利用光纤罗经输出的四维姿态参数,结合其他测量定位数据,联合实现点位坐标的计算以及沉管下放、对接过程中管节状态的监测。

6.2　测量定位控制方法研究

主要从控制点布设和管节沉放安装过程进行研究。

6.2.1　控制点布设及控制测量

1)管节控制点布设

除管节在预制时安置在顶面中轴线前后的两个已知点外,为方便不同施工阶段测量定位设备安置和实施,根据以上测量定位方法研究,还需要在管节的顶面、对接面和尾端面上布设控制点。

(1)管节顶面

管节顶面控制点布设示意图如图 6-14 所示。

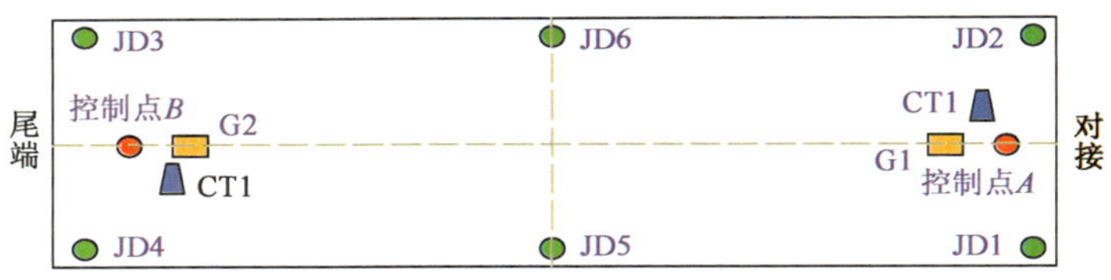

图 6-14　管节顶面控制点布设示意图

①所有控制点均采用强制对中装置。

②管节顶面控制点 *A* 和 *B* 分别用于建立首、尾管节坐标系。

③管节首尾的 CT1 和 CT2 位置安装测量塔。

④顶面的 6 个角点 JD1 ~ JD6。

沉管浮运阶段,JD1 ~ JD4 将用于安置 GPS 接收机天线。采用声呐阵列定位时,待沉管上的 JD1 和 JD2 用于安装水下声学定位系统的发射换能器阵列;已沉管的 JD3 和 JD4 将用于安装水下声学定位系统的接收换能器阵列。沉放中,待沉管上的 JD1、控制点 A、JD2 用于安装声呐差分测距定位系统的 3 个应答器;已沉管上的 JD3 和 JD4 将用于安装声呐差分测距定位系统的 2 个应答器。

⑤G1 和 G2 用于安置光纤罗经。

(2)对接面和尾端面

管节对接面和尾端面控制点布设示意图如图 6-15 所示。

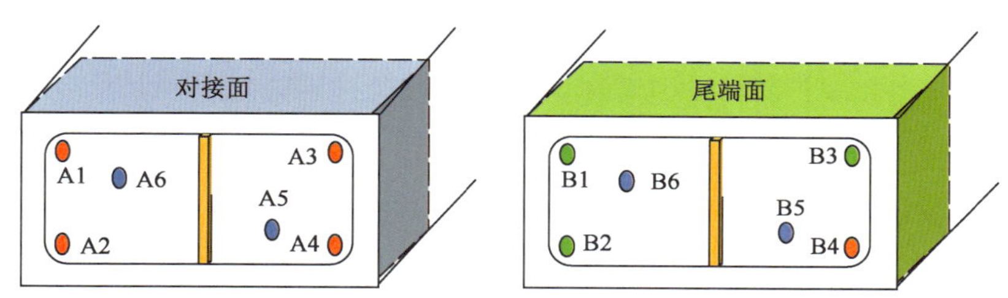

图 6-15 管节对接面和尾端面控制点布设示意图

①对接面的 A1 ~ A4 安装距离传感器;尾端面相应位置 B1 ~ B4 安装距离传感器的参照板。

②对接面的 A5、A6,安装水下拉线测量单元固定基座及下放定位时安装拉线单元;在尾端面相应位置 B5、B6,安装拉线单元 O 形挂钩。

2)管节控制点在管节坐标系坐标的测定

建立管节坐标系后,即可实施各控制点在各自管节坐标系下坐标的测量。控制点坐标测量采用自由设站法,借助全站仪实现。实施方法如下:

(1)选择一位置架设全站仪,确保与管节对接面和顶面各控制点均能通视。

(2)选择任一方向为零方向,利用全站仪对管节上所有控制点实施测量,获取到各点的距离、方位角和高度角等信息。

(3)根据所得观测元素,以全站仪架设点为参考点计算各控制点的三维坐标。

(4)以管节顶面控制点 *B-A* 方向为管节坐标系的 *X* 轴,以控制点 *A* 坐标为起算,计算其他控制点在对接端管节坐标系下的坐标。

(5)类似,以控制点 *B* 坐标为起算计算各控制点在管节坐标系下坐标。

6.2.2 管节沉放安装测量控制

管段沉放安装在水下进行,定位测量实施难度大。沉放过程中,要求管节竖向垂直偏差小于 20mm,水平(与隧道轴线)偏差小于 35mm,沉放后两管节之间水平偏差 35mm,定位精度要求较高。港珠澳大桥沉管隧道施工区域水文、气象条件复杂，施工水深较大且为外海施工[4]。

为确保管节沉放对接测量定位精度，在岛隧结合部浅水段，采用测量塔全站仪定位法和测量塔 GPS 定位法进行测量定位；在标准段，采用水下声呐定位法和水下拉线测距测向定位法实现测量定位；光纤罗经实现管节姿态监控。

1）标准段测量控制

（1）测量定位方法

①沉放和对接测量控制。

该过程采用如下定位系统和方法：水下声呐定位系统（声呐阵列定位系统或声呐差分测距定位系统）；水下拉线测距测向定位系统；光纤罗经。

管节沉放安装时，水下拉线测距测向定位系统为主测量系统，水下声呐定位系统对水下拉线测距测向定位系统的定位数据进行校核；光纤罗经对沉放过程中的管节姿态进行监控，并借助其输出的姿态和方位参数，结合水下声呐定位系统的测量参数和水下拉线测距测向定位系统的测量参数，实现待沉管上各控制点工程坐标系坐标的计算，进而实现待沉管和已沉管对接。

②贯通测量。

已沉管和待沉管完成对接安装和贯通后，采用管内导线网和水准网测量方法进行精确测量，并根据需要对管尾微调。完成管尾微调后，再次进行贯通后测量，测定管尾各控制点工程坐标系下坐标，为后续沉管对接服务。

（2）测量控制

各设备安装完成后，即可进行管节的下放和对接作业。

①启动拉线测距测向定位系统、水下声呐定位系统以及光纤罗经监测系统。

②水下拉线测距测向定位系统定位结果经与浮运 GPS 系统校核后，拖航系统及浮运测量系统撤离。

③管节沉放初期，水下拉线测距测向定位系统测量管节间距离和角度，计算管节之间的相对位置以及待沉管上各控制点的工程坐标系下的坐标。

④当管节沉放至距已沉管节 2m。

待沉管节声波发射换能器发射声波，测量发射换能器与 4 个接收换能器之间的距离，并据此计算待沉管节与已沉管节间的相对位置，借助姿态和方位参数进而计算待沉管上各控制点的坐标。

将水下声学定位系统计算所得待沉管上各控制点的坐标与水下拉线测距测向定位系统所得控制点坐标进行校核，并对两者的定位结果进行加权平均（其中机械拉线系统定位结果的权重为0.9,声呐法的定位权重为0.1),计算出各控制点在工程坐标系下的坐标,引导导向装置对接。

首尾光纤罗经实时测量管节首尾的三维姿态,提供管节状态参数,为各控制点实时工程坐标的计算提供参数。

⑤当管节沉放至距已沉管节0.4m时,水下拉线测距测向定位系统依然进行测量,确定两个管节之间的相对位置以及待沉管上各控制点的工程坐标系下坐标,指导对接作业;距离传感器实现待沉管和已沉管对接面纵向距离的精密测量,直到GINA带压接完成。

2)岛头段测量控制

(1)测量方法

岛头段测量不但关系到沉管的下放和后续管节间的对接,还关系到采用的坐标系统、测量控制基准和框架的维持。岛头段测量采用如下系统和方法:测量塔全站仪定位法和GPS定位法、机械拉线法、声呐定位法、光纤罗经、倾斜仪。

实际测量中,不同阶段采用如下主、辅测量方法:

①下放阶段。

a.主测量方法:测量塔全站仪定位法和测量塔GPS定位法。

b.辅测量方法:机械拉线法和声呐定位法。

c.光纤罗经和倾斜仪提供沉管的姿态参数。

②对接阶段。

a.主测量方法:机械拉线法。

b.辅测量方法:测量塔全站仪定位法、测量塔GPS定位法、声呐定位法。

c.光纤罗经和倾斜仪提供沉管的姿态参数。

③贯通阶段。

已沉管和待沉管完成对接后开展管内贯通测量,并实施管节位置微调。

(2)测量控制

各设备安装完成后,进行管节的下放和对接作业。作业过程如下:

①拖航及浮运测量系统撤离,启动测量系统,开始沉管下放对接测量控制。

②测量塔全站仪定位:

a.人工岛上架设两台全站仪T1和T2。

b.对T1和T2在初始方位设定。

c.采用极坐标法观测水平角、高度角和距离,T1/T2分别负责观测LJ1/LJ2。

d.根据各自观测元素,结合T1和T2坐标,计算LJ1和LJ2坐标。

e.比较测量塔上倾斜仪的姿态数据以及管节内姿态传感器测量的管节姿态数据,分析测量塔是否变形。若没有,直接采用姿态仪姿态数据进行后续计算;如存在变形,则需融合两套姿态数据,或者停止作业,检查测量塔是否垂直。

f. 根据 LJ1 和 LJ2 在管节坐标系下的坐标以及在工程坐标系下的坐标,结合光纤罗经 G1 和 G2 提供的沉管首尾瞬时方位和姿态信息,计算沉管上各控制点工程坐标系下的坐标。

g. 根据各控制点坐标计算待沉管和已沉管间关系,指导沉管下放和对接施工。

③测量塔 GPS 定位:

a. 人工岛上架设 GPS RTK 基准站。

b. 测量采用 GPS RTK 定位技术,对基准站、流动站 GPS 接收机均输入坐标转换 7 参数,实现 GPS RTK 流动站在工程坐标系下三维坐标的输出。

c. 根据 GPS3 和 GPS4 的 RTK 定位解及其在管节坐标系下的坐标,结合光纤罗经 G1 和 G2 提供的沉管首尾瞬时方位和姿态信息,计算沉管上各控制点在工程坐标系下的坐标。

d. 根据待沉管上各控制点、已沉管上各控制点在工程坐标系下的三维坐标,计算待沉管和已沉管间的相互关系,指导沉管作业施工。

④机械拉线定位:

a. 机械拉线定位法仅应用在浅水区与深水区过渡水域。

b. 下放阶段,机械拉线定位是一个主要辅助定位手段,其测量定位方法与标准段沉管下放阶段采用的方法相同。

⑤不同测量定位方法测量成果的相互检校及融合:

a. 沉管下放期间,测量塔全站仪定位和测量塔 GPS 定位为主定位系统,机械拉线测量定位系统为辅助测量系统,三种方法的定位结果实现相互检校。

b. 将两种主定位方法的定位结果采用加权平均,计算得到待沉管上每个控制点的实时坐标。数据融合中,赋予测量塔全站仪定位结果权重 0.7,测量塔 GPS 定位结果权重 0.3。

⑥沉管对接阶段:

a. 测量塔全站仪为主定位方法,测量塔 GPS 定位法(机械拉线定位法和声呐定位法)为辅助定位方法,各方法测量成果相互检校。

b. 数据融合仍采用前面所述加权平均方法。

3)贯通测量

(1)测量方法及实施阶段

待沉管和已沉管对接贯通后,实施贯通测量。贯通测量采用两个实施阶段:

①初期(水箱拆除前)贯通阶段。

测量采用高精度全站仪来实施。管内左右行车通道的压载水箱宽度与车道宽度基本相等,且高度较大,贯通测量无法直接通视。水箱拆除前,采用在水箱顶部设置全站仪转站的方法进行贯通测量。

②完全贯通阶段(水箱拆除后)。

水箱拆除后贯通测量按常规方法进行,即全站仪导线测量、水准仪高程测量。

(2)管内特征点标定测量

为保证管内通视,沿管节左右两孔的水密门轴线,在管内两端的安全门轴线上各布置一个测量控制点,在管尾的控制点附近增加一个备用点,GT1 ~ GT6 同为平面和高程贯通测量特征点。特征点位置在浅水坞进行标定测量。管内控制点布置如图 6-16 所示,管内控制点测量路线如图 6-17 所示。测量路线如下:

①用全站仪从管头控制点 D3、D4 出发,往管节水密门前引测控制点 L1 ~ L4。

②从 L1 ~ L4 测定控制点 GT1 ~ GT6 坐标和管尾水密门前控制点 L5 ~ L8。

③最后,在控制点 D1、D2 进行闭合。

④根据实测的 GT1 ~ GT6 三维坐标,在管节实际形态模型中进行标定。

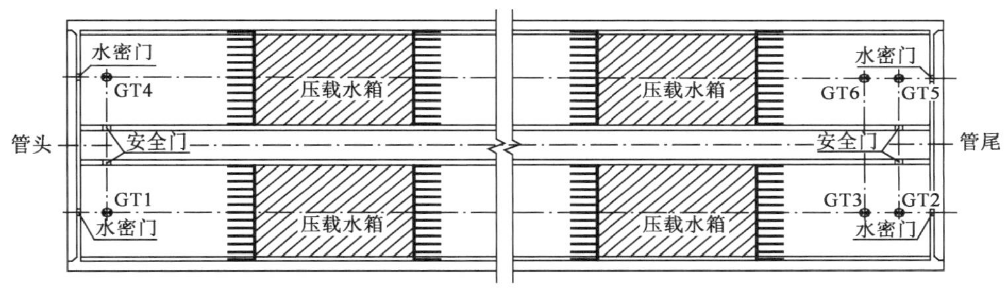

图 6-16　管内控制点布置示意图

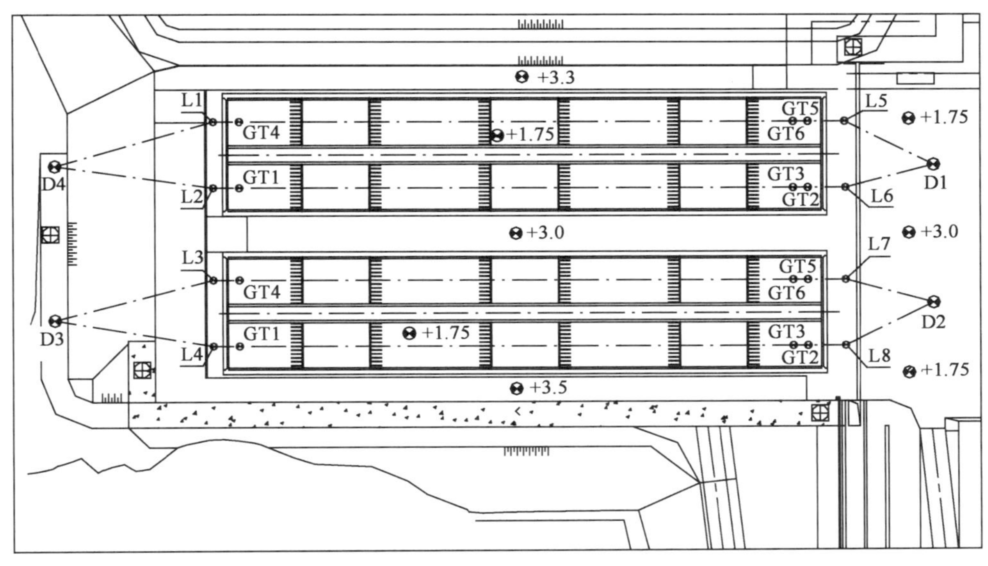

图 6-17　管内控制点测量路线示意图

(3)导线网测量

①导线网测量采用精密全站仪进行,三等往返闭合路线。

②贯通测量前,在岛隧结合部稳固地基上布设隧道贯通转入控制点,至少联测两个以上首级控制点或首级加密点,控制点采用强制对中墩方式。

③管节双向行车道每一个通道各布置3个测量控制点,位于管节首尾部。

④管节安装前一天,从暗埋段开始,采用精密全站仪以人工岛上的控制点为起点,往返测量所有已沉管节内部特征点的平面坐标,将控制点坐标引测至最末端的已沉管尾端控制点上,获得尾端控制点的平面坐标。

⑤以最末端已沉管尾端控制点为基点,测量已沉管内部控制点与已沉管顶面和对接面控制点的衔接点(转点ZD1和ZD2)平面坐标。测量ZD1和ZD2方位,沉管末端姿态,计算最末端沉管顶面和对接面控制点的工程坐标系下坐标。

⑥实施待沉管的下放和对接后,以上次最末端管节的首部特征点为基准点,测量新安装管节首部特征点GT1的平面坐标;以GT1为基准点,测量水箱顶部钢结构平台上转点ZD的平面坐标。

⑦以新安管ZD为基点,上次安装管GT3为后视,测量GT2和GT3坐标。

⑧根据测量结果,计算管节轴线偏差和管节水平倾斜;另一测量路线同步测量,进行相互校核。

(4)高程贯通测量

贯通高程测量采用如下路线:

①高程贯通测量采用水准仪进行,三等往返闭合路线。

②管节安装的前一天,在岛隧结合部稳固地基上布设隧道贯通转入控制点。将人工岛控制点高程引测至已沉管最末端沉管尾端对接面附近的控制点上。借助全站仪,采用三角高程测量方法,将对接面上的控制点高程引测到顶面和对接面控制点的衔接点(ZD1和ZD2)上。根据ZD1和ZD2的方位,沉管末端姿态,计算最末端沉管顶面和对接面控制点的高程。

③管节沉放到位后,以上次安装管节尾部特征为基准点,测量新安装管节GT1的高程,在中部水箱合适位置架设仪器,保证前后视距离相等,按规范要求测量管节尾部GT2特征点高程,另一测量路线同步测量,进行相互校核,同时根据4个特征点高程计算沉管高差和管节横向、纵向倾斜。

6.2.3 测量定位精度控制

1)管节沉放安装测量控制

管节沉放安装测量控制精度要求如表6-1所示[4]。

管节沉放安装测量控制验收要求　　表 6-1

控制项目	要求(mm)	控制项目	要求(mm)
管节竖向(与设计高程)偏差	20mm	沉放后,两管节之间竖向偏差	20mm
管节水平(与隧道轴线)偏差	35mm	沉放后,两管节之间水平偏差	35mm

测量误差主要来源有:管节形态标定测量误差;管节端面测量仪器安装点标定测量误差;测量设备水上安装误差;沉放安装测量误差;环境因素综合影响误差;数据处理误差等。

2)安装点设置控制

为减小安装点安装误差,所有控制点设置按如下要求执行:

(1)人工岛上控制点采用观测墩,其旁附有水准点。

(2)沉管表面和对接面所有控制点均安装强制对中装置,且需严格整平。

(3)沉管内控制点尽量采用观测墩,墩上预制强制对中装置。

(4)设置 3 个衔接点(或转点 ZD)在每节沉管的首尾顶端和对接面中心位置。

(5)预制强制对中装置时力求尽量水平。

3)安装点在管节坐标系坐标测量控制

测定遵循如下原则:

(1)在浅水坞、沉管静止状态下实施测量。

(2)采用自由设站法实施测量时,完成一个测站测量后,改变测站位置,再进行另一个测站测量,对两个测站观测结果进行校核,在满足界限的情况下,取平均,获得最终测量成果。

(3)对每个观测元素,实施至少 3 个测回测量。

(4)自由设站法观测方法和步骤严格遵循相关规范执行。

4)设备安装控制

安装遵循如下原则:

(1)尽量在沉管干出、处于静止状态下安装。

(2)设备安装时,确保棱镜基座水平,棱镜面与沉管面垂直;GPS 基准整平。

(3)对接端面上的距离传感器垂直,拉线单元及距离传感器紧贴管节对接面。

(4)管顶面声学接收换能器阵列面与管顶面垂直,与对接面平行。

(5)无论沉管内、外设备安装均采用强制对中装置,确保设备紧贴管面。

(6)准确量测设备中心到管面的垂直距离,用于后续改正。

5)测量控制

(1)测量方法控制

测量方法控制遵循如下原则:

①无论是在沉管下放还是对接阶段,均需同时具备两种或两种以上测量定位方法,进行定位结果的检校。当成果不一致时,检查原因,直到测量成果一致。

②导线测量采用闭合或附合导线,借助控制基点,对测量成果实施检核。

(2)测量数据质量控制

①对于静态观测,根据多测回观测数据(至少2~3测回),基于2σ原则实现粗差剔除。

②对于动态观测,根据数据更新率,采用2σ/3σ原则或Kalman滤波实现粗差剔除。

(3)测量成果检校

对不同方法测量定位成果进行一致性检核,根据定位精度及其优先级,采用加权平均计算最终结果。

6)环境因素影响及其消除

为消除环境因素对测量定位精度的影响,实际施工中采用如下措施:

(1)沉管施工作业期间,开展同步水文、气象等环境要素观测。

(2)根据研究给出的水文、气象环境极限参数,在环境参数超限时停止作业。

(3)环境参数满足测量定位极限条件时,根据前面研究的气象水文改正模型,对其影响实施改正,削弱其影响。

7)数据处理

根据理论研究中给出的测量定位数据处理方法、模型及适用性,采用最优计算方法,实现沉管控制点位及沉管间状态参数的精确计算。

6.3 管节沉放对接软件系统研制

6.3.1 软件系统架构

1)软件需求分析

(1)高精度管节沉放作业:管节沉放是后续对接的前提,安全准确地下放沉管可以保证后续沉管的准确拼接。下放过程中,沉管处于水下,不可视,为了准确地指挥沉管下放,需要研制软件,及时将沉管下放过程中各传感器监测的管节状态参数直观地显示在计算机上,并给出定位信息以及沉管的偏离设计信息,准确直观地指挥作业操作,实现精确微调和作业。

(2)高精度沉管对接:沉管对接精度要求非常高,需要实现对接过程中定位参数实时准确提取,图形直观展现。

(3)高精度稳健定位结果的获取:整个管节安装定位中,在不同阶段,为确保稳健定位结果的获取,需对原始观测数据进行质量控制和一系列数据处理,并对不同类测量数据的解算成果实施融合,实现相互检校,进而才能实现稳健、高精度定位结果的获取,而这些均需软件来实现。

(4)信息提取、存储和发布:整个测量定位系统采用了多种观测设备,这些设备存在着采样频率上的差异以及测量时间上的不一致,为此需要研制软件,实现不同观测系统测量数据的同步。此外,还需借助软件实现这些设备观测数据的实时读取、直观显示以及存储管理。

2)软件设计思想

根据以上需求分析、软件设计模块,实现如下功能:数据提取;数据预处理;数据融合及定位结果计算和输出;动态图示;文本信息显示;提示及预警机制;数据管理和回放;数据发布;帮助和辅助操作。

3)软件框架设计

基于以上软件需求分析及功能要求,设计软件框架如图6-18所示。

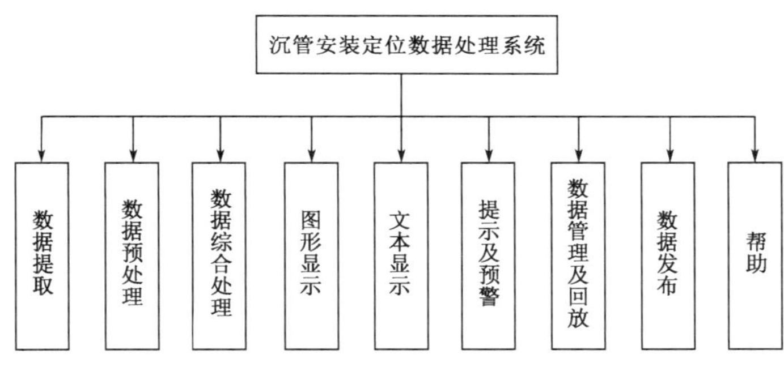

图6-18　软件系统综合设计框图

4)软件系统研制

本软件采用C++语言编写,在Microsoft Windows XP操作系统中、用微软Visual Studio 2008开发环境设计开发的。软件主界面共有7个功能区,包括菜单区、工具条区、实时监控显示区、实时沉管位置姿态显示区、主要角点位置信息显示区、可编辑信息显示区、实时数据设备状态显示区。图6-19显示了软件界面功能区分布情况。

6.3.2　通信子系统设计与研制

岛隧结合部采用无线电通信系统,远岛深水区采用有线数传电缆实现通信。

1)系统设计

整个系统中有5个定位点,因此设计的无线通信系统中应有5个采集节点,以及1个中心控制节点。考虑到系统中的节点数较少,因此无线通信网络的拓扑结构拟采用星形结构。系统结构图如图6-20所示。

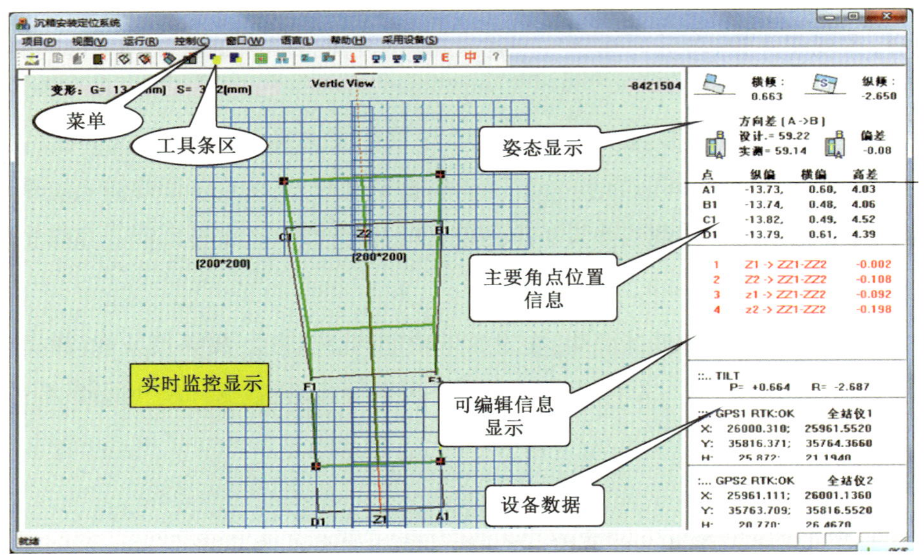

图 6-19　软件界面功能区分布

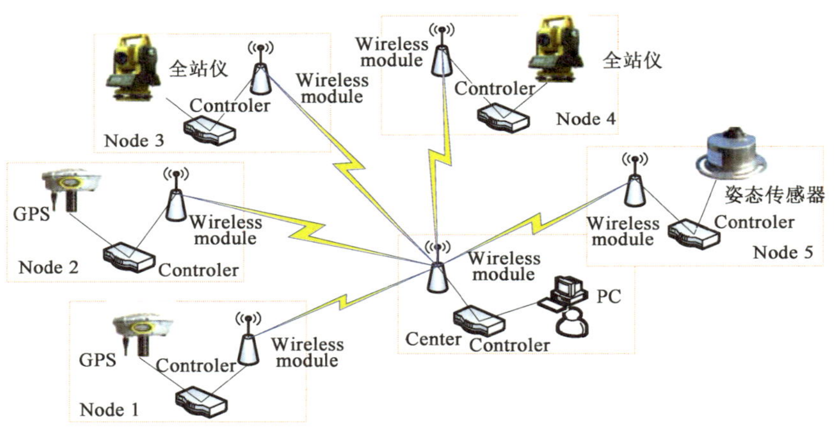

图 6-20　无线通信系统结构图

如图 6-20 所示,Node 1-Node 5 为坐标采集节点,5 个节点分别由 GPS(2 个)、全站仪(2 个)和姿态传感器 MRU(1 个)采集坐标信息传给控制器(Controler),由采集器对 GGA 坐标信息进行处理之后通过无线模块(Wireless module)发送给中心(Center)。中心节点连接操作中心,将收到的数据由控制器传输给终端计算机 PC。

2)硬件设计

本系统无线节点分为坐标采集节点和控制中心节点。坐标采集节点主要完成观测数据的采集,并将数据返回给操作中心。控制中心节点主要完成接收各采集节点数据,并返回给操作中心,同时对各采集节点进行控制和数据处理。其硬件模块设计如图 6-21、图 6-22 所示。

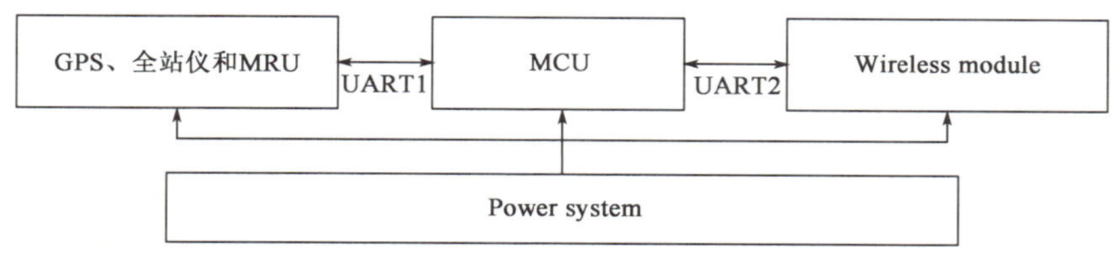

图 6-21 坐标采集节点结构图

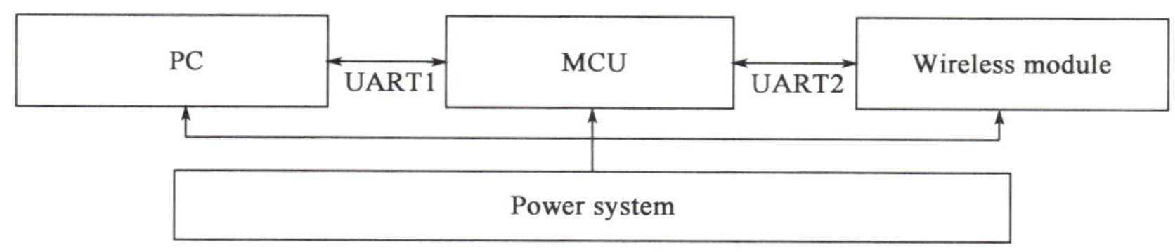

图 6-22 控制中心节点结构图

由图可知,各节点都由坐标采集节点(GPS、全站仪和 MRU)、控制器(MCU)、无线模块(Wireless module)及电源模块(Power system)构成。控制中心节点由计算机(PC)、控制器(MCU)、无线模块(Wireless module)和电源模块(Power system)构成。

3)硬件实现

根据节点原理图,使用 protel 99 进行 PCB 绘制和制版。PCB 电路板和控制模块实物图如图 6-23 所示。

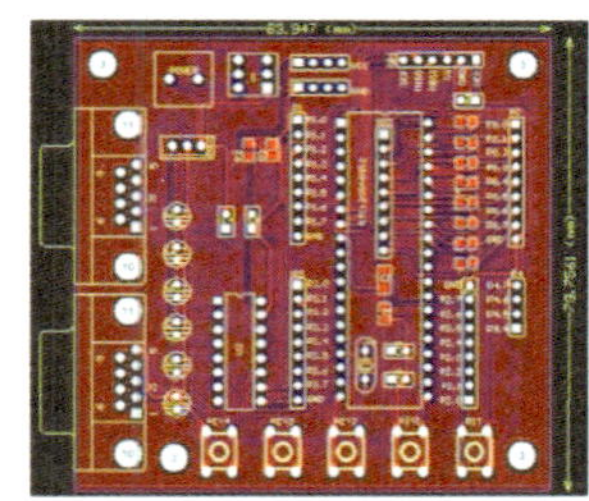

图 6-23 PCB 电路板及控制模块实物图、节点实物

4)通信模块软件设计

(1)控制模块软件(Control module software)

接收 GPS/全站仪/MRU 传输来的数据,并对数据进行处理,加上该节点的物理地址;负责接收来自无线传输模块的采集命令,然后将已处理好 GPS/全站仪/MRU 数据传输到无线传输模块进行无线数据发送。

(2)无线模块控制软件(Wireless module control software)

运行无线通行协议,应用层负责接收来自控制中心的采集指令,并将指令转发给控制模块;同时从控制模块发出的 GPS/全站仪/MRU 数据也要通过无线模块转发到控制中心。

(3)控制中心软件(Control center software)

负责发送采集命令到无线传输模块,经无线传输模块发送到各节点。通过串口接收各节点发送来的GPS/全站仪/MRU数据,并发送给计算机端的图形用户界面(GUI)。

各模块软件之间协调工作的时序图如图6-24所示。

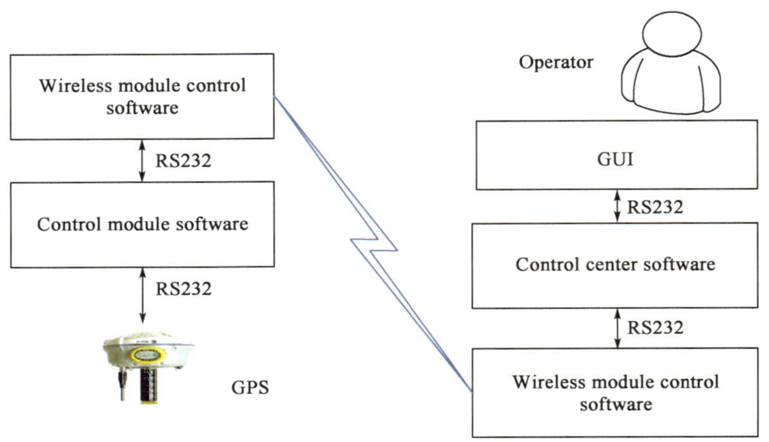

图6-24 软件架构图

首先,控制中心软件通过RS232协议向无线传输模块发送GPS/全站仪/MRU数据索要指令,无线传输模块将收到的索要指令转发到相应的坐标采集节点。

当坐标采集节点的无线传输模块收到GPS/全站仪/MRU数据索要指令后,将该指令转发给控制模块,控制模块软件对该指令进行识别,确认是否为该节点发送GPS/全站仪/MRU数据指令给控制中心。各节点坐标信息每秒钟更新一次。

5)控制中心软件设计

STC12C5A60S2,串口,总线频率和波特率正常初始化后(总线频率为11MHz,波特率为38 400b/s)。首先,通过函数NodeScan()对采集节点进行扫描,确定在网络中的坐标采集节点。然后,分别对已连入网络的采集节点发送GGA数据索要指令。当接收到了采集节点发送来的GGA指令后,对数据进行异或校验,若正确,发送给PC,若不正确,则丢弃。进行下一个节点的GGA指令索要。程序采用中断方式,流程图如图6-25所示。

6)控制模块软件设计

此程序同样采用中断方式,流程图如图6-26所示。具体过程如下:

STC12C5A60S2,串口,总线频率和波特率正常初始化后(此时总线频率为10MHz,波特率为38 400b/s),处于无线等待数据状态中。

GPS/MRU为自主发送GGA数据,当串口1收到GGA指令时,控制器产生中断。

在串口1中断程序中,将GGA数据存入DATA[ ]数组,并在数据开头附上该节点的物理地址。当无线接收到数据时产生中断,STC12C5A60S2在串口接收中断函数中判断是否为控制中心发来的采集指令。

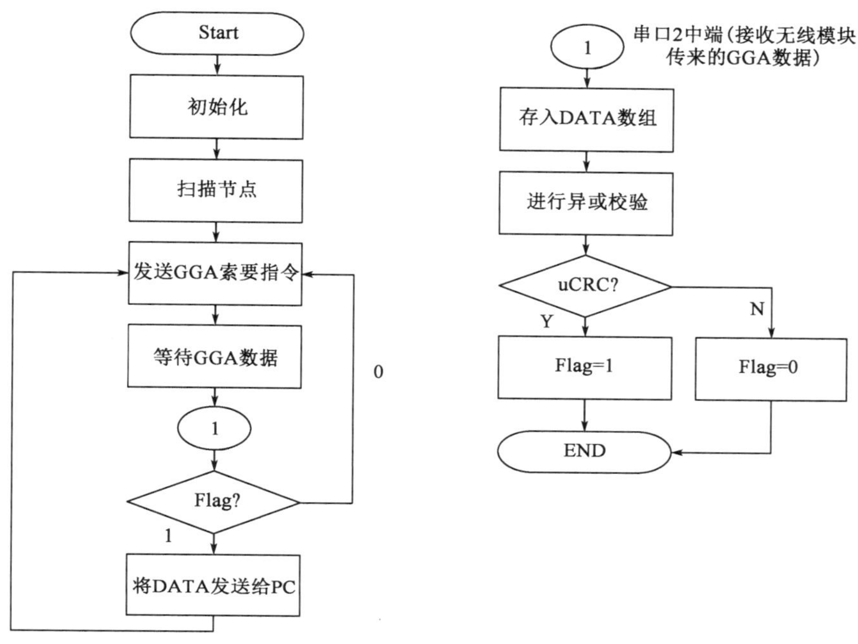

图 6-25　控制中心软件流程图

如果是，则通过 uart2_txd( ) 函数将已存入 DATA[ ] 数组的 GGA 数据发送给无线传输模块。如果不是，则继续等待。流程图如图 6-26 所示。

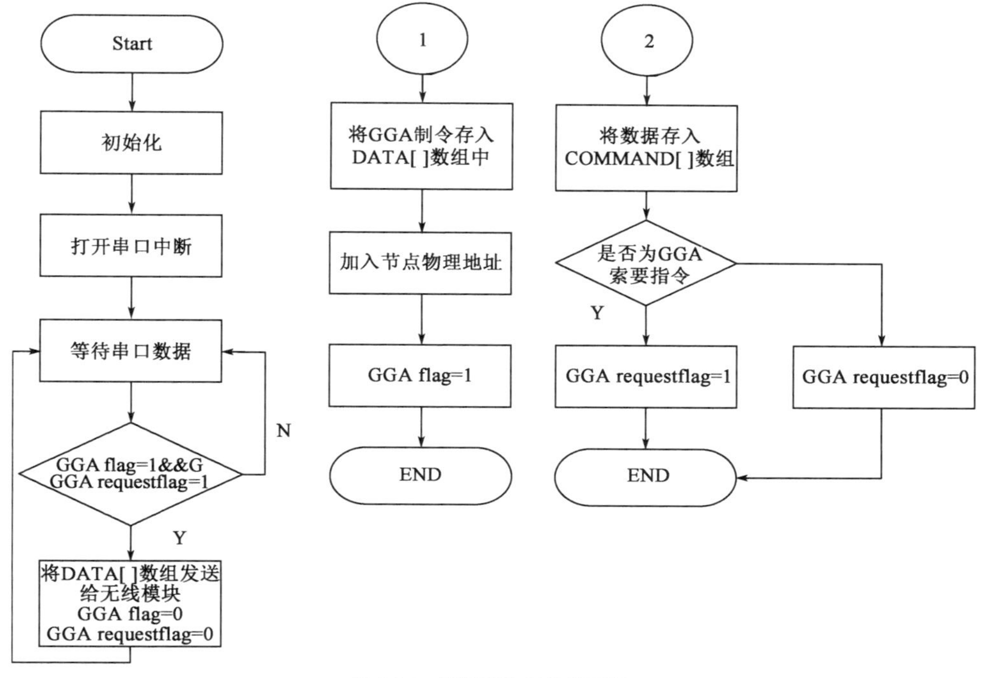

图 6-26　控制模块软件流程图

全站仪不能自主地实现数据的输出,需要编制程序索要数据,得到数据后仍存在其 DATA[ ]数组中,进而实现数据的无线发送。

7)无线传输模块控制软件设计

无线电台上电后进行系统初始化,包括 MAC 层、网络层和硬件访问层任务初始化,应用支持子层初始化等,并使中断有效。无线传输模块软件设计的流程图如图 6-27 所示。当无线模块发送数据到控制模块时,串口 2 产生中断,将数据存入 DATA[ ]或者 COMMAND[ ]数组中。并对数据进行处理,若是发送 GPS/全站仪/MRU 数据,则在数据前加上物理地址。若是接收其他节点发送数据,则判断地址是否为指向该节点的信息和数据。

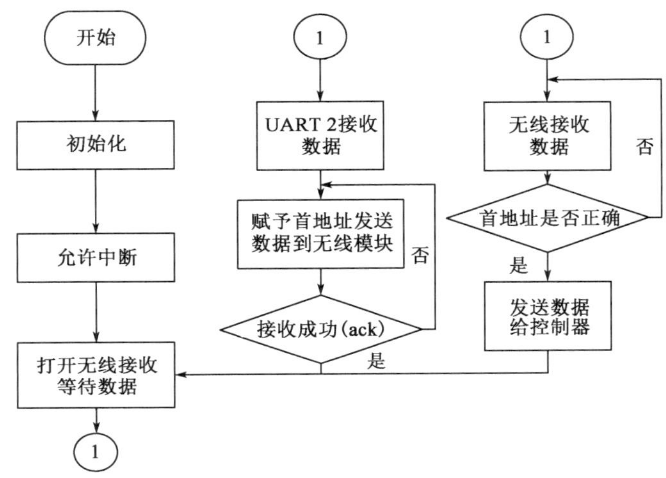

图 6-27 无线传输模块控制软件流程图

6.4 应用实例

以港珠澳大桥沉管隧道工程为例构建了不同水深、距离和复杂环境下沉管安装的测量定位体系,并开展了仿真试验,在类似工程(广州洲头咀隧道工程)开展了现场验证。

6.4.1 复杂环境下沉管安装的测量定位体系构建

在理论方法研究及试验验证的基础上,给出了 8 种方法的定位原理、数据处理及误差模型,推导出了观测及环境门限参数,给出了适合不同施工阶段的最优组合测量定位方法;然后,形成了测量定位硬件系统、软件系统和实施工艺,构建了不同水深、距离和复杂环境下沉管安装的测量定位体系。整个体系包括测量定位理论方法、硬件系统、软件系统和实施工艺四部分,总体系组成框架如图 6-28 所示,总体系组成部分间的逻辑关系示意图如图 6-29 所示,其中理论方法是基础,由此衍生出硬件及软件系统,并综合最终形成管节沉放对接实施工艺。

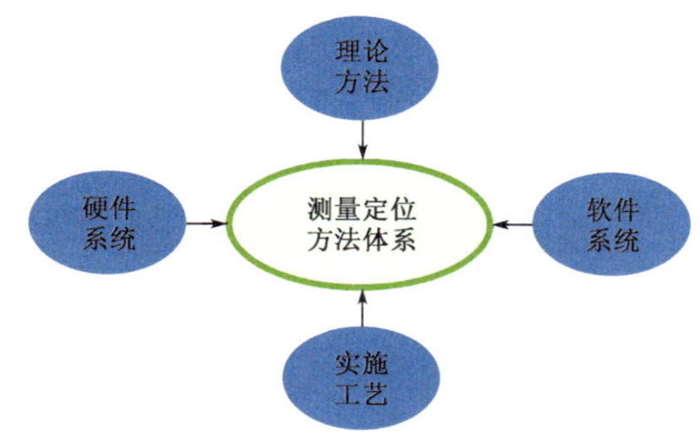

图 6-28　总体系组成框架图

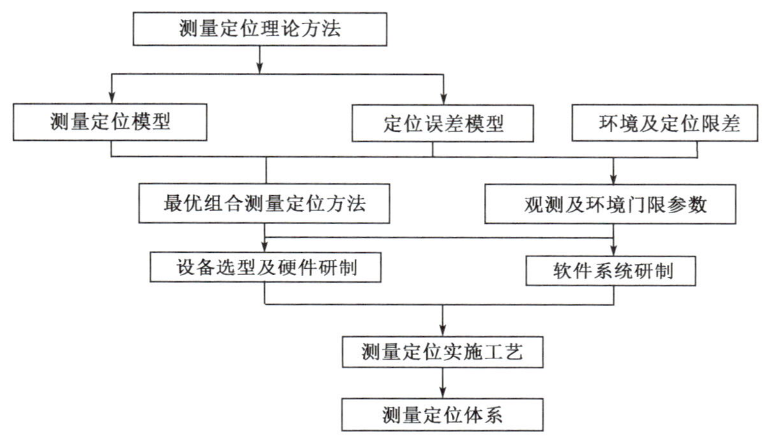

图 6-29　测量定位体系组成部分间的逻辑关系示意图

1)测量定位理论方法

通过对所有可用的测量定位方法原理和模型研究、比较和分析,给出了适合管节沉放对接不同施工阶段的测量定位理论方法,主要包括适用于岛隧结合部近岸浅水区域、标准段远岸深水区域和贯通测量的相关测量定位理论模型、定位误差模型及其衍生的最优组合测量定位方法和环境参数阈值。

(1)理论模型

通过对适用于管节沉放对接的前方交会模型、极坐标模型、三角法模型、后方交会法模型、导线网平差模型、水准网平差模型和坐标转换模型开展研究,给出数据处理模型及误差模型;再结合不同测量定位阶段的环境及精度要求,确定并给出适合不同施工阶段的测量定位方法及最优组合测量方法;结合测量定位方法和误差模型,推导并给出了确保定位精度要求的测量及环境门限参数。测量定位理论模型、误差模型及其衍生结果间的关系图如图 6-30 所示。

(2)衍生结论

①在岛隧结合部近岸浅水域,管节沉放以测量塔全站仪定位法为主,其作业距离应小于

1 000m,高度角小于30°,环境温度为0～30℃,气压为980～1 080hPa,波浪应弱于轻浪,确保管节姿态角小于10°;测量塔GPS定位法为辅,GPS天线应带抑径板,避免遮挡,避免同频干扰,避免台风、风暴潮等强对流气候及太阳黑子、磁暴和雷雨天气。

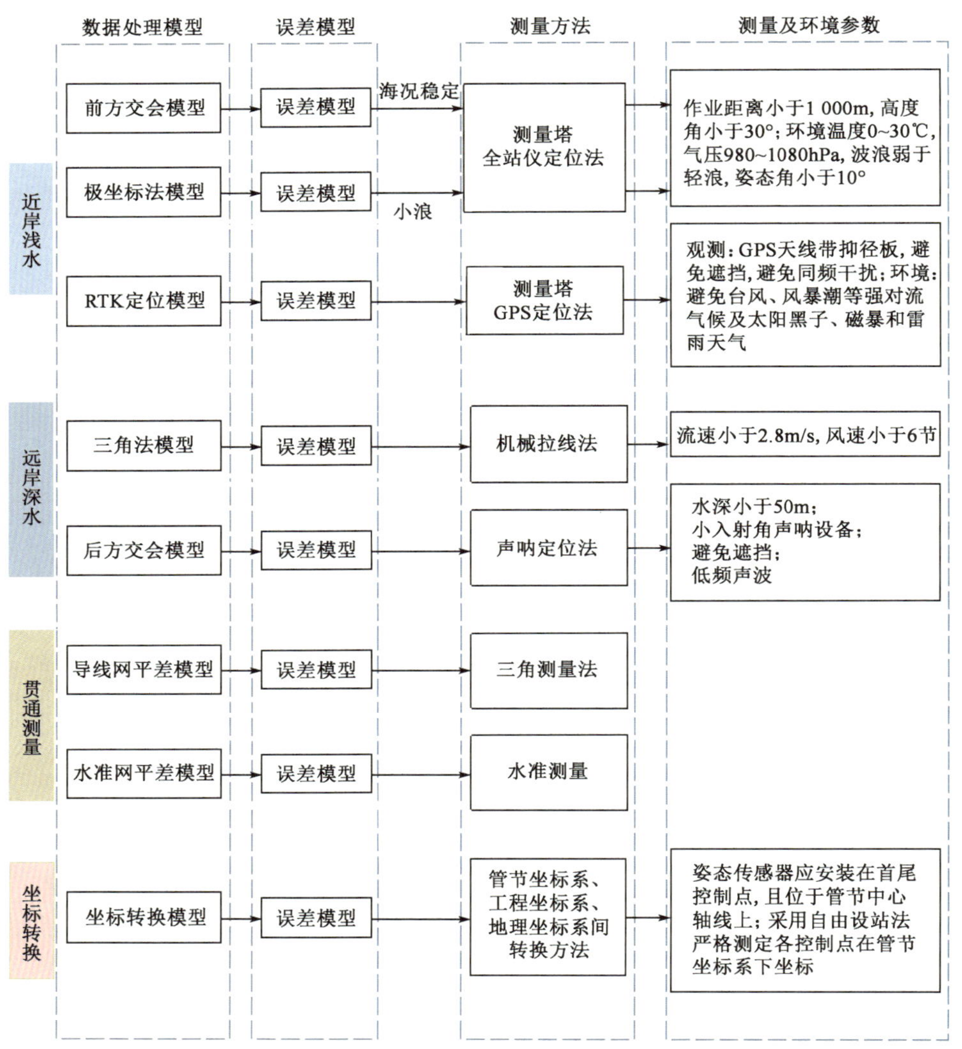

图6-30　测量定位理论模型、误差模型及其衍生测量方法和环境参数阈值

②在标准段或远岸深水区域,管节沉放应以水下拉线测距测向定位法为主,作业时要求流速小于2.8m/s;以水下声呐定位法为辅,要求水深小于50m,声呐应采用低频、小入射角设备,避免遮挡,对测量距离应采用严密的声速改正。

③贯通测量时,应采用导线和水准测量,实现平面和高程控制。

④坐标系及其相互转换时,姿态传感器应安装在首尾控制点,且位于管节中心轴线上;采用自由设站法严格测定各控制点在管节坐标系下坐标。

2)硬件系统

(1)硬件系统组成

测量定位体系中的硬件系统主要包括仪器、通信系统和中心处理系统三大部分。按照设备作业位置又可划分为管节设备系统、岸台设备系统和中心处理系统。

①岛隧结合部近岸浅水区测量定位仪器设备。

岸台部分:RTK基准站1台、全站仪(伺服式测量机器人)2台及高频电台;管节部分:RTK流动站2台、棱镜2个、姿态仪2台、倾斜仪2个及高频发射电台1台;中心处理系统:高频接收电台1台、计算机1台和显示器1台。

②标准段远岸深水区域需要仪器设备。

管节部分:机械拉线系统2套、声呐定位系统2套、姿态传感器2台以及数据传输电缆若干;中心处理系统:数据传输电缆若干、计算机1台和显示器1台。

③贯通测量需要设备。

全站仪1台、棱镜2~3个、电子水准仪1套、折叠式水准尺2~3根。

(2)硬件系统工作原理

硬件系统中各设备主要用于采集管节沉放对接过程中的实时状态信息,将这些信息借助高频电台或者数据传输电缆发送/接收,中心处理系统获得该数据后开展数据处理,将需要的各种管节状态参数输出显示,用于管节沉放对接调度。

硬件系统组成及工作原理图如图6-31所示。

3)软件系统

(1)软件模块组成

整个软件系统由设备单元数据输入、数量质量控制、数据处理及参数计算、数据融合、显示及预警5个主要功能模块组成。

图6-32显示了软件系统组成及各模块之间的逻辑关系,即各类观测数据通过网络首先输入到软件中;为确保数据质量,对其实施质量控制;然后,借助定位模型和误差模型对数据进行处理,获得各类方法的定位结果和误差估计;在此基础上,根据同时期多个组合定位方法的定位结果以及精度,开展成果融合处理,给出管节状态参数;最后,根据管节沉放状态设计参数以及状态参数,开展状态和调整参数显示以及预警。

(2)软件架构图

图6-33给出了软件系统架构。输入数据包括各类设备的观测数据,近岸测量主要包括近岸管节观测数据(2台全站仪和2台GPS RTK观测数据)和管节观测数据(2个倾斜仪和2个姿态传感器观测数据),远岸深水区作业主要包括远岸深水管节观测数据(2套拉线系统TSMS和2套声呐系统观测数据)和管节观测数据(同上);对这些原始观测数据进行质量控制,消除

异常观测量；再借助各类定位方法定位模型和误差模型，计算管节状态参数并估计定位精度，根据各自定位精度开展定位结果(管节状态参数)的融合，获得最终的管节状态参数；参考管节沉放对接状态设计参数以及管节实际状态参数，显示管节状态参数和调度量，对于超出预警门限的状态参数开展预警提示。

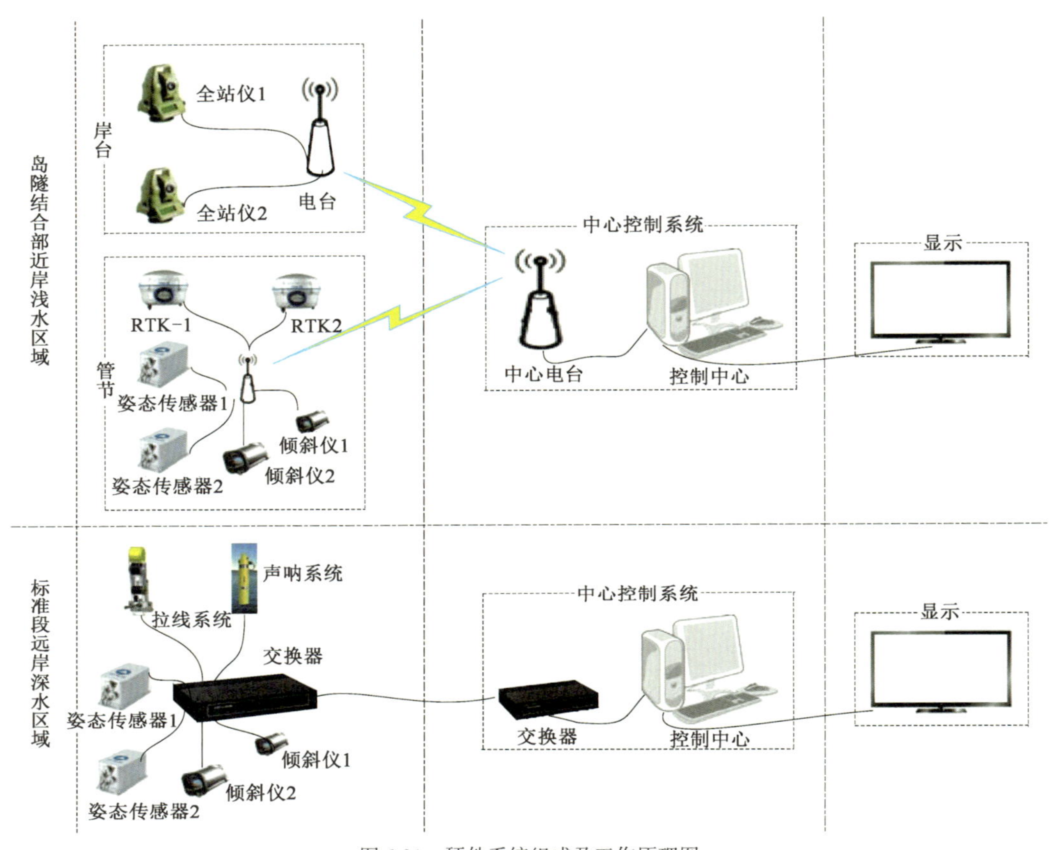

图6-31　硬件系统组成及工作原理图

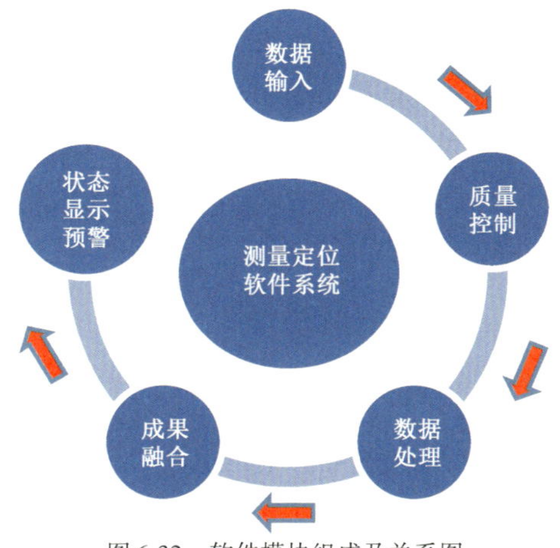

图6-32　软件模块组成及关系图

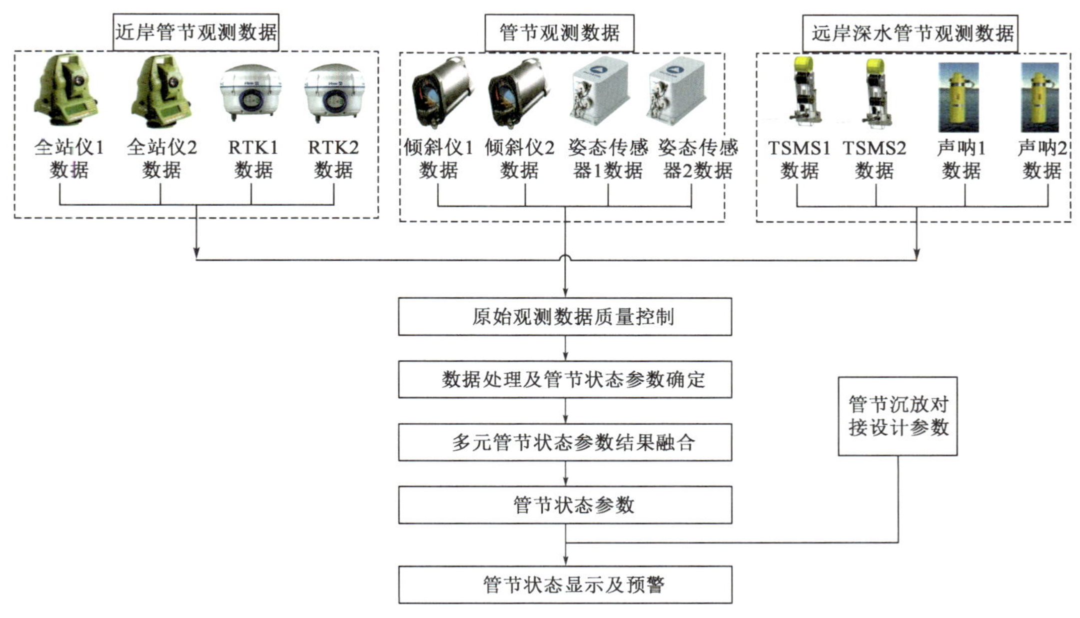

图 6-33　软件系统架构图

(3)软件运行环境及稳定性保障

软件用 C + + 语言编写,在 Windows 7 操作系统、微软 Visual Studio 2010 开发环境下设计开发完成的。为保证本软件能够流畅运行,对计算机和数据通信接口要求如下。

运行环境:Windows XP、Windows 7。

CPU:Intel corei7-3770 4G 以上。

内存:8G 以上。

显卡:显存 5 868M 以上。

硬盘:2TB 以上。

数据通信时,若采用无线电通信,要求数据更新率不得大于 10Hz;若采用电缆通信,数据更新率不得大于 20Hz。

4)实施方法

根据前面研究给出的测量定位理论模型、最优组合测量定位方法、硬件系统、软件系统以及测量和环境门限参数,给出了测量定位实施工艺流程。图 6-34 给出了测量定位实施工艺流程。根据管节沉放对接过程,首先需要在岸边、管节上和管节内布设控制点,建立坐标系以及坐标系之间转换关系,并在这些控制点上架设设备;在此基础上,根据到岸边距离和水深情况,开展管节沉放测量工作,获取观测数据;对这些观测数据开展数据处理、相互检核以及最终状态参数输出和预警工作;管节对接完成后,开展贯通测量。

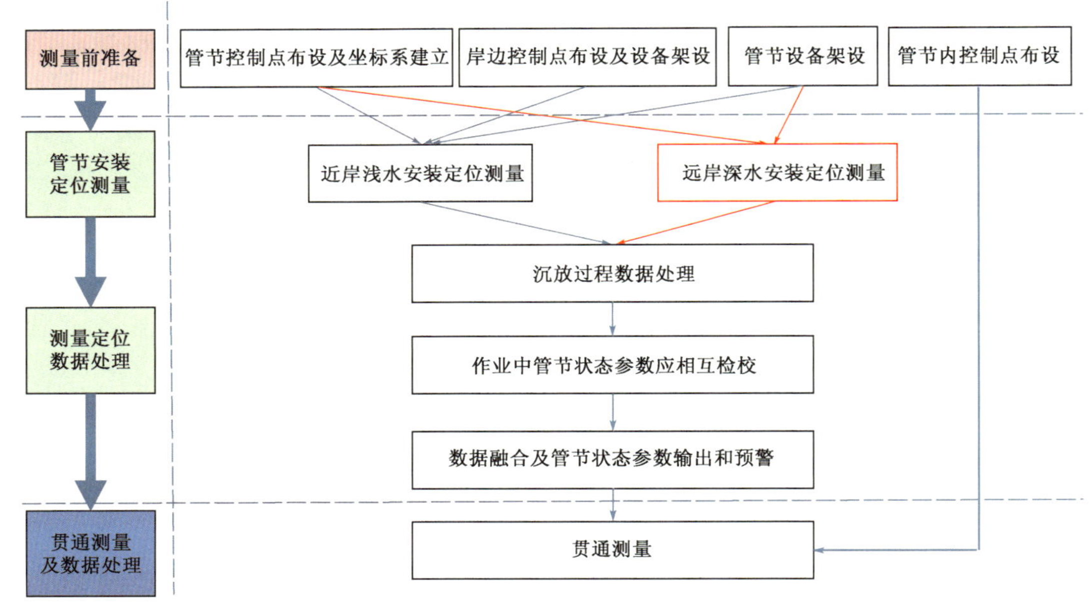

图 6-34　测量定位实施工艺流程

(1)管节沉放前准备

①管节沉放前,应在管节上标定沉管安装定位测量特征控制点、设备安装点。应建立管节坐标系,确定管节各特征控制点与设备之间的相互关系及其在工程坐标系下的坐标。坐标测定宜利用全站仪自由设站法。

②近岸作业时,在岸边不同控制点上分别架设两台全站仪(自伺服测量机械人)和 1 台 GPS 参考站,全站仪旁架设无线电台。流动站 GPS、棱镜、无线电台分别固定在待沉管前、后测量塔顶,管节轴线前后控制点位置上安装姿态传感器;借助极坐标法利用全站仪测量棱镜三维位置,借助 RTK 技术监测流动台 GPS 天线三维位置;利用岸台和测量塔上无线电将观测数据发送到中心计算机。

③远岸作业时,在沉管对接面分别架设两套机械拉线系统和两套声呐系统,管节轴线前后控制点上安装姿态仪,并用电缆将这些设备连接到数据处理中心。

④管节内特征点标定测量应沿管节左右两孔端封门轴线、在管内两端的全门轴线上各布置一个测量控制点,在管尾的控制点附近增加一个备用点。特征点位置在未安装压载水箱前进行标定测量。

(2)管节安装定位测量

①管节到岸边距离小于 1 000m 时,采用由测量塔、全站仪(自伺服测量机械人)、GPS、姿态传感器、通信和软件系统形成的组合系统开展测量定位。

②管节到岸边距离大于 1 000m 时,采用由机械拉线、声呐定位系统、姿态传感器、通信系

统、软件系统形成的组合系统开展测量定位。

管节沉放初期,宜用声呐法进行测量定位。管节初始沉放时,待沉管节和已沉管节的纵向高差宜控制在一个较小的距离范围内,以减少声线弯曲改正量,提高测距和定位精度。考虑海洋环境因素影响,宜采用低频声呐系统严格测量声速剖面并实施声线弯曲改正;管节沉放对接宜缓慢作业,以获得较多的多余观测,消除多路径效应影响。

管节沉放后期,当与已安装管距离小于2m时,用机械拉线法进行定位测量。

管节沉放至距已沉管节40cm时,采用拉线系统测定的方位角和距离传感器测定的距离进行精确定位。

①沉放对接过程中,将各传感器观测数据输入计算机,借助软件对不同类观测数据进行质量控制、数据处理及解算。

②作业中管节状态参数应相互检校。比较组合定位方法中各定位方法在控制点上的定位数据,分析互差是否满足限差要求,相互检校测量成果。

③满足定位限差要求前提下,应采用数据融合技术输出管节状态参数。浅水区管节沉放过程中测量定位应以GPS定位为主,全站仪定位为辅;而当与已安装管节间距离小于2m时,管节对接作业应以全站仪测量定位为主。远岸深水区管节沉放过程中测量定位应以声呐法定位为主,机械拉线定位结果为辅;而当与已安装管节间距离小于2m时,则应以机械拉线定位为主,声呐法为辅。

(3)管节贯通测量

管节对接后应实施贯通测量。

平面贯通测量应采用三等导线测量按往返附合路线要求进行。测量设备包括全站仪1台,棱镜2~3个。当采用全断面水箱时,压载水箱拆除前,可采用水箱顶部设置全站仪转站方法进行贯通测量。压载水箱拆除后,可按三等导线网测量方法进行测量。

高程测量可采用三等水准测量、往返附合水准路线;测量设备包括电子水准仪1台,折叠式测量尺2~3个。在采用全断面压载水箱时,可采用二等三角高程测量,观测精度要求达到三等水准测量精度。

6.4.2 测量定位体系的现场测试试验

为了检验测量定位理论研究部分给出的数据处理模型和算法的正确性,下面对前述研究给出的适合港珠澳管节施工定位的测量塔全站仪定位法、测量塔GPS定位法、机械拉线法、声呐定位法、贯通测量以及坐标转换的数据处理模型开展仿真试验,并对定位结果及其精度进行分析。

1)广州洲头咀相似水域现场试验

2012年6月6日到6月18日,在中交四航局承担的洲头咀隧道工程现场,开展了相似水域管节沉放及对接现场试验。工程位置如图 6-35 所示。

图 6-35　广州洲头咀隧道工程位置

(1)控制网的建立

在工程区建立了两个控制网,即地面控制网和沉管控制网。

①地面控制网。

建立控制网主要是将所有测量成果纳入统一坐标系中,并为管节沉放测量提供设备架设点。

地面控制网的布设采用导线法。在沉管对接位置所在的江岸上选择四个视野开阔、通视条件比较好的点作为在沉管过程中架设全站仪的待选点,分别为 HW1、HW3、HW4、HW5,已知坐标的控制点有江西岸边的 FA、FB、FC 和江东岸边的 AT、BT,其分布如图 6-36 所示,坐标值见表 6-2。将全站仪架在已知点 AT 上,以江对岸的已知点 FA 为后视方向,观测四个待测点的坐标值,然后将全站仪架在已知点 BT 上,以江对岸的已知点 FB 为后视方向,观测获得四个待测点的坐标值,对坐标检核后作为最终成果(图 6-36)。

控 制 点 坐 标　　表 6-2

点　　名	x(m)	y(m)	z(m)
FA	25 900.975	35 494.565	8.411
FB	25 907.424	35 490.196	8.406
FC	25 956.246	35 469.033	8.484
AT	26 029.432	35 863.941	8.268
BT	26 025.844	35 866.312	8.264
HW1	26 073.130	35 853.547	7.910
HW3	25 989.985	35 873.084	7.758
HW4	26 063.043	35 875.420	7.814
HW5	25 985.832	35 874.682	7.672

②沉管控制网。

沉管控制网中控制点布设在沉管周围,主要有两个作用:一是在制造阶段用于管节几何形状检测,二是在沉放前对测量塔上设备在管节坐标系下的坐标进行测定,用于后续处理(表 6-3)。

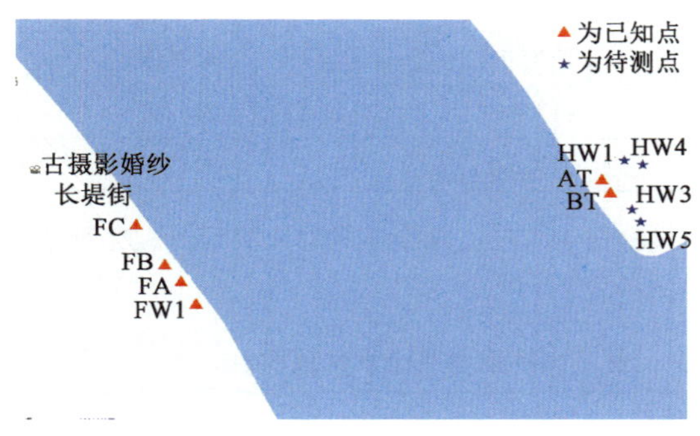

图 6-36　洲头咀项目两岸控制点分布

管节坐标系下管节控制点坐标　　表 6-3

点　名	x(m)	y(m)	z(m)
A1	0.000	15.700	0.000
B1	84.959	19.680	0.000
C1	84.959	-19.680	0.000
D1	0.000	-15.700	0.000
a1	-0.445	15.700	-9.680
b1	84.513	19.680	-9.680
c1	84.513	-19.680	-9.680
d1	-0.445	-15.700	-9.680
E1	40.461	15.700	0.000
F1	40.461	-15.700	0.000
e1	40.016	15.700	-9.680
f1	40.016	-15.700	-9.680
Z1	0.000	0.000	0.000
Z2	84.959	0.000	0.000
z1	-0.445	0.000	-9.680
z2	84.514	0.000	-9.680

沉管的特征点主要是构成沉管框架的上表面几个角点 A1、B1、C1、D1、E1、F1 及确定轴线的点 Z1、Z2 和下表面的几个角点 a1、b1、c1、d1、e1、f1 及确定轴线的点 z1、z2,其在沉管坐标系统中的坐标为已知。沉管上布设有四个控制点,用于监测沉管的变形以及作为测站观测棱镜和 GPS 位置,四个控制点给定的坐标如表 6-4 所示。

管节坐标系下四个控制点管节坐标　　表 6-4

点　名	x(m)	y(m)	z(m)
A2	-2.150	37.579	-0.002
B1	2.150	43.606	0.022
WA	-13.869	36.393	0.124
WB	-13.808	31.797	0.145

棱镜 1、棱镜 2、GPS1、GPS2 所在点分别为 L1、L2、G1、G2，观测四点的沉管坐标如表 6-5 所示。

管节坐标系下四个设备架设点的管节坐标　　表 6-5

点　名	x(m)	y(m)	z(m)
L1	-4.169	76.685	22.885
L2	-0.592	11.081	20.632
G1	-4.196	76.011	22.249
G2	-0.603	10.282	20.229

(2)坐标转换

①WGS84 坐标与地方坐标(工程坐标)的转换。

全站仪直接使用当地地方坐标系，将仪器架设在控制点上，在全站仪中输入控制点的地方坐标，连续跟踪观测塔上的棱镜即可实时得出棱镜坐标。GPS 记录的是 RTK 坐标，需要将其转换为地方坐标，采用的是七参数转换法。先确定 7 参数，对相同控制点分别用 GPS 和全站仪进行观测，得到几组大地坐标和地方坐标，建模解算出 7 个参数的值。取 6 个控制点为建模点，测得其大地坐标，如表 6-6 所示。

用于坐标转换的控制点坐标　　表 6-6

点　名	WGS84　坐　标			工　程　坐　标		
	B(ddmm.mmmm)	L(ddmm.mmmm)	H(m)	x(m)	y(m)	z(m)
FC	2 305.982 455 0	11 314.358 589 8	4.395 5	35 469.033	25 956.246	8.484
HW4	2 306.040 398 3	11 314.596 558 9	3.733 5	35 875.420	26 063.043	7.814
HW3	2 306.000 815 4	11 314.595 218 8	3.670 5	35 873.084	25 989.985	7.758
AT	2 306.022 186 8	11 314.589 847 8	4.193 0	35 863.941	26 029.432	8.268
HW1	2 306.045 853 5	11 314.583 755 3	3.831 0	35 853.547	26 073.130	7.910
FA	2 305.952 520 8	11 314.373 551 8	4.327 0	35 494.565	25 900.975	8.411

由此解算出 7 个参数的值分别为：

Δx 轴向平移：112m；Δy 轴向平移：32m；ΔH 轴向平移：232m。

绕 x 旋转：03″；绕 y 旋转：3.0″；绕 z 旋转：-2.0″，尺度($\times 10^{-6}$)：1.5。

②管节坐标到地方坐标(工程坐标)的转换。

在沉管监测过程中，监测沉管上表面的特征点（主要是四个角点 A1、B1、C1、D1），而已知的只有特征点的沉管坐标值，故在此需要讨论特征点的坐标转换，即将沉管坐标系归算到地方坐标系。该转换为平面转换 + 高程转换。平面转换通过观测两台 GPS 的瞬时位置，得到 RTK 坐标，先转换为地方坐标，然后通过地方坐标与沉管坐标之间的关系，确定平面转换参数，该过程在软件中完成，换算过来的特征点地方坐标如表 6-7 所示。

管节上特征点地方坐标　　表 6-7

点　名	x(m)	y(m)	z(m)
A1	25 950.117 2	35 776.317	-4.194
B1	25 993.594 8	35 849.312 1	-0.290
C1	26 026.430 2	35 827.608 5	-0.290
D1	25 976.312 1	35 759.002 6	-4.194
a1	25 950.117 2	35 776.317	13.884
b1	25 993.594 8	35 849.312 1	9.980
c1	26 026.430 2	35 827.608 5	9.98
d1	25 976.312 1	35 759.002 6	13.884
E1	25 972.404 2	35 810.035	2.335
F1	25 998.599 1	35 792.720 6	2.335
e1	25 972.404 2	35 810.035	12.025
f1	25 998.599 1	35 792.720 6	12.025
Z1	25 963.214	35 767.66	-4.194
Z2	26 009.998	35 838.435	-0.289
z1	25 963.251	35 767.715	-13.884
z2	26 010.034	35 838.49	-9.401

（3）仪器安装

①塔台安装。

为了实时监测管节沉放过程，精确地将它们安置到指定位置，在每个管节上安装与水深相适应高度的观测塔，为使沉管平衡并使观测塔间距尽量大，在沉管的两端各安装一个观测塔 A 和 B，分别在各观测塔上安置一个棱镜和 GPS，在其中一个观测塔上安置倾斜仪（图 6-37、图 6-38）。

②地面仪器架设。

为实时跟踪沉管运动，在通视条件良好的岸边控制点 HW5、HW1 上分别架设全站仪跟踪观测塔 A 上的棱镜 1 和观测塔 B 上的棱镜 2；将 GPS 基站架设在视野开阔、周围无明显高层遮挡物的控制点 FW1 上（图 6-39）。

在全站仪 1 和 2 上分别安装无线电通信装置，将数据实时发送到监控中心。

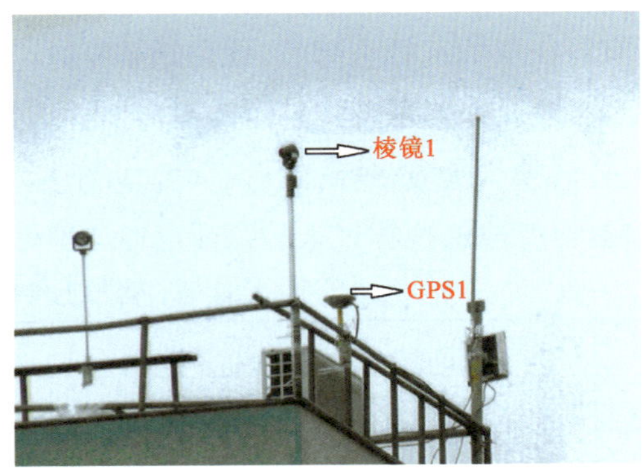

图 6-37 观测塔 *A* 及 LJ 和 GPS 天线安装

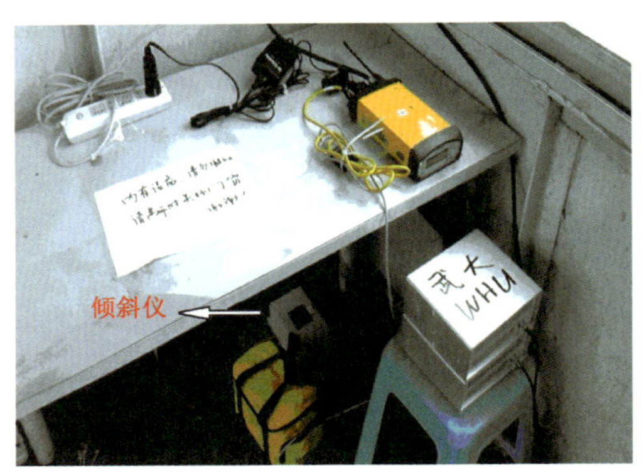

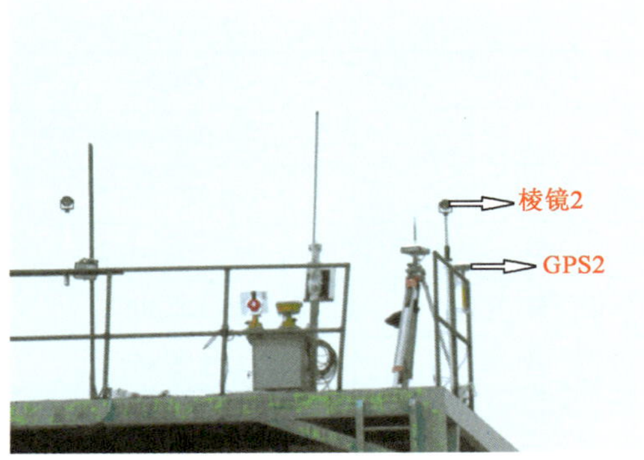

图 6-38 观测塔 *A* 上安置的姿态仪及无线电台和观测塔 *B* 上安置的棱镜 1、GPS1 及无线电台

在监控中心安装无线电，接收来自观测塔 *A*、*B* 上 GPS 实时定位结果以及全站仪 1、2 上的定位结果，并实现定位结果的存储以及管节上四个角点坐标的实时计算（图 6-40）。

图 6-39 全站仪 1、2 和 GPS 基准站架设

（4）监测过程及精度

①监测过程

根据记录的测量塔上 GPS 和棱镜数据，其变化过程如图 6-41 ~ 图 6-44 所示。

图 6-40 电台与实时监测系统

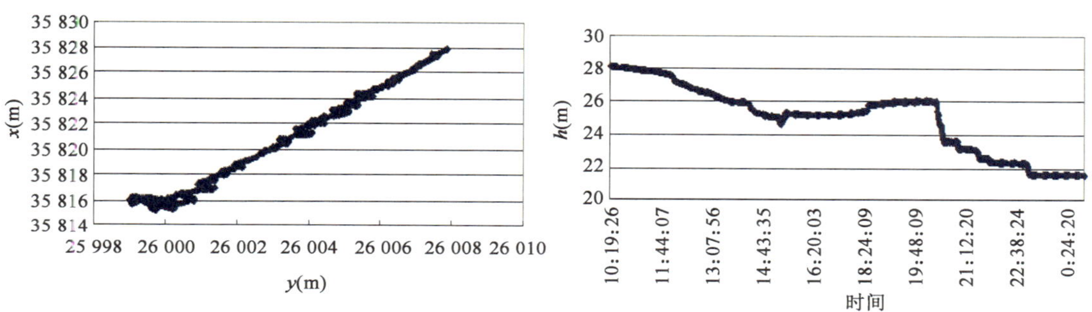

图 6-41 观测塔 *A* 上 GPS1 平面和垂直运动变化过程曲线

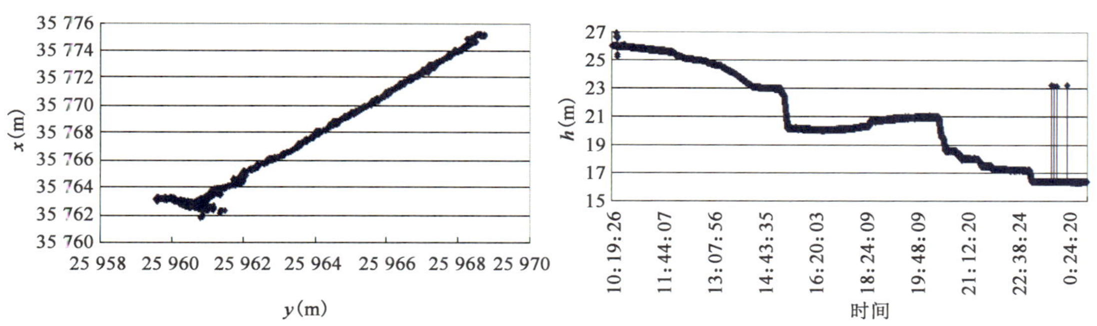

图 6-42 观测塔 *B* 上 GPS2 平面和垂直运动变化过程曲线

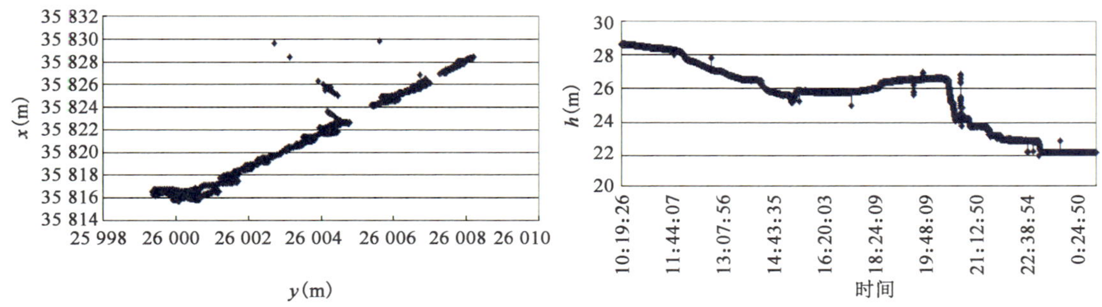

图 6-43 观测塔 *A* 上棱镜 1 平面和垂直运动变化过程曲线

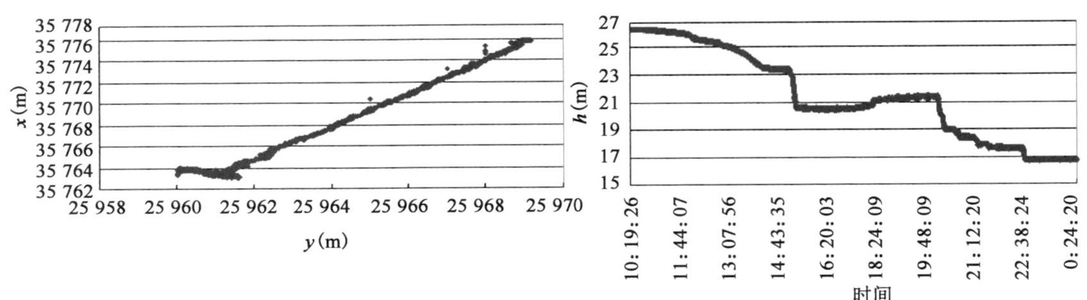

图6-44　观测塔 *B* 上棱镜2平面和垂直运动变化过程曲线

从以上过程曲线可以看出，在整个监测过程中，GPS数据连续，除个别数据异常外，其他观测数据均正常；全站仪定位精度较高，但由于中间吊车的晃动、移位，出现了部分异常或者中断观测，但与GPS观测数据比较，仍正确地呈现了管节在不同时刻平面和垂直方向的实际运动。

结合上述观测数据、各设备在管节坐标系下的坐标以及坐标转换关系，分别计算得到了用于对接的管节上四个角点坐标，并将之与设计坐标比较，沉放和对接过程中 *A* 点 *x* 方向、*y* 方向和 *z* 方向偏移量变化曲线，如图6-45所示。

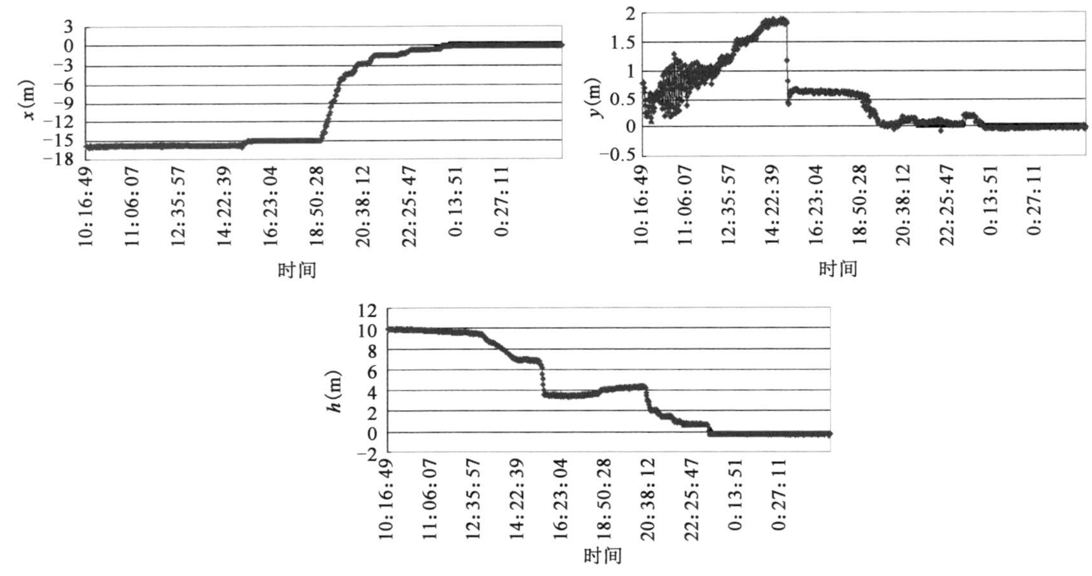

图6-45　*A* 点 *x*、*y* 和 *z* 运动变化过程曲线

对各控制点时序定位数据滤波，消除了原始观测数据中的异常，最终成果正确地反映了不同时期管节四个角点位置的变化。

②精度统计。

利用管节对接后四个角点实时定位坐标与设计坐标的偏移量、贯通测量成果，最终给出了测量塔全站仪和测量塔GPS综合定位系统的最终定位精度（表6-8）。可以看出，最终的对接定位精度平面最大为2.0cm，最小为1.0cm；垂直方向最大偏差为2.0cm，最小为1.0cm，从而表明，前期研究给出的理论方法是正确的，该综合定位系统可以应用于近岸管节沉放和对接测量定位中。

测量定位精度　表6-8

控制点	x方向偏差(m)	y方向偏差(m)	h方向偏差(m)
A	0.01	0.02	-0.01
B	0.01	0.02	-0.02
C	0.02	0.01	0.01
D	0.01	0.02	0.02

(5)结论及建议

泖头咀现场试验及结果表明，项目前期研究的数据处理方法、测量方案、实施方法、通信系统、软件系统等是正确的，测量定位成果可以满足管节沉放和对接期间的精度要求。

根据现场试验，给出如下结论和建议：

①测量塔形变对管节沉放过程监测有一定的影响，且随着管节下放深度的增加，该影响会进一步增大。因此，需要在测量塔的中部和顶部分别安装倾斜仪，以测定测量塔准确的倾斜变化量，并用于管节上各控制点位置的精确计算。

②潮流和压力影响着测量塔的稳定性，因此测量塔安装时要绝对稳固。

③测量塔上的仪器设备安装位置需要在管节处于静止状态下测定。

④在岸边选择全站仪架设位置时，要与施工方协商和密切配合，选择有利观测位置开展跟踪观测，避免观测过程中出现因施工造成的视线遮挡、观测中断或异常问题。

⑤施工作业中，应严格参考理论方法研究和测量控制方法研究中给出的各项环境参数，避免风浪过大时作业。

2)港珠澳大桥管节沉放试验方案及仿真试验

为使项目研究成果能够应用于港珠澳工程中，结合测量定位体系以及港珠澳大桥现场实际，开展了港珠澳大桥现场管节沉放实施方案研究和仿真试验工作。

(1)管节沉放实施方案

①测量内容。

明确地给出了管节沉放测量、管节对接测量和管节贯通测量具体的测量内容。

②测量依据。

给出了各项测量和仪器操作需要遵循的规范、规程以及技术参考。

③平面坐标系统和高程系统。

规定了实际测量中，应该采用的平面坐标系统为管节坐标系统和工程坐标系统；高程系统应为1985国家高程基准。

④采用的仪器设备。

规定了应该采用的仪器设备主要包括测量机器人、光纤罗经、双频 GPS 接收机、机械拉线系统、声呐定位系统、水准仪、无线电系统等。

⑤管节控制点布设及控制测量。

根据港珠澳管节尺寸,定义了管节顶面、对接面、尾端面上控制点的数量和布设位置;给出了基于自由设站法的管节坐标系构建方法以及管节控制点在管节坐标系坐标的测定方法。

⑥管节测量定位设备安装及数据通信。

给出了如下设备安装工艺和数据通信实施方法:

a. 测量塔全站仪定位系统和测量塔 GPS 定位系统。

b. 水下拉线测距测向定位系统。

c. 水下声呐定位系统。

d. 光纤罗经。

⑦测量定位方法。

a. 标准段测量定位实施方法。

b. 近岛浅水段测量定位实施方法。

c. 贯通测量定位实施方法。

d. 不同时期测量定位数据的采集和处理方法。

⑧质量控制方法。

为确保测量成果质量和管节准确对接,给出了不同实施环节的质量控制措施:

a. 管节设备安装点布设。

b. 设备安装点在管节坐标系下坐标测量控制。

c. 设备安装控制。

d. 测量控制。

e. 环境因素影响及其消除或削弱措施。

f. 数据处理过程中的控制措施。

(2)仿真试验

为确保各测量定位方法以及实施方案在港珠澳工程中正确实施,利用广州洲头咀相似水域管节沉放工程中的测量塔 GPS 定位结果和全站仪跟踪定位结果,基于实施方案中拉线系统、声呐系统的架设位置,反算了测量过程中各历元拉线系统、声呐系统各测量要素,并在这些要素的基础上,根据港珠澳作业区环境参数以及拉线系统、声呐系统测量精度,附加了一定的测量误差。利用这些仿真数据,基于 5.1.1 中 3)和 4)给出的机械拉线法数据处理模型和水下声呐定位法数据处理模型,开展了仿真试验,并将试验结果与最终的贯通测量结果比较,两种系统的仿真试验结果精度如表 6-9 和表 6-10 所示。

机械拉线测量定位精度　表 6-9

控　制　点	x 方向偏差(m)	y 方向偏差(m)	h 方向偏差(m)
A	0.01	0.02	-0.01
B	0.01	0.01	-0.01
C	0.02	0.01	0.02
D	0.01	0.02	0.02

声呐系统测量定位精度　表 6-10

控　制　点	x 方向偏差(m)	y 方向偏差(m)	h 方向偏差(m)
A	0.05	0.10	-0.12
B	0.03	0.12	-0.15
C	0.08	0.06	0.10
D	0.10	0.08	0.11

从仿真结果可以看出,机械拉线法的测量定位精度与测量塔全站仪的测量定位精度基本接近,均为 1 ~ 2cm;而声呐定位法定位精度则相对较低,在 3 ~ 15cm 之间,尤其是垂直方法精度,偏差基本在 10cm 以上。仿真结果进一步验证了机械拉线法可以实现管节精确沉放和对接测量控制,而声呐法只适用于沉放控制。

6.5　本 章 小 结

本章根据理论方法研究、硬件系统和软件系统需求以及管节沉放对接工程实际,结合作业流程,研究并给出了沉管作业测量定位实施工艺。

(1)根据不同综合定位方法中设备作用及各设备测量特点和定位要求,结合港珠澳大桥工程实际,给出了测量塔上 GPS RTK 天线、棱镜的安装工艺,水下拉线系统各单元的安装工艺,声呐系统各单元的安装工艺以及光纤罗经的安装工艺。

(2)为确保测量定位精度,给出了控制点布设及测量精度控制、管节沉放中测量控制、数据采集处理系统控制、测量过程中的数据融合和精度控制措施,确保了测量成果精度和稳健性。

(3)设计基于无线传输管节端观测设备数据的通信控制软件和硬件系统,研制了具有采集、处理、显示和发送各阶段测量定位数据功能的沉放对接测量定位软件。

(4)建立不同水深、距离和复杂环境下沉管安装的测量定位体系,较好地解决了设备安装工艺方案的选择、现场测量实施方案的可操作性、测量数据的综合处理及研制、环境因素影响及其修正等关键技术问题。

(5)根据理论和方法研究,编写了管节沉放对接安装测量定位实施方案,并在广州洲头咀项目相似水域现场试验中已经得到了验证,取得了理想的效果。

本章参考文献

[1] 许琛,王解先.沉管沉放的实时监测[J].工程勘察,2001,(4):58-61.

[2] 方长远,吕卫清,欧阳麟桦,等.基于多系统的浅水区管节沉放对接精密定位方法[J].中国港湾建设,2013,(2):10-36.

[3] 刘伯胜,雷家煜.水声学原理[M].北京:电子工业出版社,2005.

[4] 李英,陈越.港珠澳大桥岛隧工程的意义及技术难点[J].工程力学,2011,12:67-77.

第7章 管节垫层铺设施工工艺

沉管隧道基础处理方法可大体上分为先铺法和后铺法两大类。前者是在管节沉放安装之前，先铺好砂或碎石垫层；后者是先将管节沉设在预置于沟槽底上的临时支撑上，随后再补填垫实。在施工前，应按照设计要求对沉管段进行基槽开挖。基槽经过粗挖、精挖、清淤及检测合格后，即可进行沉管隧道管节的基础处理。

7.1 沉管隧道基础处理方法现状

管节的基础处理是沉管隧道施工的关键技术之一。沉管隧道在地基开挖、管段沉放、基础处理和最后回填覆土后，抗浮系数仅1.1～1.2，作用在地基上的荷载一般比开挖前要小一些，所以对各种地质条件的适应性很强。但在管段沉放前，基槽开挖相当不平整，使基槽底面与沉管底面之间存在很多不规则的空隙，而使地基受力不均，易产生应力集中而破坏，同时地基受力不均也会使管段受到较大的局部应力而开裂。因此，在沉管隧道施工中，需要对基础进行必要的处理，使管段底与地基之间的空隙充填密实[1]。

沉管隧道基础处理方法可大体上分为先铺法和后铺法两大类。沉管隧道采用什么类型的基础完全根据其具体情况而定。通过对世界各国建成的100多座沉管隧道基础处理方法统计，刮铺法占28%，喷砂法占18%，压砂法占17%，灌砂法占16%，桩基法占5%。其典型沉管隧道工程参数及特点见表7-1[2-3]。

国内外具有代表性的沉管隧道工程参数及特点一览表　　表7-1

项　目	荷兰 Maas 隧道	中国香港地铁过海隧道	丹麦 Oresund 海峡隧道	中国上海外环越江隧道	土耳其 Bosphorus 海峡隧道	韩国 Busan 隧道
沉管类型	混凝土	混凝土	混凝土	混凝土	混凝土	混凝土
断面尺寸（宽×高）(m)	24.77×8.39	13.1×6.5	38.8×8.6	43×9.55	15.3×8.6	24.64×9.97
沉管段全长(km)	0.584	1.400	3.510	0.736	1.387	3.240
管节数	9	14	20	7	11	18
管节长(m)	61.35	100	176	100～108	98.5～130	180
最大水深(m)	22	24	30	30	60	48
管节基础	后喷砂基础	先铺法碎石基础	先铺法碎石基础	后压砂基础	先铺法碎石基础	先铺法碎石基础
建造期	1937—1942年	1975—1979年	1995—2000年	1999—2003年	2004—2008年	2006—2010年

从沉管隧道基础处理发展来看,主要有三种不同的基础施工方法:刮铺法,喷砂法和压注法[2-3]。压注法又分为压砂法和压浆法。

后填法的主要优点是其高程便于调节,施工设备占用航道时间短,缺点是在地震时容易发生沙土液化而使基础失去承载能力。对于在外海水深大、水流复杂、管节体量大的沉管隧道,若使用后填法基础需要对管节两端进行临时支撑,而节段式管节在简支状态下受力较为不利,因此海中沉管隧道一般优先考虑先铺法基础垫层。

港珠澳大桥沉管隧道工程基础垫层采用的碎石整平法,是先铺法中碎石刮铺法的另一种形式。此种基础垫层的主要优点是,能适用相对较大波浪和水流;带有垄沟的碎石垫层具有一定的纳淤能力;基础垫层和管节沉放施工速度较快;管节沉放连接后能快速形成管节的稳定;管节沉放前垫层顶面能进行可视化检查。但采用先铺法的管节高程与纵横坡的误差基本取决于碎石垫层的误差,因此管节沉放对解除垫层的精度要求较高,需采用大型高精度抛石整平设备进行铺设。

7.2 国内外沉管隧道垫层先铺法施工方法现状

7.2.1 国外垫层先铺法施工方法

美国旧金山海底隧道碎石基床整平机主体是一个方框形桁架,桁架用浮筒浮于水面。桁架上安装有道轨和台车。台车下悬吊整平料分配箱。作业时,将整平料从漏斗放入分配箱,拖曳台车带动分配箱将整平料均匀地铺设在基床顶面上,从而实现基床整平(图 7-1)。

1996 年开始修建的丹麦厄勒海峡大桥沉管隧道长 4.05km,基础条件较好,其施工最大水深 22m,该项目使用的碎石基础浮式铺设平台,在最大波高 0.75m,最大流速 1m/s 的条件下实现了 ±25mm 的基础整平精度(图 7-2)。

韩国釜山—巨济沉管隧道全长约 3.3km,采用刮铺法进行施工。"KUS-ISLANG"号自升平台式深水整平船是为了沉管隧道的基础抛石整平施工而开发的深水抛石整平船。该船在最大水深 48m,最大水流速度 1m/s 的条件下基础整平精度达到 ±40mm,长度 180m、宽度31.66m 的碎石基床整平时间需 14~16 天(图 7-3)。

7.2.2 国内基础整平工艺技术

我国从 20 世纪 70 年代中后期,对深水抛石基床整平技术开展了深入的研究和应用,并取得了一定成果。目前的刮铺设备主要应用于重力式码头或防波堤的基床整平,一般整平精度在 ±50mm,与沉管隧道刮铺基础的 ±40mm 整平精度还是有一定的差距。国内目前有步履式水下整平机和“航工平1号”平台式整平船两种船型，步履式水下整平机的整平基床宽度≤14.2m；“航工平1号”平台式整平船适用水深只有4～11m(图7-4)。

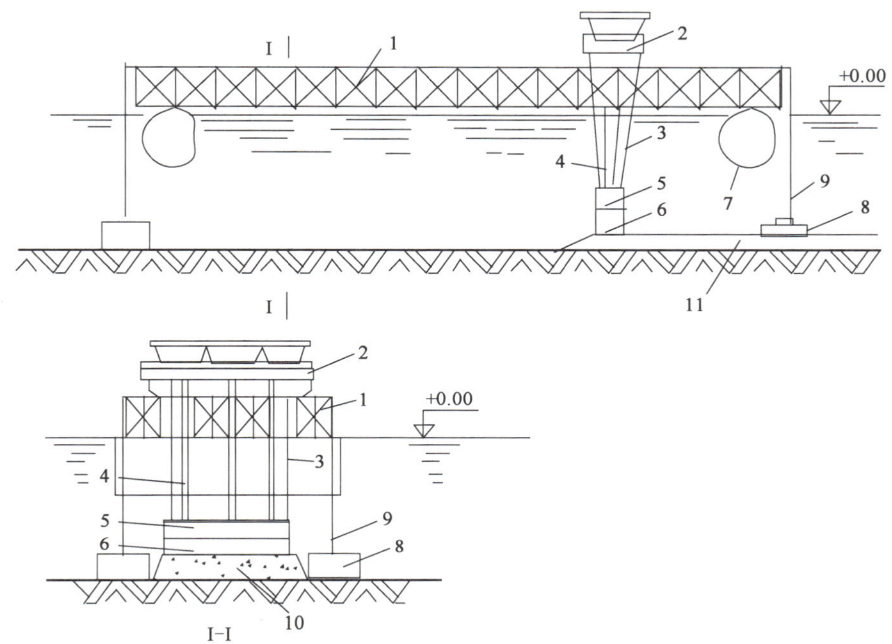

图7-1 浮筒式碎石基床整平机

1-金属桁架；2-自行台车；3-绳索；4-送料管道；5-分配箱；6-细平器；7-浮箱；8-锚块；9-调节索；10-碎石；11-整平后的基床

图7-2 浮式碎石铺设平台

“青平2号”离岸深水基床抛石整平船，工作水深45m，整平精度达到±50mm，主要用于码头或防波堤等离岸深水基床的抛石整平(图7-5)[4]。

1979年建设的香港地铁荃湾线尖沙咀至湾仔沉管隧道，最大水深约30m，其横断面底部宽度为10.31m，沉管基础顶宽为14m。碎石基础整平采用先铺刮石法，所采用的专门工程船舶兼顾了基础处理和管节沉放。基础整平分两层施工，基础第一层预留高程30cm，做粗整平；第二层为精细整平，基础顶面平整度达±30mm(图7-6)[1]。

图 7-3　KUS-ISLANG 号自升平台式深水整平船

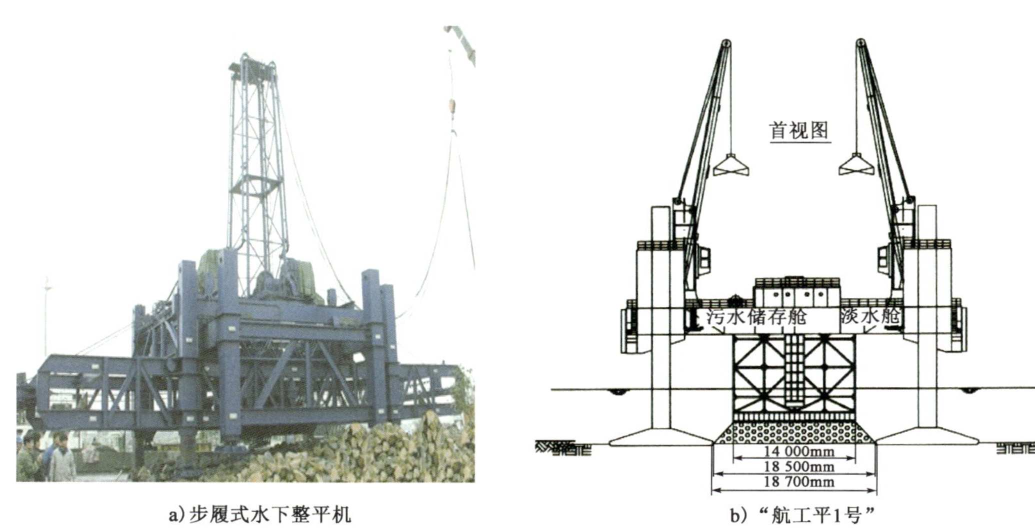

a) 步履式水下整平机　　b) "航工平1号"

图 7-4　步履式水下整平机和航工平 1 号

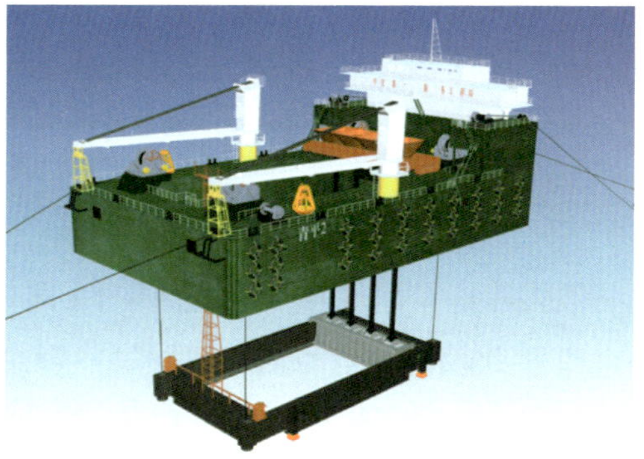

图 7-5　"青平 2 号"深水基床抛石整平船

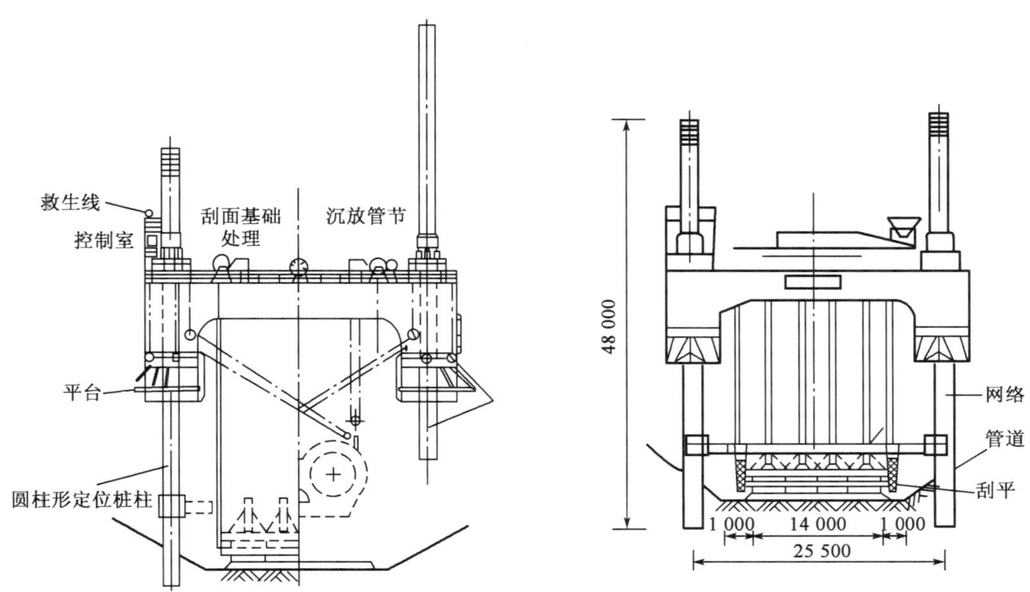

图7-6　基础处理和管节沉放专门工程船(尺寸单位:mm)

7.3　碎石铺设整平船简介

碎石铺设整平船是根据港珠澳大桥沉管隧道工程规模、水深、工效、作业条件、精度控制及质量检测等边界条件,设计建造的自升平台式碎石铺设整平船。

7.3.1　整平船技术规格要求

1)需求分析

本船设计用途为港珠澳大桥岛隧工程中隧道沉管的碎石垫层铺设作业,负责铺设水深10~50m范围内所有沉管管节的碎石垫层,在不移动船身的情况下碎石铺设整平作业范围可达48.2m×25.2m,具有在异地浅水区以升降形式避风、抗台风自存的能力。

2)总体概述

该船主船体为箱形"回"字结构,四角上布置有四根采用齿轮齿条形式驱动的桩腿;中间月池上部设置一台纵向移动的台车,台车上为带有抛石管的小车,小车可以沿台车横向移动,以实现抛石管的大范围作业能力。船上还配置了供给料皮带机、柴油发电机组、压舱注排水系统、系留和操船锚机等各种辅助设备。

3)主要尺寸和性能

设备尺寸和性能参数见表7-2。

设备尺寸和性能参数 表 7-2

<table>
<tr><td colspan="8">主要尺寸</td></tr>
<tr><td>型长</td><td>型宽</td><td>型深</td><td>设计入水线</td><td>桩腿总长</td><td>抛石管总长</td><td colspan="2">中间月池尺寸</td></tr>
<tr><td>81.8m</td><td>46m</td><td>5.5m</td><td>4m</td><td>90m</td><td>75m</td><td colspan="2">59m×30m</td></tr>
<tr><td colspan="8">主要性能</td></tr>
<tr><td colspan="4">最大船舶作业水深</td><td>40m</td><td colspan="2">整平作业水深</td><td>10～50m</td></tr>
<tr><td colspan="4">一次最大碎石铺设厚度</td><td>1.7m</td><td colspan="2">每个船位整平尺寸</td><td>25m×48m</td></tr>
<tr><td colspan="4">最大石料粒径</td><td>80mm</td><td colspan="2">铺设整平精度</td><td>≤±40mm</td></tr>
<tr><td colspan="4">设计铺设速度(沿管节轴线推进速度)</td><td>≥3m/h</td><td colspan="2">自持力</td><td>15d</td></tr>
</table>

4)作业工况与生存条件

工作状况和条件见表 7-3。

工作状况和条件表 表 7-3

<table>
<tr><td colspan="6">作业工况</td></tr>
<tr><td>最大波高</td><td>波浪周期(对应最大波高)</td><td>有效波高</td><td>最大流速(表面流速)</td><td>最大风速</td><td>潮差</td></tr>
<tr><td>2.8m</td><td>8.7s</td><td>1.5m</td><td>1.5m/s</td><td>25.8m/s</td><td>≤3m</td></tr>
<tr><td colspan="6">设计自存条件</td></tr>
<tr><td>水深</td><td>最大波高</td><td colspan="2">波浪周期(对应最大波高)</td><td>最大流速</td><td>最大风速</td></tr>
<tr><td>10～15m</td><td>6.5m</td><td colspan="2">8.7s</td><td>2m/s</td><td>51.5m/s</td></tr>
<tr><td colspan="6">拖航</td></tr>
<tr><td colspan="2">设计风速 36m/s</td><td colspan="2">设计风速 51.5m/s</td><td colspan="2">设计风速 25.8m/s</td></tr>
<tr><td colspan="2">完整稳性,近程拖航</td><td colspan="2">完整稳性,近程拖航</td><td colspan="2">破舱稳性</td></tr>
</table>

5)锚泊设备与缆系

本船按 6 点移位锚泊要求配置工作锚设备。需采用中央控制和机旁控制两种方式操作。工作锚绞车设置在主甲板上。艏、艉部工作锚锚索均通过导向滑轮和舷边转动导缆器引出船外,并同工作锚连接。锚泊设备技术参数见表 7-4。

锚泊设备技术参数 表 7-4

<table>
<tr><td colspan="7">工作锚</td></tr>
<tr><td>数量</td><td colspan="2">锚和锚平衡杆的质量</td><td>锚型</td><td colspan="2">锚索</td><td>长度</td></tr>
<tr><td>6 个</td><td colspan="2">8.5t</td><td>丹福尔大抓力锚</td><td colspan="2">ϕ46mm 钢丝绳</td><td>700m×6</td></tr>
<tr><td colspan="7">移位锚机</td></tr>
<tr><td>数量</td><td>钢丝绳</td><td>锚机拉力</td><td>锚机速度</td><td>空载速度</td><td>静态制动支持负载</td><td>容绳量</td></tr>
<tr><td>6 个</td><td>ϕ46mm</td><td>400kN</td><td>0～12m/min(拉力为 400kN 时)</td><td>≥20m/min</td><td>1 200kN(滚筒内层)</td><td>700m</td></tr>
<tr><td colspan="7">锚浮漂、锚头缆</td></tr>
<tr><td colspan="7">本船配备锚浮漂 6 只,锚头缆 6 条及其卡环等所有的连接附件</td></tr>
</table>

6)整平船桩腿结构、升降锁紧装置

(1)桩腿结构

整平船桩腿直径2 800mm;全长90m,共4根。全船升降能力近80m。桩腿入泥端采用"米"字筋,背部"T"形钢加强。

(2)升降装置和锁紧装置

抛石船每根桩腿上皆背对背布置有一对齿条,且每根桩腿周围都布置了固定的自升式框架结构,其中包含了分四层相对安装的总共8套抬升机构装置,因此整个平台总共有32套抬升机构。整个升降系统全部采用变频电机驱动的方式,有效行程57m。

(3)升降机构抬升能力

升降机构抬升能力参数见表7-5。整平机与供料船联合进行整平作业现场如图7-7所示。

升降机构抬升能力参数表　　表7-5

操　　作	负载情况	单套机构能力	操　　作	负载情况	单套机构能力
额定抬升荷载		200t	预压静荷载	最大静荷载	320t
预压抬升荷载	最大抬升荷载	300t	风暴下自存荷载	最大预压荷载	454t
预压下降荷载		300t			

注:1t=10kN。

图7-7　整平船与供料船联合进行垫层整平作业现场图片

7.3.2　抛石整平系统

抛石整平系统设备主要分为抛石整平设备和石料输送设备。

(1)石料经皮带输送设备经过4次提升,投入抛石管进料口;抛石管随大车和小车的移动,完成规定行程,同时将石料铺设至海底槽床上。

(2)抛石管的移动范围超过48.2m×25.2m(抛石管中心到中心),作业水深范围10~50m,一次最大铺设厚度1.7m,石料粒径满足20~60mm基本要求,8个有效工作日内可以完成单节长180m的沉管碎石垫层的施工,满足港珠澳大桥岛隧工程碎石铺设的需要。

1)抛石整平设备

(1)抛石管

抛石管主要结构为一根直径为1 524mm的圆管,管外为方形加强结构。抛石管从上至下共有8段开口作为石料的进料口。抛石管头部是固定的主管和可以伸缩的平衡管,通过4根平衡油缸共同作用可以调节平衡管的伸出长度,以满足抛石整平的精度要求。抛石管头部安装有2套声呐系统,用于检测海底槽床(抛石前的检测)和已铺设碎石基层高度。并设置倾斜仪检测抛石管倾斜程度,纠正抛石管角度。整平船抛石整平系统如图7-8所示。

a)整平船抛石整平系统

b)整平船抛石管头部

图7-8　整平船抛石整平系统

(2)抛石管升降绞车

抛石管起升绞车安装在移动小车上,采用双卷筒、单驱动的形式。通过滑轮组负责抛石管的起升和锁止。

(3)抛石管支撑和夹持系统

抛石管夹持机构共2副,分别安装在抛石管固定架的上下位置,它们通过中间油缸的行程变化可以压紧或者松开抛石管。抛石管夹持机构主要作用是确保抛石管在到位锁止之后,不会再发生偏转晃动。

(4)行走台车(大车)

移动台车横跨整个月池,采用齿轮齿条驱动,带动抛石管纵向移动,完成抛石整平作业过程中的纵向位移。采用4部电机分别驱动4台小台车,带动整个台车移动。在左右两边皆设置了反滚轮以限制台车的倾覆或跳动。

行走台车行程50m;移动速度0.1~2.5m/min。

(5)移动小车(小车)

移动小车在行走台车(大车)上移动,采用齿轮齿条驱动,带动抛石管横向移动,完成抛石整平作业过程中的横向位移。移动小车驱动机构与移动台车驱动机构通用。移动小车上面设置有司机室、抛石管起升绞车、抛石管固定架和抛石管软管导向支架。

移动小车行程26m;移动速度0.1～2.8m/min。

整平船行走台车和移动小车如图7-9所示。

图7-9 整平船行走台车和移动小车照片

2)石料输送设备

(1)石料输送设备采用皮带输送机的形式,通过4台皮带输送的接力传送,将进料料斗内的石料送入抛石管。皮带输送机包括固定式和带移动尾车的移动式两种,两种形式皮带输送机的相同部件可以通用。

皮带输送机输送能力1 020t/h;皮带运行速度75m/min;皮带宽度1 200mm。

皮带输送机设电子皮带秤一台,其称量误差在±0.25%以内,皮带秤系统称量误差在±2%以内,具有瞬时流量和累加量显示,并具有流量输出功能。

(2)移动式皮带输送机。

移动式皮带输送机也分为纵向和横向两个方向输送石料。两部皮带机上各带有一部移动式尾车分别跟随行走台车和小车移动。随台车移动的皮带机将石料输送至随小车移动的皮带机,随小车移动的皮带机最终将石料投入小车内的抛石管进料口。

3)石料输送(控制)系统

(1)本船在整平作业测控室设有石料输送控制系统。

(2)本船上所设的石料输送系统,自受料斗开始,经过一段纵向固定和一段横向固定的皮带输送装置(机),再经过一段纵向移动皮带输送装置,输送到抛石整平机上的横向移动皮带输送装置,再由其最终将石料输送至布料管内。

(3)石料输送系统可根据整平效率协调送料船控制(调整)石料流量。

(4)皮带输送系统的石料流量在控制台上显示并可控。

4)抛石整平监控系统

(1)本船在整平作业测控室设抛石整平监控系统一套。除实现对纵向移动台车和横向移动台车的行进控制,以及对抛石(下料)管升降及锁定控制的基本操作功能外,还具备对整平前后的高程测量功能。

(2)纵、横向移动台车的传动电机均采用交流变频驱动,实现无级调速,并能自动纠正行走偏差。纵、横向台车的移动简图和参数能够在测控室控制台上显示与控制。

(3)抛石(下料)管的下端利用液压缸进行微调以满足高程及坡度的要求。管中的料位高度能够自动检测与控制。抛石(下料)管的升降及锁定可在测控室控制台上显示与控制。

(4)抛石管设有倾斜管理系统,可通过控制台获得倾斜报警并调整。

(5)抛石管的平面位置、倾斜度、底高程,料位,整平前后高程、流速与潮位等参数可在控制台上显示与控制。

(6)管理工作站通过 RTK-GPS 系统及声呐系统,对抛石管的状态及整平面进行作业前检测和作业后扫描,实现管理作业。

(7)高程测控可采用 GLONASS GPS、声呐等先进适用的测控技术和装置实现。DGPS 通过 RTK 中继站提供精确的位置信号,高程测控的所有数据以图表方式自动显示、记录、储存、拷贝和打印。

7.4 应用实例

本书以港珠澳大桥沉管隧道垫层施工为例,结合碎石铺设整平船,论述管节垫层铺设施工工艺。

7.4.1 港珠澳大桥垫层施工特点难点

1)工程规模大

港珠澳大桥岛隧工程沉管隧道穿越珠江口出海主航道,沉管段长 5 664m,共有管节 33 个。管节长度由东至西为:112.5m + 112.5m + 180m + 175m + (5 + 2 + 172) m + 180m × 26 + 112.5m + 112.5m。

沉管隧道标准管段底宽 37.95m,长 180m,碎石垫层宽度 42m,安装一根沉管需要的铺设基础面积达到 7 551m^2,整个沉管隧道垫层铺设面积达 24 万 m^2,碎石总量约 30.7 万 m^2,基础整平工作量大、整平规模大;根据沉管隧道的施工计划安排,整平一节沉管要 8 天完成,每天的整平量 1 215m^2,整平工期非常紧张。

2)施工环境复杂

施工现场有伶仃航道和铜鼓航道通过,通航船舶较多(珠江口每天船舶交通流量达 4 000

艘),对施工影响较大,对施工安排和安全管理亦是挑战。

现场10年一遇的流速达到1.85m/s,10年一遇的波浪$H_{1/3}$达到2.49m,热带气旋平均每年2个,最多的年份达到6个。

沉管隧道基槽开挖深度最深的达到泥面下33m之深,在潮汐水流的作用下,海床表面的浮泥易回淤到基槽,影响基槽持力层的稳定。

施工现场的航运繁忙,流速大、波浪大、台风多、可作业天数少,基槽和基床存在回淤的风险等复杂的施工环境对沉管垫层整平都会造成不同程度的影响。

3)工艺复杂

沉管采用先铺法碎石垫层,垫层顶高程在-43.92~-12.50m之间,水深自8m至45m,最大水深达45m以上,水深深、变化大,施工困难,对整平船及供料船的要求高。

沉管隧道设计有多种纵坡:除E18管节外,其余管节基础均有0.114%~3.098%的纵坡。碎石基础整平纵坡种类多,坡度变化大,整平高程控制难度大。

碎石垫层宽41.95m,曲线段碎石垫层宽度42.95m,厚度均为1.3m,均为横向垄结构形式,碎石垄顶宽1.8m,垄沟宽1.05m,垄中心间距2.85m。施工效果图见图7-10、图7-11。

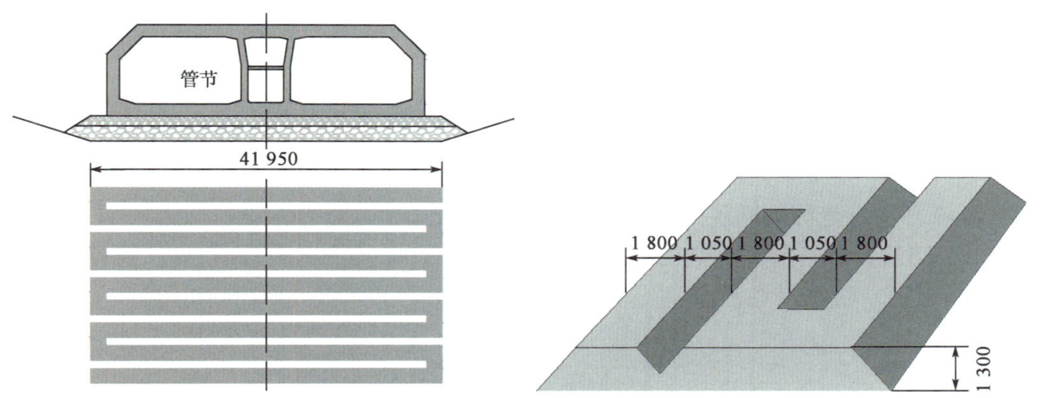

图7-10　碎石垫层结构示意图(尺寸单位:mm)

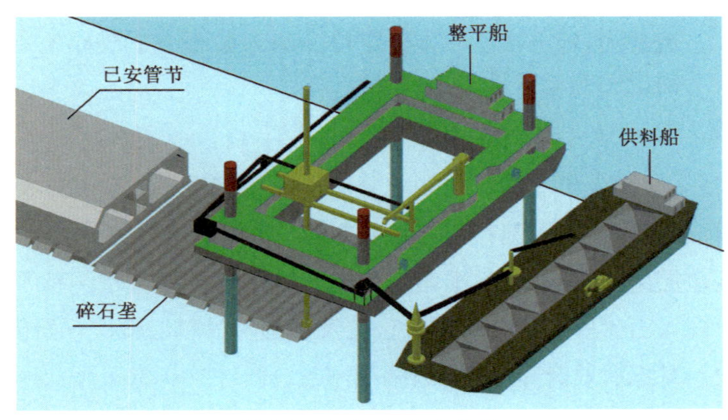

图7-11　整平船铺设效果图

4)工期安排紧张

按照工期总体安排,为确保基槽精挖-清淤-基床整平-沉管安装形成环环相扣的流水施工,整平作业的效率必须满足7个船位8天整平完成一个标准管节的碎石基床,平均每天1个船位的时间安排。碎石垫层质量控制标准见表7-6。

质量控制标准表　　表7-6

序号	检查项目		规定值或允许偏差	备注
1	垫层顶部高程	测点允许偏差	±4cm	85%以上测点满足偏差要求
2	垫层两侧顶边线与设计位置平面允许偏差		-20~+100cm	—
3	碎石垄纵向宽度		不小于设计值	设计宽度1.80m
4	单个管节相邻整平船位内碎石垄顶测点平均值(或基面)		<2cm	相对值

注:1.垫层顶部的测点偏差应具有良好的随机性。
2.平面允许偏差应严格控制负偏差,正偏差超过100cm时,汇总所有结果报设计确认;碎石垄横向检测宽度为管节外缘单侧各延伸20cm,即$37.95+2\times0.2=38.35$m。
3.碎石垄施工采用专用固定整平设备,垄宽度参数与设备几何尺寸直接相关,按每管节进行抽查。

7.4.2 垫层施工工艺流程

根据港珠澳大桥沉管隧道施工的特点,结合施工现场条件,从整平船移船定位、锚缆布置、桩腿下落、压载调平到供料船定位;从整平基床高程设定、基床纵坡控制,到石料抛填整平等参数设定;从抛石管位置姿态、基床高程实时测量,到整平基床质量检测等各工艺流程,分析碎石铺设整平船和配套的供料船作业效率、施工风险,提出检测方法、安全保障和环境保护措施,对碎石基床铺设整平施工工艺流程进行设计;通过工艺试验和典型施工,优化施工参数,完善操作规程,形成科学先进的高精度碎石垫层铺设施工工艺。

E1、E2、E32、E33管节碎石垫层铺设由于条件限制部分碎石垫层采用人工整平,其余部分及其余管节采用专用整平船铺设。

1)人工铺设工艺流程

E1、E2、E32、E33管节分别位于西、东人工岛岛隧结合部,由于受周边大圆筒和挡流块的影响,施工区域狭窄,部分区域整平船不能进入定位,只能采用人工铺设的方法施工。

人工铺设的工艺流程为:施工准备→方驳定位→基床抛石→下放导轨→潜水人工整平→碎石垫层检测。人工铺设工艺流程见图7-12。

2)整平船铺设工艺流程

E1、E33管节整平船铺设长度为53.86m,分两个船位铺设;E2和E32管节长112.5m,分为5个船位铺设;标准段管节碎石基床长180m,分为7个船位进行铺设。

单个船位碎石垫层施工流程为:整平船工前校准→潜水探摸基槽→整平船移船定位→整平船插桩抬升→下降抛石管并设定确认铺设位置及高程→供料船就位开始供料→开始铺设作业→成形测量验收→基床验收合格→进入下一船位。

整平船铺设工艺流程见图7-13。

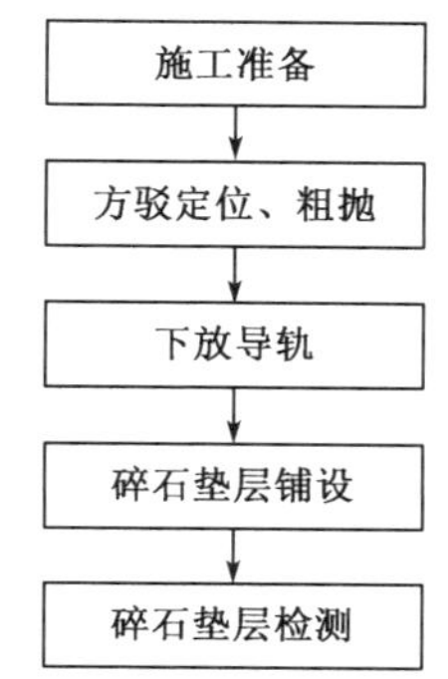

图 7-12 人工铺设工艺流程图

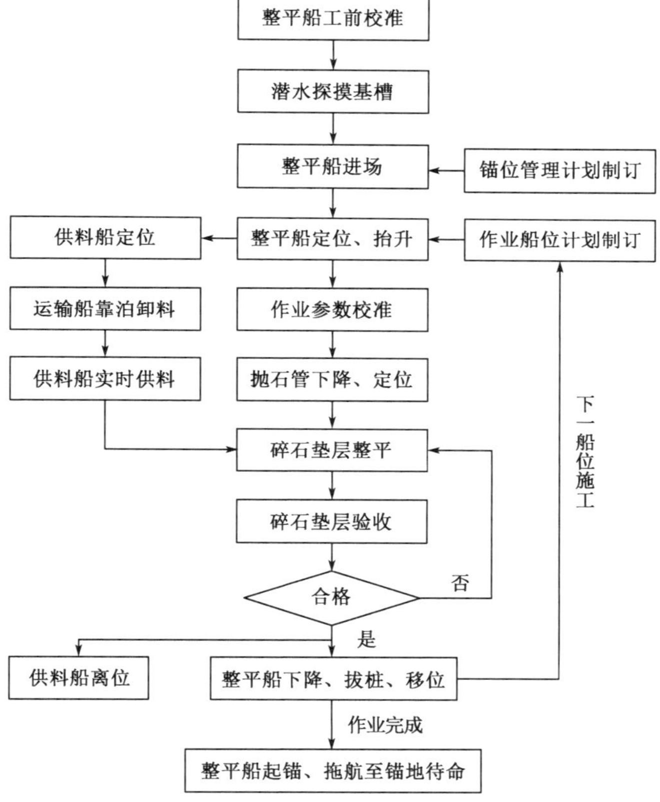

图 7-13 整平船铺设工艺流程图

7.4.3 垫层施工作业条件分析

1)船舶作业工况分析

根据《抛石整平船技术规格书》和《抛石整平船操作手册 SC9134-946-03S》整平船各作业工况如下：

(1)整平船

①正常作业工况

整平船正常作业工况见表7-7。

整平船正常作业工况表 表7-7

序号	项目	技术规格书	备注
1	波高	2.8m(最大波高)	
2	周期	8.7s	
3	有效波高	1.5m	
4	流速	1.5m/s(最大流速表面流速)	
5	风速	25.8m/s(最大风速)	
6	潮差	≤3m	

②设计风暴自存条件

整平船风暴自存工况见表7-8。

整平船风暴自存工况表 表7-8

序号	项目	技术规格书	备注
1	水深	10~50m	
2	波高	6.5m(最大波高)	
3	周期	8.7s	
4	流速	2m/s(最大流速)	
5	风速	51.5m/s(最大风速)	

③平台升降工况

整平船平台升降工况见表7-9。

整平船平台升降工况表 表7-9

序号	项目	SC9134-946-03S	备注
1	风速	≤13m/s	
2	波高	≤1m	
3	周期	8.7s	
4	流速	1.5m/s(相对流速)	
5	平台横纵摇	≤0.5°	

(2)供料船

供料船作业工况见表7-10。

供料船作业工况表 表7-10

序号	项目	供料船技术规格书	备注
1	水深	10~50m	
2	波高	≤1.5m	

续上表

序　　号	项　　目	供料船技术规格书	备　　注
3	潮差	≤3m	
4	流速	≤1.5m/s	
5	蒲氏风力	≤7 级	

2)可作业天数分析

碎石基床整平时,180m 标准管节所需碎石方量为 4 500 ~ 8 000m^3,单个船位整平所需碎石方量为 650 ~ 1 200m^3,皮带运输船上料 2 000m^3 时间为 2 ~ 3h,供料船储料能力为 2 000m^3,因此皮带运输船可选择在平潮期进行上料,故施工可作业天数分析中皮带运输船作业工况不作为控制条件。

(1)供料船作业分析

由于供料船所需作业条件比整平船所需作业条件要严格,故需按供料船作业工况进行可作业天数分析。分析统计表见表 7-11。

供料船每月可作业天数统计表　　表 7-11

月份	1	2	3	4	5	6	7	8	9	10	11	12	平均
当月天数	31	28	31	30	31	30	31	31	30	31	30	31	
大雾	0.23	1.23	2.3	1.13	0.17	0	0	0	0	0	0	0	
风 >7 级	0	1	1	2	3	3	1	4	1	2	1	0	
雷暴雨	0	0	2	2	4	9	7	6	5	2	0	0	
波高 >1.5m	波高 >1.5m 频率为 0.258%,每月按 30 ×0.258% =0.08d												
流速 >1.5m/s	仅出现在大汛潮时且持续时间约为 1h,在当天富余时间中调节												
潮差 >3.0m	全年 6d,每月按 6/12 =0.5d												
偶然因素	2	2	2	2	2	2	2	2	2	2	2	2	
影响天数总计	2.8	4.9	7.9	7.8	9.8	14.6	10.6	12.6	8.6	6.6	3.6	2.6	
月可作业天数	28.2	23.1	23.1	22.2	21.2	15.4	20.4	18.4	21.4	24.4	26.4	28.4	22.7

根据以上统计分析,本工程供料船施工的可作业天数平均为每月 23 天。其中 5 ~8 月份,由于受热带气旋和雷暴雨等天气的影响,每月的可作业天数往往只有 15 ~21 天。

(2)整平船升降作业分析

由于整平船升降桩腿所需作业条件要比正常作业所需条件严格,故按照平台升降作业工况进行可作业天数分析。分析统计表见表 7-12。

根据以上统计分析,本工程整平船施工(升降桩腿工况)的可作业天数平均为每月 19 天。其中 4 ~8 月份,由于受热带气旋和雷暴雨等天气的影响,每月的可作业天数往往只有 9 ~ 18 天。

整平船每月可作业天数统计表(升降桩腿工况)　　表7-12

月份	1	2	3	4	5	6	7	8	9	10	11	12	平均
当月天数	31	28	31	30	31	30	31	31	30	31	30	31	
大雾	0.23	1.23	2.3	1.13	0.17	0	0	0	0	0	0	0	
风>6级	2	6	5	8	6	9	6	9	4	3	3	0	
雷暴雨	0	0	2	2	4	9	7	6	5	2	0	0	
波高>1m	波高>1m频率为1.96%,每月按30×1.96%=0.6d												
流速>1.5m/s	仅出现在大汛潮时且持续时间约为1h,在当天富余时间中调节												
潮差>3.0m	全年6d,每月按6/12=0.5d												
偶然因素	2	2	2	2	2	2	2	2	2	2	2	2	
影响天数总计	5.3	10.3	12.4	14.2	13.3	21.1	16.1	18.1	12.1	8.1	6.1	3.1	
月可作业天数	25.7	17.7	18.6	15.8	17.7	8.9	14.9	12.9	17.9	22.9	23.9	27.9	18.7

(3)整平船正常作业分析

按照整平船正常作业工况所需条件分析可作业天数,见表7-13。

整平船每月可作业天数统计表(正常作业工况)　　表7-13

月份	1	2	3	4	5	6	7	8	9	10	11	12	平均
当月天数	31	28	31	30	31	30	31	31	30	31	30	31	
大雾	0.23	1.23	2.3	1.13	0.17	0	0	0	0	0	0	0	
风>10级	0	0	0	0	0	0	0	0	1	0	0	0	
雷暴雨	0	0	2	2	4	9	7	6	5	2	0	0	
波高>1.5m	波高>1.5m频率为0.258%,每月按30×0.258%=0.08d												
流速>1.5m/s	仅出现在大汛潮时且持续时间约为1h,在当天富余时间中调节												
潮差>3.0m	全年6d,每月按6/12=0.5d												
偶然因素	2	2	2	2	2	2	2	2	2	2	2	2	
影响天数总计	2.8	3.8	6.9	5.7	6.8	11.6	9.6	8.6	8.6	4.6	2.6	2.6	
月可作业天数	28.2	24.2	24.1	24.3	24.3	18.4	21.4	22.4	21.4	26.4	27.4	28.4	24.2

根据以上统计分析,本工程整平船施工(正常作业工况)的可作业天数平均为每月24.2天。其中6月份,由于受热带气旋和雷暴雨等天气的影响,每月的可作业天数往往只有18.4天。

(4)垫层施工可作业天数

①整平船正常作业工况的月平均可作业天数较多为24.2天,平台升降作业条件要求严格,导致整平船的实际可作业天数较少,初步分析为18.7天。考虑到平台抬升以后平台升降工况不作为限制条件,实际可作业天数应介于两者之间。

②可作业天数月份分布不均,4~8月份受热带气旋和雷暴等不良天气影响,作业天数较少,其中6月份尤其严重,不利情况下整平船仅有9天可作业天数(桩腿升降工况),整平作业需要及早展开,不能以提前沉管安装10天为限制条件。

7.4.4　垫层材料要求

碎石材料采用能够自由散落且未受污染、干净、耐久性良好、级配良好的碎石，碎石含泥量应严格控制，石料饱和单轴极限抗压强度不低于50MPa，含泥量≤2%。碎石级配见表7-14。

碎石级配表　　表7-14

筛分粒度(mm)	筛分通过率(干重)(%)	筛分粒度(mm)	筛分通过率(干重)(%)
63	100	2.36	<8
31.5	20～45		

7.4.5　岛隧结合部垫层铺设工艺

1)施工准备

制作导轨和刮道。在人工岛上施放测量控制点，采用全站仪控制导轨的平面位置和高程。

2)方驳定位、粗抛

采用1 000t方驳定位，用挖掘机沿方驳船舷粗抛厚度约1.085m的碎石基础层。粗抛时采用打水砣控制高程。

3)导轨下放

船上操作人员将测量杆沿船舷下放至基床上，陆上测量人员采用全站仪测量棱镜的平面位置和高程，确定导轨平面位置和高程，潜水员下放混凝土垫块并抄平。

导轨两端的点做好后，利用整平方驳上起重架将导轨沿船舷下放，潜水员将导轨搁置在做好的点上，使用不同厚度的钢板加以调节，依次完成所有的导轨安放工作。

每排第一根导轨的起始位置由人工岛上架设全站仪控制，以后小方块的位置以导轨的长度确定。导轨布置如图7-14所示。

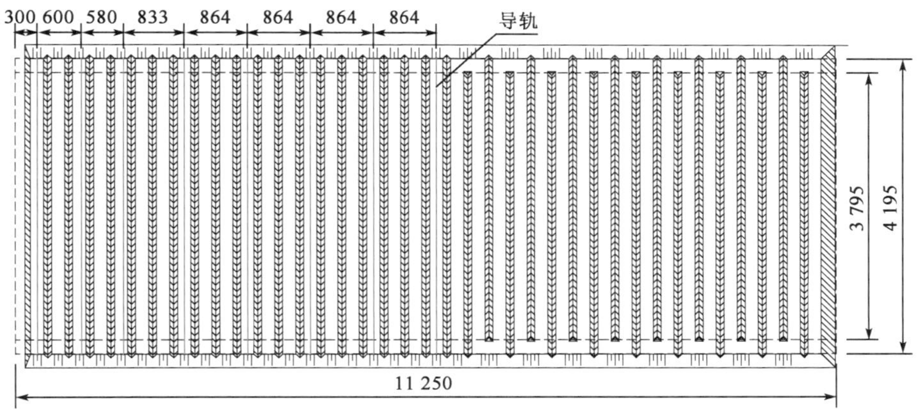

图7-14　导轨布置示意图(尺寸单位:mm)

4)碎石垫层铺设

在铺设时,整平方驳平行于隧道轴线布置,碎石通过整平方驳上吊机和起重架吊放至碎石垫层上,水下潜水员指挥定点定量吊放碎石。铺设前首先进行导轨高程复测,满足要求后进行碎石铺设施工,铺设时潜水员将刮道平放到导轨上,顺导轨方向拉动刮道,以刮道底面为铺设标准,去高补低,铺设碎石垫层。碎石垫层铺设如图7-15所示。

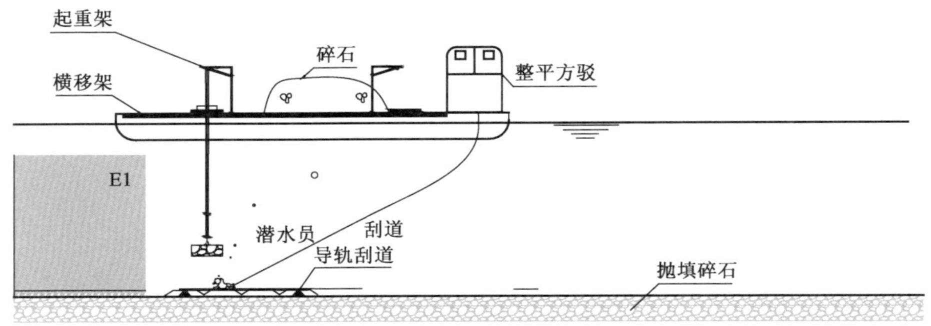

图7-15 碎石垫层铺设示意图

5)碎石垫层检测

人工铺设采用全站仪对碎石垫层进行验收,验收时船上测量人员首先复测导轨高程,导轨高程复测合格后进行碎石垫层验收。

7.4.6 中间段垫层铺设工艺

1)整平船工前校准

本工程基槽最大水深近50m,平均水深35m,为了控制碎石基床整平能够达到设计精度,满足沉管沉放对接测控需求,整平船进场施工前,需对抛石管底部高程、抛石管平面位置、船体倾斜仪进行校准。工前校准要求见表7-15。

工前校准要求表 表7-15

项 目	要 求	采用仪器
抛石管底部高程	±3cm	扫平仪和全站仪
抛石管平面位置	±3cm	全站仪
船体倾斜仪	±1cm	扫平仪

2)潜水探摸基槽

Ⅳ工区清淤完成后,需潜水对基槽进行探摸(图7-16)和多波束扫测(图7-17)确认,回淤物未超过设计要求时整平船方可进场。

每个管节180m长,潜水探摸分三次进行探摸,一次探摸长度为60m,探摸路径沿半径为

5m 递增的圆进行，每 5～10m 探摸一个点。

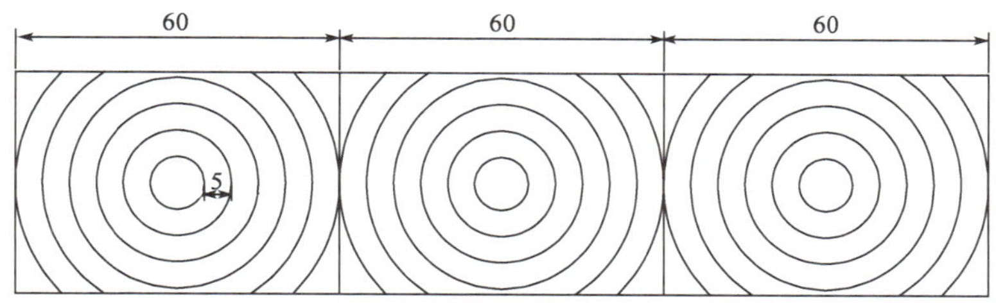

图 7-16　探摸路径示意图（尺寸单位：m）

图 7-17　多波束扫测示意图

碎石垫层铺设施工过程中，为避免前一船位的回淤物被挤至下一船位并堆积，施工过程中每施工两个船位后潜水对后面船位的基槽进行探摸，确认回淤物是否超过设计要求。如果超过则需整平船退场，清淤船进场进行清淤。

3）整平船进场

整平船移船进场由拖轮拖带，拖航时整平船的四个桩腿直立，桩腿最低点与平台底部基线平齐，船舶处于漂浮状态。拖带到整平施工位置抛锚定位。整平船采用 GPS RTK 定位，平面定位精度控制在 ±100mm 以内。

4）整平船插桩抬升

（1）整平船调平

整平船在下降桩腿前首先将整平船调平。通过调整压载水舱，观察船体倾斜仪的读数，将船体调整到水平状态。

（2）整平船抬升

整平船抬升通过桩腿抬升装置进行，抬升装置安装在升降主结构内，通过电机驱动减速箱，减速箱带动爬升齿轮与桩腿齿条进行啮合运动，以此实现整平船抬升。

（3）整平船抬升压载

整平船抬升压载采用对角直接压载抬升（图 7-18）。整平船 4 根桩腿同时入泥，持续给桩腿施加荷载，到桩腿站立稳固为止。调整压载水舱先向对角的 2 根桩腿附加超荷载（1.3 倍），再向另外2根桩腿也附加超荷载。在整个预压载过程中要确保可变荷载均匀分布在四根桩腿上,平台水平倾斜不超过0.5°。

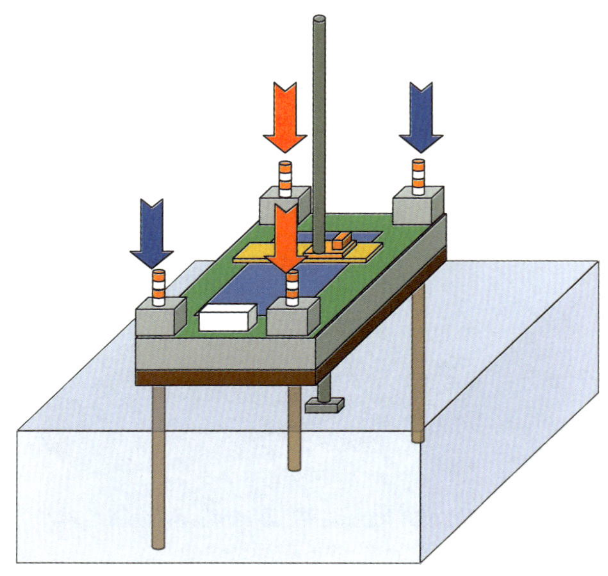

图7-18　对角直接压载示意图

施工时为避免潮水及波浪的影响,整平船平台抬升高度h为:可预测的高潮位+预测最大波高/2+富余高度(0.5m)。

5)作业参数校准

(1)施工位置确认

整平船平台抬升完成后,在控制系统中输入碎石垫层第一条垄中心线两端点坐标及垄间距。此时确认计划铺设区域是否在铺设范围内,若不满足要求需重新定位抬升平台(图7-19)。

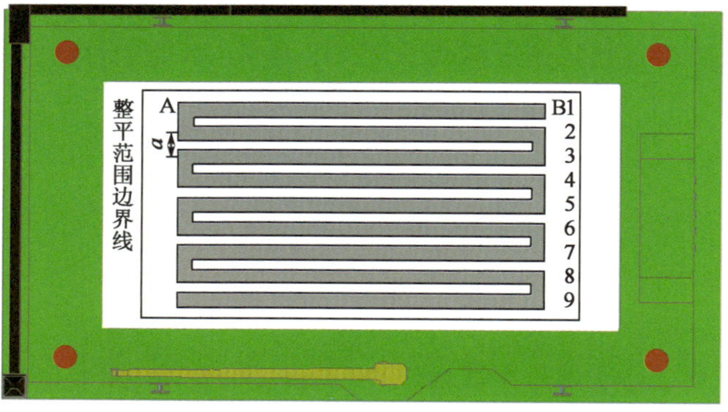

图7-19　施工位置确认示意图

(2)声呐校准确认

声呐受水深、水温、盐分浓度等因素的影响使测量值产生误差,因此每次作业前都需要对声呐进行校准。校准时,将抛石管降至整平作业深度,通过校准用声呐与反射板的声速参数,对施工管理用声呐的参数进行修正。

(3)抛石管高度确认

为了精确校核抛石管系统的高程准确性,需要对抛石管高度进行确认(图7-20、图7-21)。距东、西人工岛较近的三个管节的碎石垫层铺设时,在施工声呐下方安装反射板,将塔尺固定于反射板上,然后将抛石管置于水中,通过西人工岛上水准仪测量反射板高程并与系统测量反射板高程进行对比。

图7-20　抛石管高度确认示意图1

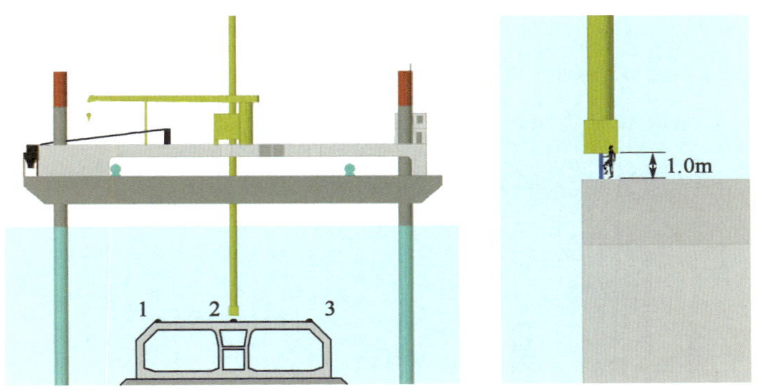

图7-21　抛石管高度确认示意图2

注:1,2,3-测量点。

其余管节铺设时,需将抛石管置于已安沉管尾端3个已知点(通过贯通测量获取坐标)上方1.0m处,通过潜水员水下测量进行确认。(在抛石管底部做好标记点,将抛石管降低至接近沉管尾端预埋点通过GPS将标记点移至预埋点正上方,水下潜水员进行确认,然后将抛石管抬升至离预埋点1.0m位置处,水下潜水员使用可伸缩并可以锁定的测量尺进行测量,将测量尺吊出水面进行读数)取3个点的平均值作为标准值,若存在偏差,通过调整抛石管长度消除。

(4)船体倾斜仪校准

在行走大车的两条轨道两端架设扫平仪接收器,测出4点相对高差,通过升降4根桩腿将其高差调至2mm以内,然后进行倾斜仪归零。

(5)料位计校准

将钢卷尺固定于料位计钢丝绳上,下降料位计25m,通过卷尺实测下降长度并在料位系统中进行修正。

6)抛石管定位

(1)作业高程的确定

管节首端基础高程=已安装管节尾端基础垫层实测顶高程。

管节尾端基础高程=待安装管节尾端设计高程+当期沉降量。

待安装管节尾端碎石垫层高程确定后,对本管节纵向坡度做相应微调。

(2)抛石管始点、终点的确定

抛石管底高程校准完成后,通过抛石管顶部设置的GPS确认抛石管的平面位置及抛石管的底高程,通过移动大车和移动小车将抛石管定位于施工位置。为保证碎石基础的起点和终点处的整平质量,抛石管的起始点和终点均应选择在垫层以外。

7)供料船定位、供料

(1)供料船定位

供料船在管节基础未铺设一侧横跨基槽顺流方向布置,供料船与整平船之间保持5m以上距离,避免供料船与整平船碰撞。运料船运料至现场后,顺基槽布置,采用船头皮带机将石料供应到供料船上,由于供料船长度方向和水流垂直,受水流的影响很大,因此,供料时尽量选择高、低平潮流速小的时段进行。整平船组船位布置效果如图7-22所示。

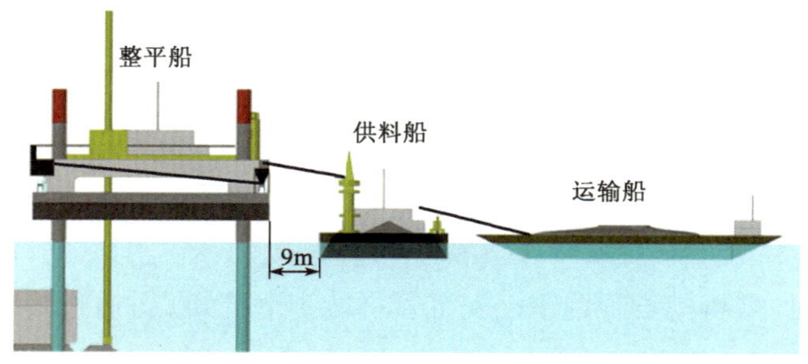

图7-22　整平船组船位布置效果图

(2)石料供应

整平船配专用供料船,碎石垫层铺设石料供应过程为:石料通过皮带运输船运至现场并输送至供料船,经供料船皮带机抬升输送至整平船料斗,再经整平船皮带机3次抬升进入抛石管料口。石料供应效果如图 7-23 所示。

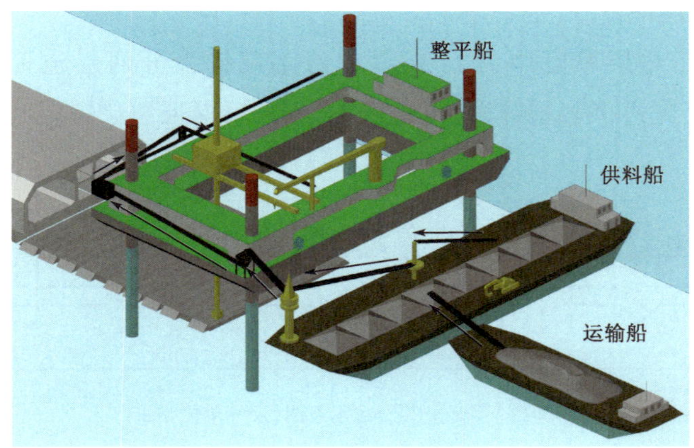

图 7-23　石料供应效果图

8）碎石垫层铺设

（1）施工方向确认

根据国外沉管隧道基础铺设施工经验，碎石底层铺设方向沿沉管安装方向进行。这样做的好处是，可以避免少量浮泥被挤到对接端而无法清理。上层铺设方向亦为沿沉管安装方向。施工方向效果如图 7-24 所示。

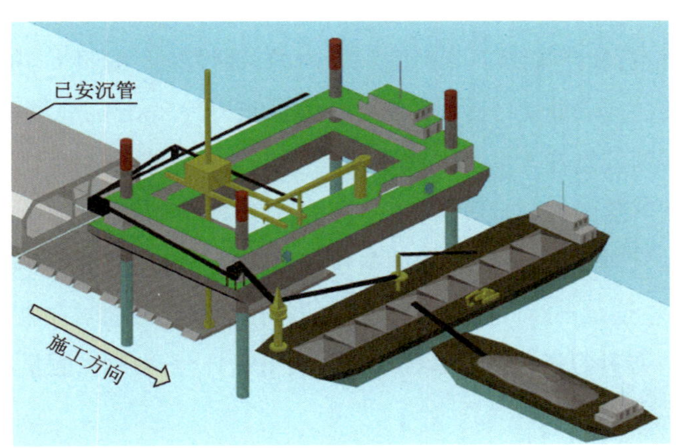

图 7-24　施工方向效果图

（2）垫层纵坡控制

碎石基础沿纵向设有纵坡，共有 29 种坡度，最大纵向坡度位于 E33 管节，坡度为 3.029%，最小坡度位于 E18 管节，坡度为 0%。其中，部分管节坡度相差不大，如 E14～E17 管节，坡度分别为 -0.325%、-0.300%、-0.300%、-0.277%，合并相近的集中坡度，制作 4 种管头调整段来对所有坡度进行施工，4 种管头调整段的坡度分别为 0%、1.000%、2.000%、3.000%。以此铺设高程从抛石管中心进行管理，垄中心高程与设计高程一致，垄两端最大误差控制在

4.5mm。

(3)碎石垫层分层铺设

整平船铺设碎石垫层厚度均为1.3m。碎石垫层铺设分两层施工，碎石垫层顶层厚30cm，底层厚1.0m，先进行底层铺设，再进行顶层铺设，保证顶层铺设时每条垄的底高程一致(图7-25)。

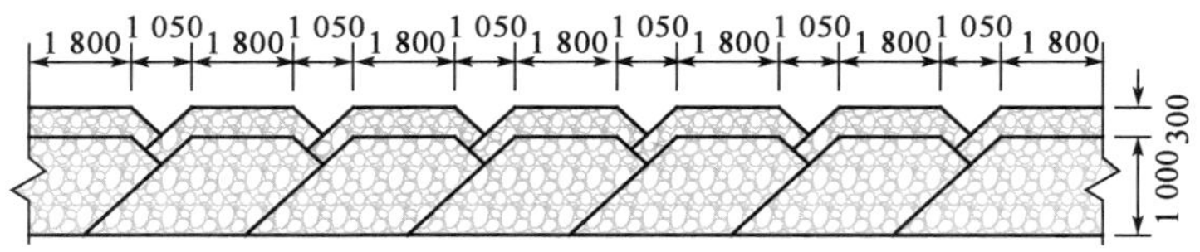

图7-25 碎石垫层分层示意图(尺寸单位:mm)

(4)抛石管移动

综合考虑整平船的设计参数、工程施工进度计划要求以及底层、顶层碎石基础精度要求等因素，拟采用底层碎石铺设抛石管行走速度为1.0m/min，顶层碎石铺设抛石管行走速度为0.8m/min，垫层验收抛石管行走速度为1.5m/min。抛石管行走速度对工期和施工精度影响明显，整平船进场后需要进行典型施工确定抛石管行走速度。

(5)垫层铺设作业

①料位管理。

底层碎石铺设时，石料是连续下落到抛石管内的，铺设速度按照1.5m/min计算，1m厚的碎石垫层每分钟需要的碎石量为5m^3，皮带机的供料能力为8m^3/min，满足要求。通过重锤测量将抛石管内料位高度控制在5～10m，测量时需要停止皮带后采用重锤进行测量，这样操作的原因是避免重锤被下落的石料掩埋，提起重锤时损坏钢丝绳。

顶层碎石铺设时，石料下落至抛石管内料位高度10m后停止，然后开始铺设施工，此时重锤可以安排一定的频率连续不断地测量抛石管内的料位高度。当料位高度下至5m后再启动皮带机补料至10m(经计算补料一次抛石管铺设长度约10m)。石料高度测量示意如图7-26所示。

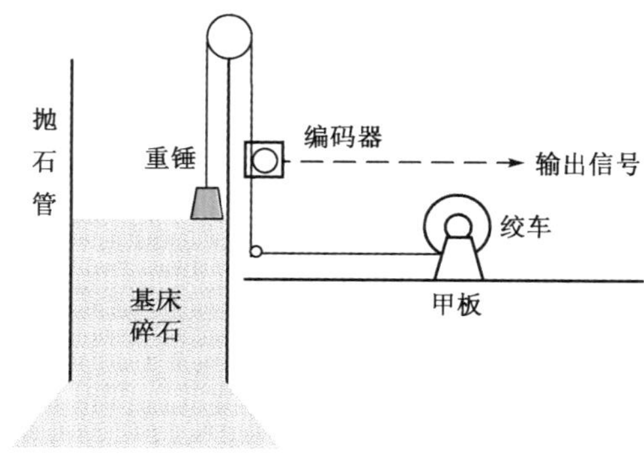

图7-26 石料高度测量示意图

②铺设作业。

碎石垫层铺设是碎石通过抛石管移动进行的排出、铺设作业,抛石管的移动是通过行走大车和行走小车的纵移和横移实现的。

上坡段施工顺序:一条垄施工完成后,平移至下一条垄,然后抬升至施工高程,进行下一条垄铺设施工。按此步骤循环施工(图7-27)。

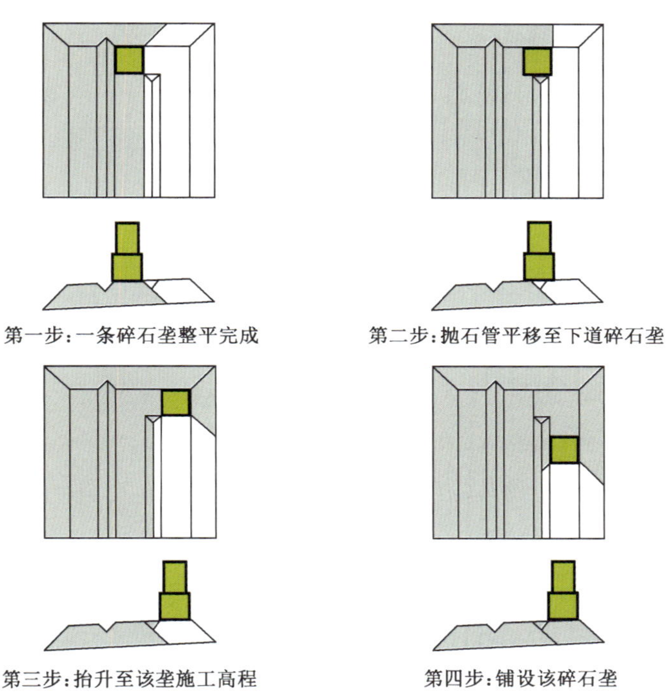

图7-27 上坡段碎石垫层铺设施工示意图

下坡段施工顺序:一条碎石垄施工完成后抛石管降低至下道碎石垄的高程,然后平移至下道碎石垄进行下道碎石垄铺设施工。按此步骤循环施工。E18管节(坡度为0.0%)按下坡段施工顺序进行铺设施工(图7-28)。

③余料处理。

一个船位底层和顶层铺设施工完成后,抛石管内剩余石料在碎石垫层铺设区域外排出,为了尽量少浪费石料,在铺设结束前的最后阶段,要严格控制抛石管内碎石的高度,使之在铺设结束时料位高度控制在50~100cm之间(图7-29)。

9)碎石垫层检测

(1)声呐校准

每次验收前都需要对声呐进行校准(图7-30)。校准时,将抛石管降至施工深度,通过调整校准声呐音速,当测量值显示1.5m时将此音速应用于碎石垫层铺设使用声呐。

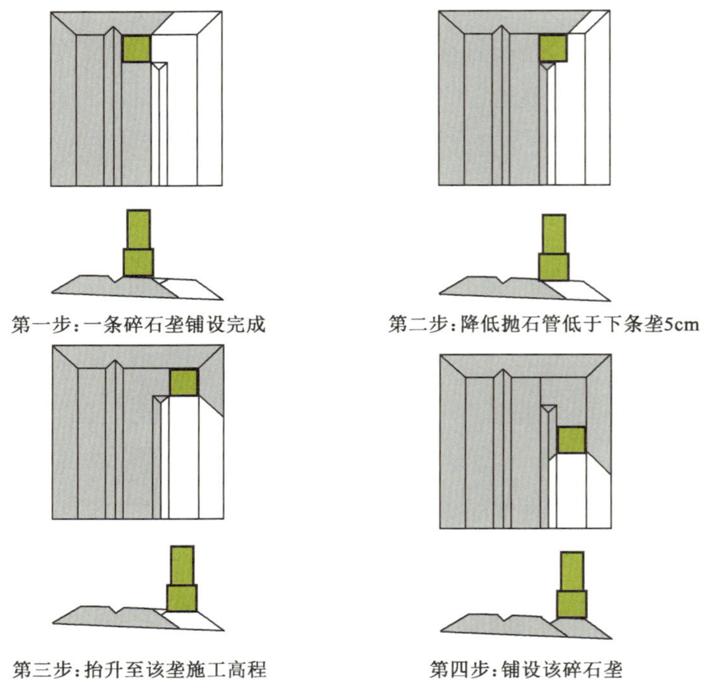

图 7-28　下坡段碎石垫层铺设施工示意图

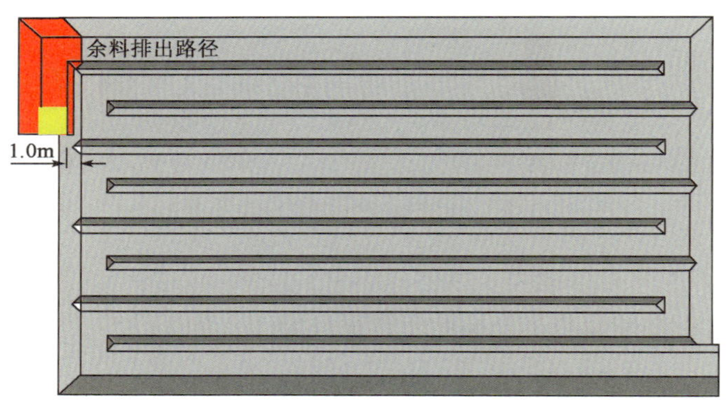

图 7-29　抛石管内余料处理平面示意图

(2)检测方法

碎石垫层铺设到达一个船位的终点后,需对碎石垫层的高程进行质量检测。检测分为抛石管底部声呐检测和多波束检测,抛石管底部声呐检测按照图 7-31 所示的检测线检测铺设碎石垫层的高程。图中“①”表示横断面测量,检测碎石条带中心线的高程;“②”为纵断面测量,检测碎石垫层宽度的 $L/6$ 和 $L/2$ 共 3 条线的高程。多波束扫测成果图如图 7-32 所示。

检测结束后,通过计算机管理系统输出检测的横断面、纵断面检测报告。

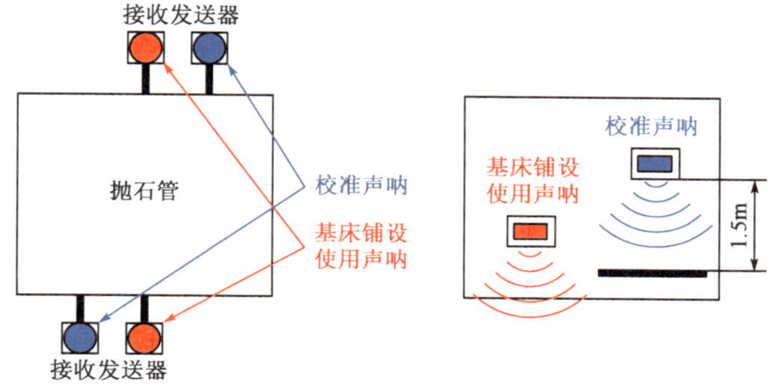

图 7-30　声呐校准示意图

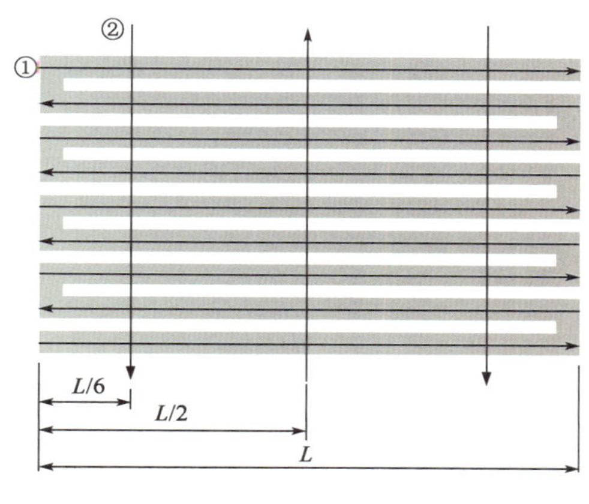

图 7-31　碎石垫层高程检测示意图

图 7-32　多波束扫测成果图

10）不合格处理

当碎石垫层存在部分超出要求范围时，采用抛石管局部刮平处理或重新铺设。

11）整平船下降、拔桩、移位

一个船位碎石垫层铺设完成检测合格后，整平船下降入水，通过船体浮力将 4 根桩腿拔出（若 4 根桩腿不能同时拔出，可先拔出一对角两根桩腿，再拔出另一对角两根桩腿）。

此时一个船位碎石垫层铺设结束，移船至下一船位进行碎石垫层铺设。按上述施工步骤重复作业直至一个管节碎石垫层铺设作业完成。

7.4.7　基床回淤与清淤处理

沉管隧道碎石基床从开始整平到沉管安装的暴露时间大约 12 天，由于工程区域海水平均含沙量 0.012kg/m^2，最大含沙量 0.141kg/m^2，再加上基槽坡顶原泥面有 2m 左右的淤泥，因此，基床施工时，基床表面的回淤是不可避免的，这给沉管施工和管段本身受力带来许多问题，如何防止和清除回淤沉积物对沉管隧道基础来说是很关键的。

1)淤积对沉管隧道造成的不利影响

(1)改变碎石基床受力特性,影响基床结构的传力效果。

(2)基床面淤积,造成沉放管节无法着床。

(3)对沉积物的扰动,改变海水重度,影响已沉管节的抗浮安全。

(4)如果在碎石垫层基础中夹有淤泥层,则在隧道运营后,会因淤泥的固结变形导致沉管工后沉降过大及不均匀沉降超标,在管段中产生较大弯矩,严重时导致管段开裂。

(5)淤泥沉积使基槽深处水的相对密度增加,这会降低管段沉放位置上抗浮力的安全限度。

2)产生回淤的主要原因

工程区域海水平均含沙量0.012kg/m^3,最大含沙量0.141kg/m^3。受汛期含沙量变化、附近航道疏浚及采砂作业、大型运输船舶对底质的扰动及异常恶劣天气等影响,会引起基槽回淤加大,甚至造成骤淤。产生回淤的主要原因有:

(1)施工现场的上游或周边采砂,造成泥沙再次搬运,导致施工区域回淤量增大。

(2)沉积在海床上泥沙在潮流和风浪作业下,造成再次起悬运移。

(3)槽底回淤物在浪流作用下横向移动。

3)基槽清淤

在基槽开挖施工过程中,应先在粗挖结束后至精挖前对基槽淤积泥沙进行清除;然后在精挖完成后碎石垫层铺设前对基槽浮泥层进行清除。

4)基床清淤

在待安管节前两管节0+30m处设置横向截淤坝,在待安管节后方采用捷龙清淤船进行动态截淤,减少回淤物横向移动。

施工期间进行回淤监测,潜水扰动基床,减少落淤。

在整平船上增加清淤装置,实现定点高精度清淤。

5)清淤方法

(1)基槽开挖期间的清淤

若基槽精挖前回淤量比较大,可采用自航耙吸式挖泥船清淤;若回淤量比较少,可直接进行精挖,待碎石垫层铺设前对淤泥进行清除。

碎石基床铺设前,清淤船垂直于基槽布置,按吸头有效作用范围分条清淤,每条间的搭接宽度为2m,每一沉放管节区域清理长度,适当向后一管节延长40~60m。

若基槽内回淤厚度达到3m以上,可采用自航耙吸式挖泥船进行定点清淤施工。

定点清淤法适用于施工区域回淤厚度较大的情况,自航耙耙头下放至距离泥面0.5m处,船头垂直于水流方向，泥泵转速设定在额定转速的70%～85%，进行淤泥吸取装舱，该方法不会对原泥面形成扰动，且可解决大部分回淤量的清除。

（2）碎石基床整平前后的清淤

利用整平船大小车系统，增设大车梁和小车平台，安装一套能够上下升降的桁架，在桁架头部安装两台大功率泥泵，通过调节吸口装置的开闭和高度实现碎石垄顶和垄沟内淤泥的清除，如表7-16所示。

回淤质检测及清除标准　　　表7-16

序号	检测时机	淤泥清除标准	检测时机及频次	检测方法
1	基槽精挖后抛石夯平前	隧道基槽底含水率<150%或者密度>1.26g/cm³的回淤沉积物厚>30cm	抛石夯平前7d测一次；探摸每个管节不小于6个点或测深仪每10m一个断面	采用测深仪检测或潜水员探摸
2	抛石夯平后碎石基床整平前	密度>1.26g/cm³的回淤沉积物厚超过10cm或者密度>1.15g/cm³的回淤沉积物厚>30cm	碎石整平前15d、7d各一次；探摸每个管节不小于20个点或测深仪每10m一个检测断面	
3	碎石基床整平后管节沉放安装前	密度>1.26g/cm³的回淤沉积物厚超过4cm或者密度>1.15g/cm³的回淤沉积物厚超过8cm	管节沉放前每2～5d一次；探摸每个管节不小于10个垄/沟	

清淤桁架通过引用抛石管平面系统数据实现平面定位，上部安装一台GPS实现高程控制。

清淤时下放清淤桁架至底部高程在碎石垄顶上方一定距离。清淤头高程通过类似抛石管刮道液压高程控制系统控制，避免清淤时破坏碎石基床。

清淤系统通过两台大型泥泵将淤泥抽出，清淤桁架下部设置3个吸头，中间吸头清理垄顶回淤物，两侧吸头间距2.85m，清理垄沟中回淤物。整平船清淤系统如图7-33所示。

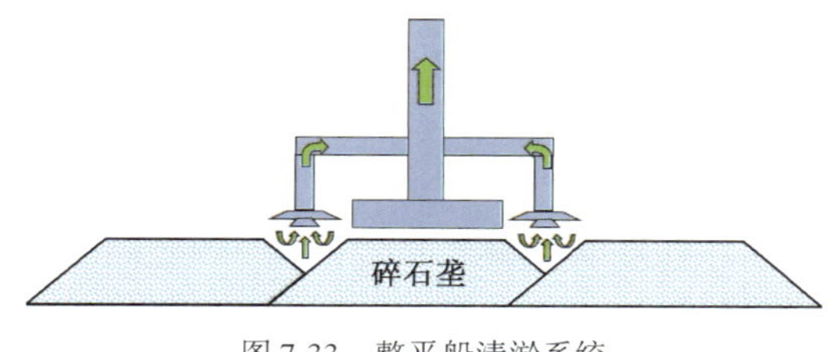

图7-33　整平船清淤系统

7.4.8　应用效果

根据港珠澳大桥沉管隧道施工的特点，结合施工现场条件，从整平船移船定位、桩腿下落、压载调平到供料船定位；从整平基床高程设定、基床纵坡控制，到石料抛填整平等参数设定；从抛石管位置姿态、基床高程实时测量，到整平基床质量检测等各工艺流程，分析碎石铺设整平船和配套的供料船作业效率、施工风险，提出检测方法、安全保障和环境保护措施，对碎石基床铺设整平施工工艺流程进行设计；通过典型施工和E1～E10施工经验，优化施工参数，完善操作规程，形成了科学先进的高精度碎石铺设整平施工工艺。

从港珠澳大桥沉管隧道碎石垫层铺设施工已完成的E1～E10管节检测数据看，碎石垫层精度达到±30mm的平均合格率均达85%以上；碎石垫层精度达到±40mm的平均合格率均达90%以上，为管节安装奠定了良好的基础。

7.5 本章小结

沉管隧道管节的基础处理是沉管隧道施工的关键技术之一。本章在调研国内外不同沉管隧道基础处理工艺和方法基础上，结合港珠澳大桥沉管隧道施工的难点和关键因素，提出满足本工程规模、水深、工效、作业条件、精度控制及质量检测等边界条件，形成了深水环境条件下科学先进的高精度碎石铺设整平施工工艺。

(1)在现场条件下按照碎石铺设整平船施工方案和工艺流程，实现7个船位、8个有效工作日完成一个长180m标准沉管管节的碎石基床铺设，整平的碎石基床表面精度达±30mm。

(2)沉管隧道碎石基床在管节安装前的暴露时间十多天，由于工程区域海水平均含沙量大，基床表面的回淤是不可避免的，这给沉管施工和管段本身受力带来许多问题，如何防止和清除回淤沉积物对沉管隧道基础来说是很关键的。本章简要分析和介绍了在基槽开挖到管节安装前施工过程中产生回淤的原因及对基槽淤积泥沙进行清除和对碎石垫层铺设后的基床浮泥层进行清除的方法。

(3)简介自主研发建造的抛石整平船技术规格和基床抛石整平系统。该船自动化程度高、施工管理系统先进、抗风浪能力强；是集定位测量、水下抛石、深水整平、质量检测为一体的自升平台式高精度碎石铺设整平船。

本章参考文献

[1] 陈韶章，陈越. 沉管隧道设计与施工[M]. 北京：科学出版社，2002.

[2] 杨文武. 沉管隧道工程技术的发展[J]. 隧道建设，2009(4)：397-404.

[3] 徐干成，李永盛，孙钧，等. 沉管隧道的基础处理、基槽淤积和基础沉降问题[J]. 世界隧道，1995(3)：2-18.

[4] 李一勇，刘德进，陆连洲，等. 深水抛石整平船的建造与应用[J]. 中国港湾建设，2010(S1).

第8章 管节寄放、浮运和沉放施工工艺

为满足社会发展的需要,沉管隧道逐渐向长距离、大管节、外海大水深方向发展。隧道距离和管节规模的增大,对管节寄放、浮运和沉放的工艺和设备提出了更高的要求,外海复杂的气象水文条件、恶劣的施工环境,给长大管节外海施工造成了极大的困难。

本章在调查总结国内外沉管隧道工程特点及施工方法、沉管施工环境条件及作业工况的基础上,针对长大管节关键性施工工序如管节寄放、浮运、系泊与沉放、测量定位及轴线调整等进行了深入的研究,提出了各种施工工艺的具体布置和要求,根据环境参数的敏感性分析结果,确定了影响沉管寄放、浮运和沉放施工的主要因素,分析了各种施工工艺的优缺点和适用范围。最后,根据港珠澳大桥沉管隧道的实际情况,结合物理模型试验和数值分析结果以及管节测量定位工艺,提出了港珠澳大桥沉管隧道管节寄放、浮运和沉放的施工建议。

8.1 管节寄放施工工艺

管节预制完成后,如果不能马上进行安装施工的,需在指定水域进行锚泊寄放,直至管节浮运。在调研归纳总结国内外管节寄放施工工艺基础上,对管节寄放布置、管节坞内横移、管节寄放系泊和管节临时通道布设等方案进行研究,并进行适用性分析。

8.1.1 国内外管节寄放施工工艺现状

根据国内外沉管隧道施工经验,管节寄放主要分为座底寄放和不座底寄放。采用座底寄放工艺的有中国上海外环隧道、中国广州洲头咀隧道、日本东京港沉管隧道、日本多摩川和川崎沉管隧道等,采用不座底寄放工艺的有广州珠江隧道等。对国内外已建(在建)典型沉管隧道的规模、管节寄放位置、管节寄放方式、系泊方法等进行分析归纳,结果见表8-1。

国内外典型沉管隧道管节寄放方法　　表8-1

序号	隧道名称	长度(m)	截面形式和尺寸(m×m)	寄放位置	寄放方式	系泊方法
1	中国广州珠江隧道	457	矩形33×7.95	坞口	漂浮式寄放	4锚碇4点系泊
2	中国上海外环隧道	736	矩形43×9.55	干坞内部	座底式寄放	无
3	中国广州洲头咀隧道	340	矩形31.4×9.68	坞外寄放区	座底式寄放	2锚块4点系泊

续上表

序号	隧道名称	长度(m)	截面形式和尺寸(m×m)	寄放位置	寄放方式	系泊方法
4	日本东京港隧道	1 035	矩形 37.4×8.8	干坞内部	座底式寄放	无
5	日本多摩川、川崎隧道	多摩川 1 550 川崎 1 187	矩形 39.9×10.0	坞外寄放区	防波堤内座底寄放	无

1)座底寄放工艺

采用座底寄放工艺的典型工程有中国上海外环隧道、中国广州洲头咀隧道、日本东京港沉管隧道、日本多摩川和川崎隧道等。

(1)中国上海外环隧道

上海城市外环线是上海市“三环、十射”快速道路系统的重要一环,越江沉管工程是外环线北环中连接浦东、浦西的一个重要节点,是外环线的咽喉工程。隧道工程位于距吴淞口约2km的吴淞公园附近,工程西起浦西同泰北路西侧,东至浦东三岔港,为双向八车道公路沉管隧道。越江地点江面宽度为780m,工程全长2 882.8m,包括江中沉管段736m(2节100m、1节104m和4节108m,并内含一段长为2.5m的最终接头)、浦西暗埋段457m、浦西引道段282.7m、浦东暗埋段177m、浦东引道段207.3m、接线道路1 022.8m,隧道剖面图见图8-1[1-3]。

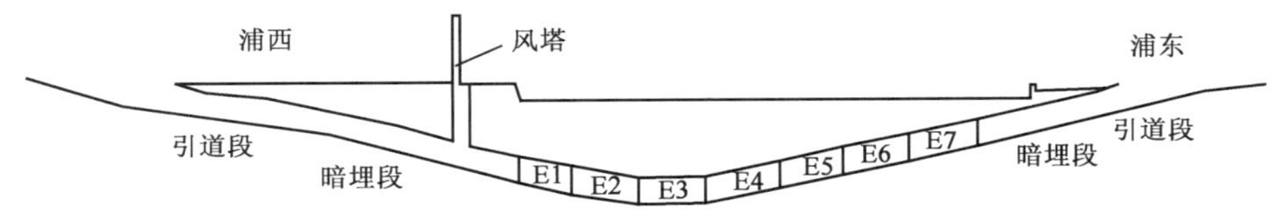

图8-1 上海外环隧道剖面图

管节采用干坞法预制,预制干坞位于浦东三岔港边的黄浦江滩地处。在隧道轴线两侧设置两个干坞,可同时制作所有管节,其中A干坞位于隧道南侧,可同时制作E6和E7管节,B干坞位于隧道北侧,可同时制作E1~E5管节。管节预制完成后,采用座底式寄放于干坞内部,管节出坞后在出坞航道内进行管节二次舾装,管节坞内座底寄放示意见图8-2。

(2)中国广州洲头咀隧道

洲头咀隧道工程位于广州市西南部地区,三江交界处的白鹅潭南端约800m处的珠江主航道上,其上游约1.4km是珠江隧道,下游约2.2km为鹤洞大桥。工程连接芳村区与海珠区,设计起点(K0+000)西接芳村区花地大道—花蕾路交点,设计止点(K3+253.034)东接海珠区的宝岗大道,全长3 253.034m。沿线与芳村区的芳村大道(K0+960~K1+100)和海珠区的洪德路(K2+240~K2+300)相交,里程K1+420~K1+780位于珠江范围,江面宽约360m。隧道平面布置见图8-3。

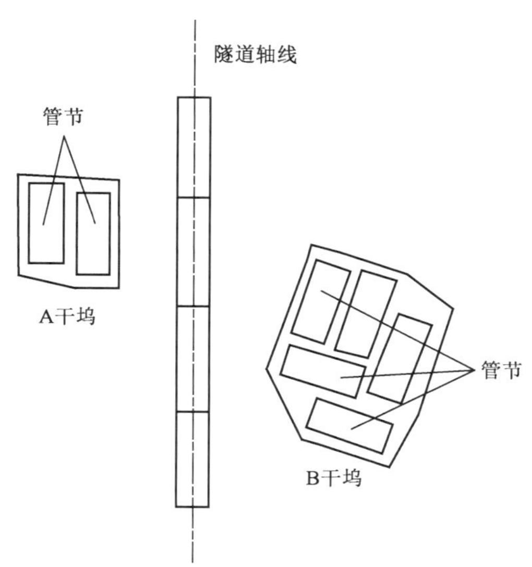

图 8-2 上海外环隧道管节坞内寄放示意图

本隧道管节采用轴线干坞法进行预制，干坞设于芳村岸上段靠河侧。干坞呈纵向长条形布置，管节分两批次预制，每次预制两条管节，先预制 E1、E2 管节，然后进行 E1、E2 管节沉放安装，再预制 E3、E4、E4-1（长 3.443m）管节，预制完成后陆地拉合 E3、E4-1 管节，再将管节绞拉出坞在临时寄放区进行寄放，然后进行隧道芳村暗埋段施工，待暗埋段与沉管节接头施工完成后安装 E4 管节和 E3 管节，最后进行水下最终接头施工。E3 和 E4 管节出坞后，座底式寄放在干坞旁边的寄放区，每个管节通过 4 条缆绳与两个锚块相连。具体的管节寄放示意见图 8-4。

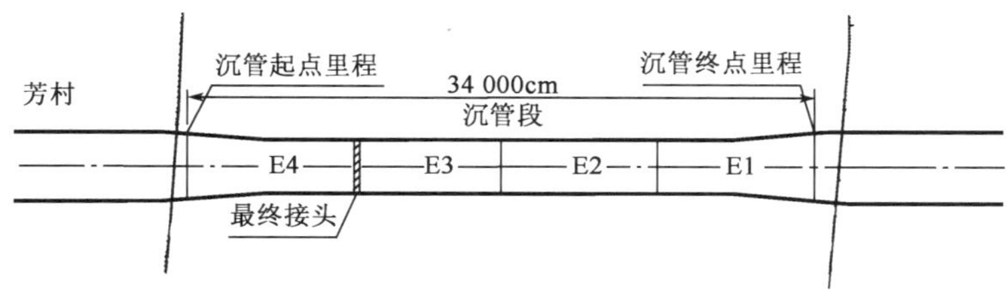

图 8-3 广州洲头咀隧道平面布置图

（3）日本东京港沉管隧道[4]

东京湾作为一个重要的国际性港口，是东京海上物资流通的集散地。东京湾环形公路环绕东京湾，由东京海滨公路、东京湾横断公路和东京湾横断公路联络线组成。东京港隧道是“东京湾环形公路”大型计划之中的一部分，穿越东京港第一航道。隧道全长 1 325m，其中陆上隧道部分（包括竖井）长 290m，沉管隧道部分长 1 035m。沉管隧道采用干坞法进行预制，共分为 9 个管节，管节长 115m，高 8.8m，宽 37.4m。干坞建造于第一航道旁，坞堤长 645m，宽 126m，可一次性预制 9 节管节。

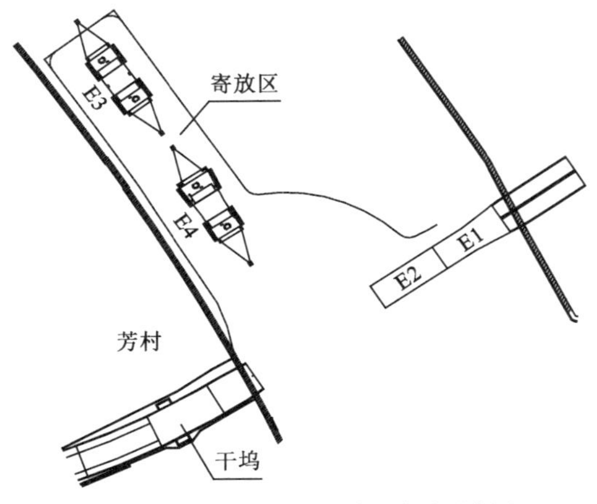

图 8-4　广州洲头咀隧道管节寄放示意图

管节预制完成后，向坞内注水，进行管节干舷调、水稳设施、上部防护等作业，最后将管节置于干坞底部的临时基础上，进行坞内管节座底寄放。管节寄放示意见图 8-5。

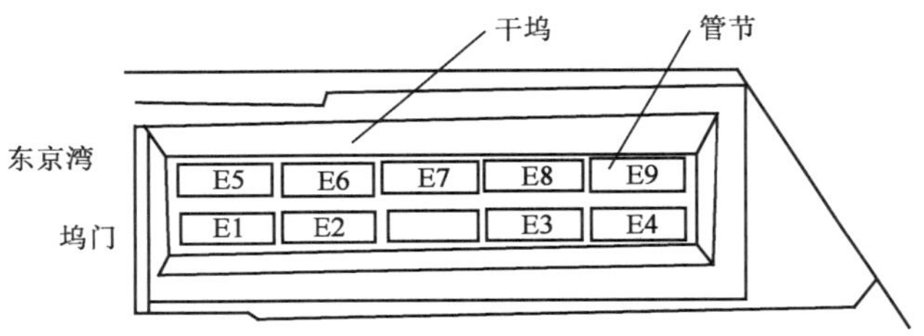

图 8-5　日本东京港沉管隧道管节寄放示意图

(4)日本多摩川和川崎沉管隧道

日本多摩川和川崎隧道是日本东京湾沿岸高速公路中的第三期工程，是连接羽田机场、浮岛填筑地和东山岛的专用公路隧道。隧道上下行均为 3 车道。为了不影响飞机飞行及大型船舶通航，从施工性及经济性考虑采用沉管隧道。多摩川隧道全长约 2 170m，沉管段长 1 550m；川崎航道隧道全长约 1 954m，沉管段长 1 187m。多摩川沉管隧道由 12 个管节组成，管节截面尺寸为 39.9m × 10.0m，管节长 128.584m，最终接头部分长 6.492m；川崎沉管隧道由 9 个管节组成，管节截面尺寸为 39.9m × 10.0m，管节长 131.212m，最终接头部分长 6.492m[5]。

沉管隧道管节采用干坞法预制，干坞采用原东京港沉管隧道干坞改建而成，可同时制作 11 节管节。管节分两批进行预制，第一批 11 个管节，第二批 10 个管节。第一批管节预制完成后，移至临时堆放场进行寄放，临时堆放场位于距干坞 27km 的东山岛，寄放区设有一字形防波堤，管节寄放于防波堤内部。管节到达寄放区后，向管节注水至 1% 负浮力，缓慢沉放管节至顶部抛石墩上，着底后灌注稳定压载水，进行管节座底寄放。具体的管节寄放见图 8-6。

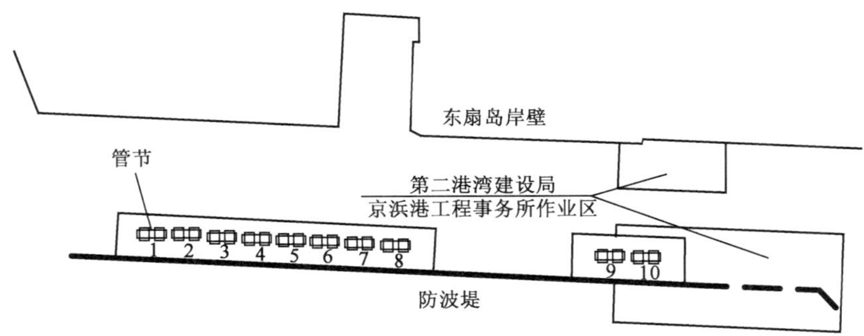

图 8-6 日本多摩川和川崎隧道管节寄放示意图

2) 不座底寄放

珠江沉管隧道是我国大陆自行设计建造的第一座公路和地铁合用的大型沉管隧道。珠江沉管隧道位于广州市中心区，北起黄沙，横穿珠江后南至芳村；所经河道常水位时水面宽 400～500m，芳村侧水深 3～6m，黄沙侧(主航道)水深 6～12m；根据航务部门的要求，航行限界宽 120m，水深 6m。珠江沉管隧道水下沉管部分长 457m，由 E1、E2、E3、E4、E5 五段钢筋混凝土管节组成。隧道的剖面及平面布置见图 8-7[6-9]。

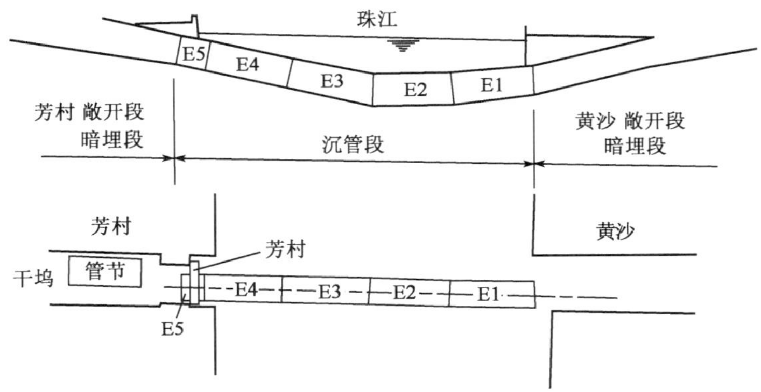

图 8-7 广州珠江隧道剖面及平面图

管节采用干坞法进行预制，干坞位于芳村端。由于干坞较小，管节分 4 批进行预制，E4 和 E5 管节最后同批预制。管节预制过程中，干坞坞门开闭 3 次，安装拆除 1 次。管节 E1、E2 和 E3 出坞后临时寄放于坞口位置，管节与坞门距离为 5m，与地下连续墙距离不小于 3m，采用漂浮式 4 点系泊。管节坞口寄放示意见图 8-8。

8.1.2 管节寄放布置

1) 管节寄放布置方案

(1) 管节座底寄放

寄放前，对寄放区进行清淤整平处理，使其能够满足管节负浮力要求。在指定位置抛设锚块，将锚块与管节缆桩相连。向管节压载水箱注水至指定高度，使其负浮力满足设计要求，在起重设备的配合下管节缓慢下沉，逐渐收紧系泊缆绳，直至管节坐落于基床顶面，完成管节寄放。管节二次舾装时，应逐渐排出压载水，使管节缓慢浮出水面。管节座底寄放示意见图 8-9。

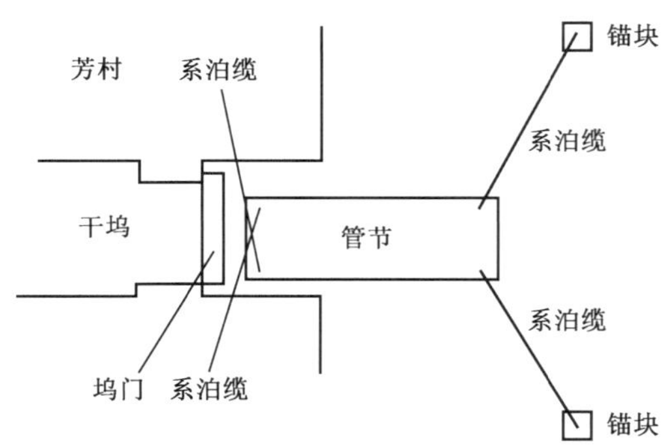

图 8-8　广州珠江隧道管节寄放示意图

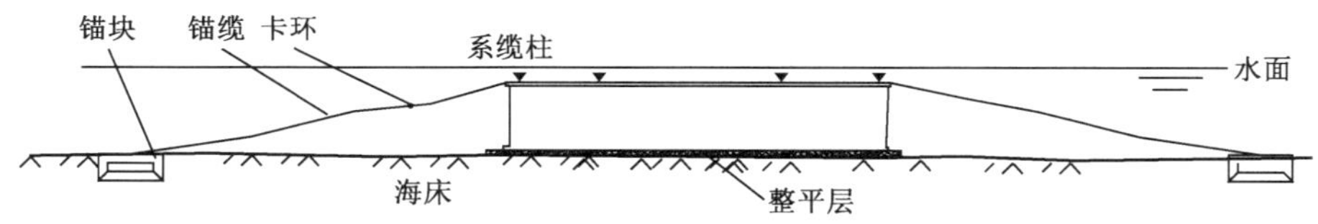

图 8-9　管节座底寄放示意图

(2)管节不座底寄放

采用管节不座底寄放时，不需要对寄放区基床进行处理。寄放时，在寄放区指定区域抛设锚块，将管节移至寄放区顶部，用缆绳直接将锚块和管节缆桩相连并收紧，整个寄放过程，管节始终处于漂浮状态。管节不座底寄放示意见图 8-10。

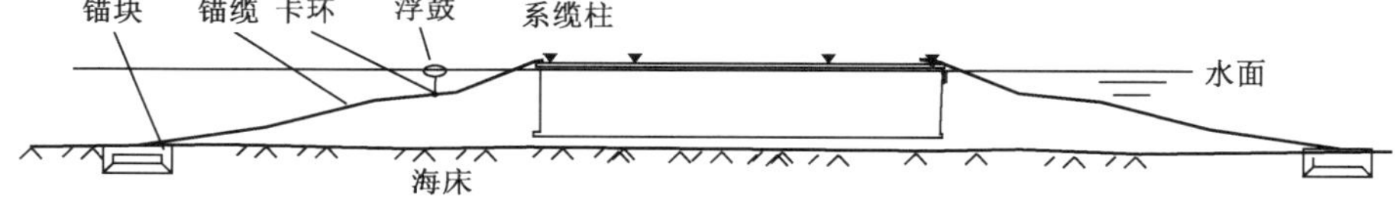

图 8-10　管节不座底寄放示意图

根据管节寄放位置与干坞的关系，管节不座底寄放可分为坞内寄放和坞外寄放。当风浪流条件较好时，可以直接将管节坞外裸露寄放，见图 8-11。

当风浪流条件较差，不能满足裸露寄放条件时，可在寄放区设置防波堤，或将寄放区做成封闭港区，进行管节寄放，见图 8-12、图 8-13。

对于管节坞内寄放，干坞需要设置一定范围的深水区，以满足管节寄放的要求。管节预制完成后，关闭坞门，向干坞内注水，将管节由浅水坞区(或预制区)横移至深水坞区，进行系泊。某管节坞内寄放示意见图 8-14。

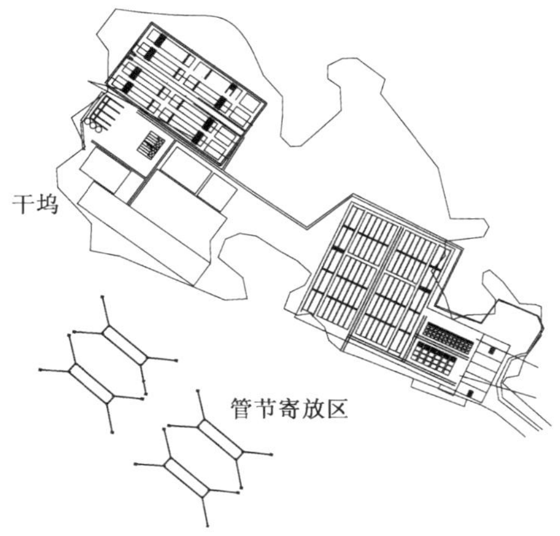

图 8-11　管节坞外裸露寄放示意图

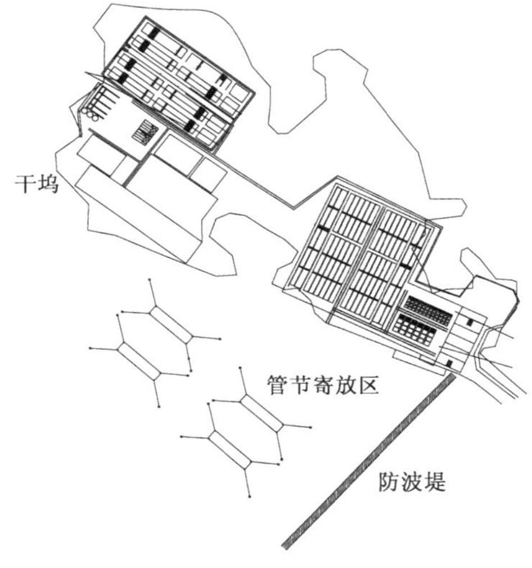

图 8-12　管节坞外防波堤寄放示意图

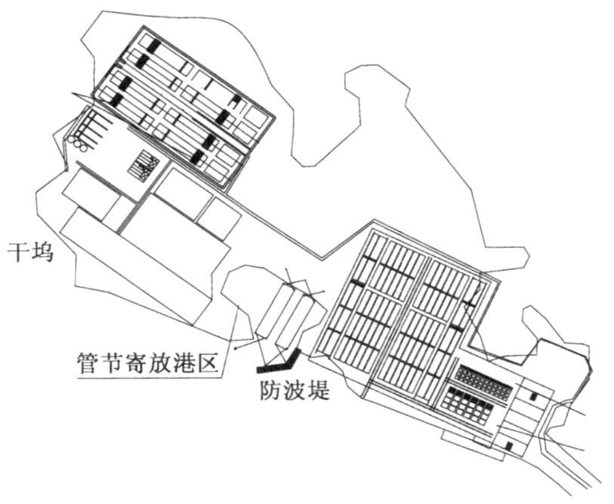

图 8-13　管节坞外港区寄放示意图

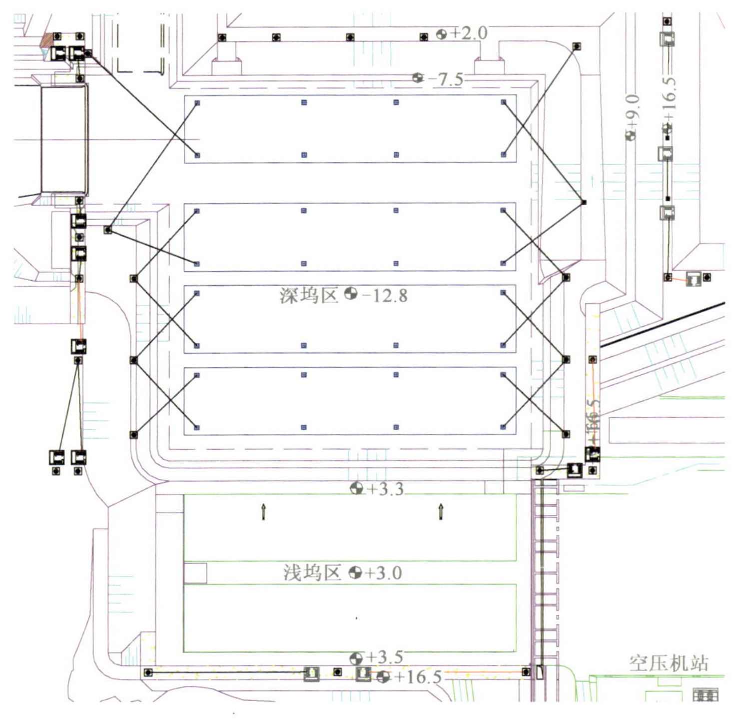

图 8-14　管节坞内寄放示意图

2）适用性分析

（1）座底寄放与不座底寄放

对管节座底和不座底寄放的优缺点进行综合比较，其结果见表 8-2。

管节座底与不座底寄放优缺点分析　　表 8-2

寄放方案	座底寄放	不座底寄放
管节状态	坐落于基床顶面	漂浮状态
基床处理	需对基床进行清淤整平	不需基床处理
施工效率	较低，需注水使管节下沉，二次舾装时又需排水使管节起浮	较高，不需管节下沉和起浮操作
起重设备	需起重设备配合	不需要
台风对管节的影响	较小	浪涌会对结构造成破坏

对管节采用座底寄放或不座底寄放，取决于现场的水域条件。如果现场水域情况较好，一般宜用不座底方式，这样施工难度低、效率快。但如果风浪情况、航行条件等均无法满足时，必须采用座底方式，以确保沉管的安全。

（2）管节坞内寄放与坞外寄放

根据管节寄放方案的施工特点，对坞内寄放和坞外寄放两种方案进行综合对比，见表 8-3。

管节寄放方案优缺点分析　表 8-3

寄放方案	坞外寄放	坞内寄放
系泊设施	锚块	坞墙系缆柱
受外界因素影响情况	受外界风浪流影响较大	几乎不受外界因素影响
干坞尺寸要求	较小	较大，通常分深水坞和浅水坞
对二次舾装的影响	较小	较大，通常需特定的顺序和方案
受台风影响情况	较大	较小
管节坞内操作	只需管节出坞操作	需管节横移和出坞操作

由表 8-3 可以看出，管节坞内寄放与坞外寄放受工程成本、现场条件、风浪情况等诸多因素限制。一般情况下，如果坞址范围的水域无法满足寄放条件，需要建造防波堤等设施情况下，可以通过与坞内寄放的方式比较，综合选择。

8.1.3　管节坞内横移

1）管节坞内横移方案

管节预制完成后，需要将其横移到指定位置或出坞。管节横移通常由坞墙卷扬机完成。根据卷扬机布设位置和拖曳方式的不同，管节横移分为直拉式和斜拉式两种，具体见图 8-15、图 8-16。直拉式横移时，缆绳与管节移动方向平行；斜拉式横移时，缆绳与管节移动相应成一定的夹角。

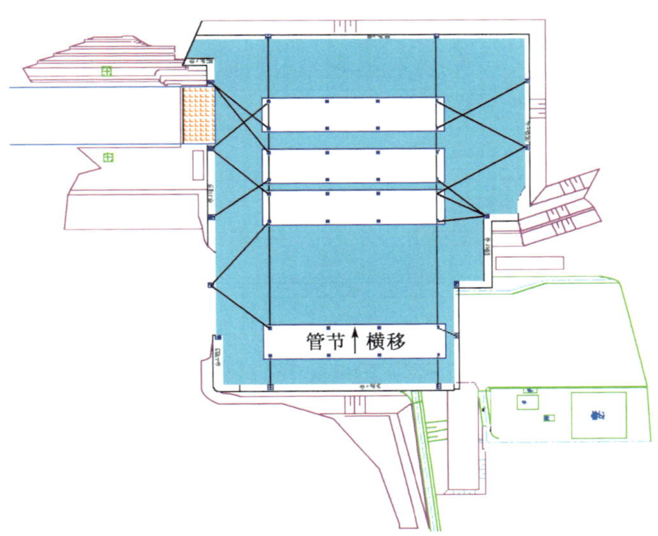

图 8-15　管节直拉式横移示意图

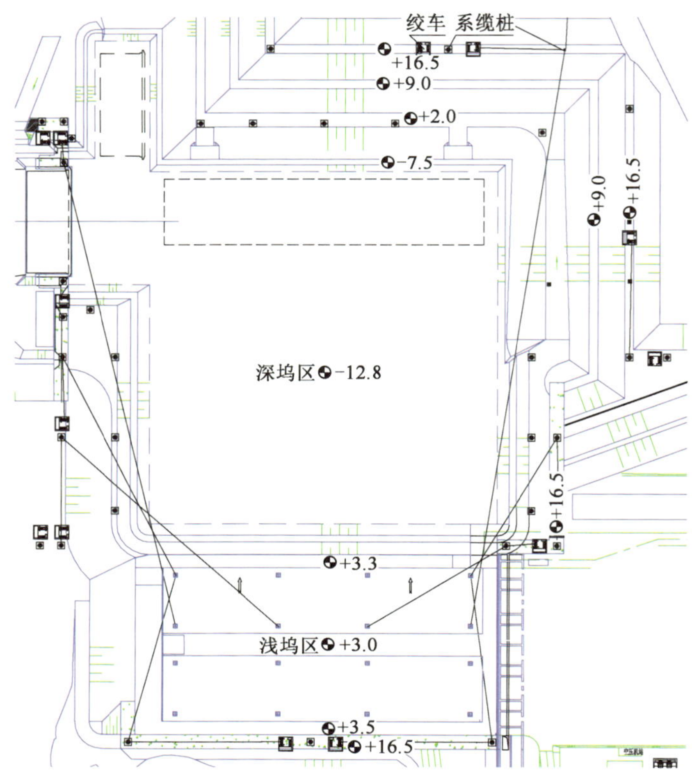

图 8-16 管节斜拉式横移示意图

2)适用性分析

对两种管节横移方式的优缺点进行综合分析,见表 8-4。

管节坞内横移方法优缺点比较 表 8-4

横移方法	直拉式	斜拉式
特点	管节受力方向与轴线垂直	管节受力方向与轴线不垂直
操作性	简单	比较复杂,对操作人员要求较高
可控性	较差,管节纵向移位困难	较好,管节纵横移位均比较方便
卷扬机要求	吨位较小	吨位稍大
地锚要求	承载力较小	承载力较大

管节坞内横移需要不断地进行位置调整。受各种因素影响,管节横移时存在纵向偏位的可能。由于预制场地规模有限,管节首尾与坞墙间距通常较小,为保证管节横移的安全,移位系统应具有管节纵向调节能力,因此,管节坞内横移通常采用斜拉式进行。当管节首尾与坞墙间距较大,或采取可靠措施保证管节纵向偏位较小时,可考虑采用直拉式管节坞内横移方案。

8.1.4 管节寄放系泊

1)管节系泊方案

管节寄放的系泊方式主要有单点系泊和多点系泊。对于单点系泊,可以先将2个管节连接起来,再进行单点系泊。典型的单点系泊方案见图8-17。

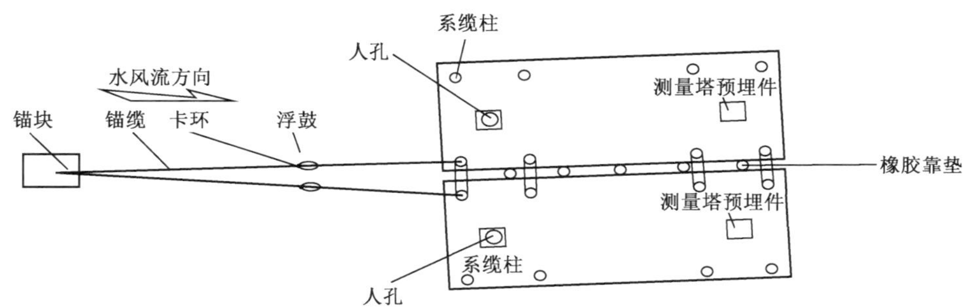

图8-17 管节单点系泊示意图

四点系泊是多点系泊中较常用的一种方法。管节系泊时,在管节四周布置4个锚块,每个锚块均通过缆绳与管节顶部不同的缆桩相连,在风浪流作用下,管节受缆绳力作用,其位置基本保持不变。管节四点系泊见图8-18。

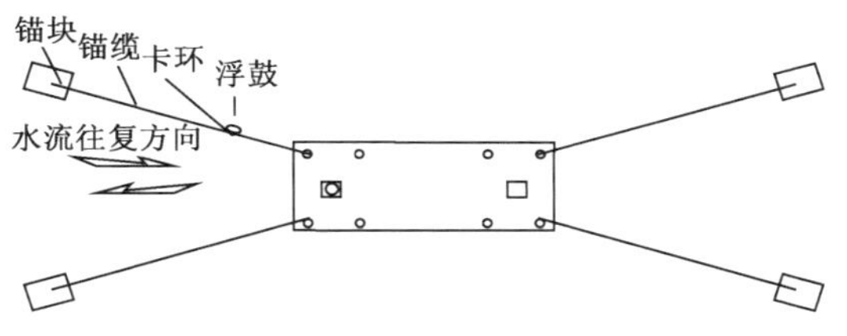

图8-18 管节四点系泊示意图

2)适用性分析

对国内外沉管隧道管节系泊方式进行研究,分析单点系泊和多点系泊的优缺点,见表8-5。

管节寄放时系泊方案的优缺点比较 表8-5

系泊方式	单点系泊	多点系泊	系泊方式	单点系泊	多点系泊
使用条件	紊乱流	定向往复流	操作性	便利	一般
占用水域	较大	较小	受力情况	简单	复杂

当管节采用坞内寄放方案时,寄放区面积较小,虽然坞内水流小,仍应优先采用多点系泊方案。当管节寄放区水域开阔、不受航行影响且水流为紊乱流时,宜采用单点系泊方案,此方法结构简单、成本较低。当管节寄放区水流较大但为定向往复流或受航行影响时,应优选多点

系泊方案,必要时可采用防波堤等措施降低水流流速。

8.1.5 管节临时通道布设

1)临时通道布设方案

当沉管隧道规模较大、风浪流条件复杂时,为了降低风浪流对管节受力和稳定性的影响,管节可不设置人孔。但是为了满足工作人员出入、管节压排水时空气进出、管节通风以及测量设备安装等的要求,需在管节设置临时通道。根据以往施工经验,临时通道位置可布设在管节顶面或管节尾部钢封门上,见图8-19、图8-20。

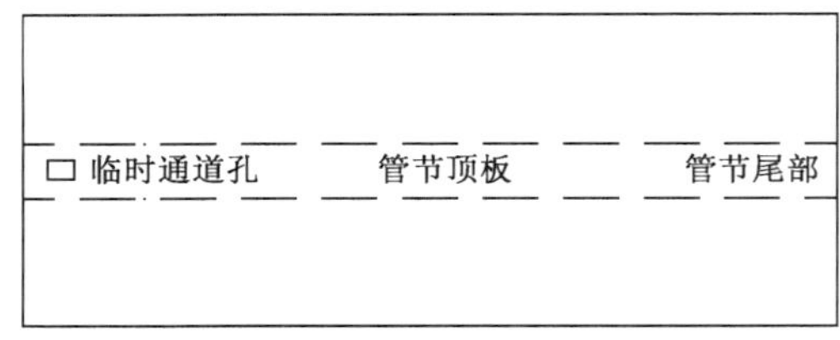

图8-19 临时通道布设于管节顶面示意图

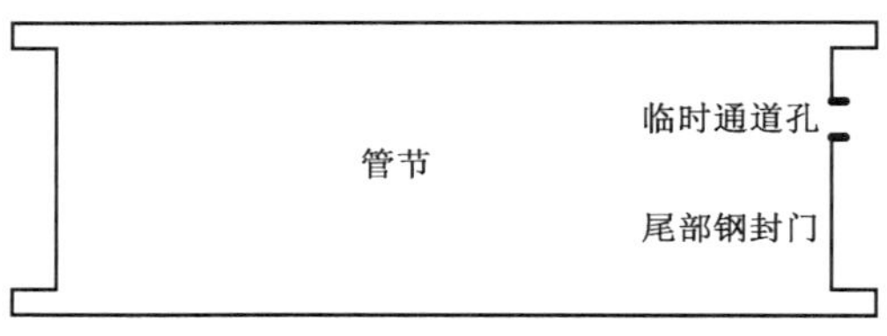

图8-20 临时通道布设于管节钢封门示意图

2)适用性分析

对两种临时通道布置方案进行比较,见表8-6。

临时通道布设位置比选表　　表8-6

临时通道位置	管节顶面	管尾钢封门
对管节整体性影响	较大	无
对管节防水的影响	不利	无
对结构耐久性的影响	不利	无
临时通道对接	方便	难度较大
施工完成后是否需要封堵	需要	不需要

当隧道施工水深较小,管节防水性能要求较低且对管节设计寿命无特别要求时,宜将临时通道布设于管节顶面,以降低临时通道水下对接难度。当管节防水性能要求较高或对管节寿命有特殊要求时,可将临时通道设于管节尾部钢封门位置。

8.2 管节浮运施工工艺

在调研归纳总结国内外管节浮运施工工艺基础上,对管节二次舾装、管节浮运布置等方案进行研究,并进行适用性分析。

8.2.1 国内外管节浮运施工工艺现状

管节浮运受地形、地质、水文、气象、浮运距离、航道条件等多种因素的影响制约,因此每条沉管隧道的浮运都经过专门设计,其施工方法各有特色。但是综合国内外沉管隧道浮运施工案例经验,管节的浮运方式主要有拖轮浮运、岸控绞车浮运以及拖轮+绞车浮运,其中采用拖轮浮运施工工艺的有丹麦厄勒海峡沉管隧道、韩国釜山—巨济隧道、日本京叶台场沉管隧道等,采用岸控绞车浮运施工工艺的有宁波常洪隧道等,采用拖轮+绞车浮运施工工艺的有广州珠江隧道、上海外环隧道、广州洲头咀隧道等。对国内外已建(在建)典型沉管隧道的规模、浮运条件、浮运方法、干舷等进行分析归纳,结果见表8-7。

国内外典型沉管隧道管节浮运方法 表8-7

序号	隧道名称	长度(m)	截面形式和尺寸(m×m)	拖航速度(knot)	水域环境	干弦(cm)	浮运方法和设备
1	中国广州珠江隧道	457	矩形33×7.95	0.3	珠江水域(内河)	24~27	拖轮(3×900hp)+绞车
2	中国上海外环隧道	736	矩形43×9.55	1.0	黄浦江水域(内河)	15	拖轮(4×3 000hp)+绞车
3	中国宁波常洪隧道	395	矩形22.8×8.45		甬江水域(内河)	10	岸控绞车拖运
4	中国丹麦厄勒海峡隧道	3 510	矩形 42×8.6	1.5	厄勒海峡水域(海峡)	30	拖轮浮运(4×5 000hp)
5	韩国釜山—巨济隧道	3 240	矩形 26.5×9.75	2.2	巨济岛海域(海峡)	30	拖轮浮运(2×3 600hp+2×2 600hp)
6	日本京叶线台场隧道	672	钢壳椭圆形 12.8×8	—	东京港水域(港口)	—	4拖轮浮运
7	中国广州洲头咀隧道	340	矩形31.4×9.68	—	珠江水域(内河)	—	2拖轮+绞车

注:1hp=745.7W。

1)拖轮浮运

国内外采用拖轮浮运工艺的典型工程有丹麦厄勒海峡隧道和韩国釜山—巨济隧道。

(1)厄勒海峡隧道

厄勒海峡隧道的沉管浮运采用4艘5 000hp(3 728.5kW)的拖轮进行,浮运前首先将拖轮连接到管节上,当干坞外的实际水流量测读数与预测情况一致时,即开始浮运。浮运的最大速度限定为1.5nmile/h(1.5kn)。考虑到波浪条件,拖航时的干舷值为30cm。具体管节拖航情况见图8-21。

图 8-21　厄勒海峡沉管隧道管节浮运

（2）韩国釜山—巨济隧道

韩国釜山—巨济固定连接线总长 8.2km，是连接韩国釜山与巨济岛的高速公路。连接线包括一条总长 3 400m 的沉管隧道和两座各长 2km 的斜拉桥。其中，沉管隧道采用两孔一管廊形式，为双向 4 车道的公路隧道，最大水深超过 48m。隧道海中段长 3 283m，由 18 节长 180m 的管节组成，管节宽 26.46m（17、18 节宽 28.46m），高 9.97m。

沉管采用 4 拖轮浮运，前后各两艘，功率分别为 3 600hp 和 2 600hp；波高条件限定为 0.4m，浮运拖航速度为 4km/h（约为 2.2kn），浮运时间约为 9h；浮运的干舷值为 30cm。浮运现场施工如图 8-22 所示。

图 8-22　韩国釜山—巨济沉管隧道管节浮运

2）岸控绞车浮运

常洪隧道工程是宁波市最大的市政基础设施项目，也是宁波东外环线穿越甬江的关键工程。江中沉管节全长 395m，由 4 节管节组成。管节浮运采用岸控绞车进行[10-11]。

E1 管节浮运时，首先在距坞口 44m 位置起浮，过江浮运距离 300m。当江面水流流速小于 0.3m/s 时，收紧北岸绞车钢缆，同时放松南岸绞车钢缆，绞车牵引管节缓慢浮运过江。管节浮运过程中的横向水流力，由江中停泊的工作驳引出的绞车钢缆承受，整个浮运过程控制在 1h

内完成。

3）拖轮＋绞车浮运

采用拖轮＋绞车浮运工艺的典型工程有广州珠江隧道和上海外环隧道。

（1）广州珠江隧道

珠江沉管隧道采用绞车拖运、拖轮辅助顶推浮运方案，见图8-23。在距管节对接头20m的隧道轴线上布置一艘方驳，其上安装一台液压绞车作为管节出坞、浮运的主动力，芳村岸上布置两台10t液压绞车作为制动力，浮运时采用三艘900hp拖轮构成侧面顶推，进行顶潮协助施工，一艘在上游作为备用。利用主拖方驳上的液压绞车拖动管节出坞，900hp拖轮辅助控制管节端头方向。为了防止管节起浮后再次着地，以上工序全部在一个潮位内完成，要求拖航速度控制于10m/min内，坞口和连续墙范围内小于3m/min。

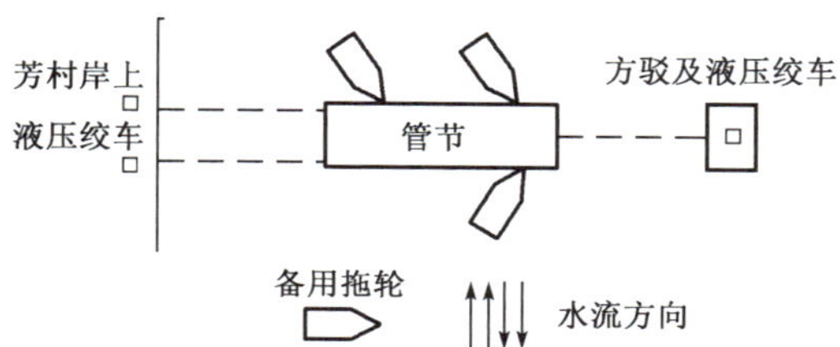

图8-23　广州珠江隧道管节浮运方式

（2）上海外环隧道

上海外环隧道由7个长100～108m、宽43m、高9.55m的管节组成，管节编号为E1～E7，其中管节E6、E7利用岸上和工程船舶上的绞车移动到沉放位置，E1、E2、E3、E4、E5管节从坞口临时系泊区移动到江中沉放位置。管节浮运现场如图8-24所示。

图8-24　上海外环隧道沉管隧道管节浮运现场

管节采用坞内绞车和拖轮结合的方法出坞，采用4艘全回转大功率拖轮进行管节浮运。另外采用2艘拖轮辅助，克服管节在江中浮运受到的横向水流阻力。从坞口临时系泊区到隧道轴线E3管节沉放位置，管节浮运距离为600m，管节先沿出坞航道纵拖200m，然后在主航道上斜横拖400m，浮运速度定为1kn，如图8-25所示。

为了保证管节浮运安全，管节浮运时干舷应大于0.15m，而E1～E4管节平均干舷小于0.05m，故采用在管节两侧绑扎浮筒以增加管节干舷。根据管节试浮干舷测量情况，确定需绑扎的浮筒吨位、数量、位置。对E3管节用1组2个500t的浮筒助浮，如图8-26所示。

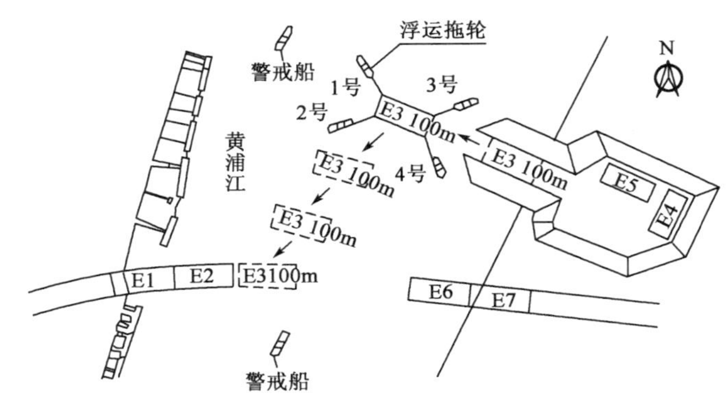

图8-25　上海外环隧道E3管节浮运示意图

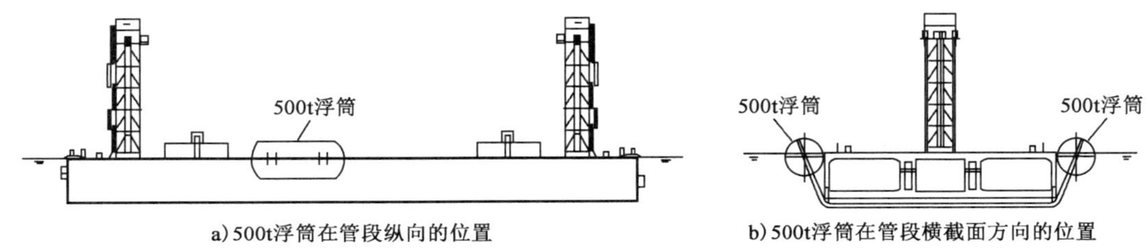

图8-26　上海外环隧道E3管节管侧浮筒助浮

8.2.2　管节二次舾装

1)管节二次舾装方案

管节浮运前，需对管节进行二次舾装。舾装件主要包括测量塔、人孔、沉放驳、导向杆、导向架、起重吊耳、拉合装置以及测量设备等。根据船机设备不同，管节二次舾装主要有两个方案：起重船法和塔吊法。

2)适用性分析

对两种方法的优缺点进行比较，见表8-8。

起重船法与塔吊法的优缺点比较　　表8-8

舾装方式	起重船法	塔吊法
机械位置	舾装管节附近	专门的吊机轨道上
起重能力	较大	较小，舾装件质量较大时需分段吊装
锚泊	需要，水域较小时锚泊复杂	不需要
操作性	灵活，但水域面积较小时操作性较差	灵活

当管节在坞外寄放区或管节沉放区二次舾装时，施工水域开阔，且舾装区无现成的吊机轨道，通常采用起重船进行二次舾装。当管节在坞内寄放时，施工水域面积有限，且坞墙顶部一般设有吊机轨道，因此通常采用塔吊法进行管节二次舾装。当舾装件质量超出塔吊起重能力且无法分段安装时，可采用起重船进行较重舾装件的安装。此时由于作业面较小，起重船操作性较差，需要制订专门舾装操作方案。

8.2.3　管节浮运布置

1)管节浮运布置方案

(1)岸控绞车浮运方案

在预制干坞对岸隧道纵轴线上设置岸控绞车，用缆绳将绞车和管节首部缆桩相连，同时将干坞坞墙绞车和管节尾部缆桩相连。岸控绞车提供牵引力，带动管节缓慢向沉放位置移动；干坞绞车提供管节制动力。当无法在岸上设置牵引绞车时，可在水上设置方驳，将牵引绞车置于方驳上。典型的岸控绞车浮运方案见图8-27。

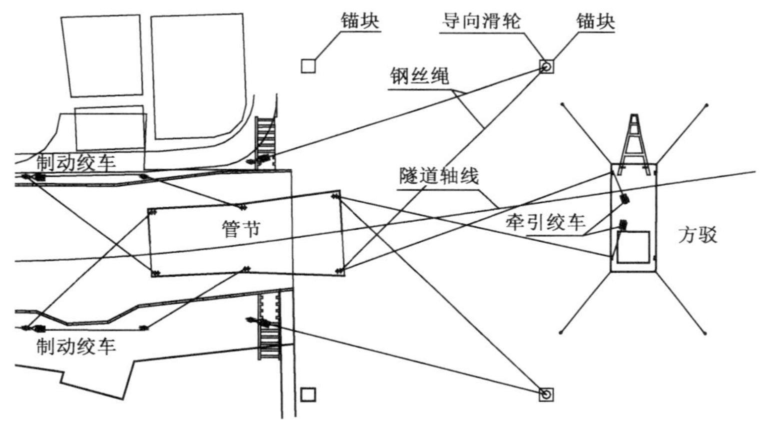

图8-27　管节岸控绞车浮运

(2)管节拖轮浮运

管节拖轮浮运常用的方式有三船浮运、四船浮运和五船浮运。三船浮运的一种布置形式是用两艘拖轮在前，一艘拖轮在后反拖并制动转向(图8-28)；另一种形式是用一艘主拖轮在前拖拉，两艘动力较小的拖轮系靠在管节后面两侧控制方向。

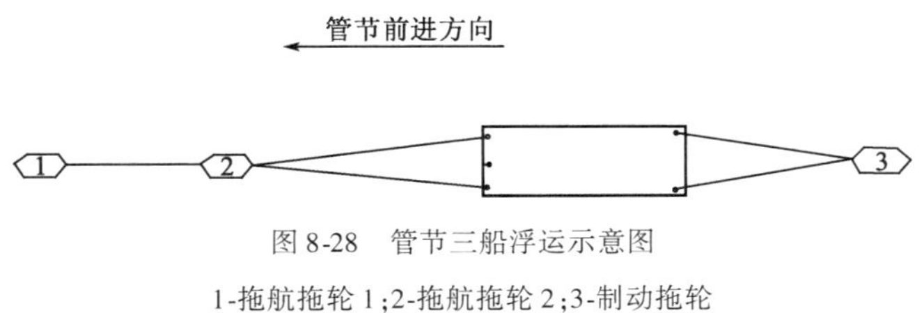

图8-28　管节三船浮运示意图

1-拖航拖轮1；2-拖航拖轮2；3-制动拖轮

四船浮运的一种形式是将两艘拖轮并排在管节的前面领拖，另两艘拖轮并排在管节的后面反拖，并制动转向(图 8-29)；另一种形式是前一艘主拖轮作为领航，管节两边各用一艘拖轮辅助(方式可为拖带或者顶推)，后面一艘拖轮进行反拖并制动管节转向。

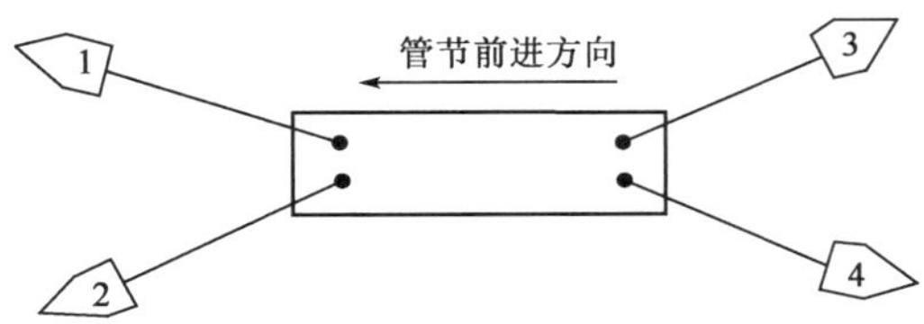

图 8-29 管节四船浮运示意图

1-拖航拖轮 1；2-拖航拖轮 2；3-制动拖轮 1；4-制动拖轮 2

五船浮运方案见图 8-30。拖轮分为 1 艘大功率主拖轮和 4 艘辅助拖轮。管节浮运时，主拖轮提供向前的牵引力，拖带管节沿航道前进，前面 2 艘辅助拖轮协助管节拖航，后面 2 艘拖轮负责管节的制动和转向。

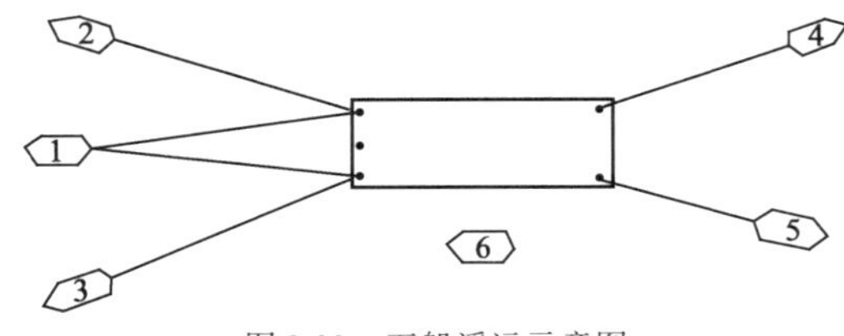

图 8-30 五船浮运示意图

1-主拖轮；2-辅助拖轮；3-辅助拖轮；4-制动拖轮 1；5-制动拖轮 2；6-备用拖轮

2)适用性分析

对岸控绞车浮运方案和拖轮浮运方案进行对比分析，见表 8-9。

岸控绞车浮运和拖轮浮运优缺点比较 表 8-9

浮运方案	岸控绞车法	拖轮浮运法
机械设备	绞车	拖轮
抵抗横向水流力	较小，水流力较大时需采用拖轮辅助	随拖轮布置方式不同而不同
对航道的影响	较大，通常需要半封航或全封航	相对较小，部分情况下也需要封航
浮运速度	慢	快
转弯操作	较难	较易

对于浮运距离小于 1km 的内河隧道，宜采用岸控绞车进行管节浮运。当河水流速较大，可采用拖轮侧向辅助顶推，以抵抗较大的横向水流力。当管节浮运距离大于 1km，特别是外海长距离浮运时，岸控绞车布置难度较大或无法布置，且管节通常需要较快的浮运速度，因此通常采用拖轮浮运。浮运时的拖轮布置方案根据具体情况确定。采用拖轮浮运时，为了保证管节浮运的稳定性，应采用压载水箱对管节干舷值进行调整，使其处于合理范围之内。

对于拖轮浮运方案，根据国内外沉管隧道管节浮运方法研究的结果，对三船浮运、四船浮运和五船浮运的优缺点进行综合对比，见表 8-10。

三船浮运、四船浮运和五船浮运方案的优缺点比较　　表8-10

拖轮布置方案	三船浮运	四船浮运	五船浮运
拖轮功效	较高	较低	较高
抵亢横向水流力	较差	较好	最好，辅助拖轮可专门用于抵抗横向水流力
拖轮大小	最大	较大	主拖轮较大，其他拖轮较小
转弯操作性	较差	较好	与四船浮运相同
基槽浮运操作性	差	较好	最好

当管节基槽浮运距离较长且基槽浮运横向水流力较大时，应优先采用五船浮运方案。此时主拖轮提供向前的牵引力，拖带管节在基槽内按预定速度前进，辅助拖轮与水流方向一致，专门抵抗横向水流力。对于其他情况，管节通常采用四船方案进行浮运。仅当浮运航道的风浪流条件较好时，管节浮运所承受的横向水流力较小，可采用三船浮运方案。

8.3　管节沉放施工工艺

在调研归纳总结国内外管节沉放施工工艺的基础上，对管节系泊施工、管节沉放施工、管节轴线调整等方案进行研究，并进行适用性分析。

8.3.1　国内外管节沉放施工工艺现状

管节沉放方法主要可分为起重船吊沉法、升降平台吊沉法、驳船吊沉法，其中采用起重船吊沉施工工艺的有广州珠江隧道等，采用升降平台吊沉施工工艺的有日本京叶台场沉管隧道等，采用驳船吊沉施工工艺的有中国上海外环隧道、中国宁波常洪隧道、丹麦厄勒海峡沉管隧道、韩国釜山—巨济沉管隧道、日本多摩川沉管隧道等。对国内外已建（在建）典型沉管隧道的管节质量、沉放方法、沉放环境条件等进行分析归纳，结果见表8-11。

国内外典型沉管隧道沉放方法　　表8-11

序号	隧道名称	沉放方法	质量（万t）	沉放最大深度（m）	沉放速度（m/min）	抗浮系数	沉放环境条件
1	中国广州珠江隧道	单起重船沉放	0.5~3.0	19	0.3~0.5	—	风速：<10m/s
2	中国上海外环隧道	双浮驳吊沉	4.0	30	0.3	1.01	风速：<10m/s 浪高：<0.5m 流速：<0.6~0.8m/s
3	中国宁波常洪隧道	双浮驳吊沉	—	—	—	1.01	风速：<10m/s 流速：<0.6~0.8m/s
4	丹麦厄勒海峡隧道	四方驳吊沉	—	—	—	—	—
5	韩国釜山—巨济隧道	四方驳吊沉	4.5~5.0	40	—	—	波高：<0.5m/s 流速：<1.6m/s
6	日本多摩川隧道	双浮驳吊沉	—	28.746	0.5	—	风速：<10m/s 浪高：<0.5m/s

1)起重船吊沉

广州珠江隧道管节采用起重船吊沉沉放方案,具体的设备布置见图8-31。沉放在平潮时间进行,避免了较大流速的不利影响。

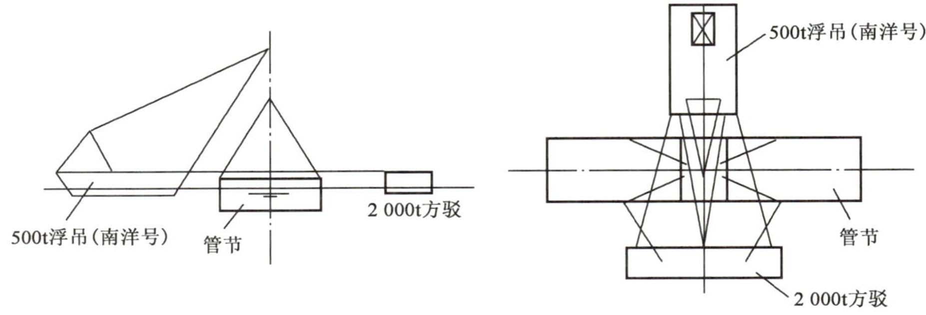

图8-31　广州珠江隧道管节沉吊布置

当管节完成吊沉作业后,利用调节缆调整好管节的位置,在管内开始灌水压载作业,E1~E4节段均需加载至2 000~3 000kN(200~300t),E5节段沉放作业时的负浮力取为500kN(50t)。管内水箱的注水由值班人员控制,负浮力状态由起重船上测力计反映,加载过程与沉放过程是一个连续工况,管节顶面低于水面20cm以内,即完成负浮力的加载,该过程在1h内完成。

2)驳船吊沉

国内外采用驳船吊沉工艺的典型工程有丹麦厄勒海峡隧道、中国上海外环隧道、韩国釜山—巨济隧道、日本多摩川沉管隧道。

(1)丹麦厄勒海峡隧道

丹麦厄勒海峡隧道采用双体式驳船吊沉沉放,共设4个沉放点,每个沉放点承载力为450kN。用于承受作用于驳船上的100kN波浪作用力、50kN不平衡水流力、100kN水密度变化和200kN管节实载重量。具体的管节沉放方法见图8-32。

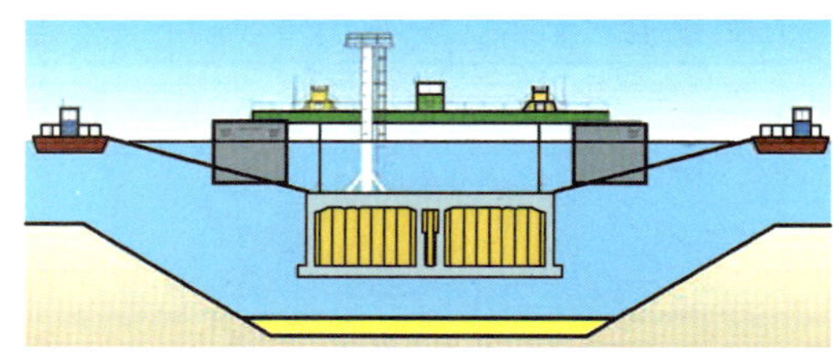

图8-32　厄勒海峡隧道管节沉放方式

(2)中国上海外环隧道

上海外环沉管隧道断面尺寸较大,为保证管节沉放顺利进行,对初步选定的双浮箱吊沉法和双驳吊沉法进行了综合比较,考虑到上海港交通繁忙,双驳吊沉法施工时占用水域面积较大等情况,最终采用了双浮箱吊沉法进行管节沉放。管节锚碇方式、沉放方式及所占水域见图8-33。

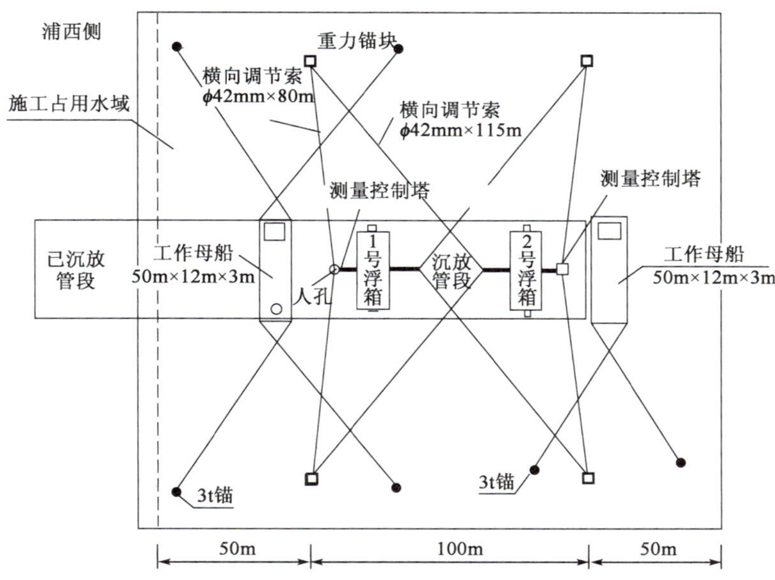

图 8-33　上海外环隧道管节沉放布置

(3)韩国釜山—巨济隧道

韩国釜山—巨济隧道采用双体驳船吊沉法进行管节沉放,每条驳船采用 4 条缆索进行定位锚固,管节通过缆索锚固,共 14 个锚固点。沉放的整体布置和驳船布置见图 8-34。

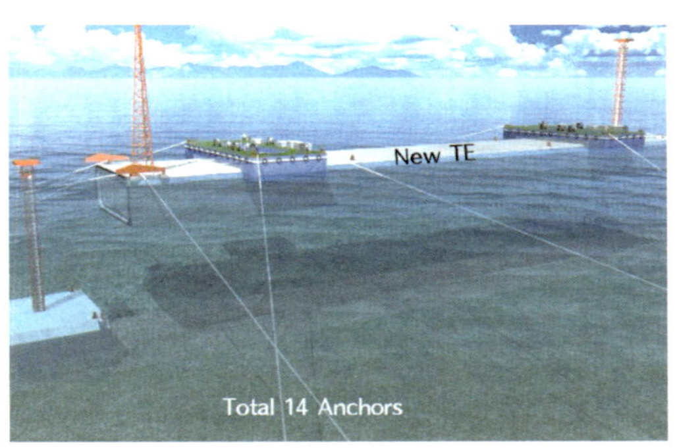

图 8-34　韩国釜山—巨济隧道管节沉放图

(4)日本多摩川沉管隧道

多摩川沉管隧道施工采用非自航的箱形双壳船作为沉放设备(沉放驳船),船的中部钩挂管节沉放。沉放作业情况见图 8-35。

8.3.2　管节系泊施工

1)管节系泊方案

(1)重力式锚块方案

锚块为方形,中间为空腔,采用钢筋混凝土结构,其结构示意图见图 8-36。

管节浮运安装前,在沉放区的预定位置,利用起重船进行重力锚块的放置,每节管节设置4个重力锚块。管节安装完成后,将已安装管节首部的2个重力锚块移至下一节管节尾部预定区域抛设,已安装管节尾部的2个重力锚块作为下一节管节首部系泊定位锚块。锚块安装采用GPS进行定位。所有隧道管节安装完毕后,起重船将重力式锚块吊起放置于平板驳船上,运至干坞料场内存放。重力式锚块安装示意见图8-37。

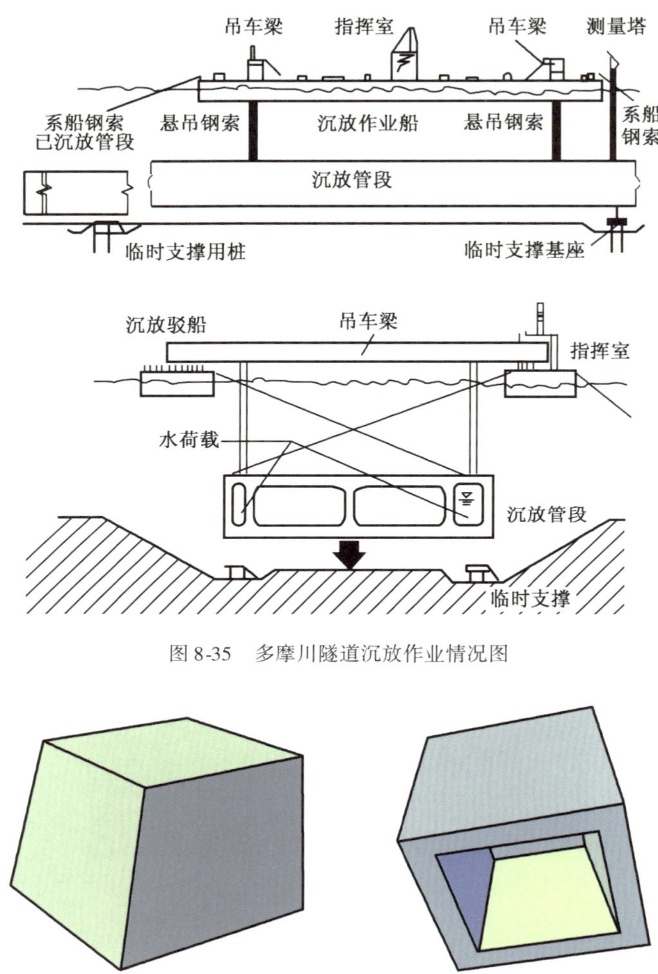

图8-35　多摩川隧道沉放作业情况图

图8-36　重力式锚块结构示意图

由于重力式锚块的稳定性较好,管节沉放过程中,锚块不会移动,可以采用变倍率滑车组减小管节调整系统的荷载和调整绞车的大小,调整缆通过导向滑轮与沉放驳的绞车相连。采用重力式锚块系泊方案时,管节系泊系统布置见图8-38。

(2)VLA锚方案

VLA锚由专业锚公司Stevmanta生产。该锚是一种垂直加载锚,锚的结构形式见图8-39。

每节管节系泊系统共需5个VLA锚，VLA锚的安装采用专门的三用拖轮，抛锚后应用三用拖轮进行试拉试验，确保锚力满足施工要求。安装过程如图8-40所示。

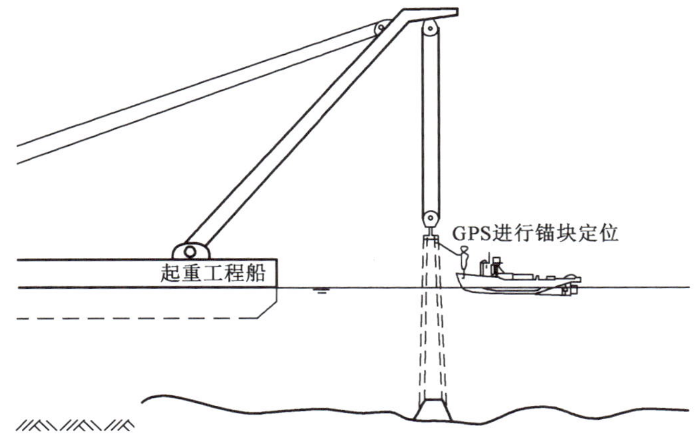

图8-37　重力式锚块安装示意图

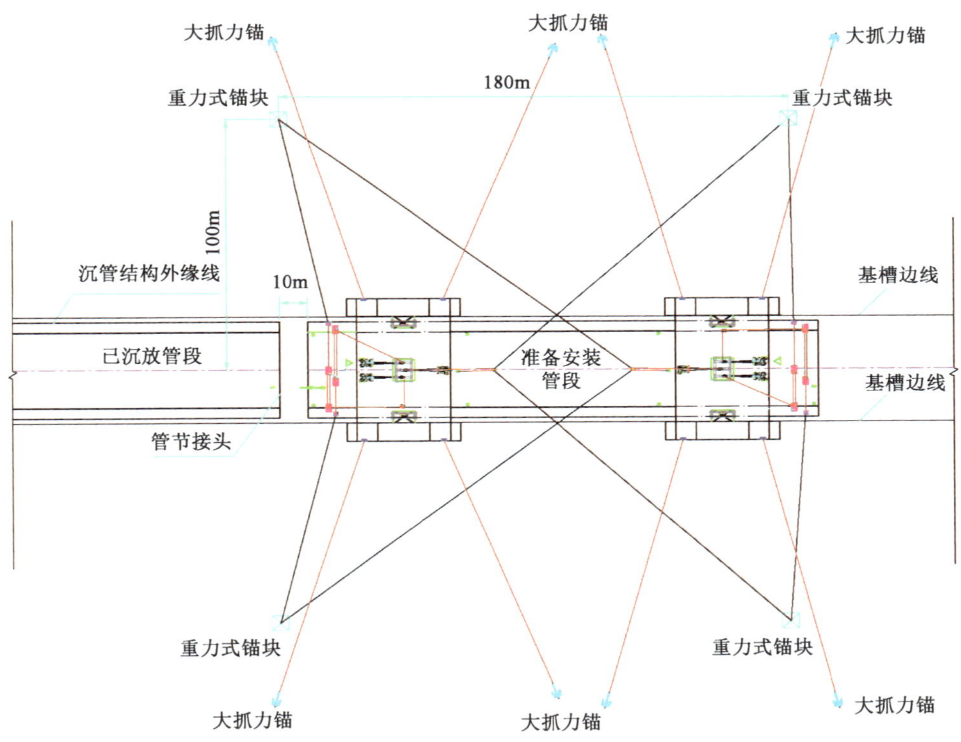

图8-38　重力式锚块方案系泊系统布置图

上一节管节沉放安装完成后，抛锚艇将VLA锚起锚，运至下一节准备安装管节尾部预定区域抛设。隧道所有管节安装完成后，抛锚艇将VLA锚起锚放置在平板驳船上，运至干坞材料堆场安放。

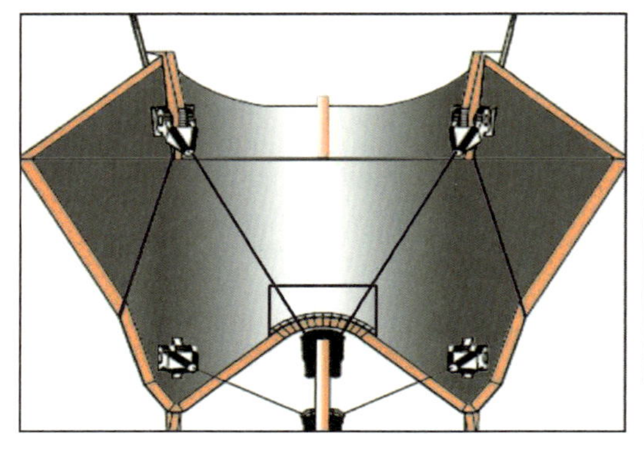

Stevmanta VLA锚特点

1	能在各个角度适应各个方向上的荷载力
2	适应软土地层条件
3	抛锚时处于安装模式，达到安装荷载要求后转入负载模式，其负载能力可达到安装荷载的2~3倍
4	抛锚和起锚过程简单

图 8-39　VLA 锚的结构形式

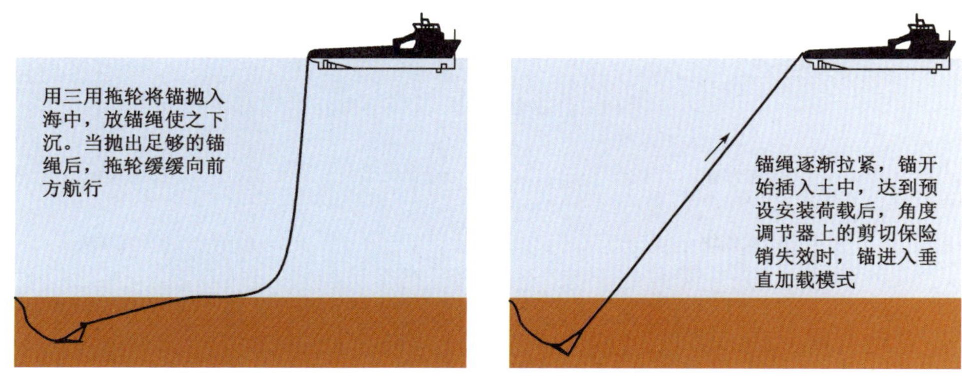

图 8-40　VLA 锚安装示意图

由于 VLA 锚受力过程有较大的位移,因此不能采用变倍率滑车组减小管节调整系统的荷载和调整绞车的大小,调整缆通过导向滑轮与沉放驳的绞车相连。采用 VLA 锚系泊方案时,管节系泊系统布置见图 8-41。

(3)海军大抓力锚方案

海军大抓力锚的结构形式和系泊系统与 VLA 大抓力锚基本相同,其不同之处主要在于锚的成本和系泊缆长度等。

2)适用性分析

根据三种管节系泊系统的特点,对三种方案进行综合比选,结果见表 8-12。

由于重力式锚方案占用水域较小,加载过程基本不会产生位移,锚绞车和导缆结构较小、成本较低,通常情况下管节沉放应优先选用该方案。当施工区域的土层分布较好,大抓力锚起抛锚比较便利时,可采用大抓力锚方案。根据重力式锚块的安装工艺,安装时必须按要求进行基床开挖,对基床造成了一定损害,而且水深较深时,锚坑开挖难度较大,因此对于锚碇位置基床不宜开挖,或抛锚位置水深较大的沉管隧道,宜采用大抓力锚方案进行管节系泊。

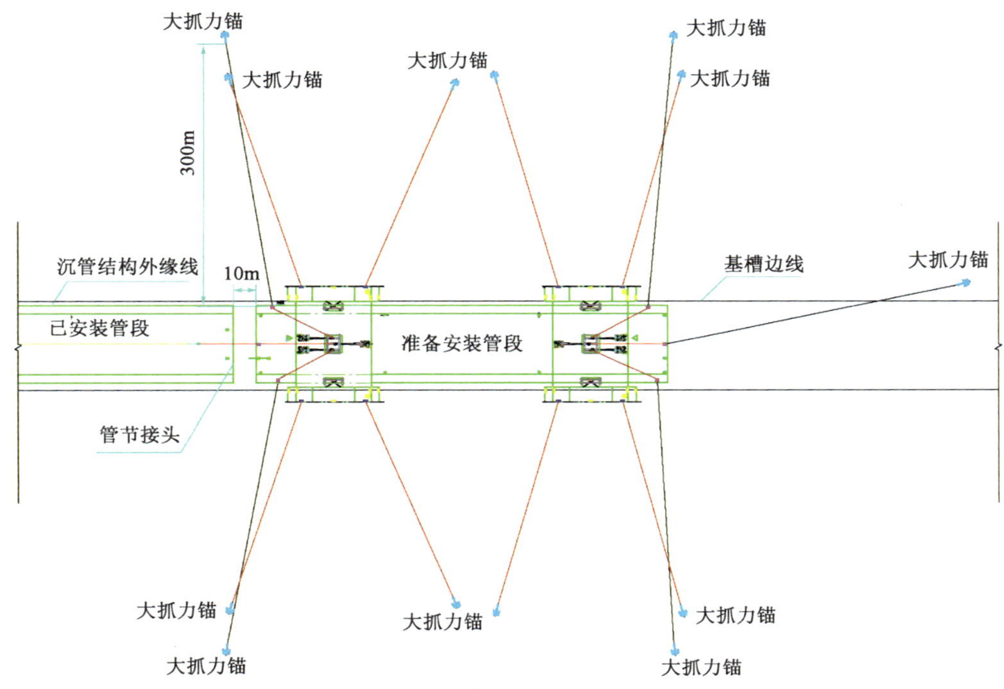

图 8-41 VLA 锚方案系泊系统示意图

三种管节系泊系统方案比选表 表 8-12

比较项目	重力式锚方案	Stevmanta 大抓力锚（VLA）方案	海军大抓力锚方案	方案的优缺点
起抛锚方法	锚自身的重力大，起抛锚采用起重工程船进行施工，可以采用施工现场配置有起重船兼顾进行作业	通常采用三用拖轮起抛锚	与 VLA 锚相似	VLA 大抓力锚和海军锚抛锚之前不需要对基床进行处理，重力式锚要进行处理；大抓力锚方案需要额外增加台班费比较高的三用拖轮
锚加载过程的位移量	加载过程基本不会产生位移	加载过程会产生较大的位移量	与 VLA 锚相似	重力式锚下锚位置可以准确定位，缆绳的长度基本可以确定。大抓力锚则要留一定的位移余量
系泊缆长度	100m 左右	300 ~ 500m	500 ~ 800m	系泊缆长度长的对周围施工以及航行船舶的扰动比较大
锚绞车能力要求	可以采用多倍率的滑车组降低锚绞车的能力	系泊系统不宜采用变倍率的滑车组，因此需要配置大拉力的锚绞车	与 VLA 锚相似	大抓力锚方案的锚绞车较大，而重力式锚方案锚绞车相对较小
锚缆导向结构	横向和纵向导向结构较小，仅导出沉管外的导向结构较大	所有的导向结构均要按该荷载配置，导向结构较大	与 VLA 锚相似	重力式锚导向结构的投入较后两方案少，施工的操作也较为方便

续上表

比较项目	重力式锚方案	Stevmanta 大抓力锚（VLA）方案	海军大抓力锚方案	方案的优缺点
回收缆长度	水深 +10m 左右	水深 + 锚的预计下沉量 +50m 左右	与 VLA 锚相似	重力式锚方案的回收缆最短，其他两方案的缆要长 45 ~ 55m
施工的可操作性	传统的施工方法，施工的可操作性比较好	施工的可操作性较重力式锚方案差	与 VLA 锚相似	重力式锚的可操作性较后两方案较好
对其他施工和航道的影响程度	重力式锚的锚缆和回收缆长度均较短，对周围施工和航道的干扰最小	VLA 锚的锚缆和回收缆长度均较长，对周围施工和航道的干扰较大	锚缆和回收缆长度最长，在临时航道附近管节施工时对航道干扰最大	对其他施工和航道通航的影响程度从低到高分别为：重力式、VLA 锚、海军大抓力锚

8.3.3 管节沉放施工

1）管节沉放方案

（1）起重船吊沉法

管节浮运到位后，由起重船辅助将管节沉放到规定的基槽位置，称之为起重船吊沉法。

采用单浮吊沉放管节时，管节姿态控制难度较大，主要是由于管内压载水自由液面的影响，其重心改变易产生滞后性。当管节晃动过大时，不易控制，管节稳定性急剧降低，容易发生安全事故。

与单浮吊相比，双浮吊对管节控制能力较好，但是由于采用双起重船，现场船舶缆绳布置复杂，要求比较高。管节浮吊法示意见图 8-42。沉放过程中，浮吊仅提供管节竖向荷载，管节平面位置的调整由位于测量控制塔顶部的绞车完成，因此对测量塔的刚度要求较高。

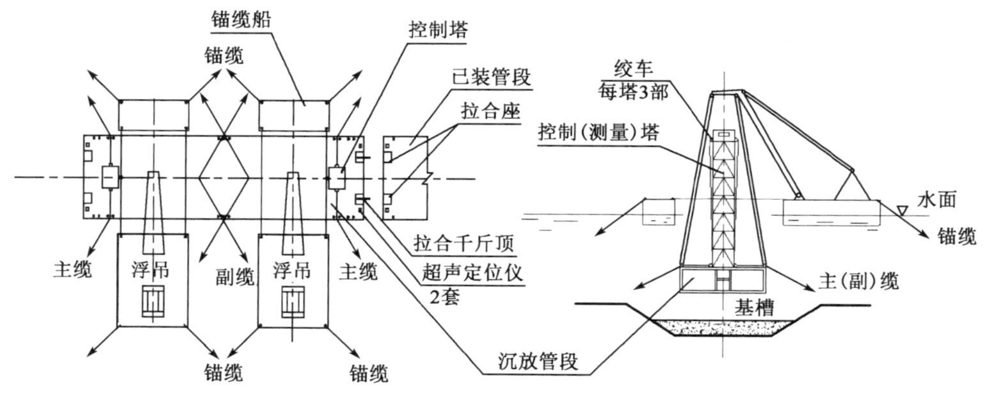

图 8-42　管节浮吊法沉放示意图

（2）升降平台法

升降平台法是由升降平台完成沉管吊沉安装的方法，主要施工设备为自升式升降平台，升降平台由4根柱脚和1个钢浮箱组成。移动升降平台至管节沉放区上方,将柱脚下放至基床表面,向钢浮箱内部注水,在重力和柱脚液压千斤顶作用下,柱脚插入海床至设计位置。平台沿柱脚升出水面。管节就位后,将管节吊点与升降平台的沉放缆索相连,利用平台沉吊管节,将管节缓慢沉放至预定位置。管节沉放完成后,将平台下放至水面并且钢浮箱排水,利用浮力将柱脚拔出,浮运转移继续使用。升降平台法沉放管节示意见图8-43。

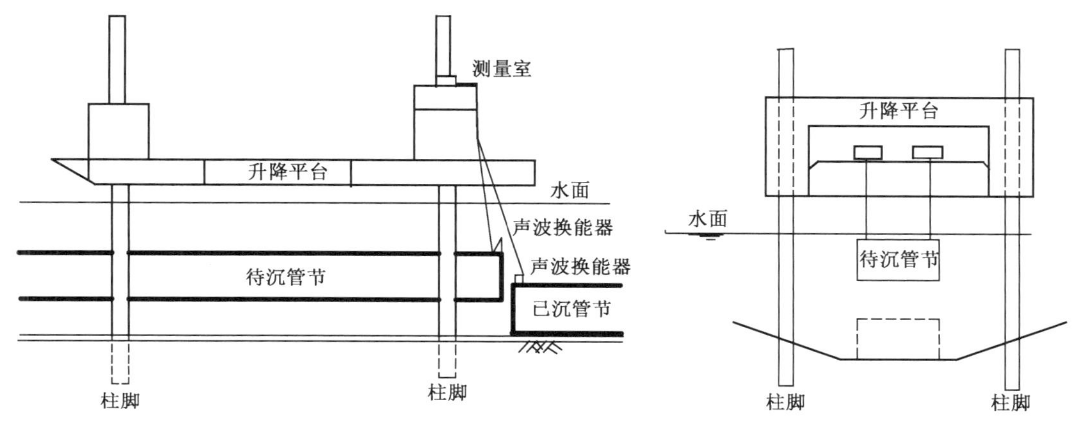

图8-43 升降平台法沉放示意图

(3)驳船吊沉法

①浮箱式驳船吊沉法。

浮箱式驳船吊沉法,是由浮箱或驳船提供负浮力,完成沉管下沉安装的方法。此工法可为4只浮箱或前后2只大浮箱(或改装的浮驳),目前2只大浮箱吊沉为主流。浮箱一般与管节二次舾装同时安装,采用起重船将浮箱起吊至管节顶部,管节吊点通过缆索与浮箱上的沉放绞车相连并固定。浮箱和管节一起浮运到施工现场,管节浮运到位后,采用4根横调缆和2根纵调缆将管节锚固定位,同时每个浮箱以4个锚索定位,管节调整绞车通常位于测量塔顶部,通过转向滑轮与调整缆相连,见图8-44。采用浮箱吊沉法施工时,对浮箱的系泊要求较低,为了简化施工工艺,加快施工进度,在条件允许时可以省掉浮箱的系泊缆。

②四方驳船吊沉法。

四方驳船吊沉法的主要设备为4艘小型方驳,方驳分为前后两组,每组方驳之间由型钢或钢梁板相连,两组船舶之间也可采用钢桁架相连,形成一个船组。管节沉放时,方驳之间的钢梁作为受力构件承受管节的吊力。四方驳船吊沉法示意见图8-45。

③双驳船吊沉法。

为了提高管节沉放的稳定性,将前后两只方驳采用一只大的方驳代替,就产生了双驳抬吊法,见图8-46。由于双驳船吊沉法的方驳的稳定性较好,操作比较方便,因此对管节的锚固要求较低。在条件许可时,可以省去管节定位缆索,改用对角方向张拉的斜索系定于整体稳定性好的双驳船组上，进行管节位置微调和管节沉放。

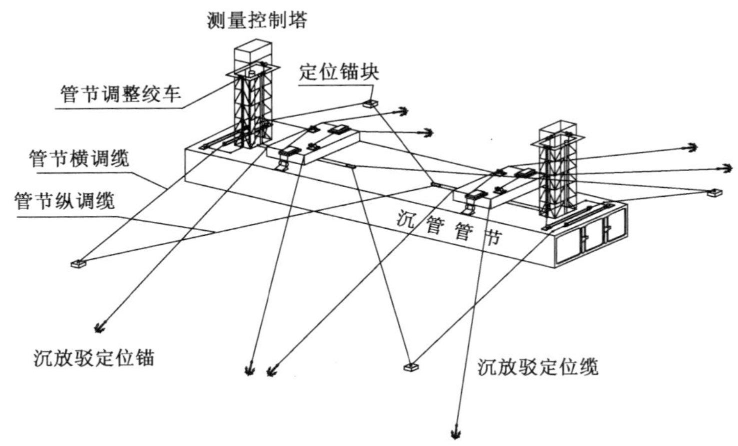

图8-44 管节浮箱式驳船吊沉法沉放示意图

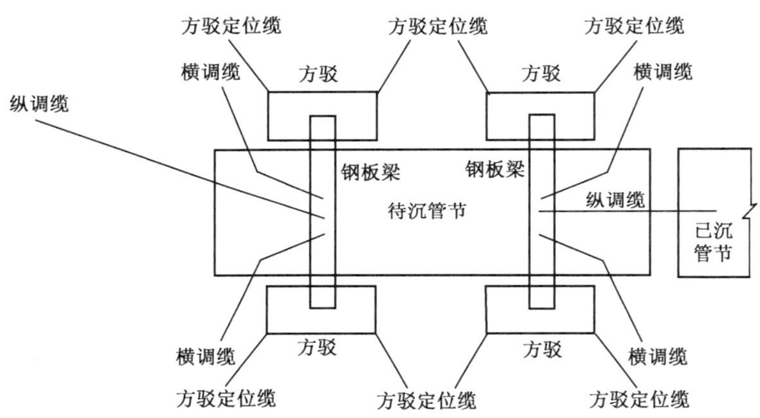

图8-45 管节四方驳船吊沉法沉放示意图

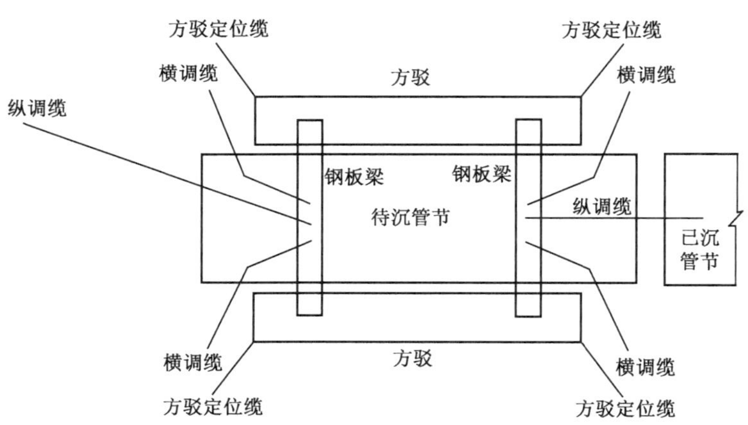

图8-46 管节双驳船吊沉法沉放示意图

④双壳体船吊沉法。

将方驳尺寸和入水深度加大，同时将左右两个方驳与连接钢梁制造为一个整体，就形成了另外一种双驳船吊沉法即双壳体船吊沉法，见图 8-47。

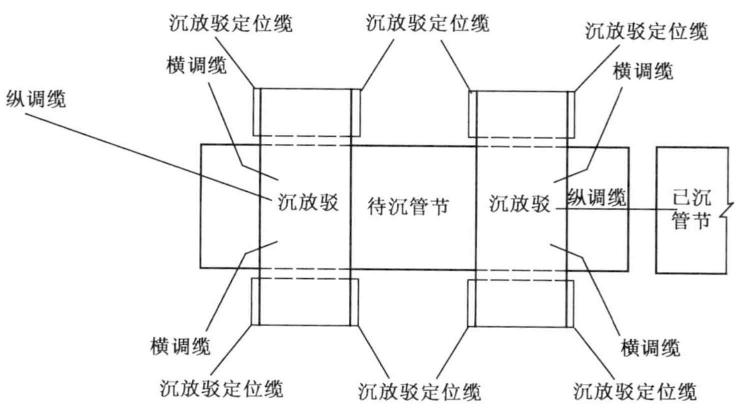

图 8-47 管节双壳体船吊沉法沉放示意图

2）适用性分析

对起重船吊沉法、升降平台法、驳船吊沉法进行综合比选，见表 8-13。

管节沉放方案综合比选表 表 8-13

项　　目	起重船吊沉法	升降平台法	驳船吊沉法
对二次舾装的影响	无	无	有测量塔时需按严格顺序二次舾装
沉放设备就位	不需其他设备	不需其他设备	浮箱式需起重船辅助；驳船无自航能力时需拖轮或绞车配合
微调绞车的位置	测量塔顶部	不需微调绞车	浮箱式安装在测量塔顶部；其他可安装沉放驳甲板
对测量塔要求	刚度要求较大	无	浮箱式要求较大；其他刚度要求较小
沉放设备	不需专门制造，成本较低	需专门制造，成本高	浮箱式不需要专门制造，成本低；双驳和双壳体船需专门制造，成本较高
对干舷的影响	无	无	浮箱式会降低干舷，其他无影响
拖航阻力	较小	较小	浮箱式无影响，其他方式迎水面积增大，拖航阻力增大
吊驳的系泊要求	较高	无沉放吊驳	浮箱式条件允许时浮箱可不系泊；其他方式较高
管节锚碇要求	较高	较低，管节也可以不锚碇	浮箱式锚碇要求较高，其他方式较低，双驳抬吊时管节可以不锚碇
占用水域面积	极大	最小	较大
不足	受船舶起重能力影响较大	成本较高，施工效率稍低	浮箱式稳定性稍差，不适用于大水深、恶劣的水文环境；四方驳抬吊的吊沉能力较低，双驳或双壳体船抬吊成本较高

由于占用施工水域面积较大，且受船舶起重能力影响，起重船吊沉法常用于规模较小且施工水域开阔的沉管隧道；浮箱式驳船吊沉法的稳定性较差，不适用于恶劣水文环境下施工的沉管隧道，同时当施工水深较大时，测量的变形较大，无法满足严格的刚度要求，因此浮箱式驳船吊沉法也不适用于大水深施工的沉管隧道；升降平台法施工时受风浪流等的影响较小，稳定性极好，同时由于没有锚碇结构，其占用的施工水域面积极小，但是由于设备成本高，因此该方法适用于水深大、施工水域小且水文条件恶劣的沉管隧道；四方驳船吊沉法由于吊沉能力有限，多用于规模较小的沉管隧道。对于双驳船或双壳体船吊沉法，浮运时抬吊驳可以助浮，解决干舷管节不足的问题，同时沉放驳对浮轴的惯性矩成倍增大，使得浮运和沉放时管节抗倾覆稳定性及安全度大为提高，但是由于沉放驳的制造成本较高，该方法常用于规模较大、管节数量较多、施工水深较大、水文环境恶劣的沉管隧道。

8.3.4 管节轴线调整施工

1）管节轴线调整方案

由于管节预制误差、测量误差等的存在，管节沉放到位后，其位置偏差经常超过设计允许偏差的要求，给隧道的防水、安全带来了较大的隐患，同时也为最终接头的施工带来了不便。为了保证沉管隧道顺利贯通，需要根据隧道管内测量结果，对已沉放管节进行轴线调整。管节轴线调整方法主要分为轴线调整系统法、顶头摆尾法、轴线调整系统 + 接头辅助顶推法等，施工时根据管节轴线偏差情况、调整的难易程度进行选择。

（1）轴线调整系统法

为减少水流和波浪对定位精度的影响，管节安装初步就位后使用轴线调整系统对平面位置精确调整。该系统由两个门形框架组成，一个安装在管节对接端，一个安装在管节尾端。框架与管节上的起重耳、吊索滑轮相连接，即可通过液压升降千斤顶在基础上提升和移动隧道管节，使其与上节管节尾端的连接到位，管节调整系统的操作可以在沉放驳上遥控实施，见图 8-48。

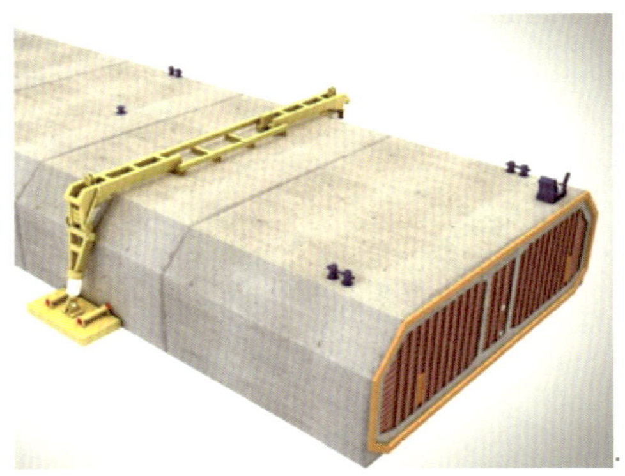

图 8-48　管节轴线调整系统示意图

管节纵向调整时，接头端和尾端两侧管节调整系统轻微提起管节，由拉合千斤顶拖动管节进行纵向移动，详见图8-49。

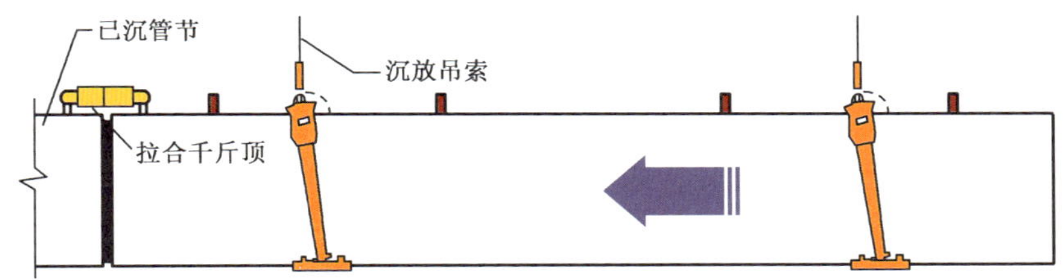

图8-49　管节纵向调整示意图

管节初步止水前以及水力压接后要对管节尾端进行轴线调整，管节调整系统轻微提起管节，由尾端定位系统底座上的横向千斤顶进行调整，见图8-50。

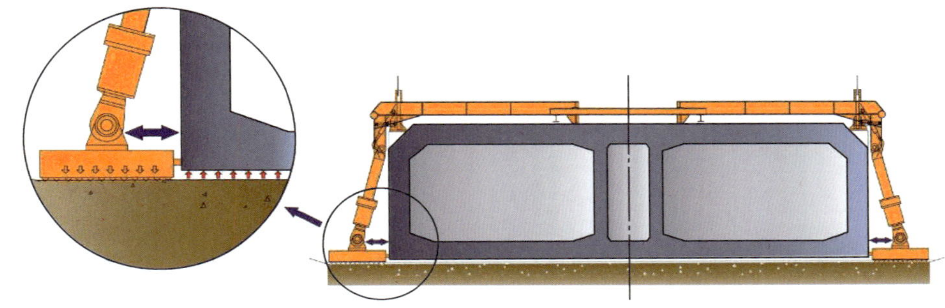

图8-50　管节横向调整示意图

(2)顶头摆尾法

在接头一侧设置千斤顶，顶力置换GINA橡胶止水带所承受的部分水压力，止水带卸荷反弹，接头一侧间隙微量扩大，管尾轴线朝着调整方向回退，限位在管段回填覆盖后撤除。顶头摆尾法轴线调整示意见图8-51。

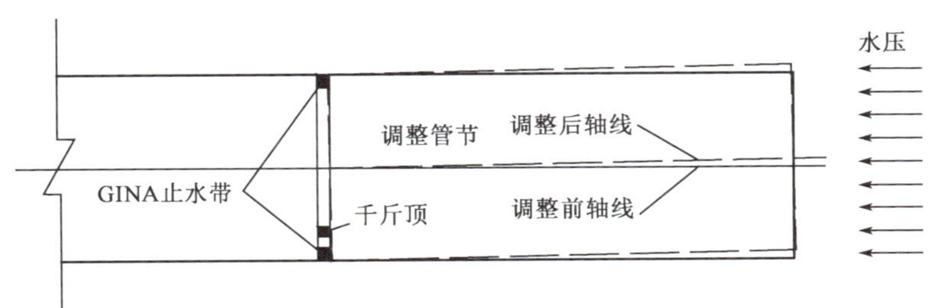

图8-51　顶头摆尾法轴线调整示意图

(3)轴线调整系统+接头辅助顶推法

受设备性能所限，轴线调整系统法的调整能力有限，为了增加管节横向调整量，将轴线调整系统法和顶头摆尾法结合起来，形成轴线调整系统+接头辅助顶推法。管节沉放时，在管节首部和尾端安装轴线调整系统，管节沉放到位后，在接头位置安装辅助顶推千斤顶。启动轴线调整系统，将管节轻微提起，以减少管节和基床之间的摩擦力，同时采用顶推千斤顶和轴线调整系统对管节进行横向调整。轴线调整系统＋接头顶推法示意见图8-52。

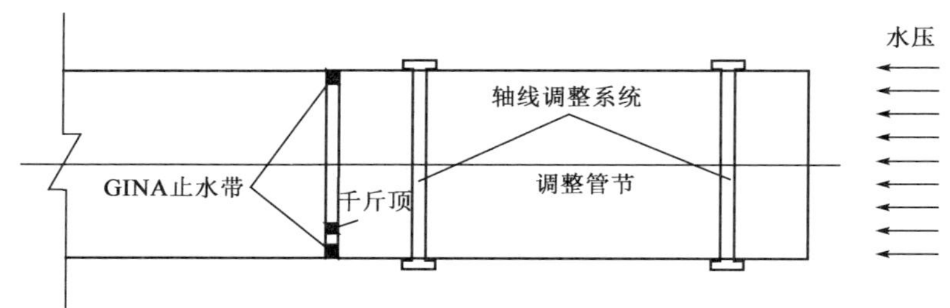

图8-52　轴线调整系统＋接头辅助顶推法调整示意图

2）适应性分析

对上述3种管节轴线调整方法进行综合比选，见表8-14。

管节轴线调整方法比选　　表8-14

调整方法	轴线调整系统法	顶头摆尾法	轴线调整系统＋接头辅助顶推法
所需设备	专门的轴线调整系统	专用千斤顶	专门的轴线调整系统和专用千斤顶
调整量	较小	较小	较大
对管节损害情况	顶推位置可能损坏，应采取合理的加强措施	顶推位置可能损坏，应采取合理的加强措施	顶推位置可能损坏，应采取合理的加强措施
施工难度	较小	管节宽度较小而顶推力较大时，施工难度较大	小
工期影响	较小	较小	较小
对后续施工的影响	无	无	无

轴线调整系统法可在精确定位阶段，对管节轴线纵、横向微调，也可在管节对接后对尾部进行调整，其适用范围较广，是长大管节轴线调整的首选。当管节轴线偏差较大，轴线调整系统无法将管节调整到位时，可采用轴线调整系统＋接头辅助顶推法。对于顶头摆尾法，当管节施工水深较深或回淤较为严重时，管节与基床的摩擦力较大，轴线调整需要较大吨位的千斤顶，此时如果管节横截面尺寸较小，则千斤顶布置非常麻烦，施工难度急剧增加，因此该方法仅适用于回淤不大、施工水深较浅且长宽比较小的管节轴线调整。

8.4　港珠澳大桥沉管隧道施工方案研究

港珠澳大桥沉管隧道，长5 990m，为目前世界上最长的沉管隧道。管节寄放、浮运及沉放施工区域位于珠江口外海台风频发地区，施工周期长、环境条件极为复杂。目前，国内外沉管隧道管节海上施工工艺尚未成熟，管节海上寄放、浮运及安装沉放施工存在较大困难。本节结合课题的研究成果，针对港珠澳大桥沉管隧道施工难点提出了具体的实施方案。

8.4.1 管节寄放施工

1)管节寄放布置方案

港珠澳大桥沉管隧道管节采用工厂法预制。相关数据表明,坞址范围水域难以设置寄放区,需要建造防波堤。而工厂法预制沉管,因工艺要求需要同时建造深、浅2个坞区,综合工期、安全等因素考虑,采用坞内寄放虽然成本高,但相比之下具有一定优势。

2)管节坞内横移方案

港珠澳大桥沉管隧道共分33个管节,管节横移次数较多,为了降低操作难度,提高管节横移效率,宜采用直拉法进行管节横移。由于预制场地规模有限,且管节尺寸较大,管节坞内横移需要不断地进行纵向位置调整,因此移位系统应具有管节纵向调节能力。综合考虑各种情况,建议采用改进的直拉法进行管节横移,即牵引卷扬机位于管节正前方,缆绳与管节前进方向垂直,横移时启动卷扬机,直拉管节横向移动,纵向调整由管节两侧的辅助卷扬机完成。

3)管节寄放系泊方案

沉管采用四点系泊方案。为验证寄放方案的可行性和稳健,专门进行了物理模型试验,对管节在极端环境条件下的坞内寄放和出坞两个阶段的各系泊缆绳受力和管节运动响应进行了分析。

港珠澳大桥沉管隧道管节寄放物理模型试验采用1:40的缩尺模型进行。由于管节采用坞内寄放,波浪和水流影响较小,因此试验时只考虑了风的影响。试验风力为12级,风向与管节的纵轴的夹角分别为0°、45°和90°,试验水深为13m。由试验结果可知,管节寄放缆绳受力较小,当风力为12级,风向与管节纵轴夹角为45°时,缆绳最大受力为261kN。管节寄放过程中,其运动响应较小,当风向与管节纵向垂直时,管节横荡最大,其值为14.5cm。因此采用四点系泊方案可以满足管节安全寄放要求。

4)管节临时通道布设

由于典型管节不设人孔,为了满足工作人员出入、管节压排水时空气进出、管节通风以及测量设备安装等的要求,需在管节设置临时通道。港珠澳大桥沉管隧道施工区水文环境复杂,施工水深大,最大达46m,对管节的防水性能要求较高,同时管节处于海洋氯化物环境,受氯离子侵蚀严重。根据设计要求,管节设计使用寿命为120年,耐久性要求极高。为了满足管节防水性能和耐久性的要求,需尽可能保证管节的完整性,因此建议采用临时通道设于管节尾部钢封门的布置方案。

管节试漏、浮运以及沉放等待阶段,管节顶面与水面距离较近,此时采用钢护筒做临时通道。在管节尾部端封门位置开临时通道孔,用水密门密封,并预留临时通道基座。管节沉放到水面以下或基床时,管节顶部与水面距离较大,为了保证临时通道伸出水面,需采用较长的钢护筒,此时临时通道受力较大,管节和临时通道的安全性和稳定性较差,因此钢护筒临时通道已不能满足本阶段施工的需要。根据现有设备和工程经验,可采用潜水钟作为临时通道。

8.4.2 管节浮运施工

1)管节二次舾装方案

(1)管节轴线调整系统及沉放驳安装

管节轴线调整系统质量为200~300t,尺寸较大,常规塔吊无法满足安装要求,根据预制场实际情况和现场设备情况,建议采用500t起重船进行安装。管节轴线调整系统吊装固定在管节端部后,沉放驳由拖轮拖运到坞外临时码头,然后由坞墙锚缆绞运到待舾装管节端部,通过沉放驳的锚泊系统将沉放驳套入管节,完成沉放驳与管节调整系统组合。

(2)测量塔安装

为满足管节沉放定位测量的精度要求,应严格限制测量塔的变形。因此设计时采用ANSYS软件对测量塔进行了受力分析。计算时,管节沉放过程中受现场水流和波浪影响产生的横倾和纵倾角最大角度取3°,由于仅岛头附近三段管节采用测量塔,故最大水深取22.9m。根据数值计算结果,测量塔总高度约18m,根据坞墙塔吊的起重能力,建议测量塔分3节进行安装。

(3)导向装置、起重吊耳及测量设备安装

导向杆、导向架、起重吊耳以及倾斜仪、光纤罗经等测量设备质量较小,采用坞堤塔吊按常规方法进行舾装,光纤罗经由临时通道进入管节内部。GPS接收机和测量棱镜采用人工进行二次舾装。测量设备安装后,应立即进行仪器设备的校正和管节的标定测量。

(4)其他二次舾装件安装

拉合装置安装在系缆桩上,而管节浮运时缆绳需固定在系缆桩上,故拉合装置在管节浮运到位并系泊完成后,采用锚艇的起重设施进行吊装。管节在沉放区系泊完成后,人工安装待沉管节顶面的声呐换能器,潜水员安装已沉管节尾部的声呐换能器。

2)管节浮运方案

港珠澳大桥沉管隧道浮运距离较远,浮运的气象水文条件复杂,因此选用拖轮浮运方案。根据前述分析,四船和五船浮运方案均能满足本工程的需要,最终浮运方案的确定需根据施工船级的保有情况确定。

当采用四船浮运时,管节前面两艘拖轮的功率较大,且管节基槽浮运过程中,因为横向水流力的影响,四船浮运的操作性稍差,必要时需要辅助拖轮横向顶推管节。当采用五船浮运方案时,除主拖轮功率稍大外,其他拖轮功率均较小,且管节基槽浮运时拖轮的操作性较好。因此,在施工设备满足现场要求的前提下,建议采用五船方案进行管节浮运。

8.4.3 管节沉放施工

1)管节系泊方案

港珠澳大桥沉管隧道抛锚位置水深较大,且基床不允许开挖,因此建议采用5t大抓力锚方案(抓力系数大于7)。管节系泊主要工作包括管节横、纵调缆与锚锭缆的连接及沉放驳系泊锚的抛设。横调缆一段与锚碇连接,一段与管节相连,等管节到达后,再连接成一条完整的系泊缆。

当管节在基槽横移至距已安装管节约30m时,进行管节系泊缆连接工作。锚缆连接可利用锚艇与工作艇配合的方式进行,锚艇将锚碇的锚缆收起约3m在甲板寄放,然后往管节系泊点方向行驶,尽量把锚缆拉直;从锚艇的卷扬机发出1条钢丝绳与管面上系泊缆连接,利用卷扬机把系泊缆绞拖到锚艇甲板面与锚碇的系泊缆连接,完成管节1条系泊缆的系泊。

管节浮运至系泊位置时,海水处于高平潮,由于高平潮时间较短,且退潮时水流流速较大,为了管节系泊施工的安全、便捷,应先连接管节迎流方向的两条系泊缆,见图8-53。连接完成后,等待潮水退潮开始水流转向后,再连接另外两条系泊缆,见图8-54。

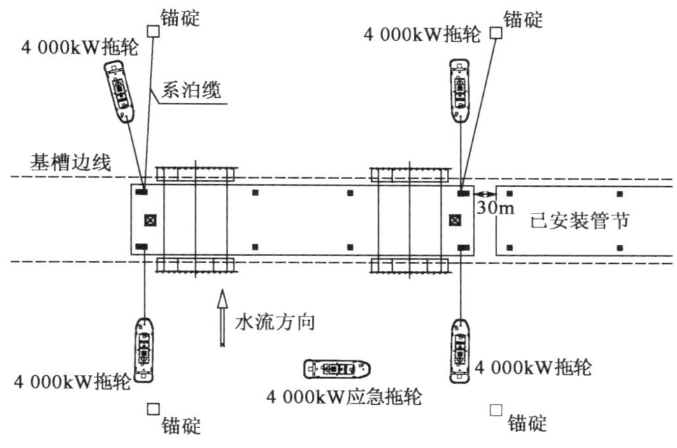

图8-53 管节横调缆连接图一

由于转向后水流流速较大,迎流方向系泊缆的缆绳力急剧增加,为保证管节系泊安全,必须限制迎流方向缆绳连接时的预警力。为了得到预警力的准确数值,对管节系泊阶段的受力进行了详细的数值分析,根据分析结果,迎流方向缆绳连接的缆绳张力不得大于150kN(15t)。管节横调缆系泊完成后,进行管节纵调缆和沉放驳的锚缆系泊。系泊完成后,留2艘拖轮应急,其他拖轮离开系泊现场。

2)管节沉放方案

(1)中间段管节沉放

港珠澳大桥沉管隧道管节长180m,质量约72 000t,管节规模较大;采用拖轮浮运方案,航道浮运距离约 12km；整个施工区域风浪流条件复杂，施工环境恶劣，因此管节浮运和沉放施工时必须具有足够的稳定性，以保证施工安全。对于双驳抬吊法，浮运时抬吊驳可以助浮，解决干舷管节不足的问题，同时沉放驳对浮轴的惯性矩成倍增大，使得浮运和沉放时管节抗倾覆稳定性及安全度大为提高，因此建议采用双浮驳抬吊法进行管节沉放。

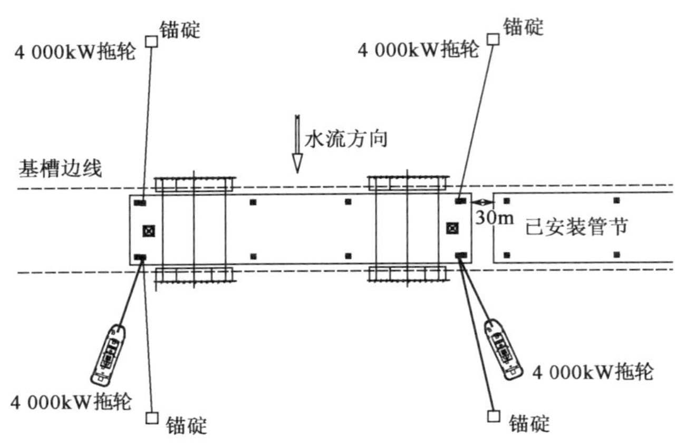

图 8-54　管节横调缆连接图二

在沉放过程中，管节底部水的重度可能随着管底与基槽间隙减小而发生变化，因此管节下沉时，应注意观察管节与缆绳的状态，通过压载水及时调整管节负浮力，确保管节顺利下沉就位。管节下沉时高程方向速度控制在 0.3m/min，平面方向速度控制在 0.5m/min。管节水下定位系统实时监控管节的位置和三维姿态，控制室根据监测结果，实时调整管节位置和姿态，保证管节安全沉放，管节位置和姿态调整通过沉放驳上的横调缆和纵调缆实现。

(2)岛隧结合部管节沉放

受岛头结构限制，岛隧结合部管节无法采用拖轮直接浮运到位，管节锚缆不能按常规方式布置，因此管节就位和系泊是岛隧结合部管节施工工艺研究的重点。为满足西人工岛隧结合部管节施工的需要，在隧道暗埋段前沿设置挡水墙。由于挡水墙的作用，管节沉放时受水流影响较小，采用标准管节沉放设备可满足岛隧结合部的施工要求，其施工工艺与标准管节相同。

岛隧结合部管节就位采用岛上地锚和绞车完成。当管节浮运到沉放区附近时，解除管节首部拖轮，将岛上绞车缆索与管节首部系船柱连接，然后启动岸上绞车，拖动管节缓慢向岛头移动，依次完成管节横调缆、纵调缆和尾部拖轮的解拖工作，完成管节就位系泊。

3)管节轴线调整方案

根据静力学原理对管节调整系统法、管节调整系统 + 接头辅助顶推法的调整量进行计算，结合工程实际情况，确定 3 种轴线调整方法的适用范围，具体见表 8-15。

管节对接完成后，根据管节实际轴线与设计轴线偏差值的大小，分别采用管节调整系统法、管节调整系统 + 接头辅助顶推法进行管节轴线调整。

管节轴线调整方法的适用范围 表 8-15

轴线偏差值(mm)	$\Delta<35$	$35<\Delta<35+28$	$35+28<\Delta<35+58$
调整方法	本管节不需调整	管节调整系统法	管节调整系统 + 接头辅助顶推法

8.5 本章小结

本章在调查国内外沉管隧道的施工现状的基础上,对各种管节寄放、浮运和沉放施工工艺进行了研究,分析了各种施工方案的优缺点和适用范围。结合港珠澳大桥沉管隧道的实际情况,提出了管节寄放、浮运和沉放的施工建议。本章的主要结论如下:

(1)现场水域情况较好时,管节宜用不座底寄放,以降低施工难度、提高施工效率。当风浪情况、航行条件等均无法满足时,必须采用座底寄放,以确保沉管的安全。

(2)当管节采用坞内寄放方案时,由于寄放区面积较小,应优先采用多点系泊方案。当管节寄放区水域开阔、不受航行影响且水流为紊乱流时,宜采用单点系泊方案。当管节寄放区水流较大但为定向往复流或受航行影响时,应优选多点系泊方案,必要时可采用防波堤等措施降低水流流速。

(3)对于浮运距离小于1km的内河隧道,宜采用岸控绞车进行管节浮运。当管节浮运距离大于1km,特别是外海长距离浮运时,岸控绞车布置难度较大或无法布置,且管节通常需要较快的浮运速度,因此通常采用拖轮浮运。

(4)重力式锚方案占用水域较小,加载过程基本不会产生位移,锚绞车和导缆结构较小、成本较低,管节沉放区系泊应优先选用该方案。当锚碇位置基床不宜开挖,或抛锚位置水深较大时,宜采用大抓力锚方案进行管节系泊。

(5)采用双驳船或双壳体船进行管节沉放,虽然沉放驳的制造成本较高,但在浮运时抬吊驳可以助浮,解决干舷管节不足的问题,而且由于沉放驳对浮轴的惯性矩成倍增大,使管节抗倾覆稳定性及安全度大为提高,因此该方法是规模较大、管节数量较多、施工水深较大、水文环境恶劣的沉管隧道管节沉放的首选。

(6)轴线调整系统法可在精确定位阶段,对管节轴线纵、横向微调,也可在管节对接后对尾部进行调整,其适用范围较广,是长大管节轴线调整的首选。当管节轴线偏差较大,轴线调整系统无法将管节调整到位时,可采用轴线调整系统 + 接头辅助顶推法。当施工区域回淤不大、施工水深较浅且管节长宽比较小时可采用顶头摆尾法。

本章参考文献

[1] 陈韶章. 沉管隧道设计与施工[M]. 北京:科学出版社,2002.

[2] 陈越,卢陵江. 广州珠江隧道浮运沉放施工方案[C]. 中国土木工程学会隧道及地下工程学会第七届年会暨北京西单地铁车站工程学术讨论会论文集(上),1992,5:319-324.

[3] 上海市建设委员会科学技术委员会. 外环沉管隧道工程[M]. 上海:上海科学技术出版社,2005.

[4] 肖颂鸿,东京湾临海公路沉管隧道[J]. 铁道标准设计,2006,6.

[5] 陈越,管敏鑫,冯海朝. 珠江沉管隧道浮运沉放技术[J]. 世界隧道,1996,(6):27-33.

[6] 潘永仁,丁美. 大型沉管隧道管段沉放施工技术[J]. 现代隧道技术,2004,41(5):1-5.

[7] 李侃,杨国祥. 上海外环线越江沉管隧道工程技术概览[J]. 世界隧道,2000,(5):32-37.

[8] 胡政才,先明其,马积薪. 日本多摩川沉管隧道的设计与施工[J]. 世界隧道,1995,(5):52-75.

[9] 广州珠江隧道实业有限公司. 广州珠江隧道工程技术总结,1998.

[10] 王吉云. 宁波常洪沉管隧道施工技术[J]. 现代隧道技术,2002,39(6):13-22.

[11] 陆军,王伟平,邹积宝,等. 宁波常洪隧道管段浮运沉放对接施工技术[C]. 救捞专业委员会 2002 年学术交流会论文集,2002,7:101-106.

第9章　管节回填覆盖施工工艺

沉管隧道管节回填覆盖就是对已安装完成后的管节两侧及顶部进行回填处理。管节回填覆盖的目的是对已安装的沉管段加以保护，防止管体侧面的水流冲刷，防止沉船、抛锚走锚对管体造成破坏。同时也为防止在基础边缘外侧可能形成抗地震液化薄弱区。因此，管节回填覆盖也是非常重要的工序。沉管隧道的基础处理方法不同，管节回填覆盖的工艺也不同。

本章针对港珠澳大桥沉管隧道工程管节沉放安装后回填覆盖的施工特点，对管节回填覆盖的目的、管节回填覆盖的要求、沉管回填施工船机配置以及回填覆盖的施工工艺等方面进行了较为详细的阐述。

结合港珠澳大桥沉管隧道工程的特点，研发设计的新型供料/锁固回填船，形成了石料输送、石料计量、回填布料以及质量检测等机械化锁固回填工艺，实现了存料、供料、运料船定位和锁固回填及质量检测的高效一体化功能。创新了沉管安装后锁固回填的新工艺，填补了向平台式碎石铺设整平船连续供料和深水条件下沉管锁固回填技术的空白。

9.1　管节回填覆盖目的

沉管回填分项工程由岛头防撞段管节回填和中间一般段管节回填两大部分组成，每部分都包括锁定回填、一般回填和护面层回填，见图9-1。

图9-1　沉管回填示意图

9.2 管节回填覆盖技术要求

沉管隧道的基础处理方法不同,管节回填覆盖的工艺也不同。沉管回填一般包括锁定回填、一般回填和护面层回填。管节两侧回填层应具有良好的排水性能,锁定回填和一般回填材料一般采用砂砾或碎石,护面层回填材料一般采用块石。

9.2.1 总体要求

总体施工技术要求[1]如下:

(1)回填覆盖必须在管节沉放完成后进行。管节全面回填必须在相邻管节沉放完成后进行。

(2)沉管隧道采用先铺法进行基础处理的,在管节沉放后应立即对其进行锁定回填;锁定回填应提供足够的侧向抗力,并有良好的排水性能。锁定回填高度一般为沉管两侧管底以上3.5m,宽度为沉管顶面宽度增加5m;锁定回填精度要求一般为-5~+10cm。

(3)沉管隧道采用喷砂法进行基础处理或采用临时支座工艺的,要等到管节沉放后且管节基床处理完,管节完全落在基床上再行回填。

(4)沉管隧道采用压注法进行基础处理工艺的,应先对管节两侧回填,但要防止过多的石渣存落管节顶部。

(5)管节上下游两侧应对称回填覆盖。

(6)在管节顶部和基槽施工范围内,应均匀地回填,不能在某些区域投入过量而造成航道障碍,也不得在某些位置投入不足而形成漏洞。

9.2.2 回填材料

人工岛岛头段锁定回填材料为碎石,一般回填和护面层回填材料为块石,中间段锁定回填和一般回填材料为碎石,护面层回填材料为块石。

9.2.3 回填方法

由于岛头段钢圆筒和水深的限制,E1 和 E33 管节锁定回填采用自卸式皮带机运输船回填,其余的锁定回填采用回填船进行回填施工,一般回填和护面层回填采用船载挖掘机进行回填施工。

中间段的锁定回填和一般回填采用专用回填船施工,护面层采用船载挖掘机进行回填施工。

9.2.4　船机配置要求

1）专用回填船配置要求

港珠澳大桥沉管隧道回填工作量大、工期很紧；沉管回填宽度大、水深深、精度高。根据施工现场的水文气象条件和供料船（回填船）作业工况分析，以及港珠澳大桥沉管隧道施工技术要求，专用回填船必须满足如下技术要求：

（1）具有精确定位与较强的抗风、浪、流的能力。

（2）具有存储石料满足 2 000m^3 的存储能力及连续输送石料 600m^3/h 的供料能力。

（3）在进行沉管锁固回填作业时，应具有在沉管两侧等量对称且同步回填的能力。

（4）具有对回填作业质量实时检测的能力。

2）其他船舶配置要求

其他船舶配置的要求见表 9-1。

沉管回填主要施工设备汇总表　　表 9-1

序　号	设备名称	规　格	数量(艘)	用　途
1	回填船	5 000t	1	用于锁定回填和中间段一般回填
2	自卸式皮带运输船	2 000m^3	8	用于碎石运输
3	运输船	1 000m^3	6	用于块石运输
4	定位船	1 500t	2	用于沉管回填定位
5	起锚艇	1 200kW	2	用于船舶施工起锚抛锚
6	拖轮	4 000kW	1	用于回填船拖航、驻位
7	测量船	2 400kW	1	用于回填检测和验收
8	交通船	400kW	1	用于工作人员上下班

9.2.5　施工区段划分

港珠澳大桥沉管隧道回填覆盖施工顺序根据沉管浮运安装的总体施工顺序进行施工。沉管回填施工总体顺序分为三个阶段。第一阶段：从西人工岛往东人工岛方向进行回填施工（E1→E28）；第二阶段：从东人工岛往西人工岛方向进行回填施工（E33→E30）；第三阶段：进行 E29 管节和最终接头回填施工。沉管回填施工顺序如图 9-2 所示。

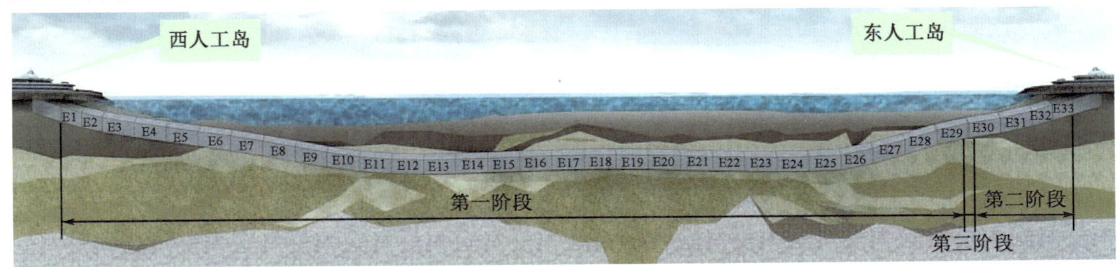

图 9-2　沉管回填施工顺序示意图

9.2.6 施工流程及质量验收标准

沉管回填主要流程[2]:沉管管节沉放完成→工前准备、测量→点锁回填→锁定回填→管节舾装件拆除一般回填→护面层回填→回填结束,如图 9-3 所示。

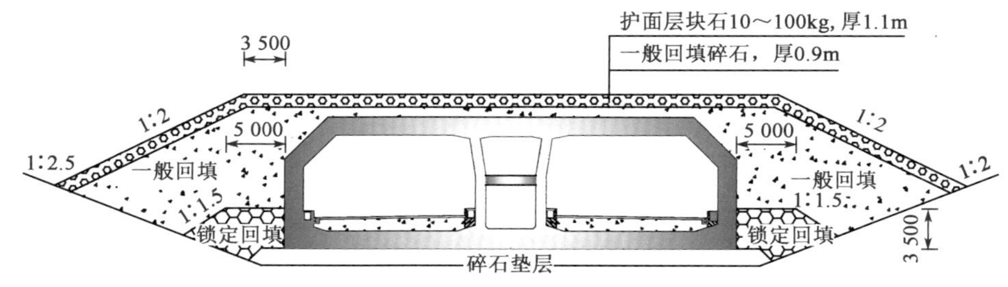

图 9-3　中间一般段回填防护典型断面图(尺寸单位:mm)

沉管回填的平面轴线与沉管隧道路线平面轴线相一致,回填宽度以沉管段平面轴线为对称。

沉管回填的纵断面形状基本与沉管隧道路线纵断面一致,回填顶高程结合沉管结构顶高程、各区段回填厚度等确定。

回填防护质量验收标准结合《港珠澳大桥施工及质量验收标准》及相关行业规范实施,具体验评标准允许偏差值见表 9-2。

施工及质量验收标准　　表 9-2

序　号	项　目		允许偏差
1	护面层顶轮廓线高程	10～100kg	-400～+400mm
		100～200kg	-500～+500mm
		300～500kg	-700～+700mm
2	一般回填顶轮廓线高程	10～100kg	-400～+400mm
		碎石	-300～+300mm

注:1. 表中负值表示向下或向内。
2. 当采用 5～300kg 开山石代替 10～100kg 块石时,允许偏差为 ±500mm。
3. 检验方法和数量等必须符合《水运工程质量检验标准》(JTS 257—2008)及《港珠澳大桥施工及质量验收标准》中沉管隧道回填防护部分的要求。

9.3 应用实例

本书以港珠澳大桥沉管管节回填覆盖施工为例,论述管节回填覆盖施工工艺。根据回填覆盖的目的不同,回填覆盖施工可分为锁定回填和一般回填,而沉管隧道岛头段和中间段施工工艺略有不同。

9.3.1 岛头段管节锁定回填

人工岛岛头段回填采用定位船定位、皮带运输船回填的方法。岛头段锁定回填工艺流程见图9-4。

1)定位船定位

两条定位船平行于管节定位,艏、艉各抛交叉缆,艏部两个缆绳带到钢圆筒的系缆点上,见图9-5。

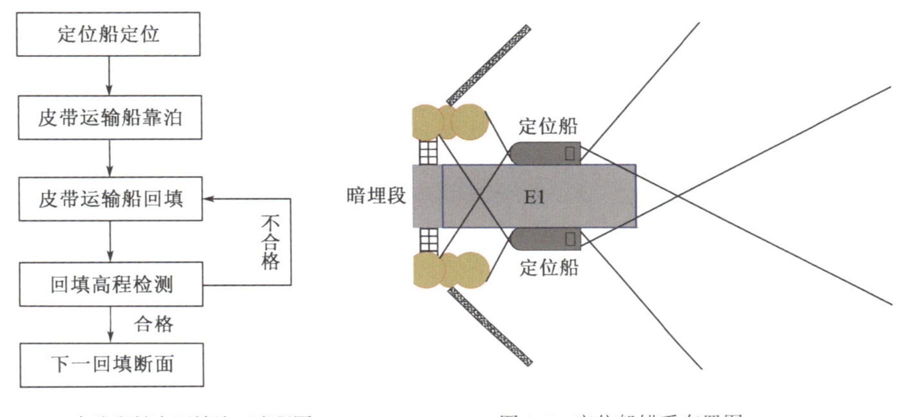

9-4 岛头段锁定回填施工流程图

图9-5 定位船锚系布置图

2)皮带运输船靠泊

两条自卸式皮带运输船在施工区附近待命,定位船定好位后立刻靠泊,见图9-6。

3)皮带运输船回填

皮带运输船靠泊就位后立刻进行锁定回填,回填时以定位船的艏端或者艉端作为下料控制边线,两条皮带运输船的碎石量和皮带机输送能力相同,对称、同步进行锁定回填,见图9-7。

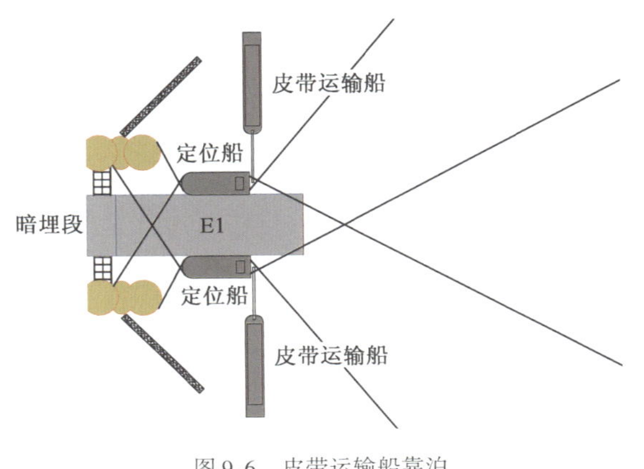

图9-6 皮带运输船靠泊

图9-7 皮带运输船回填

4)回填高程检测

由于施工水深较浅,在施工过程中采用打水篮测量回填高度,见图9-8。

图9-8 回填高程检测

9.3.2 中间段管节锁定回填

中间段管节锁定回填采用专用回填船回填施工的方法[2],施工流程为:专用回填船抛锚定位→石料运输船靠泊上料→抛石溜管精确定位→联合皮带机输料→溜管抛石回填→回填检测。回填船施工流程见图9-9。

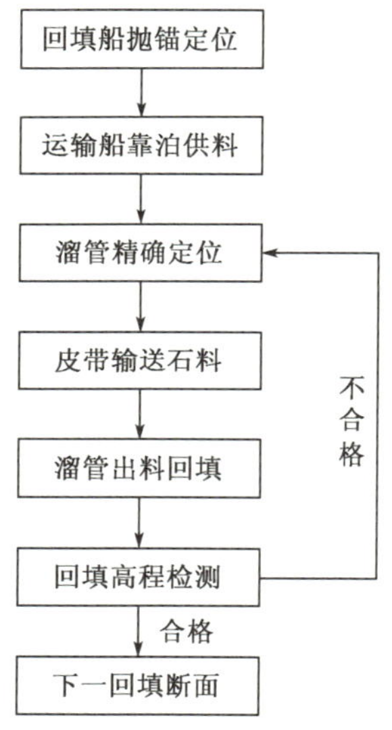

图9-9 回填船施工流程图

1)回填船抛锚定位

在管节沉放完毕且安装船撤离后,回填船垂直于已沉管节方向布置,两个锚艇配合抛锚,先抛艏、艉的中间锚，然后抛主甲板四角的四个锚，船舶采用 GPS 定位，施工位置（坐标）输入船舶施工监控系统，计算机实时显示船位和设置的施工位置，通过收放锚缆将船位调整至回填设计位置。

2）运输船靠泊供料

石料运输船提前在回填船附近待命，在回填船完成粗定位后，石料运输船垂直靠泊回填船无溜管侧（需留出间隙，依据运输船皮带机长度进行调整），石料运输船靠自身动力和带缆稳住船身，应避免石料运输船的移位造成回填船位的偏移。

3）溜管精确定位

在本船精确定位和船上存有一定数量的石料后，开启回填皮带机和前后移动台车进行试运转，正常后，将两个下料管精确定位，溜管底端距管节顶 5m 左右，防止溜管碰撞管节造成沉降和位移。平面位置是通过船上的 GPS 和溜管的位置关系来定位，竖向是通过 GPS 高程和溜管下方长度来计算距管节顶距离。

4）皮带输送石料

开启本船上料斗的下料口，由舱内下皮带机（1 号）接料，横向皮带机（2 号）转向，进入一级提升皮带机（3 号）出舱，由 3 号、4 号之间的分料塔向 2 个回填皮带机（5 号、6 号）供料，见图 9-10。

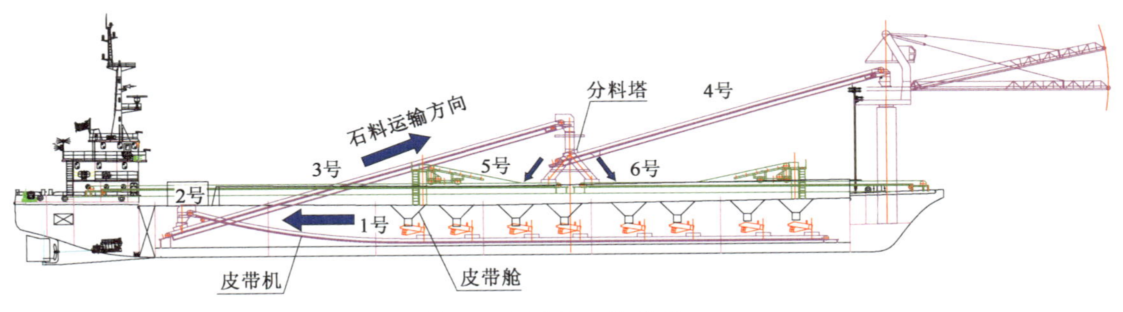

图 9-10　回填船皮带输送石料

5）溜管出料回填

首先从管节尾端进行锁定回填（回填位置管节端部 25m，防止石料进入基槽，影响下一管节安装），锁定回填采用定点定量回填，回填平均效率 $400m^3/h$，当第一船位抛石结束后，通过收放锚缆移船至第下一船位继续抛石，每次移船 3m，见图 9-11。

6）回填高程检测

在完成一个点位的锁定回填后，停止皮带机运转，停止石料输送，移动回填台车，下料管空管移动，利用安装于下料管底端的高度计进行高程检测，如图 9-12 所示。合格后移动溜管至下一点回填。

图 9-11　回填船锁定回填

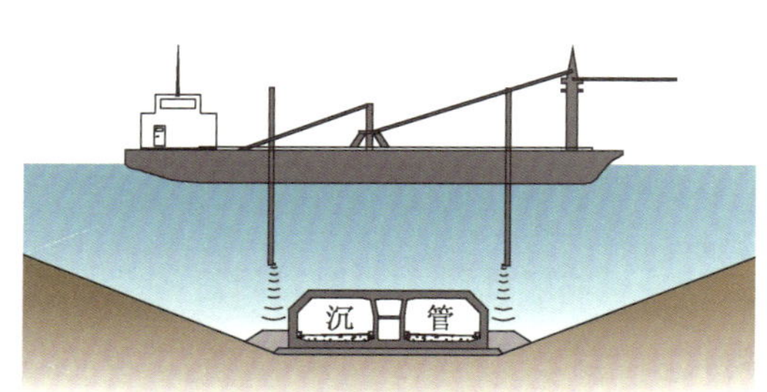

图 9-12　回填船检测示意图

9.3.3　岛头段管节一般回填

岛头段一般回填施工工艺流程见图 9-13。

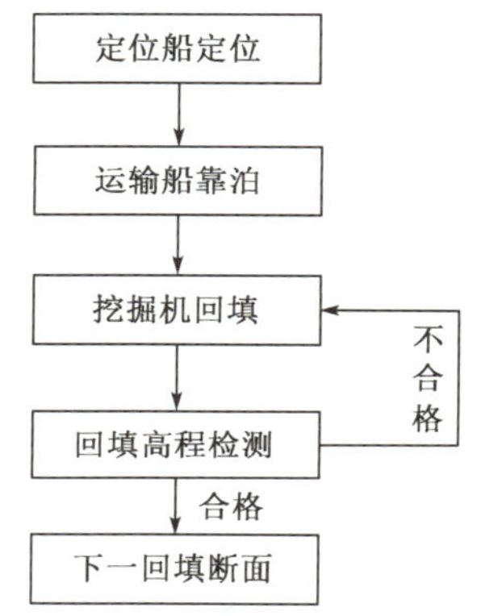

图 9-13　岛头段一般回填施工流程图

1）定位船定位

定位船垂直沉管布置，前后各抛交叉锚，见图 9-14。

2）运输船靠泊

定位船定位后，运输船靠泊，见图 9-15。

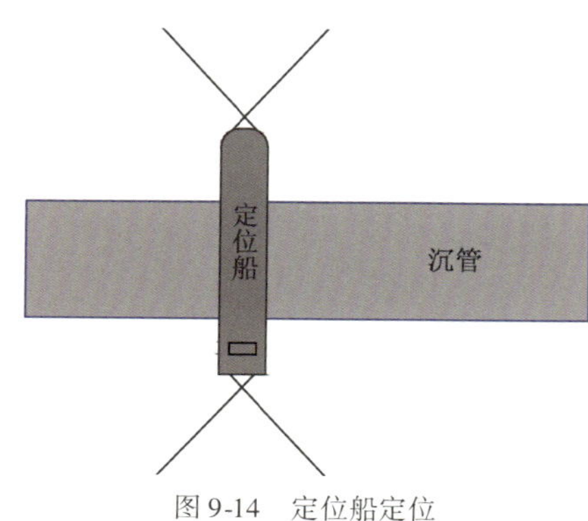

图 9-14　定位船定位

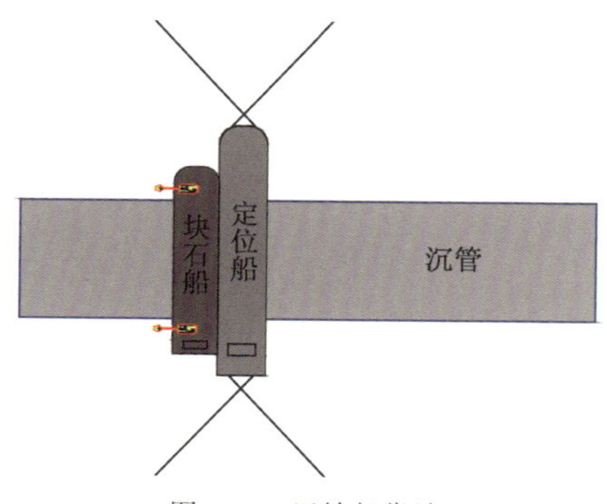

图 9-15　运输船靠泊

3)挖掘机回填

定位船采用GPS定位,船舶施工监控系统能实时显示船位和设置的施工位置,反铲完成一个船位后,移动4m至下一船位回填,见图9-16。

4)回填高程检测

在施工过程中采用打水砣测量回填高程,见图9-17,施工完成后采用多波束进行测量验收。

图9-16　挖掘机回填

图9-17　回填高程检测

9.3.4　中间段管节一般回填

中间段管节一般回填采用回填船回填,施工方法同中间段管节锁定回填。

9.3.5　护面层回填

护面层回填采用船载挖掘机回填,施工方法同岛头段管节一般回填。

9.3.6　应用效果

港珠澳大桥沉管隧道自E1管节安装完成开始锁定回填,至E23管节护面层回填完成,累计抛填碎石120余万立方米,累计抛填块石20余万立方米。

港珠澳大桥沉管隧道回填作业表明,采用专用回填船进行沉管隧道回填施工工艺合理,性能可靠,回填质量好,作业效率高,施工信息化程度高,满足港珠澳大桥沉管回填施工设计要求,在施工中发挥了至关重要的作用。

9.4　本章小结

沉管隧道的基础处理方法不同,管节回填覆盖的工艺也不同。本章针对港珠澳大桥沉管隧道工程管节沉放安装后回填覆盖的施工特点,主要对管节回填覆盖目的、管节回填覆盖的要求、沉管回填施工船机配置及回填覆盖的施工工艺等方面进行了阐述。

(1)结合港珠澳大桥沉管隧道工程的特点,研发设计了专用供料/锁固回填船,形成了石料输送、石料计量、回填布料以及质量检测等机械化锁固回填工艺,实现了存料、供料、运料船定位和锁固回填及质量检测的高效一体化功能。

(2)创新了沉管安装后锁固回填的新工艺,填补了向平台式碎石铺设整平船连续供料和深水条件下沉管锁固回填技术的空白。

本章参考文献

[1] 陈韶章,陈越.沉管隧道设计与施工[M].北京:科学出版社,2002.

[2] 中交股份联合体港珠澳大桥岛隧工程项目总经理部.港珠澳大桥岛隧工程专项施工方案——回填防护工程施工方案[R].珠海:中交股份联合体港珠澳大桥岛隧工程项目经理部,2012.

索　引

a

b

c

d

e

f

g

h

j

k

q

r

s

t

w

x

z

图书在版编目(CIP)数据

沉管隧道施工关键技术与创新 / 吕卫清等著. — 北京：人民交通出版社股份有限公司，2018.3

ISBN 978-7-114-14611-4

Ⅰ.①沉…　Ⅱ.①吕…　Ⅲ.①沉管隧道—隧道施工　Ⅳ.①U459.9

中国版本图书馆 CIP 数据核字(2018)第 057789 号

"十三五"国家重点图书出版规划项目
交通运输科技丛书·公路基础设施建设与养护
港珠澳大桥跨海集群工程建设关键技术与创新成果书系
国家科技支撑计划资助项目(2011BAG07B01)

书　　名：**沉管隧道施工关键技术与创新**
著 作 者：吕卫清　徐国平　陈越　等
责任编辑：周　宇　潘艳霞　等
责任校对：赵媛媛
责任印制：张　凯
出版发行：人民交通出版社股份有限公司
地　　址：(100011)北京市朝阳区安定门外外馆斜街 3 号
网　　址：http://www.ccpress.com.cn
销售电话：(010)59757973
总 经 销：人民交通出版社股份有限公司发行部
经　　销：各地新华书店
印　　刷：北京雅昌艺术印刷有限公司
开　　本：787×1092　1/16
印　　张：18.5
字　　数：328 千
版　　次：2018 年 3 月　第 1 版
印　　次：2018 年 3 月　第 1 次印刷
书　　号：ISBN 978-7-114-14611-4
定　　价：120.00 元